U0580271

Action Science

Concepts, Methods, and Skills for Research and Intervention

行动科学

探究与介入的概念、方法与技能

[美] 克里斯·阿吉里斯（Chris Argyris）

[美] 罗伯特·帕特南（Robert Putnam）

[美] 戴安娜·史密斯（Diana Smith） 著

夏林清 译

北京师范大学出版集团
BEIJING NORMAL UNIVERSITY PUBLISHING GROUP
北京师范大学出版社

献给我们的学生，
从他们那里，我们所学甚多

中文版再版序言

罗伯特·帕特南(Robert Putnam)

戴安娜·史密斯(Diana Smith)

我们很高兴有机会为《行动科学》一书的中文版新版撰写序言。为了更好地应对当今世界日益复杂的相互依存性，世界各地的实践者和研究者都在探索建立行动科学的理念。

行动科学的目的是建立人们为使事情变得更好进行互动时可以使用的学问，帮助他们无论在工作组织、社会部门、专业交流中，还是在其他场合都可以被运用。它的独特之处在于，关注人们在实际当中会如何行动以创造互动和关系，使学习能够带来更好的结果。它被设计用于行动场域中，用于行动的当下。它将培养实践者与介入人类系统、构建理论相结合。

"行动科学"这一名称意味着这门科学愿意接受科学合理特征的评价，包括明确的推论，承认一个人可能会犯错，以及在探究社群中检验知识主张的承诺。最根本的主张是这些特征可以被人们在行动脉络中意识到。

与当今社会科学的主流方法不同，行动科学有其自身生产知识的方法。这本书的大部分内容都在专门讨论这个主题。第一部分讨论了科学哲学和认识论的问题，为行动科学的理念提供基础。第二部分从生产行动中可用知识的角度对当代社会科学的研究方法进行批判，并描述了克服其局限性的行动科学方法。第三部分描述了人们在开展行动科学实践时发展能力的学习过程。这种学习过程不只牵涉技能学习的问题。它要求人们和他人一起，根据自己信奉的理论和价值观对自己的行为进行批判性反映。这是一个令人不安的过程，通常会引起人们看待自己与他人关系的方式发生转变，从而使其更能欣赏不同的观点。这种更深刻、更普遍的学习是在压力的时刻产生与行动科学实践相一致行为的能力基础。

自《行动科学》第一次出版以来，这项事业已经以多种方式发展起来。行动科学通过培养和训练从事这些活动的实践者，影响了领导和组织发展实践、经理人教育以及企业教练。尽管这些在学术文献中体现不多，但无疑行动科学对许多组织产生了深远的影响。考虑到行动科学强调可用于行动的当下改进实际事务处理的知识，我们认为它对领导和管理实践具有至关重要的影响。

关于行动科学进展的文献也越来越多。例如，戴安娜·史密斯（Smith，2015）描述了她如何使用行动科学的方法来发展理论，以超越当初在写《行动科学》时的行动路径理论。雷泽和弗里德曼（Razer and Friedman，2017）运用行动科学来改变那些在学校由于行为异常而被排斥的学生的处理方式，并发展了使这样的工作可以拓展到其他场合的理论。这些都是了解行动科学如何继续发展的良好起点。

我们希望纪念克里斯·阿吉里斯（Chris Argyris），他是我们的导师和合著者，他为行动科学奠定了基础。我们做研究生时，以及从那时起学到的很多东西，都要归功于阿吉里斯卓越的指导和模型构建。

2021 年 4 月

参考文献

Smith, Diana McLain. "Action science revisited: Building knowledge out of practice to transform practice." *The Sage Handbook of Action Research* 3, Hilary Bradbury (ed). Thousand Oaks, CA: Sage Publications, 2015.

Razer, M. and Friedman, V. J. *From exclusion to excellence: Building restorative relationships to create inclusive schools*. Rotterdam: Sense Publishers, 2017.

序　言

陈颖坚①

我的个人故事

组织文化的大师埃德加·沙因（Edgar Schein）曾说过，如果进入一家企业而不能在最短的时间内解读该企业的组织文化，那你不会是一个好的过程咨询师（process consultant）。很多时候组织发展（organization development, OD）的工作者解读了它的表，但却看不透它的里，尤其是那些标杆企业。

在工作上我碰到过一个客户，从多方面看它都是一家由使命驱动的良心企业，其创办人绝对坚守以价值观来主导企业商业运作。组织内都是当地最优秀的人才，产品长年得到客户的喜爱。组织内奉行着令人兴奋的"无主管管理"，它在实践上比现在国内流行的"合弄制"超前十年以上。这家企业最近被评选为最佳雇主企业。我为它做培训的时候，学员都热诚有礼，正直开放。组织上下各层级的员工都对我的工作表示认可。我感觉自己如在一片乐土上工作一样，这家企业绝对是所有企业顾问梦寐以求的那种客户。在一般人眼里，它简直就是一家模范企业。然而，若从行动科学（action science）的视角进行审视，它的防卫机制是我所见过的最为强大且最不易辨识的。

后来我发现这家企业有着多层次且互动的组织防卫机制，长年"保护"着它已经日渐变样的核心信奉主张，令一套当年的好主张变成了不可被质

---

① 陈颖坚（Joey），future shapers academy 创始人，资深组织发展顾问，《领导者的意识进化》《重塑组织》（插图版）等书译者。

疑的、不可被重新审视的，使其企业文化转向了病态的发展。这家企业展现出来的样子是一片让人互相取暖、充满人文关怀的礼节之地，但面对实践创新或种种重要改变时，却让人产生极度的挫败感。重点是这家企业仍然赚着丰厚的毛利，人才鼎盛，产品所向披靡，文化友善正向。同时，它的防卫模式也是高深莫测的。因此，我的看法是，组织的防卫性并非是由明显地看得见的问题或敌对性行为来决定的。如果我没有受益于克里斯·阿吉里斯在行动科学方面的教化，我很可能已经被这家企业的企业文化淹没了，困于组织的"熟练的无能"（skilled incompetence）之中，大幅限制自己作为导师的介入有效性，更可能成为这家企业组织防卫的帮凶之一。回想这一经历，我不禁倒吸一口凉气。

自以为懂，其实远未算懂

我一直认为，若问我所学过的知识与理论中最具震撼力的是哪一个，我会以光速回答是行动科学。我感到很荣幸能在阿吉里斯生前一睹他的风采。当时是在一个关于行动科学的培训班，现场的学员（包括我在内）都是他的超级粉丝。我深信这群人对行动科学的熟悉程度已经到了可以假想他们有能力写一本《行动科学简介》的地步！但在席上阿吉里斯毫不客气地向一众超级粉丝抛来挑战。在一个进退两难的情境中，他扮演客户并要求我们出招来为客户解困。席上不乏世界级的管理顾问，但全场无人能给出一个让他觉得"可用"的建议，更遑论有没有效果。

"可用"在这里是一个关键词。用行动科学的语言来说，那是指"可行动性"。阿吉里斯认为，所有这些建议都是不能行动的，或是虚泛的，完全没法验证相关行动的有效性。那个像电影《叶问》中一个打十个的场面让我看得惊心动魄，但让我冒出冷汗的是，一群所谓读通阿吉里斯的书的粉丝在他面前原来仍然是茫然不解、不堪一击的。这个结果令人沮丧，但我却因此而感到兴奋。因为行动科学的首要前提并不是我们能不能"学好"它，而是我们能否"看到"自己失效失能的时刻。是的，在行动科学面前，"看到"比"学好"来得更重要。

自从那次亲自遇见阿吉里斯以后，我真心感到学习行动科学的难。那些认真探究自身行动可以如何变得更有效的人，才会想"学好"行动科学。但现在的处境是，自己好像怎样学也学不好。我的意思是，投入大量的心力之后，在某些时刻发现自己反而变得更糟了！学习不应该是越学越好的吗？为什么得到的回报会是这样的呢？这种变得更糟的体验其实是学习行动科学的必然过程。它让人看到更深一层熟练的无能。如果没有这种训练，在碰到强大的对手（如我之前所提及的客户）时，我往往变成了同谋。

阿吉里斯原典迄今不能被取代的地位

作为一个笃信行动科学多年的 OD 顾问，我在这些年来大大小小的顾问项目中，无数次看到比前面提到的那个案例容易辨识的熟练的无能变得鲜活起来。倘若没有学过运用行动科学的视角，我极可能接受这是人性本恶的一种"事实"，并视之为不可改变的。幸运的是，阿吉里斯与他的伙伴能像侦探一样，追踪每一个无效的互动，从而总结出组织防卫机制这一伟大的洞见。只可惜在庞杂的管理学文献中，理论性地讨论组织防卫的形成与打破，除了阿吉里斯与唐纳德·舍恩（Donald Schön），迄今我未看到有第三人。

哪怕是阿吉里斯的那些很想要普及行动科学的学生，不知道出于什么原因，都大幅度地淡化有关组织防卫的讨论，反而更多地倾向于"高难度谈话"的培训。若从整个行动科学的理论所提供的解释来看，第二型的双路径学习模式确实是当前企业必须立刻建立的更高维"能力"（meta-competence）。没有这种能力，我们便很难引导客户进入深度会谈，更遑论创建学习型文化等，一切都变成空谈了。但我还是认为他的学生没有抓住一个更重要的教育方向：让人能够看到更多第一型的单向控制模式与组织防卫之间的关系。我的主张是，如果要更好地习得破除组织防卫的第二型能力，首先要能清楚地看到自己是如何参与到组织防卫的"维护"中。也因为我觉得阿吉里斯的学生都没有特别在这方面做足够的普及工作，所以我还是认为阿吉里斯的原典经过那么多年后仍然有它极重要的价值。

我想说的是，组织内人与事的复杂性与丰富性都是超乎我们想象的。在没有像阿吉里斯等人那样解读人如何不自觉地身处第一型集体习惯性防卫机制时，我们只会在无形中加深组织防卫的本质。我觉得这不能只归咎于领导者的不自觉，而在于更多的时候他们笃信一些没有行动力的管理概念，不幸的是组织顾问与咨询师却又一直、很努力地兜售这样的理念。

令人兴奋不代表可行动

　　就如近年非常流行的 U 型理论或"进化型组织"运动所提及的青色组织的建立。从个人层面来说，我乐于见到这些主张的面世。这代表着企业开始对现今的主流管理学提出更新迭代的微弱信号，但问题也恰恰是这本书在现阶段只能够作为一种概念而已。哪怕畅销著作《重塑组织》引用大量个案试图说明青色组织已经在各行各业萌芽。某种程度上它仍处于一种粗糙概念的状态，有太多地方需要打磨。简单来说，在没有一套可以验证行动有效性的方式方法问世前，青色组织真的不具备任何可行动的"知识"。然而，青色组织却大为流行。组织的领导者、OD 界的工作者，不少争着抢先套用这些概念。在某种程度上进化型企业的主张，在文字上确实都对第二型的双路径学习模式大为拥护，唯独他们没有看到此前的第一型的防卫机制，也隐藏在几乎每一个推动创建青色组织的行动中。

　　被阿吉里斯视为学习榜样，与行动科学背后甚有渊源的社会科学家库尔特·勒温（Kurt Lewin）说过"没有什么比一套好的理论来得更务实"。但什么才算是一套好的理论呢？一套好的理论，于我来说，可以按照由它衍生出来的行动策略解决某一现实中的难题。用阿吉里斯喜欢的说法，一套好的理论"让问题不再复发"（have the problem stays solved）。遇见阿吉里斯，也让我在客户面前带着不同的敏感度而变得更谦虚，我也因此找到了自己的志趣：开创在管理学上有效的可行动知识——这是直接导致我后期发展出调适性领导力"铁三角"的原因。

从社会科学的大尺度回到个人的修炼

在我个人学习行动科学的过程中，我觉得它如同内家心法。当修炼到一定程度后，我会感到它是一种王道的内功，渗透到想要使用的每一个工具上，更能发挥那些在市场上流行的"神器"，包括流行的 U 型理论、设计思考、教练技术、引导技术，甚至是 OD 界的任何一款工具。有了行动科学，哪怕拾起的是木剑，上阵也会觉得威力无比。当然这绝对不是一蹴而就的过程，在有所顿悟的过程中，会是一段渐修之路。

说到行动科学的难，就连该书的另外两位作者罗伯特·帕特南与戴安娜·史密斯（也是阿吉里斯的两位最重要的高足）也觉得行动科学所描述的境界太高了。帕特南有一次问及阿吉里斯他是如何达到这种境界的。阿吉里斯很巧妙地做了一个比喻，他说有人同样问米开朗琪罗是如何创造《大卫》这样伟大的雕塑时，他回应说："我只是将不属于大卫的部分拿走而已。"帕特南听后豁然开朗。

但问题是大卫在哪儿呢？我相信大卫就是我们心中高远的理想。幸好很多企业家心中仍有一个大卫，虽然他们的愿景大多遵循工具理性逻辑，但当中不乏一些具有人文关怀的企业家，开始想要实践一种企业的进化，注重身心全面的发展，而不是局部的唯利是图式的压榨。但这些企业家大多不在意他们根本没有可行动的蓝图，我知道当中有很多企业也因此而不会走到彼岸。但我想要保护具有这种理想的人，好让他们不在变革的名义下被自己埋下的地雷炸伤，甚或死亡。因此我得感谢阿吉里斯给我的隐喻，在企业实践的关怀里，行动科学就是帮助一群心中有大卫想象的企业工作者，审视他们所想象的与他们的行动产生的结果是否一致（大多是不一致的）。然后要做的工作就是让他们真真正正地回到米开朗琪罗心中的雕塑去，将不属于大卫的部分移走。不多也不少，只此而已。

从对夏林清老师的知遇之恩到不同视角的分享

首先万分感谢夏林清老师，以及北京师范大学出版社周益群老师的邀请，让我以企业组织发展界实践工作者的身份，为《行动科学》中文版的再版写序。这可能是我人生中最大的荣幸。尤其是大家都知道夏林清老师之前教过多少优秀的学生后，再相较于我这颗只是在自己工作领域里不断试错式地摸索一条可以让行动科学生存于狭缝中的"小土豆"，更能体会我所说的荣幸。

夏林清老师曾同时受教于哈佛大学的阿吉里斯，以及行动科学的开拓者之一、《反映的实践者》的作者舍恩，这在世界上是少有的。应该这样说，阿吉里斯与舍恩最关键的合作时期，夏老师刚好在那段时间于美国波士顿受教于这两位被称为"学习型组织之父"的学者。夏老师回中国台湾执教于辅仁大学心理系，多年来致力于帮助教师更有效的工作，这是一个富有荣光的使命。夏老师有如此的背景与经验，我作为一个对行动科学几近无助的学习者，遇到夏老师也不会令人感到特别意外。

我有幸于多年前在不同场合跟着夏老师做一些游击性质的学习之旅，此前从来没有坐在教室里接受过很正统的学术训练。但夏老师仅仅让我在旁看着，这已经是令我满心感激的知遇之恩。看着夏老师的举手投足，我就像一个在街头偷师学艺的人，碰到了名门正派大宗师。世事就是如此。我一生中没有几个能直接指导我的名师，都是"爬高墙偷看师傅教徒弟"，但偷师的，永远是动力十足的。

如前所说，我只是夏老师众多优才下的偷师学徒，没有特别接受过学术训练。刚巧我的工作领域是企业组织发展，与夏老师的专业教育领域有所不同，因此我可能有一些值得参考的视角，能够为广大读者提供一种"如我都能学得会，谁不能"的鼓励。我深信，这是蚂蚁搬家的工作，但我也深信，只要愿意每天都做好这个雕塑大卫的工作，人就会变得伟大。

目 录

前言　　　/ 1

第一部分　设计一门人类行动的科学

第一章　哲学与方法论的议题　　　/ 4

　　第一节　行动科学的根源　　　/ 5

　　第二节　行动及科学的哲学　　　/ 8

　　第三节　科学主流派　　　/ 10

　　第四节　科学主流派与行动科学　　　/ 15

　　第五节　反对观点：行动的逻辑　　　/ 17

　　第六节　作为实践知识的科学理性　　　/ 24

　　第七节　行动科学：实践中的探究　　　/ 28

第二章　学习是为了行动与改变　　　/ 30

　　第一节　实用解释及实践性知识　　　/ 31

　　第二节　朝向一个实践的认识论　　　/ 37

　　第三节　行动科学中的实证性检验　　　/ 45

　　第四节　作为批判理论的行动科学　　　/ 58

第三章　行动理论　　　/ 67

　　第一节　行动理论　　　/ 68

　　第二节　第一型使用理论　　　/ 74

　　第三节　第二型使用理论　　　/ 82

第二部分 常规科学与行动科学的实践、方法和结果

第四章　超越常规科学的限制：实验室实验与行动实验的比较　　　/89
　　第一节　服从权威　　/90
　　第二节　超越服从　　/100
　　第三节　这在何种意义上是一个实验　　/117

xviii 第五章　组织评估研究：填补常态科学研究忽视的落差　　/121
　　第一节　基本假设　　/121
　　第二节　专业组织中的诊断研究　　/124
　　第三节　行动科学取向的诊断研究　　/127
　　第四节　我们学到了什么？　　/129
　　第五节　公平正义的议题　　/130
　　第六节　个体和双路径学习　　/132

第六章　民族志取向的介入与根本的改变　　/136
　　第一节　描述性民族志研究　　/137
　　第二节　民族志研究的局限性　　/140
　　第三节　应用民族志　　/152
　　第四节　框定问题中的双路径改变　　/155
　　第五节　在解决问题中的双路径改变　　/157

第七章　作为实践工作者的社会科学家：科学知识转化为实践知识的障碍　　/163
　　第一节　找出它是如何发生的　　/165
　　第二节　如何达到预定的目标　　/178

第八章　练习行动科学：探究与介入的方法　　/193
　　第一节　转化所发生的现况　　/194
　　第二节　作为实践科学的行动科学　　/199
　　第三节　行动科学：探究的规则与方法　　/203

第三部分　为有用的研究和有效地介入培养技巧

第九章　展开学习过程　　　／237
　　第一节　对待学习的不同取向　　　／238
　　第二节　看不见的反应　　　／276

第十章　促进反映与实验　　　／278
　　第一节　建立探究的规范　　　／278
　　第二节　支持反映性实验　　　／289
　　第三节　理解和重新设计行动　　　／295
　　第四节　学习与行动的概念　　　／297

第十一章　扩大与深化学习　　　／323
　　第一节　让思考往前走　　　／324
　　第二节　个案研究小组成员与掌权的当事人　　　／327

第十二章　发展新的参考框架　　　／347
　　第一节　退缩：设计"自己的不公正"　　　／349
　　第二节　拯救策略：削弱同伴的学习　　　／366
　　第三节　因错误而愤怒　　　／380
　　第四节　结　论　　　／396

参考文献　　　／401

前　言

克里斯·阿吉里斯

罗伯特·帕特南

戴安娜·史密斯

　　创造有用知识（usable knowledge）正在成为社会科学中一个日益重要的主题。例如，林德布卢姆和科恩（Lindbloom and Cohen，1979）曾以能用于生产政策规划的知识为其写作的主题。我们则专注于能用于生产行动，同时又能对行动理论有所贡献的知识。有用知识的概念制造了一个令人不安的、狂热和怀疑并存的混合体。狂热是因为人们需要更多的有用知识来帮助处理人际关系的、社区的以及组织的事务。自然科学带来的科技进步暗示社会科学也可能为社会实践带来相似的好处。但是同时，人们对此也存在着广泛质疑。应对贫穷、歧视和失业的政策陷入实施的复杂性中无法推进，某些观察者在检讨这些政策时认定，正是这些政策本身反而把事情搞坏了。组织变革项目换着花样一波一波地推出来，最终只留下一丝令人疲惫的明悟——什么都没改变！有责任感的社会学家通过对研究的内省来回应上面这些失望情绪，无奈的是，对实践工作者而言，他们的内省实在是过于深奥了。

　　由此，我们提出一种行动科学，希望阐明科学的特性是可以生产出有用的、正当的、描述性的有关世界的知识，这个知识同时还蕴含着有关世界如何改变的信息。在科学领域，注重提升基础知识的同时也要解决实际问题其实已经有了漫长而且显赫的历史。在自然科学中，路易斯·巴斯德（Louis Pasteur）的工作足以说明这一点，巴斯德在为法国葡萄酒商解决发

前　言 | 1

酵问题时，发现了细菌在疾病中的作用。类似的情况也发生在研究活动的早期阶段：在第二次世界大战中，学者们搁置了他们对基础研究的兴趣，转而协助英国解决那些紧要的实际问题。在这个过程中，他们发现了令人兴奋的理论性问题，而这些问题的解决又推动了基础知识的发展。

在社会科学领域，注重科学与实践结合的研究，通常被称为行动研究。我们很乐意使用**行动研究**这个名词，但前提是要去除以下两个因素。

第一，多年以来，行动研究经常把理论建构和检验分开，这一点导致社会科学家认定行动研究区别于基础研究：行动研究的意图是解决当事人（关切）的问题，而理论特性的检验并不是它必然的工作（Coleman，1972）。我们不同意这一点，我们认为把实践问题的研习与推进理论建构和检验的研究结合起来是有价值的。

第二，我们可以理解，许多行动研究者追随当前流行的常规科学研究观念来从事他们的经验性工作。但令人困窘的是，某些被广泛接受的严谨的研究观念可能会自我设限。例如，为了使严谨性达到一个较高的水平，方法论本身可能与原初被设计出来所欲了解的现实无关，以至于毫无用处。再如，基于勒温、利皮特和怀特（Lewin，Lippitt and White，1939）的早期有关领导风格与团体氛围的研究基础上，所做的研究，确实更为严谨，然而对于人类的真实生活（Argyris，1980）而言，它们的有用性比起那些原初研究来要差得多。

xi　　　我们所了解的最有名的两位行动科学研究者是库尔特·勒温和约翰·杜威（John Dewey）。他们两人设计并实施了一系列行动实验或示范性实验，这些实验的结果也被系统地研究过。他们都对在解决实际问题（如青年人教育、如何影响第二次世界大战中的饮食习惯、个体偏见的再教育等）的同时，推进基础知识的发展感兴趣。

杜威与勒温都投身于社会改革的事业中，用最近的流行术语来说，就是寻求一种另类解放的方法。在他们的世界中，公民应该承担探究的责任，以期产生一个具有学习取向和实验心态的社会。这种描述性与规范性益处的有机结合也是早期伟大的社会学家韦伯（Weber）的特点（Asplund，

1972）。

我们有关行动科学的视野是建立在这些先行实践者思想的基础上的。我们保留了社会科学应该对生产一种另类解放的方法扮演重要角色的立场，而这个目标的实现则取决于我们是否挑战了"既存现况"（the status quo）。

在社会生活中，既存现况被人们在社会化过程中内化与持续强化的规范和规则所维系。人们学习到在既存现况中的哪些技巧行，哪些则行不通。每一个有用的技巧都会影响个体的效能感，而越是有用的技巧，则越会影响这种效能感。个体依赖这些技巧，判断它们的有用性——以一种识别并且忠实于这些隐于技巧中的价值观的方式。规范、规则、技巧、价值观这四者相互依存，创造了一个我们称之为既存现况的模式，这个模式无处不在，被人们视为理所当然、不可挑战。正因为这些模式被视为理所当然，正因为这些技巧完全自动化，正因为这些价值观已被内化，如果不去质疑面对，既存现况及其维持者的个体责任就不可能被拿出来研究。

为了从事一种包含了改变既存现况的研究，研究者必须既要有既存现况的模型，又要有另一套辩证的经验体系的模型。因此，我们对能够生产和检验与下列四个命题有关的研究感兴趣：其一，隐藏于既存现况之中并使既存现况保持不变的变量；其二，参与改变既存现况并且朝向一种另类解放的方法的变量；其三，前述两个命题被检验之后作为介入的科学（science of intervention）所必要的变量；其四，使改变成为可能，同时又能生产符合可证伪的严谨性知识的研究方法论。

当我们和社会科学的同行讨论如何生产既合理又合用的知识时，碰到了几个反对以改变既存现况为研究方向的意见。这些反对意见列举了以下几点关切，它们是合理的，但它们对科学以及实践而言常常是适得其反的。

第一个反对意见从常规科学的前提开始：科学的首要目的是尽可能准确地描述真相。因此，主流科学家们专注于描述世界的存在而不是去改变它，但自相矛盾的是，这样的路径其实无法描述有关这个现实世界的许多重要特征。这些特征包括了通过保护既存现况来抗拒改变的防御性例行行为(defensive routine)。如果只是观察和等待,我们永远都不可能得到这个有关防御性例行行为的弹性机制的有效描述。因此,除非从防御的第一层着手,否则这些防御永远不可能被揭露(Argyris,1985)。

对于"科学的目的是描述真相"这一前提的一个推论是,生产有关改变的知识是第二步的事情,而这一步必须要等到基本的描述知识已积累到一定程度才能成立。在行动科学中,我们同意,改变世界之前重要的是先了解它。但我们也相信,正如勒温所说,这句话反过来说也对:了解这个世界最好的办法就是去改变它。如果不去探索某种改变既存现况的方法,则意味着研究者选择的研究方法只是维持和巩固了既存现况的世界,在这样的世界里,对防御性例行行为的认识几乎不存在。

第二个反对意见是,防御性例行行为可能有些用处,所以不应该受到质疑。防御确实为个体和组织的某些重要方面提供了保护,但如果这些防御在具有某种功能的同时又具有某种负作用的话,又会怎样呢?我们的资料指出某些防御明显地限制了个体和组织的学习、适应、生存以及发展的能力。指出防御性例行行为的积极面作为不去研究如何改变它们的消极面的理由,本身也是一种防御性例行行为。

第三个关联性的反对意见是,改变的尝试有可能失控并且无意中伤害了参与者。这个担心非常重要,研究者必须经常思考与回应。但是,什么会引导研究者相信,当事人会允许他们自己制造危险情况呢?我们的经验是,社会学家们会被那些不信任这些研究者或者研究本身的被试成功地拒之门外。补充说明一下,这个经验是基于一种研究者与被试或者当事人之间的协同关系之上的,当事人在信息公开条件下可以在研究进程中做出任何选择。从某种程度而言,研究者单向控制的程度越高,被试越难保护自己。

当事人有办法保护他们自己的观点带来了第四个反对意见:研究者可能会被踢出局。在团体中,质疑组织的防御性例行行为是危险的,这个团体可能会联合起来转而对抗试图去讨论那些团体不想讨论的议题的研究者。我们同意,这是一个危险,但也相信我们不需要做出退出这类研究的反应。有些科学家们应该思索主持某种研究，这个研究可以说清楚在什么条件下可以克服这些危险。

行动科学对研究者的主要贡献之一，就是帮助他们发展出必要的知识和技巧来减少无意中伤害参与者以及参与者反过来对抗研究者的可能性，并增强当事人或被试对研究的投入。这些必要的知识与附加的调查模式、新的研究方法和成功地主持这种研究的人际互动技术有关。它们也是本书的主旨所在。xiv

常规科学的一些特征，包括主体间可互相证实的资料、明晰的推论、可证伪的命题、公开的检验等，对我们的研究方法也非常重要。科学的这些特性是设计用来创造一种可能否证我们想法的具有挑战性的检验。效度的标准必须严谨，因为我们是在研究既困难又有威胁性的议题，它们影响着人们的生活。

写这本书时，我们在心中谨记三个目标，它们正好和本书的三个部分相呼应。第一个目标是明确指出某些已经讨论多年的、与行动科学有关的根本性的科学哲学议题。在第一部分，我们描述了对话中的几个关键人物的主要立场。我们也介绍了自己的立场，而且陈述了我们的理论性观点来得出结论。这么做，并不是说我们已经找到了这些老问题的答案，当然更不是暗示我们的答案是完美的。熟悉科学哲学文献的读者都知道，这些争议历时已久而且重大。需要表明的是，我们认定行动科学可以在这个对话中取得一席之地，是为了搭建一个能做进一步探究和澄清工作的舞台。

第二个目标是区别常规科学与行动科学在方法论上的异同，并且仔细考察这些异同的含义，发现研究者成为行动科学者的必备技巧。在第二部分，我们考察了当代社会科学中使用的三条研究路径，并把它们与行动科学做了比较。我们辨识指出了每一条研究路径中指导探究的规范（norms）和规则（rules），并对这些研究路径是如何自我设限的进行了讨论。然后，我们描述与设计用于克服这些限制的行动科学方法，以及研究者使用这些方法所需要的技巧。这些技巧都是以研究者在目前大多数大学的方法论课程中已经学过的知识为基础的。

第三个，可能也是本书最重要的目标，就是展现出一个探究的社群是如何被创造出来的，在这个社群中，操作行动科学所必需的技巧是可以被教授的。行动科学的技巧如果不能被明晰陈述和教授，它就不可能成为一门科学，因此，成功的行动科学研究其科学性大于艺术性。在第三部分，我们举例说明了我们是怎样教授行动科学技巧的。我们希望，为那些想要学习和教授这些行动科学技巧的研究者们，尤其是那些想要对如何教授青年研究者进行实证研究的人，提供一些准则。

《行动科学》是我们三位作者真诚合作的结果，我们以平等的伙伴关系设计完成了这本书。

最后，我们要感谢戴安娜·阿吉里斯（Dianne Argyris）、唐纳德·舍恩，以及艾米莉·苏维因（Emily Souvaine）审阅初稿时给我们的帮助。我们要特别感谢玛丽娜·米哈拉克斯（Marina Mihalakis）录入文字和校稿时的费心费力，她是我们团队中的重要一员。

马萨诸塞州剑桥市

1985 年 8 月

（审校/陈江华）

第一部分

Part I

设计一门人类行动的科学

为了超越知识的现有水平，研究者必须打破研究方法的禁忌，甘冒"不科学"或"非逻辑"的风险，到后来这种冒险才可能被证明是取得下一步重大进展的基础，这已经成为一个规律。

——库尔特·勒温(Kurt Lewin，1949)

行动科学的这个想法激起哲学与概念上的诸多重要争议。行动与科学一直是西方思想的核心概念，但这两者往往是分立的而不是结合在一起的，我们习惯于在理论与实践、思想与行动、科学与常识之间做出区分。行动科学打算在这些概念的深沟之间搭起桥梁，不过，我们需要弄清楚的是我们想努力搭起的桥梁更像是探险者手中细长的绳索，而不是具体的钢缆线。我们希望本书有助于人们辨识行动科学的障碍，并就如何克服这些障碍提出建议。

在第一章中，我们把行动科学放在当前科学哲学论辩的脉络中进行考
察。我们要问的是，科学性慎思(scientific deliberation)的本质特点是什么？在对科学主流论述的回顾中，我们把硬资料(hard data)、明白清晰的推论、可通过实证方式来推翻的假设、系统的理论作为科学性慎思的核心主张。同时我们重视探究社群的作用，在社群中，探究者可以理性地批判彼此的观点，这也是行动科学的核心主张。随后，我们讨论人文科学的诠释路径，以厘清有可能抑制了严格检验的诠释学问题。我们转向作为第三条路径的行动科学，与库恩(Kuhn)的研究相关，他对判断与解释在科学家群体的辩论中所扮演的角色做了探讨。从科学的这三条路径出发，我们认为，科学中理性慎思的特征，也是实践慎思的特征，而这正是行动科学的切入点。

在第二章中，我们讨论行动科学的概念基础。作为一门科学，我们希望可以说明行动的知识，行动科学需要实践知识这一概念，这个概念可以超越"选择工具以达到预设目标"这一常识性理解。按照舍恩(Schön，

1983）的观点，我们重视当事人在问题设定和问题解决中的作用，同时也重视对行动进行反映，以发现蕴含在行动中的隐性知识（tacit knowledge）。随后，我们描述了行动科学如何得以在行动的脉络中验证那些相互竞争的各种解释。正如探究的科学社群是科学理性的基础，当事人系统行为世界中的探究规范与规则也是实践慎思的基础，而行动科学本身就是要指明这些探究的规范和规则。在第二章的结论中，我们认为行动科学是法兰克福学派所阐述的批判理论的一个例证，该理论寻求促使人们参与到公开的自我反映中，从而改变世界。

在第三章中，我们说明了我们工作的理论取向，即行动理论的路径（Argyris and Schön，1974，1978）。这并不是行动科学唯一可行的路径，但却使我们能够对行动科学展开想象，并明确行动科学的特征。 *3*

这些极具特色的路径，也促使我们在本书第二部分中对其他研究方法论进行评判，并在本书第三部分中，为我们讨论如何在学习技巧的过程中对行动科学进行实践操练做必要的准备。

第一章 哲学与方法论的议题

　　行动科学是一门探究人类相互间的行为是如何被设计并付诸行动的科学，因此，它是一门实践的科学。不论是在行政人员、教育者、心理治疗师的专业实践中，还是在人们作为家庭成员和社会组织成员的日常生活中，行动科学都带动了与即时的"社会介入"（social intervention）密切相关的基础研究和理论建构。在行动科学中，当事人是公开反映过程中的参与者，既试图去把握特定事件的具体细节，又试图去检验其行动理论中的假设。

　　在本章中我们将讨论行动科学的三个主要特征。

　　（1）它是由通过实证性证伪的命题组成的理论。这一特征也是主流科学的特征。在主流科学中，科学理论被视为假设—推论的系统（hypothetical-deductive systems），能够用来解释和预测事件发生的规则。但与这一主流意见相对的反对意见则认为，有关人类行动的科学不能接受这种研究形式，因为对意义的解释与理解不能简化为事件间的规则；相反，人们是在每天日常的生活中创造意义，并且以此来指导他们的行动。因此，行动科学的本质要求我们检验科学的主流派及其反对派之间的争论。

　　（2）它是人们在行动脉络（action context）中能够实行及完成的知识。这一特点指向"应用科学"。如果"应用"只是意味着"为了能被使用"，那么我们并不反对这一标签化的解释，事实上行动科学的传统正是通常所说的应用行为科学。但应用科学这一名词的定义是相对于基础科学或纯科学的。基础科学与应用科学的区分反映了主流科学中的分工，基础科学家负责生产基础性的、理论性的知识，以便应用科学家在实践中应用；这一分工强化了理论与实践的分离。行动科学试图既在具体的情境中行动，又在行动中来检验那些概化的理论。重新审视应用科学的概念将引导我们反省实践性知识的本质，它是一种认识的形式，与我们传统的理论知识或科学知识的认识形式相反。

（3）它是不同于既存现况的另一种变通途径，认为在社会行动者自由的价值选择下，可以产生根本性的变革。行动科学者采取一种规范的立场，主流科学彻底地将实证理论（empirical theory）从规范理论（normative theory）中分离出来，而且怀疑规范理论的科学性。事实上，实证理论与规范理论间的分裂和理论与实践间的分裂是相关的。应用科学界的实践工作者们早就认识到在他们的实践中，有一个规范范畴；而从主流派的观点来看，实践工作者的价值必须与科学的价值做明确的区分。许多持反对观点的人也同样坚持认为，理论家必须要保持对实践价值中立的立场。我们则持有不同的观点，让我们用法兰克福学派的批判理论来解释。法兰克福学派由一群德国哲学家组成，包括霍克海默（Horkheimer）、阿多诺（Adorno）、哈贝马斯（Habermas）。批判社会科学包括了实证—分析科学（主流派）和历史—诠释科学（反对派）的主要特征，但同时也批判它们，以期超越它们。批判理论的规范立场基于实践社群的内在批判，而这也正是实践社群所强调的。批判的社会科学致力于使人们通过自我反映（self-reflection）来达到改造世界的目的。

第一节　行动科学的根源

在行动科学中，我们同时是研究者、教育者及介入者，并依照行动理论的方法来进行实践工作（Argyris and Schön，1974，1978）。这是行动科学与主流派和反对派这两者分野的基础。经由对自己实践的反映和探讨相关的文献（包括科学哲学及社会探究的文献），我们希望能清晰呈现行动科学的面貌，本书是基于以前对主流社会科学的分析（Argyris，1980）以及对实践认识论的反映（Schön，1983）撰写的。

行动科学是从约翰·杜威及库尔特·勒温两位前辈的学说发展而来。杜威（Dewey，1929，1933）以对知识与行动分家的批评而闻名，他建立了一种探究理论作为科学方法和社会实践的共同模式，希望这种将实验性探究延伸到社会实践中的做法可以引导科学与实践的整合。他的这一希望建立在以下的观察之上：科学的实验性使它本身就是"直接实做"的模式（Dewey，1929，p. 24）。这个观察指出科学实验不过是人类在行动中检验他们概念的特殊案例，这一看法正是实用主义认识论的核心。但是现代社会中绝大多数研究者却运用了自然科学的模式，以致科学与实践之间一直是分离的，这也许会让杜威感到遗憾。社会科学的主流派看待社会实践的方式和自然科学看待工程学的方式一样，这和杜威要把科学方法"放进"社会实践中的观点彻底背离。

另一个追求科学与实践整合的传统的典型代表是勒温，他是团体动力及行动研究的先驱，也是美国社会心理学认知传统的创始者（Nisbett and Ross，1980，p. 5）。费斯廷格尔（Festingger，1980，p. viii）以勒温对民主/权威团体气氛的经典研究为例，认为正是因为勒温证明了复杂的社会现象是可以被实验性地研究的，许多人把他视为现代社会心理学的创始人。然而，这并不是说，诸多研究项目中的任何一个只要能够在它们的核心概念中找到勒温研究的影子，就能够与行动研究保持一致。我们认为勒温是一位行动科学者，不过他所在的那个时代有一种倾向认为应该将他的贡献归为科学而不是实践。社会心理学的研究一向依赖实验的方法，来验证与探测少数几个变量间的假设关系，但这是脱离实践的。应用行为科学的实践者，少数人除外，大多只专注帮助当事人，而不重视检验科学的普遍性。

相反，勒温却是团体动力及组织科学界中的学者兼实践者，他寻求科学与实践的整合（例如，Argyris，1957，1962，1970；Bennis and others，1973，1976；Bradford，Gibb and Benne，1964；Blake and Mouton，1973；Jaques，1951；Likert，1961；McGregor，1960；Susman，1983；Trist，1981）。在这一传统影响下的学者，强调行动场域中科学活动及学习活动间的连续性，强调科学、民主及教育的价值相互强化，并有利于科学与社会实践的联结。

勒温创造了几个概念图，用它们来说明为何科学与实践间的张力是有可能得到消减的。正如高尔顿·奥尔波特（Gorden Allport）所说，勒温的概念之所以引人注目，是因为它们既能紧扣具体的情境，又能兼顾科学的普遍性。事实证明，勒温的概念图是非常富有成效的，不仅推动了后来的不少研究，而且也促进了行为科学介入策略的发展。勒温的这些观点包括了关于社会过程的主要观点——"准稳定均衡"（quasi-stationary equilibria），它由一个拉动与抑制的平衡力量维持着。这给我们一个启示，与增加推动的力量相比，通过削弱抑制性的力量更容易令改变得以发生（Lewin，1951）。此外，他的力场分析技巧继续在行为科学介入者中得到广泛运用。勒温发现的第二组概念是"改变的三步模式"：解冻、松动及凝固（Lewin，1964；Schein，1979；Hackman Suttle，1977）。第三组概念和期望水平及心理成功有关，我们将在第九章中加以讨论。勒温发展的其他一些概念包括"守门者"（gatekeeper）以及"自由运动的空间"（space of free movement）。这两个概念被用来描述勒温、利皮特和怀特（Lewin, Lippett and White, 1939）所做的权威与民主团体气氛研究的结果。这些概念也可以看作行动科学理论发展的范例。

勒温将他的注意力放在能改造社会实践的研究上。他早期关于行动研究的界定——通过改变社会系统研究社会系统，这正是行动科学的种子。虽然勒温并未完成对行动研究的系统论述，但下面几个主题已在他的言论中明确提出（Lewin，1948a，1948b，1951；Lewin and Grabble，1948；Marrow，1969；Benne，1976；Jonier，1983；Perters and Robinson，1984）。

1. 行动研究涉及对社会系统中的实际问题进行改变的实验，它关注特定问题，并寻求如何为当事人提供协助。

2. 行动研究，如同通常所说的社会管理，包括确定问题、计划、9行动及评估四个步骤的循环过程。

3. 这一改变涉及再教育。"再教育"一词，指改变目前那些在个人及团体中已形成的思考及行动的模式。在这里，企图达成的改变特别针对在行动中表现出来的规范及价值观。有效的再教育有赖于当事人参与诊断和发现事实的过程中，以及当事人在自由选择的前提下，投身于新行为的练习与实践。

4. 行动研究从民主价值的观点出发，向既存现况挑战，这一价值导向和有效的再教育的要求(即参与及自由选择)是一致的。

5. 行动研究试图对社会科学中的基础知识以及日常生活中的社会行动都有所贡献。在注重高标准构建理论以及对假设做实验检验的同时，兼顾它们和实践的联系。

第二节　行动及科学的哲学

对于任何知识，我们都可以挑战性地问："你怎么知道那些你认为你所知道的?"对这个问题的回答属于认识论的范畴。有人认为从笛卡尔开始(Rorty，1970)，认识论便是哲学所关切的中心。至少，从牛顿时代开始，科学便是人们获得可信的知识和累积知识的方法。因此，许多现代哲学一直关注科学与非科学的区别，以及确定产生科学知识的条件，这一雄心勃勃的事业就是科学哲学。

除此之外，另外一种研究认识论问题的取向，即对一般的常识进行分析(Popper，1959，p. 18)。这一取向被后来的分析哲学家所喜爱。维特根斯坦(Wittgenstein)、斯特劳森(Strawson)、赖尔(Ryle)、汉普希尔(Hampshire)及奥斯汀(Austin)等哲学家都注重和行动有关的概念分析(Bernstein，1971，p. 260)。欧洲现象学传统所关注的是日常生活的世界，也倾向于第二种认识论取向。

在社会科学的哲学领域中，上述两种取向有互相矛盾的现象。依照科学主流派的看法，即起源于弗朗西斯·培根(Francis Bacon)、托马斯·霍布斯(Thomas Hobbes)、大卫·休谟(David Hume)、约翰·斯图尔特·密尔（John Stuart Mill）的经验论，社会科学的认识论在本质上是与自然科学一样的。而 19 世纪兴起的传统反对派则反对将自然科学的方法应用到社会科学中，他们认为社会行动的核心是理解意义，而对意义的理解和对自然事件的解释是完全不同的；这两个观点间的争论已经进行了一个世纪，例如，在伯勒尔和摩根（Burrel and Morgan，1979）的分析中，他们将隐含的社会分析置于组织理论和研究之下。这一辩论近年来变得更为激烈，对社会探究采取解释取向的学者公开发表了许多著述，来反对主流实证主义的看法。

接下来我们将讨论科学哲学中的这些主题，以厘清行动科学的理念。在讨论科学主流派时，我们将认清科学的主要特征，它们同时也是行动科学取向的特征。而面对反对派的言论，我们需要弄清楚的是行动科学所必须面对的是"解释"的问题，它作为科学主流派的主要特征被认为不适用于行动科学。但我们认为在行动场域中，也可以展现科学的"解释"性特征。

我们认为，对科学的不同看法能够在各自的科学与社群的关系中得到理解，这一取向是与科学史和哲学的近期研究成果相一致的。伯恩斯坦声称"与科学合理性问题紧密相关的认识论上的重大突破"是科学社群，"一个由社会实践形成的正在发生的历史传统"（Bernstein，1983，p.24）。这一观点表明，使信念可以被批判、评估和确证的标准，是深藏在各种形式的争论的社会实践中的；"知识究竟是什么"，是基于所在社群的。的确，当前所有形式的科学观都同意，科学是一种社会事业，是由其中的探究社群按照区分有效和无效的实践或规则来实施的。然而，对于探究社群及其实践的特性，却存在严重的不一致。

我们将讨论有关科学与社群关系的四个不同观点。

1. 持主流派观点的学者，为了确证知识强调对逻辑的要求。社群中的探究者可以理性地批评他人的看法，"科学理性根植于探究社群"。这一看法至少可以追溯到进步主义哲学家皮尔士（Charles S. Peirce），而波普尔（Karl Popper）的看法与皮尔士遥相呼应。

2. 对科学及社群关系持与上述观点相反的观点的学者，注意到这一事实，即以社会实践为主要社群，处理"第二深度的建构"（Schutz，1962, p.59），因为科学家首先必须能捕捉到深藏在他们所探究的社群中的意义。持这一观点的理论家关注的是，社会行动者在生活中和行动中如何对自己的经验和行动进行主观诠释，如何去达成共同的理解。如此说来，人类科学可以说是建立在实践知识的认识论上的。

3. 第三种观点的相关人物是库恩（Kuhn，1962）。库恩认为科学家团体本身就是一个实践的社群；它使用独特的语言，从而在某种程度上实现与其他团体的隔离。库恩探讨在不同科学小团体之间究竟是哪一种理性主导了他们之间的辩论。这一视角可以被理解成透过反对观点来了解主流派的一种方式。他认为科学的认识原则深藏在科学团体的实践知识中。

4. 第四种观点是我们的行动科学。我们在社会实践的社群中推进科学探究的行动。这种探究是一种实践的形式，它既遵循科学规则的指导，也遵循实践标准。在行动科学中，我们为了达成日常生活的共识而建立并发展实践的方法，使社会实践更符合有效的信息和公开的验证等科学的价值观。

第三节　科学主流派

1982 年谢弗勒（Scheffler）称主流派为"标准观点"。主流派被科学家们广泛接受，并为大众所熟知。它是依据自然科学（特别是物理学）的法则而设计的。拥护者认为它是所有科学都应具有的特点（Bernstein，1976）。科学主流派在逻辑经验论、批判经验论或批判唯理论的名义下进行他们的工作，而他们实际上都是逻辑实证主义传统的后裔。这些论点在哲学家诸如亨普尔（Hempel，1965a，1966）、波普尔（Popper，1959，1963）、内格尔（Nagel，1979）、谢弗勒（Scheffler，1981，1982），以及社会学家诸如默顿（Merton，1967）、坎贝尔和斯坦利（Campbell and Stanley，1963）、库克和坎贝尔（Cook and Campbell，1979）等人的论述中均有讨论。

在主流派眼中，科学的主要特点是"硬"资料（资料的有效度可以被不同的观察者检查），研究者以明晰的推论来联结资料和理论，通过实证的方法来公开检验不相符的前提，而理论则是用来组织这些前提的。这些要求下的探究社群就是科学的基础。

皮尔士也许是第一个主张科学知识通过探究社群的实践来取得合法地位的人。他注意到，不论一个人多么确定自己的信念，也不能说他是真理的绝对裁判，因为他的信念仍可能是基于自己尚未觉知到的偏见之上的，而这种偏见应当是可以被怀疑的（Peirce，1960，pp. 80-81）。真理的验证是一群查证者由不同的假设开始，自由批判其他人的研究成果及观点。他们永远不会确定自己的信念一定是对的，但他们可以在探究社群中，经过一个理性的批判及自我纠正的过程而更加接近真理。

谢弗勒曾强调"客观性"的理想，而客观性正是科学主流派的核心概念，它是指"独立控制"（independent control）的重要性高于"肯定"（assertion）。谢弗勒和皮尔士同样认为，公开发现可能犯的错误并进行检验是科学社群的基本精神之一。"基于一种科学精神提出自己的信念，就是承认自己先前提出的信念有可能在后续的检验中被证明是错误的，承认它们有可能在失去自我批判的条件时无法再被接受。这种科学精神使此时此刻的我通过激发潜在的辩论来和社群中的其他人联结。虽然别人有不同的立场或主张，但却可以对谈，从而走向一个共享的世界。"（Scheffler，1982，p. 1）

科学解释的模式，即科学的主流概念的核心，已被波普尔（Popper，1959）和亨普尔（Hempel，1965b）加以阐述，虽然其基本思想可以追溯到休谟和密尔。波普尔认为对一个事件赋予因果解释是指："运用推论的假设（一个或多个普遍法则）作为前提，再加上特定的某个陈述（初始条件），从而推论出对该事件的描述性陈述。"（Popper，1959，p. 59）

科学理论是普遍法则的演绎系统，特殊事件之所以能被解释是因为普遍法则能包容它们。那些被提议的法则的有效性可以通过他们的演绎，连同某些初始条件，可被观察的事件的描述来得到检验。因此解释和预测是对称的，不同之处仅仅在于演绎是在被解释或预测的事件的描述之前还是之后。

亨普尔（Hempel，1965a）称这种解释模式为"演绎—定律逻辑模式"（deductive-nomological model，D-N 模式），这一模式也可运用统计法则加以改造以更具普遍性。在任何案例中，规则若能包含事件，就能够达到解释的目的，所以它们可以被称为"覆盖律模式"（covering-law model）。在主流派看来，"覆盖律模式"是所有科学解释的一般形式，包括社会科学与历史。

科学系统化有两个层次。第一个层次是观察法则或经验规律的陈述，如水在0℃结冰。第二个层次是理论法则，如分子结构的理论。与覆盖律模式一致，观察法则是被预设的理论所解释的，而由预设理论可推论出观察法则。所谓经验的概化只有在理论建立时才能获得，而科学系统化的进展也主要由此而来。

主流派对"发现的场域"（context of discovery）和"验证的场域"（context of justification）做了明确区分，前者注重生产观念和理论（Popper，1959，p. 31；Nagel，1979，pp. 12-13）。科学的特点不在于提出理论的过程，而在于如果它们要被确认有效的话，必须通过系统化检查的考验。如果考虑到科学主流派的哲学家们关注的是"拒绝"或"排斥"，这会有助于我们了解他们的立场。科学是归纳方法的实践，这一观点从培根时代起就十分流行。据此，科学家们小心地不带着事先设定的概念去观察，然后从这些观察中概化出某些原则。在这里，纯净的观察与归纳推论是真理的保证。但是，主流派的哲学家们也指出：观察若要有用，必须从某些重要的前导概念开始（Popper，1963，p. 46；Hempel，1966，p. 11）。更有甚者坚持通过观察去推导理论是没有固定规则可循的。科学家必须创设一个假设，尽可能多地激发能够产生丰硕成果的灵感源泉。因为假设发明的创造过程不可能被系统化，所以科学理论的效度不能依赖发现的脉络，它其实更依赖"检验"，也就是惠维尔（Whewell）所说的在验证的场域中做"快乐的猜测"（Hempel，1966，p. 15）。

一种假设的理论可以推论出许多经验性的启示，但当这些启示无法被 *15* 实际所观察到的资料支持和证实时，该理论就会被拒绝，它就不是一个可被接受的科学理论。

要在理论陈述和实际观察间确认恰当的逻辑关系是十分困难的（Hempel，1965a，p. 101；Scheffler，1981，p. 127）。暂且不去管这种企图的历史渊源，我们可能注意到这种企图的第一步是将观察所得加以整理，形成观察的陈述，如波普尔（Popper，1959）所说"猫在垫子上"，或是"在 T 时间内，指针 M 和线条 L 重合"。陈述句或者资料语言的关键特征是：在合适的条件下，不同的观察者可以通过直接观察对陈述的对与错达到高度的一致。当然，科学理论的经验性检验有赖于在观察的层面上彼此达成主体间同意（intersubjective agreement）的可能性，虽然不同个体在理论层次上的意见不同。

波普尔的"可证伪性"（falsifiability）是对主流派经验验证概念的重要贡献。他十分注意区别科学及伪科学的标准，他提出的说法是：科学理论必须是可证伪的（Popper，1963，p. 40），即一个理论必须要有可能和观察到的某些特定结果相抵触（Popper，1963，p. 36）。真正的科学理论必须冒着风险做假设——这一假设很可能到最后被发现是错的。基于这一点，波普尔解释了他为什么对精神分析理论不满：他们并不科学，因为"没有可信的人类行为能够反驳他们"（Popper，1963，p. 37）。

可证伪性的标准和波普尔对理性批判的重视是一致的。与他对发现的场域和验证的场域的区分相一致，他认为科学知识的成长在被批判检验方法所控制的推测中产生，即当我们不能希望我们提出的理论是真实的时 *16* 候，我们希望能够发现及消除错误，例如，通过批判其他人的理论和猜想，从而接近真理。因此，发现错误的可能性是产生可靠知识的重心。进一步说，在假设理论中发现错误的可能性，取决于在数据水平和明确的推论上彼此达成一致的可能性，它将理论意义和特定的观察材料结合在一起。

强有力的验证要求研究假设及预测能在观察之前就被明确阐述，因为如果先观察再解释的话，我们可能为了迎合资料而选择某些假设。我们可以再进一步地区别被动观察与实验。在被动观察时，研究者预测会发生什么，然后观察自己的预测是否会被随后的观察所证实。而在实验时，研究者阻止或是制造某些特定条件，如果研究假设被验证是真实的话，它应该导致某些事件的发生或者不发生。实验是验证理论最有力的方法，因为通过控制实验的初始条件，研究者能排除其他可能的解释（Campbell and Stanley，1963；Cook and Campbell，1979）。

"精确"是在相互竞争的理论中做选择的重要标准。其他相关的标准包括特定理论的适用范围、简明性和丰富性。当一个旧的理论被新的理论取代时，旧理论所解释的观察法则被新理论的观察法则包容涵盖。因此科学知识是累积性的，更大范围的经验现象被推论系统逐步地组织。

我们可以用默顿（Merton，1967，pp. 150-153）对迪尔凯姆（Durkheim）自杀理论的重新叙述来阐释科学解释的主流观点。默顿是想澄清社会学理论的功能及它和经验研究的关系，伯恩斯坦（Bernstein，1976，pp. 11-14）将默顿的论述作为主流派社会科学家在这一问题上最佳思考的代表。

17   迪尔凯姆从统计数据推导出天主教徒比基督徒显示出较低的自杀率，以此解释经验的概化法则。为了与前述的覆盖律模式一致，理论家的工作就是陈述一套"普遍法则"以及"初始条件"，由此可以导出上面的经验法则。默顿（Merton，1967，p. 151）重新陈述了迪尔凯姆的理论分析，如下所述：

1. 社会凝聚力为承受巨大压力和严重焦虑的团体成员提供心理支持。
2. 自杀率是个人用来解除焦虑及压力的一种反应。
3. 天主教比基督教有更强的社会凝聚力。
4. 因此，可以预期天主教徒的自杀率比基督徒低。

上述第一、第二句叙述是假设性的科学法则，第三句则为一个初始条件，前三句成立，我们便可推论出第四句。就像默顿注意到的，这一例子是高度简化的。我们可以将它作为一个理论碎片，它只是尚未被充分阐释的复杂理论系统的一部分。

默顿用这个例子来说明理论的几个功能。将经验资料和较高抽象层次的概念(如社会凝聚力)联系起来，经验法则的特征便被证明了。不同的发现，如自杀率、离婚率、心理疾病事件，都可以与社会凝聚程度发生关联。这一法则提供了预测的基础，这些预测又可以用来检验理论。例如，假如天主教徒的社会凝聚力减弱的话，他们的自杀率应该会上升。默顿同时发现只有在理论精确到可被验证时，它才可能充分满足这些功能。以这个例子来说，它一方面必须能确定一个特定团体的社会凝聚力已经增强或者已经减弱，另一方面，精确的合理程度取决于处于问题中的科学的状况。若对精确坚持过早的话，则可能使科学家为了测量的精确而限制了对问题的意义特征的探讨。

正如默顿所注意到的，"天主教徒的自杀率比基督徒低"这一通则"假设了教育、收入、国籍、城乡居住地以及其他一些可能影响因素都维持在一个恒定不变的状态"(Merton，1967，p. 150n)。这一假设显示了社会科学主流派的一个重要特点，其正是社会研究方法论的一个重要成分，即必须维持对研究对象有所影响的变量的稳定，才能证明现象之间的特殊关联。因此，实验法以下面两种方法来达到这个目标：使实验的情境标准化或是随机分配被试，然后根据统计技术对各个变量而不是特定的关键变量的影响力进行计算和评估。

第四节　科学主流派与行动科学

我们曾经说过，科学主流派与行动科学的主要特点之间是彼此关联的，如硬资料、明确陈述的推论、公开的检验以及系统化的理论。但两者之间也同时有着明显的差异。我们可以通过默顿讨论迪尔凯姆的例子的几个疑问来凸显两者间的几个差异：为了帮助我们减少自杀事件的发生，科学知识必须要采用什么样的形式呢？以主流派的观点来看，提出这个问题就是将注意的焦点由基础科学或纯科学转到应用科学上。默顿的兴趣在于用迪尔凯姆的例子来说明社会科学理论的特点；很显然，他并不认为必须考虑理论与实践的关系。这好像是说理论家只需对"纯科学"的标准负责，而如何使这些基础知识适用于实际生活则是应用科学家的工作。我们不同意这种观点，相反，我们认为那些企图对实践有所贡献的理论应该有不同于那些只对纯科学标准负责的理论的特征。

19

假设一位主流派的社会科学家对运用社会学的理论来减少自杀事件的发生有兴趣，那么他通常的做法是运用社会科学知识去制定政策，以期通过政策来影响导致社会问题的变量。迪尔凯姆的理论显示：较强的社会凝聚力将促成较低的自杀率。于是这个问题便成为：那么，我们需要怎样做才能增强社会凝聚力呢？这便是古尔德纳（Gouldner，1961）所指出的应用社会科学的理论要求：针对我们感兴趣的问题，理论应该能指明那些可能被人所控制而带动"改变"的变量。因此，社会科学可能建议都市的房屋政策应该着力于促进邻里关系，因为邻里关系的改善将增强社会凝聚力，随之，犯罪率、心理疾病率及自杀率就会降低。

如果期望制定的政策具有影响力，那就必须实施这些政策；但这些政策的实施，不论在都市政策范畴（Pressman and Wildavsky，1973），还是在组织计划范畴（Argyris，1985），看来都没有获得显著的成功。不过这一问题很少成为社会理论家关注的重点，实施的问题一直被看成应用实践的问题，或是政治问题，而非理论科学问题。然而，从行动科学的观点来看，实施是不能与重要的理论议题相分离的。

主流派"维持其他变量恒定"的策略是使理念与实践分离的重要因素。"实施"意指人们必须在具体情境中设计行动。任何人所处的特定情境都是一个包含多重、相互依存及冲突力量的复杂场域；关于实践的理论应能协助实践工作者掌握在特定情境中力量运作的模式，即勒温（Lewin，1951）所谓"社会场是一个整体"的概念。然而人类不可能知道每一件事，人的认知能力是有限的（Simon，1969）。这说明了理论应该试着辨识在许多情境中都有用的、适当的组合模式。它同时说明理论应该让自己在行动场域中接受检验，让实践工作者可以及时修正自己的错误。

第二个问题是服务于行动的知识不能单靠社会统计分析。我们有必要弄清楚人们在行动中的意义和行动的逻辑。社会统计太抽象，它脱离行动场域，以至于无法提供人们在特定情境中需要的行动指南。这个批评是道格拉斯（Douglas，1967）提出来的，他对迪尔凯姆的自杀理论做了深刻的批判，他反驳道："要研究社会行为因果关系中最重要的社会意义（如自杀的社会意义）的话，我们就不可能将沟通者从他所涉入的社会具体行动事件（如自杀事件）中抽离出来，即不可能仅凭实验室实验或问卷就可完成。"（Douglas，1967，p. 339）

我们并不是说社会统计在实践场域中没有位置，但对它们的使用更多的是依赖于在当下场域中对其适当性的解释和判断，按照主流科学的理解，这些就是通常与科学知识相对应的知识形式。

第三个问题是实践涉及规范的范畴。如果行动倾向于增强社会凝聚力，而它又是有效的话，就会对人们的生活产生影响。这种增强的凝聚力是不是可能实现人们所期望的目标呢？例如，当自杀率降低时，个体/社群分化的机会是否会受限？这是可能的代价。谁应做决定呢？类似这些实际的、伦理的问题容易被社会科学家置于脑后，他们将这些问题的决定权留给政治领域。在我们看来，实践不应被视为是一件与理论社会科学不相关的事；相反，实践和理论知识生产的方式是相互依存的。

第五节　反对观点：行动的逻辑

虽然社会科学家大多普遍接受科学主流派的观点，但传统上，反对的声音一直存在。反对派认为社会行动科学必须采取一种不同于自然科学的研究形式。社会现象对于在其中扮演角色的人是有意义的，而自然界的事件则相对独立于人们的主观意义之外。在主流派看来，这一差异并未给科学探究的逻辑带来任何影响，但反对派坚持认为这一差异至关重要。

反对观点并不统一，它们既有一些关注社会行动的共同取向，相互之间也存在一些分歧，不过在对抗主流派观点时，却是一致的。德国哲学及历史学家狄尔泰（Wilhelm Dilthey，通常被认为是反对观点的发起者）针对密尔（经验实证主义的代言人）的看法（Dallmayr and McCarthy，1977；Howard，1982）发表了不同观点。密尔在《逻辑系统》（*A System of Logic*）一书中辩称道德、科学的倒退状态只有应用物理科学的方法才能改善（Putnam，1978，p. 66）。狄尔泰则坚持认为，人类科学的可靠知识一定要依靠对意义的理解才能产生，而最适宜的方法论是诠释学的诠释（hermeneutics）模式，即文本解释的艺术（the art of textual interpretation）。当代诠释学的倡导者包括现象学传统的哲学家，如伽达默尔（Gadamer）及利科（Ricoeur）。在这一传统中最有影响力的人是舒茨（Alfred Schutz）及他的现象社会学。舒茨直接传承了狄尔泰的这一传统观点，传统的分析哲学家受后期维特根斯坦的启发，如冯·赖特（von Wright，1971）、泰勒（Taylor，1977），也提出以诠释学路径来了解社会行动。伯恩斯坦（Bernstein，1976）曾讨论过这些传统的交叉点，以及它们对社会科学主流派的批评。

反对派对"意义理解"的强调导致科学与社群关系的第二种解释，这一解释基于舒茨的现象学传统以及彼德·温奇（Peter Winch）的分析传统（Bernstein，1976，pp. 67-68，p. 139.）。现陈述如下：人类科学中的解释是第二序（second order）的，就是说它们建立在（或者说预设某些了解）社会行动者（social actor）对自己行为的一般性解释之上。为了确定这一点，学者发明了科学探究的程序规则，如社会学或人类学的方法论原则。就此而言，正如主流派所强调的，社会科学者是探究社群中的一部分。然而，人类科学的特殊之处在于，它必须把握住研究对象在生活实践中的意义。最明显的例子就是，人类学者是在异国文化中开展田野工作的，然而社会科学者经常将依据自己文化而产生的解释视为理所当然（Geertz，1973，pp. 14-15）。探究的科学社群与实践社群之间应该做一个区分：反对派的学者关注的是如何才可能产生对社会行动者的了解。这就意味着人类科学是建立在实践知识的认识论（an epistemology of practical knowledge）上的。

如果我们问及人类科学依赖硬资料的程度有多大，便可以更清楚主流派与反对派的某些差异。记得前面提过的主流派的论点吗？科学理论的实证检验依靠那些观察者彼此达成主体间同意的可能性，尽管他们的理论观点并不相同。社会科学家已建立了方法学流程，以确保资料能符合此项检验。反对派的倡导者则不同意主流派的这一做法，因为主流派的方法论并没有对社会行动者所建构的多层丰富的意义进行探究。而在主流派社会科学家的眼中，反对派的解释性研究又似乎毫无希望地过于"软性"了。接下来，我们将描述反对派论点的一些特征。

我们先不从时下主流派观点对于硬资料应该是些什么开始讨论，而要往前追溯一步。前面提到主流派观点中重要的一步是观察的陈述；沿着早期维特根斯坦的道路，逻辑实证论者卡尔纳普（Rudolf Carnap）提出建构一种科学语言，让所有符合标准的科学陈述均可由这一语言表达，而且它可排除所有"形而上"（metaphysical）的叙述（Bernstein，1971）。波普尔（Popper，1963，p. 265）对卡尔纳普的提议是这么评论的："心理学因此而成为极端或激进的行为主义，每一个人或动物的有意义的陈述都被翻译成与物质身体的时空移动有关的语言。"

行为主义者企图在心理学领域中实现上面的计划，他们将认知的名词从科学中逐出，至少他们坚持，这些认知的名词可以用物理运动来描述。这一路径回避了解释及意义的不确定性，而尽可能地应用物理运动的描述。这种对资料真实科学性的看法一直对美国的社会科学有很大的影响，即使到今天，认知心理学已成为心理学及社会心理学的主流，有时还会以机械测量的设计作为科学的理想样式（如测量反应时间的设计）。

稍后的分析哲学主要关注有关行动的概念，它可以说是对卡尔纳普的物理化话语的反抗。研究行动的哲学家认为行动的描述必须包括当事人的意图及其行动的意义（Taylor，1964；Bernstein，1971）。他们指出：相同的物理运动可以发生在不同的行动中，而相同的行动也可能通过不同的运动来实现。他们进而主张：对行动的解释必须将行动者的信念考虑在内。这

24　是能被当事人理解并与其行动直接关联的环境，即泰勒所谓的"意图的环境"（intentional environment），而非单纯的物理环境。当代主流派的科学哲学家也同意，对行动的解释通常会表明当事人的目标和信念（Hempel，1965a，p. 469）。

　　现在的问题就转换成为：社会行动者所理解的意义要如何才能成为硬资料呢？传统上反对使用认知名词（如信念及意图）的原因在于：它们是主观而非客观的，是在行动者的"头脑中"而不是在公开视野中的。泰勒（Taylor，1964，p. 88）不同意这种说法，他指出，"事实上，我们在日常的谈话中，的确是用心理的概念来证实或叙述的啊！"这是如何可能的呢？人们行动的意义又是如何被我们公开理解和接受的呢？

　　早期反对派曾提出一个解决办法，即研究者应该用"共情理解"（empathic understanding）的方法，也就是说一个人对另一个人所经验到、感受到的一种想象（Dallmayr and McCarthy，1977），这个主张被实证主义哲学家奥托·诺伊拉特（Otto Neurath）所嘲笑，他将"共情理解"比喻成一杯刺激研究者思考的咖啡（Howard，1982，p. 29）。不过共情理解的主张也被当代反对派的学者格尔茨（Geertz）所拒绝，他写道："这个把戏不在于你进入和对方精神相契合的某些内在状态，而在于搞清楚他们想要玩什么把戏。"（Geertz，1983，p. 58）

　　时下的观点是理解行动就像理解一种语言。它有赖于主体间意义以及共享的实践，它不是和感觉而是和认识有关。按照这一观点，意义不是私有、个人的，而是可公开辨识和获取的。赖尔（Ryle，1949）是较早主张这种看法的人，他声称，对主体与客体（意味着私人的精神活动与公开的物理活动）的区分，以及相应的在理解心理概念如何能被证实上的困难，是
25　笛卡尔"机械时代幽灵的教条"的遗产。他坚持运用心理预测法："我们描述人们的行动方式，这些方式指导了人们公开行动中的主要部分"（Ryle，1949，p. 51）。即便如此，问题仍然存在：我们要怎样才能区别正确描述的程度，以便不同的观察者能在同一事情上达成一致意见呢？赖尔认为"理解是知道如何去做的一部分。理解特定事物的合理做法所需的知识在

某种程度上是一种执行能力"（Ryle，1949，p. 54）。

理解行动所必须具备的能力可以与说一种语言的能力相比拟。赖特（Von Wright）在讨论我们如何能够证实意图的归属时建议，"蓄意的行为类似语言的使用。它是自我意识的外显符号。正如同理解和使用语言要先预设一个语言社群一样，对行动的理解也要先预设一个体制、实践及科技的社群，而这些社群的引入要通过学习与训练来实现"（Von Wright，1971，p. 114）。

就像一个特定语言中的语句，行动也是要在一个特定的实践社群中才有它的意义，理解行动的必备能力来自于对其他相关社群成员的熟悉，或者用赖尔所举的一个例子来说，观棋者只有在他了解下棋的游戏规则时，才能看出一步棋是明智的还是错误的。

或许谈论社会行动最普遍的方式是以"规则"的形式。描述优良表现，以及对能力的认定都需要"规则"。我们可能只有在能认清错误时，才能说什么是好的、有能力的表现，而对错误的认知能力则有赖于规则系统的知识，这一点与语言学、人类学及诠释社会学的研究方法一致，因此社会学者常常企图通过观察社会成员如何对待偏差者的行为，来发现互动的规则。语言学家调查一种方言使用的情况时，会造一个新句子，然后询问方言使用者这些句子是否符合他们的语法，这是理解语言规则的一个方法。民族志学者则寻找那些使一个个体被接纳而成为该文化中的一个成员的互动规则。这些研究者确认了产生表现与成就的规则，再用它来解释成员的优异表现或成就，他们依靠社会成员行动中的隐性知识来确认规则的遵循或破坏（Harré and Secord，1972；Cicourel，1974；Labov and Fanshel，1977；O'Keefe，1979；Van Maanen，1979）。

这些争论显示，理解行动的必备知识隐藏在日常的语言以及行动发生的社会实践社群当中。人类科学的解释是第二序的，它们必须首先搞清楚行动者到底做了什么，而行动者做了什么，则是由"在地场域"中（the local context）的规则和实践所决定的。但还有一个问题："局内人"（insiders）的解释常常是不相同的，不同的成员对同一个语词的意义理解也常常不同。

尤其是当我们由描述简单的行动(如吃饭或理发)转向对复杂行动模式的解释时(例如，教养子女或是督导员工)，就更是如此。

关于这一点，即使是那些熟悉和同情反对派的理论家也对反对派未能抓住这个问题而有所批评(Bernstein，1976)。在这里我们只是想指出：要达成哪一个是"最好的"解释的共识时，所遇到的某些困难。第一个会面对的困难是因果解释的一个特点：当我们考虑到行动场域中更多的信息，以及逻辑上和第一次所陈述的理由相关联的其他信念和欲望时，我们常常可以提出更进一步的解释(Gergen，1982；Schafer，1976)。霍普金斯评论道："我们对一个行动的理解，就像是从一缸子理由中倒出一个理由，而这个理由可以以不同的方式被追溯到。"(Hopkins，1982，p. xiv)

在诸多解释中进行选择的问题的另一面，是行动者或者可能隐藏自己在行动中的某些意图及信念，或者他可能尚未觉知到某些意义。当上司对下属说："你认为自己做得如何?"被询问的下属立刻就知道，上司要他懂得，她在问他如何评估自己的表现。但他可能并不确定上司是否已经形成对自己表现的某一看法(意见)，以及上司是否害怕当她直接表达看法时，下属会变得非常防备。如果稍后我们访问那位上司，可能发现这位上司只是想帮助下属探索他对自己表现的感觉。若我们进一步帮助这位上司反观她自己的言行，她可能同意自己的确怀疑下属的能力，但她不想明说，因为她认为下属会因此而沮丧。显然，并不是只有在心理分析治疗中，人们才会意识到自己原先所未能觉察到的行动意义。

另一个复杂问题是，同时卷入一个事件的不同行动者会对同一行动有不同的解释。上面提到的那位上司可能以为自己很开通，并且乐于助人，但下属则觉得上司的控制欲强、不会欣赏别人。诠释社会学者戈夫曼(Goffman，1959)谈到"情境的定义"以及这一定义是怎样在互动中协商出来时表示，参与者对一个情境的界定的确常常很相似，但他们对同一个情境持不同解释却也屡见不鲜。

类似的问题也同样困扰着主流派的科学解释，对影响一个事件的原因要进行完全地描述是不可能的。一个特定事件往往受多重因素的影响，而相关的资料却可能无法得到。但是在这两派之间有一个重要差异，人是会自我解释的（self-interpreting），他们的解释进入了他们的行动。对当事人来说，解释发生一些因果作用，解释的力量使我们认为它是有效的。戴维森认为："只有当理由在情境中有效时才能解释行动。"（Davidson，1980，p. 264）对当事人来说，下面的说法是有道理的，例如"我能够理解这可能是我之所以那么做的理由，但那并不是我当时所想的。"这种反应可能和解释产生矛盾，除非我们对无自觉或无意识动机展开一场辩论。再者，在行动的案例中，相关资料不易获得，而得到相关资料的最佳来源却又可能是盲目及有偏见的，因此它们可能只有部分的预测性是不完全的。

28

以诠释学的方法来达到正确解释已被许多研究者讨论过，阿佩尔说："标准的诠释学方法，如语法解释，是从文学修辞或主题角度的解释，通过全部作品的语言来解释其中的某部作品，反之亦然。"（Apel，1977，p. 302）但所有诠释学方法的一个特征是他们以另一解释修正原先的解释（Apel，1977，p. 103），他们没有突破所谓"诠释循环"（hermeneutical circle）。例如，泰勒指出，如果某人不同意我们的解释，我们可以指出其他可能的解释，或是行动场域的其他特征，以支持我们的解读，但任何解读必须经常求助于我们对语言的理解。泰勒建议以一项标准来判断何种解释是较优越的："一个更妥当的位置是一个人可以了解自己的立场以及对方的立场，但对方却无法做到这一点。"泰勒进一步表示："不用说，这一标准对那些已占优势的人更有利。"（Taylor，1977，p. 127）

提供多重视角，而每一视角都是对该行动的再描述，这几乎已成为反对派的方法论原则。格尔茨（Geertz，1973）借用赖尔"深度"描述的观点来凸显民族志人类学者"呈现意义多重层面"的工作。这个观点符合泰勒所谓妥当位置的标准，它是处理不同行动者对同一行动持不同解释时的方法。但是，泰勒对"持有不同解释的人对更妥当的解释达成共识"持悲观的看法，我们并不能认同。我们认为：在生活中共同参与同一实践社群的成员，通过开放的讨论，即使是先前可能坚持不太恰当的解释的人，也可以就某一解释比其他解释更为妥当而达成一致，这种公开讨论的方法就是行动科学所探讨的，下面我们将会描述这种公开讨论的原则。

第六节　作为实践知识的科学理性

依自然科学而设计的主流派观点已普遍地被社会科学接受，传统的反对派在讨论这一点时，清楚地划分了界限。换句话说，它将自然科学完全让给了主流派，而选择了"自然科学不适用于社会科学"的立场。近些年来，已有人提出挑战，认为主流派所用的科学方法并不是很妥善的自然科学方法，最为大家关注的挑战来自库恩（Kuhn，1962）。在伯恩斯坦（Bernstein，1983）看来库恩的论述属于后经验主义哲学（postempiricist philosophy）及科学历史运动中的一部分。这一运动也包括了一些与库恩意见不同的哲学家。即使这种更宽广的视角也不能使我们对当代科学哲学的争论有所把握，例如，科学的实在主义论者的理论（Harré and Secord，1972；March and Secord，1983；Outhwaite，1983）。

我们关注不同科学学派对科学与社群关系的不同理解，在讨论科学与社群关系方面，后经验主义（postempiricist）的论点认为探究的科学社群就是实践的社群。这也就是说后经验主义学者在反省科学理性的本质之际，认为科学理性的本质和深思熟虑的实践共享某些特质。要达成共识的标准是作为特定传统的成员的科学家团体在社会实践的过程中形成的，伯恩斯坦对此有更为详细的描述（Bernstein，1983）。在这里我们将参照库恩的理论说明这一点，并让这一讨论发挥桥梁的功能，帮助大家进入行动科学的范畴。

库恩（Kuhn，1962）曾说过，科学的历史并没有支持主流派所提出的科学影像。他认为知识的成长必须要由科学的社群结构来理解。科学知识单元是一群专家，他们"通过共同的教育及训练背景联合在一起，并熟知其他人的工作。他们之间开展充分的专业沟通，对他们所共有的专业判断没有异议"（Kuhn，1970a，p.253）。

这样一个团体成员共享同一个"范式"（paradigm），或者共享何为重要问题及解决问题的同一套假设。在这一被接受的范式中工作的团体成员投入所谓"正规科学"解决问题的活动中，这些解决困惑的活动又进一步扩展了这个共享的范式。当这一共享的范式不再支持科学工作者解决令人困惑的问题时，科学团体便进入一个危机时期，或是进入"科学的革命"阶段，由另一范式取代原来的范式。

库恩理论中引发争论之处是他认为范式是不能用同一标准去计算的，他的意思是在不同范式中工作的学者并不分享一套相同的前提，所以用互除的方法来解决理论选择的问题是不可行的（Kuhn，1970b，pp. 199-200）。观察中隐藏着理论，持不同理论的人可能看到不同的世界，这是主流派客观概念的致命伤（Scheffler，1982）。主流派认为科学理论的验证有赖于持不同理论的人在同一观察的层次上彼此达成一致的可能性；库恩则认为，相互竞争的理论事实上并未分享一个足以让他们比较彼此观察报告的中性语言（Kuhn，1970a，p. 266）。

什么是一群专家所共享的？什么又是他们所欠缺的，从而导致不同范式无法相互比较？若只用范式来解释显得太粗略含混了（Masterman，1970）。什么又是范式所必要的学科框架（disciplinary matrix）？库恩（Kuhn，1970a，p. 271）认为它们包括了共享的符号概念、模式、价值观以及解决问题的范例。我们认为，一个科学社群的成员通过他们的教育及训练获得共享的实践语言。实践语言是指在任何一个既定的社群中，通过揭露和解决具体问题而进行科学工作的能力。实践工作者要学习什么是正确的问题类型，什么是解决问题的方法。植根于语言的知识，是通过一个我们目前还不是非常了解的过程习得的。专家社群如同语言社群，范式之间无法比较，因为它就像翻译一样通常是有问题的。

库恩（Kuhn，1962）最初在阐述理论选择过程时，将重点放在说服、格式塔转换、革命以及经验转换等几个概念上，这引起了人们对他的批判，认为他所描述的理论选择是非理性的（Scheffler，1982；Lakatos and Musgrave，1970）。库恩回应道，这是对他的误解。相反，理论选择过程所遵循的是与主流派的理性不同的另外一种理性。他认为科学家们依照下列标准来争辩理论的好坏：精确性、理论范畴、简明性及丰富性（Kuhn，1970a，p. 261）。"这些理由并不是选择的规则，而是选择时所依赖的价值观"（Kuhn，1970a，p. 262），所以，理论选择是一个价值冲突而非逻辑论证。

看来库恩偏重科学中理论选择的负面争论，在他看来，理论的选择无疑只是价值冲突或判断的差异，而科学理论选择的本身，并不符合科学理性的传统模式。但当库恩坚持理论选择的过程本身并非理性的历程时，他并未成功地区别其（科学中的理论选择）和非理性的说法，也未厘清这一新的理性（Bernstein，1976，p. 93）。反而是主流派理论家为了对抗库恩的攻击，重新解释原来的论点，进而建立了一个理性的新模式。这是因为为了反击库恩的攻击，他们需要重新解释主流派的观点。例如，谢弗勒（Scheffler，1982）同意观察中隐藏了理论，但他辩称主流派对客观的理想是可以保留的，因为观察仍是可以和假设冲突的，所以观察本身是可以独立控制的，而不只是对假设的肯定而已。谢弗勒并不反对库恩关于精确性、理论范畴、简明性及丰富性的功能是一种价值而非规则的论点；不过他认为这些价值观可以作为第二序的标准，而有关价值标准的问题是可以展开理性辩论的（Scheffler，1982，p. 130）。所以谢弗勒并不认为有理论选择的互除方法，他不同意库恩"当理论被恰当应用后，一定要引导团体中每个人做出同样的决定"（Kuhn，1970b，p. 200）的看法；相反，谢弗勒提出了一个科学理性的解释，而这一解释并不需要库恩所提到的程序。

另一位提出理论新模式的哲学家是拉卡托斯（Lakatos，1970）。他重新解释了波普尔的可证伪标准，拉卡托斯强烈批评库恩的"非理性主义"，不过在他自己企图证明科学中理论选择的理性标准时，仍接受了库恩的若干观点，他同意科学史并未支持科学理性已接受的理论，也同意只有在一个较好的理论可能取而代之时，原有的理论才有可能被抛弃（Lakatos，1970，p. 115），而且他同意理性的标准隐藏在科学社群的实践当中。他延续了波普尔的观点，指出一个未被证实（disconfirmed）的预测是不足以证明一个理论是错误的，因为观察本身可能就是错的，因此证伪主义的成功有赖于做出某些抉择，即基于科学社群所选取的惯例来做决定，这也包括了观察时依靠某些必要的概念架构而做出的判断。而这一观察背后的概念架构却可能被视为"毋庸置疑的背景知识"。例如在微生物学中，观察预设了显微镜中视觉理论的效度。同时，理论在预测特定事件时，都在假设它不受其他因素干扰。科学社群必须要有标准来决定在一个特定案例中，这种"其他条件不变"是否可以被视为是没有问题的？拉卡托斯写道："控制实验的问题没有别的，可以说就是安排实验条件的问题，而安排实验情境的目的在于降低冒险及干扰。"（Lakatos，1970，p. 111n）

如果科学社群必须要决定新旧理论的取舍的话，拉卡托斯所谓的进步及退步的标准就得加以区分。如果新理论不但能解释旧理论所能解释的事实，而且又能发现新的事实，我们则说这一新理论（更精确的说法是旧理论的修正）的出现和转折是一个进展（Lakatos，1970，p. 118）。事实上，要去评价的是一系列理论而非一个孤立的理论，因此证伪主义具有"历史的特点"（historical character），而此研究计划就是认识论的单元。正因为拉卡托斯将理性的标准放在科学社群的历史实践中，所以伯恩斯坦（Bernstein，1983）把他视为后经验主义的一员。

由前述讨论而来的两点推论对稍后我们要提出的论点很重要。第一，科学理性可以追溯到科学社群的社会实践中。这暗示了科学及务实的慎思之间存在连续性。第二，库恩所称常规科学的决定标准和对这些标准本身的论辩之间有一个重要的区别。罗蒂（Rorty，1979，p. 320）曾建议将库恩的常规及革命性科学的概念推论到生命中任何一个领域中正规与非正规的论辩。正规的论辩是在那些为了达成同意而设定的共同标准之下所展开的论辩，非正规的论辩则是参与双方对哪些是共同标准都抱持着质疑的态度，如常见的政治辩论。适于非正规论辩的深思熟虑的过程必须要能处理价值冲突的问题。让我们再次强调这种深思熟虑的过程是理性的。后经验主义哲学的一项贡献，便是它对非正规论辩的确认，即肯定了在生活实践中常见的这些现象也是科学的主要部分。这一认识更清晰地揭示了科学中理性慎思的特征，例如，"对证据负责、忠实于逻辑、公开辩论、正式发表和允许犯错的原则"（Scheffler，1982，p.138），这些基本精神和原则同时也是实践工作的特征，即我们将要讨论的行动科学的切入点。

第七节　行动科学：实践中的探究

在行动科学中，我们在社会实践的社群中创造了探究的社群。要了解其意义，需要首先了解科学探究及社会实践的平行关系。科学社群制定了探究的法则及规范，以合理化它所宣称的知识。社会实践的社群也是在合理化它的实践。要确定的是，社会实践社群的首要兴趣是实践，这意味着它涉及下列问题："我（我们）应该做什么？"相反，科学社群的首要兴趣则是理论的，它涉及的问题是"这是什么？"但在实践兴趣的追寻之中，社会实践社群的成员也对知识进行挑战和辩解。在这么做的过程中，他们制定了可能更适于产生有效资料及行动的探究法则及规范。行动科学的实践涉及和一个社群共同工作以创造条件，使得成员能共同参与，对自己所关切的事务予以公开的反映，并共同制定探究的法则及规范。行动科学的基础建立在一群实践工作者身上，他们创造条件公开检证自己的思想及做法，公开对既存的知识与现象提出质疑，并提供有效的资料以促进讨论及学习。在这些方面，行动科学和主流派实证科学的切入点是基本一致的，但行动科学实践与体现这些规范的方式不同于主流派的方法论；因为在行动场域中，效度的主要威胁不同于那些为建立理论知识而做的研究所考虑的威胁。

行动科学也造就了一个以传统科学为行动依据的探究社群，它们通过在实践中探究相互交流。本书的目的也在于建立这样一个社群。但行动科学的特点在于它投入和认定社会实践社群的基调：行动科学者们彼此之间的研究沟通将聚集于与当事人（即研究对象或参与者）共同投身于知识检验的工作当中。

把科学家和人类日常生活做类比在行动科学家中流行了几十年（例如，Lewin，1951；Kelly，1955；Heider，1958；Schutz，1967；Kelley，1971；

Argyris, 1980, p. 11n），尽管他们都注重认知层面，但从属于不同的理论视角。行动科学路径的一个特点是它专注于被人们所创造的行为世界，以及这一行为世界对有效信息产生的影响。我们的方法所注重的是科学哲学社群这个层面。行动科学为了学习的兴趣对实践进行公开反映，行动科学反映的重点是对实践社群中探究习惯的法则及规范进行批判与重建，因为它们决定了系统的学习能力。

为实践社群探究工作辩护的并不只有行动科学，法兰克福学派的批判理论也持同样论点（Habermas，1971；Geuss，1981），哈贝马斯讨论创造"理想言语情境"的条件，它使人们对如何处理事务能达成理性的共识。然而，就我所知，哈贝马斯并没有花精力在现实世界中创造出此类条件。

行动科学主要关注的是"介入的实践"（the practice of intervention），我们期望能通过对此类实践的反映来增进以下的了解：如何能在实践中检验知识并将其合理化，以及这种实践中的探究方法和科学主流派有何异同。为了实现这一目的，接下来我们将讨论能对实践产生贡献的知识的特征，包括：为行动科学而发展的实践认识论，行动场域中的实证检验方法，以及行动科学中规范和价值观这两者与知识的关系。

（审校/刘义国）

第二章　学习是为了行动与改变

在行动科学中，我们致力于追寻那些能为行动服务的知识。行动科学者是一个介入者（interventionist），他同时致力于促进当事人系统的学习以及知识的累积。这一双重任务的完成有赖于行动研究者在成员（当事人）实践参与的场域中创造出有效探究的条件。在这一章中，我们将讨论行动科学对知识的三点启示。

1. 知识的设计必须要顾及人类的心灵。我们必须考虑到在行动场域中，人类获取和处理信息能力的有限性。我们必须注意到在无限复杂的行动世界中做出有限选择的问题。

2. 知识的产生并不只是为了达成既定的目标，它也应该和目标的形成有关。它不应将人们的意图及目的视为事先给定的。

3. 知识必须要考虑到规范的范畴。当我们在形成一个目标时，价值观的问题就隐含在其中了。一个行动者在回答"我应该做什么"这一实际问题时，行动者形成了他的目标。他们的行动提供了有关他们价值观的最佳证据，而帮助行动者形成目标的知识又引导着行动者去实现他的价值观。如果这些价值观不同于旧有的价值观，我们就获得了能够对改变世界有所贡献的知识。如果它们没什么差别，我们就获得了那些维持既存世界的知识。不论是哪一种情形，在获得与行动和实践有关的知识时，我们都无法回避规范所暗含的责任。

我们需要指明的是，行动科学家具有非比寻常的反省力。行动科学家既是实践者，又是致力于协助当事人进行系统学习的一位介入者。这种协助的方式是在当事人(们)的行为世界中创造出有益于探究及学习的条件。持续的进步则有赖于行动科学家协助当事人来改变他们自己，以使他们彼此的互动能创造出有益于探究及学习的条件。因此，行动科学的实践还包括了教导他人操练行动科学所必需的技巧。

操练行动科学所需要的知识，其本身也是行动科学家所要研究的一个范畴。不仅因为它本身就是实践性知识，而且也是因为它对当事人如何学习和使用这些知识是有帮助的。介入者要求的是在行动场域中能被人们所运用的知识，包括了和目标形成相关的知识。由于要寻求某些事件的状态的产生，因而行动科学家提倡一个规范的立场。在这一过程中，行动科学面临的一个挑战是它如何能使这种实践性知识变成能够被人们明白陈述并加以检验的知识。

第一节　实用解释及实践性知识

借助主流科学哲学家对实用解释及覆盖律的讨论，使我们得以澄清这两种知识的差别在于"为行动服务的知识"与"为知识服务的知识"。实用解释是指那些我们日常生活中提出及接受的解释；在这里，我们可以区别几种不同的可能解释：(1)我们可能澄清一个名词的意义或是解读一篇难懂的文章；(2)我们可能提出为自己行为辩护的理由；(3)我们可能陈述一个游戏的规则；(4)我们可能确认引导事件产生的前提或原因。所谓覆盖律模式就是企图提出一个法则，而这一法则可以针对不同时空中同样的现象，提出一个相同的解释(Scheffler, 1981, p. 19; Hempel, 1965a, pp. 412-415)。覆盖律模式是科学解释的一种思想，它提供了解释"为什么"的答案，如"为什么这个案例是 P 呢?"(Hempel, 1965a, pp. 334-335, p. 421)亨普尔明确地将规则及意义的解释排除在科学解释的范畴之外(pp. 412-414)。这一排除的行动引发了我们先前讨论过的有关诠释学及行动科学的争议，在此不再重复。相反，我们想要站在覆盖律的基础上来讨论因果解释的问题。

主流的科学哲学家宣称所有的因果解释都符合覆盖律模式（Hempel，1965a），他们的这种说法可以被理解为一种具有理想主义色彩的顺从行为；因为每个人都同意我们在日常生活中接受了许多因果解释，而它们并不能诉诸覆盖律。为了说明这一点，让我们用亨普尔列举的一个关于冬夜中汽车散热器爆裂的例子来解释（Hempel，1965a，p. 232）。覆盖律的解释包含了一般性的法则：水的结冻温度；在温度降低到特定程度时水压的增加；再跟随着某些特定的初始条件——例如，汽车整夜停在户外，而气温由 3.8℃降至-3.8℃的事实；散热器中充满了水；等等。为了解释这一事件，这些陈述都是必需的，汽车散热器爆裂的事件才能被逻辑推理所演绎解释。

在日常生活中，如果某人问："这个散热器怎么裂了呢？"采用陈述覆盖律（即所有法则及初始条件）的形式来回答他的问题是很怪的事。相反，我们很可能这样回答："昨晚温度降到-6.6℃了！"在某些情况下，这个回答可被视为一种恰当的解释。在其他情况下，例如当此事件发生在二月的波士顿时（二月的波士顿气温在-6.6℃左右是常事），适当的解释可能是："我昨天才从佛罗里达州开来，而我车子的散热器又没有防冻设备。"

像这种日常生活中的解释，可被视为覆盖律解释中的一个部分或片断。当我们那么说时，是认为其他人已知道水在0℃结冰，以及当水结冰时会膨胀等。因此我们只选择我们认为别人能理解的必要的说明。这些解释被称为"实用"的解释，因为它们可在一个特定场域中达成当下的目标。例如，在波士顿的二月，只告诉别人气温降低是不太充分的解释，因为别人会想："可是这个礼拜每天晚上都只有-6.6℃啊！"同样，告诉别人散热器缺少防冻设备也是不充分的，因为它为什么不在前些天爆裂而单在昨天爆裂。此时，额外的信息"我昨天从佛州开车过来"，则又可能引发他人心中可预期的一个疑问："你怎么忘了加防冻剂呢？"因此，能给人满意的实用解释的能力有赖于我们是否能分辨别人为了解决他们的困惑所想知道的事（Hempel，1965a，pp. 425-428）。

我们可以区分实用解释的第二部分，即处理因果概念。严格地说，不是气温陡降，也不是缺少防冻剂导致散热器爆裂，而是这些因素共同导致了这一结果。这是科学哲学家谈论因果解释而非只谈论原因的理由。正如密尔(John Stuart Mill)在《逻辑系统》(*A System of Logic*)一书中所提出的，以单一的因素来作为原因是没有科学基础的，当我们那样做的时候往往是按照我们的目的来进行的。谢弗勒指出："只有在论及人类控制以便为法 *40* 律或道德责任的决定提供论证基础时，我们才会挑出某些因素做解释。"(Scheffler，1981，p. 24)因而实用解释所关注的是在一个特定场域中，面对控制及责任归属的实际事件时，依据当下的目标选择某些条件作为原因来陈述。

我们现在希望将实用解释的概念由"某人提出解释"的这种案例延伸到更普遍的行动的案例。我们认为行动是被(隐含的)实用解释所带动的。任何一个企图带来或预防某些结果的行动，都依赖于行动者所持有的因果信念、假设或暗示。所以当我在车内添加防冻剂时，是为了防止散热器的破裂。当我们辨明被操纵的原因(因素)可导致所期望的后果时，当事人将聚焦于一组条件中的某些特殊因素。冯·赖特(Von Wright，1971，p. 56)称这些因素为"相关的"充分条件，因为它们足以带动某些所期望的后果，而它们是和一群背景因素相关联的。我们可能也注意到，隐含在行动中的因果解释与以行动来检验信念的实用概念相契合。与实验相似的是，隐含在行动中的实用解释也是有待检验的假设。如果所期望的后果发生，那么这一假设便被肯定；反之则否。

我们现在可能要问：行动者赖以建构实用解释的是何种知识(包括隐含在行动中的隐性解释)？目前，让我们简单地称它为实践性知识(practical knowledge)，我们注意到它是为行动服务的知识。而覆盖律的解释则因为它是从依附于场域的实用主义(contextually boud pragmatics)中抽离出来的，所以它有系统地忽略了这种知识。例如，知道散热器破裂的覆盖律的解释，并不能对当事人针对特定场域设计和表达出适当解释的行动有多大帮助。可以说，覆盖律多样性的知识对设计实践性的解释是必要 *41*

的，即它提供了一种可用于推理的知识基础。当其中最基本的知识和实践性知识相结合，以建构其恰当的解释并随着情境的发展而修正时，对于每天的日常事务来说是足够的。而那些更进一步的烦琐的覆盖律的知识在缺少实践性知识的情况下，对个人来说将是毫无帮助的。

我们并非指主流派科学不能够建构实践性知识的理论，相反，当代社会心理学热门的研究领域是日常生活中人们的推理策略（Nisbett and Ross，1980），但实用推理的这些解释本身是和覆盖律模式一致的。例如，一个特定行动者为何提出"昨晚温度降至-6.6℃"的实用解释说明，这应包含了归纳这一实用解释的法则及条件。可以确定的一点是，今天的社会心理学家不可能陈述这一归纳所必需的所有条件及法则。但可以预期的是，当它们越简短时，也就表示它们的解释可能越不完整。它的不完整与不完全是可以被批评的，因而也就可以被要求做更多的研究，以期能填补这些差距（Scheffler，1981，p. 77）。因此，在主流派观点中，实用推理的科学解释本身是由被覆盖律模式所代表的非实用解释的理想来评判的。

我们讨论了主流科学的规范要点。其主张好的解释是与共同决定了要被解释的现象的更精确的条件联系在一起的。另外，好的解释是那些更精确描述现象的推论。例如，某个理论认为，在千分之一秒里看到的世界比一秒里看到的世界更精确。用波普尔的话来说："理论是我们把握'世界'的巨网：通过理论，我们将世界理性化，并对世界进行解释和控制。我们致力于将这张网织得更细密。"（Popper，1959，p. 59）

不过，站在知识是为行动服务的观点上，我们建议，增加精确性只是众多价值中的一个而已。但如果走向极端，就变成了对其他价值的限制，甚至是起反作用的。其他价值落到了有用性之下。在社会互动的场域中，有用的知识必须与人类在现实中行动的认知限度相匹配。这意味着行动者要在许多事物中捕捉勒温所谓的问题"全貌"。而主流派科学家们专注于增加其精确度上，为了更贴近地研究社会事实（social reality），反而倾向于将社会事实零星且片段地孤立起来，而其他价值则依附于运用这种被生产出来的知识所创造的世界。对行动者来说，如果追求知识的精确度的话，那么运作高度的、单方面的对情境的控制以及对情境中他人的控制就成为必要，因为精确的知识是在单方面控制的条件下产生的（例如，在实验的情境中）。阿吉里斯（Argyris，1980）讨论了相关争议的细节问题。

在坚持"精确性"只是诸多价值观之一时，我们并不是说行动科学对增加精确度从不感兴趣。譬如，当人事经理说："帮助大家表达他们的感觉是重要的。"行动科学家可能对此有所质疑，他会问在什么样的条件下这些建议才会起或不起作用。理论的分化是重要的，因为它使人们的行动更公正及更有能力。当我们使用"能力""公正"这样的词汇时，当然就提出了规范性的问题，稍后我们会详细讨论。目前我们只希望提醒大家注意增加精确程度也是出于规范性的考虑。如此一来，在人们的行动场域中，这一目标（精确性）可能会和能力及公正的目标有冲突；这时，主流派社会科学家可以忽略他们工作所带来的启示，而视能力及公正事件超出他们的工作范围。当"使用"问题被贬入所谓"应用科学"的领域时，这种"忽略"就被合理化了。在这一模式中，科学家的责任仅仅是尽可能生产最好（最精确）的知识，而应用科学家对精确度的选择则要视其对实践工作者是否合适而定。这种劳动分工的一个后果是：那些负责生产知识的科学家可能会忽视"知识要为行动服务"的重要考虑；另一个后果是：那些关注实践的工作者可能不觉得自己有责任去符合科学中所要求的精确标准。事实上，我们不难看到一个工作者会将他的研究工作和临床实践或是咨询活动进行清楚地划分，他对研究的要求高度精确，但对实践则又是另一套标准。

在行动科学中，我们主张对实践性知识实行严格的高标准。不过，那些适合于为行动所服务的知识标准，在某些方面与主流派科学所认同的标准是不同的。例如，我们已提到的，其中的一个主要区别是行动科学用可使用性的价值观来调和主流派精确性的价值观。可以说在行动科学中，我们寻求那些理想的但并非完整的解释。例如，勒温早期的概念模式，其确认了行动的几个重要因素之间的关系，但忽略了其他因素。这些解释的另一个特点是它们应该是细心推敲出来的。换句话说，为行动服务的知识应该一方面包括留有余地、间隙的解释，而另一方面应包括与当下目标一致的、以填满这些余地的方法。我们不同意主流派的策略——他们一开始便建立精确度最高的解释，而将行动的问题留给应用科学家和实践工作者。在我们看来，这一取向将科学与实践工作分割开来，并因此阻碍了我们对行动知识的了解。

我们可能注意到另一方面，就是行动科学中的解释类似于覆盖律模 *44* 式，两者都通过循环模式来解释特殊事件。在主流派观点中，这些规律依休谟(Hume)的法则分析而被建构为一般性法则(general laws)。在行动科学中，我们则由有目的的当事人的有意或无意的行动后果中发现这些规律或法则。反对派哲学家则认为覆盖律模式不可能消化或理解人类行动的规则(Von Wright, 1971; Harré and Sccord, 1972; Manicas and Secord, 1983)。我们暂且不去平息这一争论，只希望大家注意两派对循环模式的共同依赖。一个显而易见的看法是某些反对派的倡导者认为社会现实是变动的，以至于社会科学都无法发现可信赖的经验性规则(例如，Gergen, 1982)。事实上，不论发现历久不变的某些"历史通则"或是找出社会行为的法则是多么渺茫无望，对当事人来说，人们在日常生活中还是清楚地预设了许多规则。行动者期望能防止或导出某些特定结果的行动中所隐含的意图，这就是一种因果理论。这些"因果理论"或"隐含的实用解释"，都预设了"若我做 a，就会产生 b"的规则。当然，任何一个特定的理论都可能有错，但如果理论不能经常修正其错误，也就是说如果潜在的规则事实上是不存在的，那么人们的实践行动将是无法想象的。

行动科学中所解释的循环模式与自然科学中所解释的循环模式之间的一个重要差异可通过"行为世界"的概念来理解。这就是可被社会科学家解释的、在当事人行动中彰显出来的、多少算是稳定的互动模式(Argyris and Schön, 1974; Schön, Drake and Miller, 1984)。作为社会实践社群中的成员，人类创造并维持着赋予人们行为特征的潜在规则；然而，这些潜在的规则也是社会事实，它们独立于个体，约束并且导引着人们的行动。从这种观点来看，人类具有两重性，一方面是因果论的行为者，另一方面又只是遵照外在力量行事的棋子而已。例如，我们被自己所属的文化社会化

了，而这一文化又被我们大家共同创造及再创造（Berger and Luckmann，
1966；Pearce and Gronen，1980，p.88）。

第二节　朝向一个实践的认识论

我们已说过，行动科学的目标是生产为行动服务的知识，这种探究需
要实践的认识论（epistemology of practice），即与行动有关的知识理论。回
忆先前我们提出的问题：人们用哪些知识来建构其实用解释呢？当时我们
简单称它为实践性知识。现在我们要开始说明这一系列概念。

让我们从"目的性"（purposiveness）这一概念开始，目的性是行动概念
的中心。我们通过洞悉当事人的目的而认定其意义。例如，勒温在早年即
指出，战场是有方向的，是前线还是后方，皆由战场上的人的意图而定。
那么，目的性是如何进入当事人对环境的有关特点的选择呢？基本上，它
有两种方式。

1. 人们通过分类描述客体。例如，威廉・詹姆士（William James）
提出，推理的技巧是挑选出事物的基本要素，即"此事物众多属性中
的某一或某些属性对我的兴趣或利益而言是重要的，所以通过比较，
我可能忽略了其他属性而就这一或这些特定的属性来描述该事物"
（William James，1890，p.335）。因此，在战场上客体的特点可能是它们
为战士们提供掩蔽的能力。

2. 共同导致一个事件的几个条件可以被分成"原因"及"背景条
件"，这正是实用解释的特征。例如，密尔注意到的，这些区分要根
据当下的目标而定。巴纳德（Barnard）对决策过程的分析强调，当我们
怀着"达成某些目标"的眼光去看一组条件时，我们才能区别"策略因
素"（strategic factors），只有改变这些策略因素时，目标才能达成
（Barnard，1968，pp.202-203）。

目标对行动设计的重要性已为人们所知。但现在我们要区分主流派认

识论与行动科学的实践认识论的区别。例如，舍恩注意到，在主流派模式中，实用性知识是手段与目标之间关系的知识（Schön，1983，p. 33）。对决策过程来说，目标或结果被当成是既定的，它们是决策过程的输入部分。于是科学知识被应用于选择最好的手段以达成目标的技术问题。这个解释与实证主义中事实及价值的分离是一致的；如此说来，理性及知识适用于事实的范畴，而目标的选择涉及价值判断，因此不属于科学知识的范畴。应用心理学早期的教科书中也采取这一立场，它公然宣称："心理学可以告诉你如何卖东西给消费者，即使他原先并不想买。但这种做法是否合乎伦理，则不是心理学需要决定的。"（Hollingworth and Poffenberger，1917，p. 20）

有关伦理的讨论不应被拿来限制当下的争论。道德推理是实用推理的一个方面，它处理如何去行动的问题。实证主义者怀疑人在道德事务上的推理，并延伸至所有不同的实用推理上（Raz，1978，p. 1）。因此，主流派理论中实用性知识等于从手段到结果（目的）关系的知识。这也成为应用科学的主要范畴。注意到"实用的"这一用词的暧昧意义将会对我们有所帮助。在现代的用法中，它一般是指有用的或可控制的，如说锯子是锯木头的实用工具，这和主流派手段—结果（目的）的解释是一致的。但实用的古典意义可以追溯到亚里士多德的实践（praxis）观点，"实践是指主导了人们伦理及政治生活中的纪律及活动"（Bernstein，1971，p. x）。实践推理（符合第二种实践意义）关注行动者要做什么的选择。它不只关切手段，同时也注重目标与结果，而且它包含价值或道德的元素。这就是康德将实践理性与纯粹理性加以区别的道理。我们可能需要强调说明的是，在缺乏行动者理性选择的思考与目标的情况下，没有一种技术知识是"实用"或"实践"的。

一、问题设定

舍恩对问题解决及问题设定的区分可以帮助我们进入不同于主流派实

用性知识的另一个可行的路径。问题解决可以被理解为致力于手段—结果（目的）的一件事情。因为一个已成形的问题包括明确地指出所欲达成的目标。但在解决问题前，一定要能设定及形成目标。真实的生活并不会呈现出已完全界定好的问题，相反，人们是与复杂、暧昧及迷惑的环境相对抗的，人们必须指出并界定问题，以便能尽力去解决它们。舍恩写道："当我们设定问题时，我们就选择了在这个情境中哪些是我们要认真对待的'事情'，我们设定自己关注点的界限，并且赋予它一个统一的面貌：什么是错的，以及这个情境需要往哪些方向去改变。问题设定是一个过程，在其中，我们为事情'命名'（name），并且对我们将在其中达成目标的场域加以'框定'（frame）；'命名'及'框定'两者是互动的。"（Schön，1983，p. 40）

与此看法一致，我们将探讨行动者对问题或情境的框定。对问题的框定，同时也决定什么才是解决之道。手段—结果（目的）的考虑是发生在已被框定的场域当中的。

当我们注意到行动者对情境的框定时，就比只探询他的"目标"更进了一层，因为目标与框定间存在一种相互依存的关系。一方面行动者的目标在组织情境的框定中涌现，例如，当两部门之间陷入竞争性框定（the contest frame）时，双方均想赢对方；另一方面竞争性框定可能使成员致力于控制工作以打败对方，或者这也是他们的生涯目标及与部门及个人成功有关的信念。在这里，所谓的巢状框定（nested frames）及目标是一个有助于我们思考的分析观点。正如手段—结果（目的）分析具有巢状品质，为达成远大目标的手段却常常导致行动者自限于褊狭活动的后果。所以工作者框定其工作角色的方式产生了工作者所认定的目标，而这一目标则框定了特定的工作。

我们也可以从那些谈论过实践理性（practical reason）的哲学家的言论中摘取一两个相关的论述。实践理性关心下列这种问题："我应该怎么做？"而理论的推理所关心的问题则是："这是怎样的案例？"行动哲学家安斯康姆（Anscombe，1957）曾重新解构了亚里士多德"实用三段论"的观念，"实用三段论"之于实践理性就如同"证明三段论"之于理论推理（所有人都会

48

死，苏格拉底也是人，所以他会死）。"实用三段论"的大命题是意图（intention）、目标或道德命令，它的小命题则描述与目标达成有关的手段—结果（目的）推理，而它的结论便是行动。例如，如果大命题是"我今天要到纽约"，小命题是"今天到纽约的唯一方法是搭火车"，那么结论便是"赶搭火车"。

现在，"实用三段论"的形式似乎倾向于支持以下看法：首先产生意图或目标，然后产生手段—结果（目的）的推理，以决定如何达成目标。但有些哲学家曾争辩，认为这和正常情境相去甚远。人类在特定情境中必须选择自己要做什么，而且只有在极少数情况下，他们是在持有一个已形成的特定意图后才进入该情境。相反，当事人必须能评判该情境中呈现出的各种可能性，再来看看这些可能性蕴含了哪些目标。正如威金斯（Wiggins）所辩论的，一个当事人有许多兴趣，而它们导致了相互竞争的主张或要求。困难不在于为达成所赋予的目标对手段—结果（目的）所进行的思索，而在于"为了理解及掌握自己的行动，是什么使我们得以充分地、切合实际地辨识某一情境的特性？"（Wiggins，1978，p.145）这里所需要的是一种情境评鉴（situational appreciation）的高度要求，即"对一个情境迅速地产生特定的想象，并让它在反映、思想实验（thought-experiment）及它激发的热情中活动"（p.144）。威金斯认为"实用三段论"的小命题来自对情境的评鉴，而且这一小命题"促发了一个旗鼓相当的、一致的大命题，这一大命题能带出一种重要的意义，而这个重要意义成为这一情境中的显著特征"（p.147）。换言之，目标的确定是在"情境评鉴"历程之后才得以产生的。情境评鉴类似于我们所谓的"框定"。

二、隐性认识

我们已经说过，行动设计中关键的一步是对情境的框定。因为框定界定了目标，行动者在其指引之下得以辨识策略性的因素。我们现在必须加上一套概念，这套概念为认知心理学家及社会心理学家所熟悉，即包含行动者在特定框架内对情境框定以及设计行动的知识。如同其他认知取向的行为科学家，我们认为人类拥有理论的、类别的、模式的，以及其他形式知识的词汇或字汇（Nisbett and Ross，1980，p. 28，其中的"知识结构"部分）。这一知识存在于包括人们生活行动中许多规则的形式之中，也像致力于计算机程序以解决真实世界问题的人工智能（例如，Davis，Buchanan and Shortliffe，1977）。词汇、类别以及规则的观念也指出了意图行动及语言使用之间的相似性。在本书稍后的章节中，我们将会讨论主流派有关认知基础的研究和行动科学所关注的有能力的行动（competent action）间的相关性。

行动的一大特征是使行动得以发生的知识多半是隐性、暗藏的。波兰尼是第一位使用"隐性认识"（tacit knowing）的学者，他举例说明了我们虽有从千百事物间认明一个事实的能力，但另一个事实却是我们未能说明"如何认明"我们所知道的事实（Polanyi，1967，p. 4）。波兰尼建议这种"如何认明"的知识是我们辨认能力的特征，不论是辨认人们的不同相貌、岩 *50* 石标本或疾病案例间的差别。我们可以把这个例子引申到我们辨认情境的能力上。这两者最重要的差别是辨认情境的同时要去框定情境，去观察其他框定可以想象的事实。当我们认出玛丽姑姑时，只有一个答案，但是我们认明或框定一个情境时，则建构了好几个可能的解释。但常见的是，行动者都未察觉到其他可能性（即这些可能性都发生在我们隐性认识的历程中，而当事人却没有察觉到自己拥有这些知识）。对未察觉到的策略，即对我们行动中所隐含着的知识的这种"不自觉"（unawareness），常常可以在语言使用中找到。以英语为母语的人可能说"我捡这本书起来"（I picked the book up）、"我捡起这本书"（I picked up the book）或"我把它捡起来"（I picked it up），但我们不必担心他会说"我捡起它"（I picked up it）（此例源自 Labov and Fanshel，1977，p. 75）。然而很少有人能用陈述规则的方式来说明为什么最后一个选择是不被允许的。从这个例子可以看出，在了解与探究人类互动中的规则时，我们发现人们常常不能陈述出他们在行动中所遵循的规则。

我们所指的这种知识必须是从熟练的技巧的表现中推论而来。事实上，隐性认识是一个前提，这个前提解释了"人们时常表现得有技巧"的"事实"。有技巧的行动的特点是它是有效的，看起来似乎不费吹灰之力，行动者似乎不需要去想如何做。的确，思索如何去表现一个特定行动可能反而会抑制了技巧的表现，典型的例子是打字、开车以及打网球；还有其他的例子，比如人脸识别、说母语以及在宴会中化解令人困窘的时刻。在每一个这样的案例中，我们有可能谈到有技巧的表现、隐性认识及伴随的规则，因为它能使行动者得以认明错误并分辨什么是有能力的表现。

三、反映与行动

舍恩认为隐性认识深埋在人们判断的能力以及技巧性行动之中，它如同"行动中的认识"（knowing-in-action）；他还认为它是实践性知识在日常生活中独特的表现方式（Schön，1983，pp. 50-54）。同时，舍恩也注意到有时人们能对自己正在做的行动有所反映，特别是当他们困惑或未能达到预期的结果时。这种在行动中反映的能力是使得某些隐埋在行动中的隐性认识得以揭露的一种方式。也因为如此，行动者才能思索自己如何才能采取不同于先前的行为。

再回到之前提过的行动与实验之间的类似性，我们可以说：当行动中的隐性假设或实用解释不被支持时，会引发或刺激当事人开始反映自己的所作所为。舍恩建议用更细致的论点说明人们如何在行动中检验自己的假设。他注意到"试探—假设的行动"同时也是一种探测（probe），当事人通过它来探索一个情境，它同时也是当事人企图改变这个情境的一个移动（move）（Schön，1983，p. 151）。

阐述了这些观点之后，我们现在可以大概地掌握一个较完整的、动态的实践认识论的模式。当事人在面对一个复杂、困惑及模糊不清的情境时，依据隐性认识去框定该情境并采取行动，这一行动的后果产生了该情境以及当事人行动及认识框架之间是否恰当的信息。当事人再一次依据隐性认识对这些信息加以解释。倘若探测的行动（the action as probe）引发了与原先框架不一致的资料，如果一个移动的行动（the action as move）并未达成预期的结果，或是引导出并非想要的后果，或是这一假设的行动（the action as hypothesis）未获支持时，可能会带动当事人对原始认识框架及行动的"隐性了解"（tacit understanding）进行反映。这个反映可能或不可能引导出对该情境的重新框定（reframing）以及新的系列移动。

我们必须经常谨记的是：实践是社会行动（social action）。当一个行动所框定的情境涉及其他人时，这一框定便包括当事人对他人意图及信念的看法。行动的后果包括其他人的反应，而这些人自身的反应则依赖于他们如何去框定这个情境，依赖于对其意图的信念和对原始行动者的信念。正如在讨论反对派观点时所提到的，互动预设了实践社群中相互主观的了解。行动也创造了共享的了解，这些共享的了解会进入行动者未来的行动中。我们对实践认识论的关注应包含对相关社群规则及规范的探究，因为它们是被个体的行动所创造及维系的。如果行动者对另一人有所批评，但因为害怕自己的批评会使对方变得具有防御性，而对自己的看法有所保留；又假如对方也感觉到这一状态，而不说出来，因为他也害怕这位行动者会变得自我防御。这样的话，两人便已开始建立共享的规则，即具有威胁性的资料是不可公开讨论的。

隐性认识与反映的概念提出了一个认识与行动（knowing and action）关系的模式，它不同于惯有的模式，一般惯有的模式简而言之就是"慎思而后行"，通常指人们深思熟虑的意思，它也是决策理论（decision theory）中所建构的模式：行动者要预期行动方案可能的后果，对每一行动方案的实用性有所设定，然后选择一个具有最高预期实用性的方案。我们同意这一模式掌握了现实的某些情况，但在后面的讨论中想建议一个更为合适的模式，即"行动并对你的行动进行反映"，这几乎将惯有的模式倒转过来了，它可能被认为是"行动先于思考"。重点是人们的机智行动是由高度技巧及复杂推理而形成的，而其中绝大多数又是隐性的。因此，行动然后对行动反映，以发现是什么推理形成了我们的行动便是必要的。要先采取行动的第二个常被认可的理由是：行动是探索情境的一个工具，行动产生了可以用来设计未来行动的资料。这些考虑均指出实践认识论动态方面的重要

52

性。我们必须把行动视为一系列的流动，由行动到着眼于未来再行动的反映。舍恩称这一动态过程为"与情境的反映对话"，实践者对一个情境设定了一个框定，然后在对情境的"回谈"（the back talk）中修正原先的设定（Schön，1983，p. 163）。

我们现在可以发现主流派与行动科学在面对未能达到预期结果的失败时，两者的处理方式是不一样的。主流派的实践认识论集中在手段—工具的理性上，未达到所想要目标的失败导致行动者对工具做重新检验，并寻求一个更为有效的工具。行动科学的实践认识论则注意手段—结果（目的）推理，或解决问题的同时，看重行动者如何"框定"情境或设定问题。失败可以引导行动者对其原始框架有所反映，并设定一个不同的问题。我们称第一种取向为单路径学习（single loop learning），而第二种为双路径学习（double loop learning）。

在"重新框定"与库恩"在相互竞争的范式中选择"这两种观点之间，有一个启发性的平行关系；罗蒂（Rorty）指出了这一平行关系，他引用库恩的哲学观点，认为："新的哲学范式轻轻地将老问题拨至一旁，而不是提供新的解决方法。"（1979，p. 264）如同库恩所倡导的，科学知识的成长在于新的范式取代了旧的范式。这一推论和库恩认为范式是不能相比较的观点有关。纯粹的技术标准（库恩称之为"理论选择的运算法则"[Kuhn，1970b，p. 200]）适用于在一个既定的范式或是同一框定内，对相互竞争者的不同方法做比较，即如果结果或目标是既定的，选择最好的方法或工具的决定就只是一个技术性的问题。这就是主流派科学所宣称的自己能解决的问题。但假如选择是介于不同框定之间的话，纯技术性标准就不足够了。

这并不是说要在不同的框定中做选择是没有理性标准的。如同舍恩（Schön，1983）建议的，框定实验（frame experiment）可以依据两方面来评估：（1）它们能否使探究得以继续下去，（2）它们能否创造出实践者"评鉴系统"所偏爱的结果。这些标准可以和库恩的准确性、范围及简明性相比较，但这些是引导我们选择理论的"价值观"而非"规则"。这些标准目前仍是模糊不清的，我们希望以后能阐明得更清楚一些。我们在这里的观点是："重新框定"是指当事人及实践者必须面对如何针对受特定价值混乱的事件进行理性的反映这一挑战。所谓要达到"科学性"，从狭隘的意义上来说是将科学对等于技术理性（technical rationality），将人们的注意力局限在单路径学习上。行动科学的探究提出更宽广的解释，它坚信理性探究有走向双路径学习的可能性。

第三节　行动科学中的实证性检验

正如我们所看到的，在主流派论点中，科学的特殊性即在于它在验证的场域中对知识进行批判的检验。科学的理论必须具有实证性的内容，即观察的结果必须在某种程度上接受或拒绝理论。科学社群中有能力的成员们，即使在理论的层面上彼此互不同意，但应能在观察的层次上彼此达成同意。联结理论及观察的逻辑应被明白地揭露，这样，不同的科学家便能同意一组特定的观察是否与理论符合。以下是客观知识的条件：可证伪的理论、观察上达成相互主观的同意、明白揭示的推论，以及可产生公开检验的探究社群。

对于这些原则，行动科学与主流派科学都非常重视。但在这一节中我们将说明的是，行动科学及主流派科学对这些原则的实行却是各有千秋。它们之所以不同，部分原因是因为行动科学的范畴是行动及解释性理解；除了科学家所赋予的意义外，社会行动者（social actor）所建构的丰富意义也都和描述与解释相关。更重要的事实是，在行动科学中经验的检验发生在行动场域当中，这一特点使得行动科学与主流派以及反对派观点都截然不同①。也正是这一特点使得解释性知识得以被严谨地检验，因而联结了主流派及反对派观点之间原本互不相通的状态。同时，在行动场域中进行检验时需要以特别的方式来完成主流派实证检验的原则。

---

① 主流派是指实证主义，而反对派是指现象诠释学派。——译者注

一、行动科学的主张

我们将由描述两种可以在行动科学中被检验的主张开始：认定归因（dispositional attribution）以及因果责任理论（theories of causal responsibility）。行动科学并不只是对这两个主张感兴趣。在行动科学中，探究如同一个移动的探照灯，它可以集中在信念、探究的规则及规范本身等不同层面上。因为很清楚，事实是当事人确实在某些时候会制造、批评以及评估这些主张，而这是一种重要的实践活动。

认定归因包括一系列以下形式的陈述："当事人 a 已认定 b。"认定解释受到众多的哲学关注，引发了许多话题，在此不再讨论（Ryle，1949；Hempel，1965a，pp. 457–477；Davidson，1980）。所谓认定是指在特定情境中特定行为方式出现的倾向，包括欲望、信念、态度、能力以及心理特质。日常口语中认定归因的例子包括"他自我防御很强"，"她是谦卑的"，"他害怕失败"，等等。注意我们这里所用的这些特定的名词，包括但并不局限于所谓的人格特质中。

认定一个行动者遵循了一个规则或隐含理论，即对他做了一个特定的认定归因。例如，"约翰服从一项规则：'如果我要批评别人，之前要先检讨自己。'"

第二类主张，因果责任理论的形式是："行动（或行动模式）a 将导致（对后果负责）结果 c。"引申我们上面的例子，有人可以争论道："'检讨自己'这一规则将降低对方挑战行动者观点的可能性。"要注意这种因果假设可能会描述行动想达成或不想达成的结果。

认定归因与因果责任理论具有复杂的相关性，例如说某人是"不敏感的"，似乎涉及了两种主张：其一，这个当事人以一个特定的方式行动；其二，这些行动倾向于带给别人某些特定的影响。我们对厘清认定性与因果性归因关系的贡献有赖于"使用理论的命题"（theory-in-use proposition），这个概念在第三章及本书的第三部分会有详细的讨论。

认定归因与因果责任理论都可能导向超越个人层次的分析。例如，当一个团体做出可笑或错误的决定时，我们可以说它陷入"团体思考"（group think，Janis，1972）的错误中。我们可能说一个组织为了极力掩饰错误而陷入自我防御的行动中，而同时它又想粉饰它的掩饰行为，如此一来，它变得更不可能产生适合改变的条件。如稍后在本章中我们会描述的，行动科学家经常创造一个"图解"（map）或是当事人系统中行为模式的类型，以描述反馈路径如何导致错误或带来成功。要把控超越个人层次上的模式，当然得基于个人的模式化行为，虽然在当事人系统中可能并没有一个人能觉察到他们的行动方式是如何强化了别人的行为。在创造这样一个模式后，行动科学家必须要创造条件使得当事人能自行检验这一模式的效度。因为这个模式描述了因果关系，它提出当事人如有不同的行动便可以改变模式中描述的结果。如果当事人选择以这些新的方式来行动的话，他们所改变的行为后果便对隐含在模式中的因果理论提供了一个强有力的检验。

二、对资料达成相互主观的同意

行动科学的资料是个人作为实践社群的成员在生活实践中的行动。行动最重要的形式便是对话。这里我们并没有排除行动的非语言形式，在特定的实践社群中它与语言一样是非常有意义的。在合适的条件下，不同的观察者能够对一个特定当事人是否说了特定的话语达成高度同意。对话可用录音记录，虽然某些信息会遗漏，但它可以被翻译成文字。因此对话吻合了主流科学的要求——在硬资料上彼此相互主观的同意。同时，对话是有意义的，用对话作为资料来检验理论迫使我们必须处理"解释所带来的问题"。

首先要指出的是，对话是行动。正如奥斯汀（Austin，1962）与塞尔（Searle，1969）明确说过的，当人在说话时，就是在表现出承诺、命令、辩解等行动。这种关系有可能由于一些常用的说法而减弱其影响力，比如"光说不干"，但如果我们分析具体的情境就会发现，对话也是一种表达拖延或避免某些积极措施的行动。将说话与行动分离一直是语言学的一个研究策略，因为语言学者发现为了某些目标，将语言由实用的说话中抽取出来是有用的（Habermas，1979，pp. 5-6）。但近数十年来，更多的学者视对话为行动。这一导向刺激了社会科学家们把自然的对话视为"一个研究社会成员组织他们社会互动的方式时的策略研究"(Labov and Fanshel，1977，p. 24；Gronn，1983)。

有关解释的问题随即产生，和所有行动一样，说话是充满意义的。不同的倾听者对同一话语可能做出不同的解释。解释的模糊性威胁了观察者之间相互主观的同意。在行动科学中，我们通过一个概念的帮助来处理这一问题，即推论的阶梯(the ladder of inference)。这个概念阐明了人们如何对生活中的互动进行选择与解读的步骤。经过这些步骤，人际互动对个体而言才有意义。推论的阶梯是一个步骤示意图。

推论阶梯的第一层是相对而言可以观察到的资料，如某人说的一句话。观察的资料是指言语以及可被观察及描述的信息。它们可用录音及录像的方法来核查。第二层是那句话的文化意义，同一语言社群中的成员皆可能对那句话和行动产生理解。例如，如果上司对下属说："X先生，你的表现未达到标准。"它的文化意义是："X，你的工作品质不被接受。"第三层推论是听者所给予的意义，例如有人可能对这位上司的话做了如下结论："这位上司是不敏感或者没礼貌的。"

大家应该很清楚，推论阶梯越往上则不同观察者的解释就越容易不同。因此行动科学的主要法则是：持有最低一层的观察资料，再陈述高一层次的意义，并彼此检验以求得相互同意，当下一层意义也获得同意时，再检查更上一层的意义。这些法则并不只对行动科学家有用，在日常生活中每当我们处理重要而且具有威胁性的事件时，它也有帮助。相互主观同意的标准就建立在这些规则当中。如果已经检验过文化意义，并且也获得了相互主观的同意，这些意义就可被视为硬资料，它们便成为未来推论的前提。

歧义产生的第二种方式涉及当事人在一系列对话中选择了特定的某些或某一话语。例如，如果我们问团体中的一个成员："发生了什么事？"答案可能是："老板正在责备乔伊。"要注意这句话是在推论阶梯的第三层，它是理解一系列对话时所赋予特定意义的解释。如果我们接着问："老板说了什么，导致你认为他在责备乔伊?"我们可能被告知该老板所说的某些话。这就是第一层推论阶梯的资料，但我们不可能被告知老板对乔伊所说的每句话，而只是反应者认为重要的几句话。这是人们理解其身处情境方式的一个特征，它与我们对框定的讨论相关，即行动者框定情境的方式决定了该情境的何种特点对他而言是特殊的。现在假设这位老板站在我们眼前，而他认为我们并没有被告知整个事件，他可能说:"是的，我的确说了这些话；但我同时也说'乔伊，我关心你的感受'。我不认为表达这种关心是责备!"这说明我们可以通过一个步骤来核检当事人的解释，在这个步骤中，当事人同时陈述他的解释以及解释所依据的某些在第一层次(观察资料)上的话语，然后其他当事人再在他们的观点上加上其他原始观察资料，以肯定或否定第一个被提出的解释。这个步骤可能或不能带来双方对单一解释的同意，但可以阐明大家到达了推论阶梯的哪一层，同意哪些而差异又在哪里，同时将当事人在社会情境中的解释一一罗列出来。

三、对话是实践推论之窗

如果我们视对话(行动)为依据规则或隐含理论而产生的，那么我们就能从对谈话语的陈述当中寻求及推理出这些规则及理论。这是某些领域中共同的研究，如语言学、民俗方法学(也叫人种志)及社会语言学，它们都预设了隐性知识这个焦点领域。主流社会科学之所以拒绝对话，是因为它们认为对话只不过是"论述逸闻趣事的"资料而已。与它们相反，以隐性知识为兴趣点的研究者认为，对话是人们依据理论有系统地设计出来的。由对话的实例中推论出一个规则时，我们便提出一项可以被否定或支持的假设。这一假设主张行动者在相似的情境中会创造出相似的意义。

当事人经常说他们正在做什么，已做了什么，将要去做什么，而且他们可能给自己某些理由说明自己为何如此。这一反映对话(reflective talk)提供了另一扇进入实践推理(practical reasoning)的窗户。"当事人这样说"引出了一个重要问题，因为我们不能假设他们所说的就是正确的。"行动是被隐性知识所决定的"这种想法认为：当事人不能陈述他们正在追随或服从的许多规则。但即便如此，当事人自己的说法仍能提供许多资料，而它们对推演出那些当事人自己可能并未察觉的规则是有帮助的。它们可以报告出那些在他行动产生时自己所未表达出的感觉及想法，如"我想她渐渐开始防御起来了"。这些报告帮助我们澄清当事人如何解释该情境。我们无须去假设哪些自我报告(self-reports)是正确的，为了解释的一致性，可以用其他资料来验证它们。这些程序与我们理解日常生活中他人的所作所为是相同的。不同之处在于，在行动科学中，它们更明白地被揭露出来，以便公开讨论，而且它们是被那些埋藏在推论阶梯中的规则所引导的，例如，以相关的直接观察资料来说明自己的归因，并询问他人的反应。

之前我们说过，当发生非预期的结果时，当事人有时会对自己的行动有所反映，因而发现了行动背后某些隐含的推理。这一反映当然很可能是私下进行的，但反映也可以是公开的，例如当一个企业管理团体讨论组织的问题，或是当病人与医生谈话时。对话是公开反映(public reflection)的工具。这些对话提供了最佳资料以发现人们在行动中所反映的认知过程。公开反映也是一个关键过程，人们通过它来学习以便使行动更有效。协助当事人系统中的每个成员共同参与到一个公开反映中，行动科学才能一方面对知识有所贡献，另一方面帮助当事人改进他们的实践。

利科(Ricoeur, 1977)曾说人文科学须依靠对行动的"铭刻"或者"固定"暂时的痕迹，以便反映与产生批判性的解释。在行动科学中，我们可能选择一份文本中的几页(如一份对话记录中的一段话)，并要求当事人对其进行反映。无论他会用什么技巧，重点在于减缓行动的速度，以便行动者能对深埋在行动中的隐含理解有所反映。

四、行动场域中效度的威胁

任何一个科学的方法论必须要能应对该科学效度的最重要的威胁。社会科学的主流一向关注来自不可控制的变量，非随机取样等的威胁(Campbell and Stanley, 1963)。阿吉里斯(Argyris, 1980)曾描述这些反威胁的严格控制如何给效度带来额外的威胁。例如，受试者可能扭曲他们的反应。这并不是说主流科学家的关切不合标准，但就某些目标而言，他们的药方可能比疾病更糟糕。

行动科学中对效度的最大威胁来自行动场域。对有些读者来说，在我们讨论把对话作为资料时，有些问题可能已在他们心中产生。例如，我们描述当事人通过陈述他们引以为据的资料来检查自己的解释，并鼓励他人陈述与自己解释不相符的资料，但这一步骤有赖于当下社会情境中成员讨论不同意见的意愿，而最常见的情形是人们因为害怕别人沮丧或困窘而保留了自己的异议。同样，我们描述了当事人对他在当下行动时未表露的想法，却在事后报告的做法，人们可能策略性地制造这种自我开放。他们可能只报告那些自己认为的支持自己立场的资料，以增加在他人眼中的地位。简而言之，在行动场域中进行探究的效度被人们各种不同的例行防御（defensive routine）所威胁，如自我审查及维护面子等。

我们的研究指出，当人类处理威胁性事件时，典型的反应是抑制有效资料的产生并创造自欺欺人、扩大错误的行为模式。例如，人们自动地保留自己的感受及想法，或是以一种对别人来说很难去挑战的方式来陈述。他们以高推论的层次彼此交谈，却假设所说的是具体及明显的层次，并且逃避创造那些可能不支持自己观点的条件。他们将别人的行为归因于自卫及令人厌恶的动机上，但却不公开陈述这些归因，同时采用某些行动方式，以引发那些可支持自己归因解释的行为。他们将责任归到别人或情境因素而非自己身上，而那些维持这种情境的模式又被视为不允许被讨论的；此外，他们还加以粉饰这些不可讨论的态度。许多特性都被自然发生的不自觉的行为层次以及维持这些不自觉的防御机制所保护。当这一描述充斥在我们研究的语言中时，它们的特性及其对行动场域有效探究的负面作用，与许多研究的理论相符合（Nisbett and Ross，1980；Goffman，1959，1967；Cyert and March，1963）。

下一章我们会阐述引导个人设计这些行动的控制程序的理论模式，即第一型模式（M-I）；以及被第一型模式所增强及创造的行为世界模式，

62

我们称之为组织化的第一型模式［Model O-Ⅰ，"O"是指组织化的（organizational)]。前面所描述的行为特点都可以在这一理论模式中发现。第一型及组织化的第一型模式可被视为行动场域的一个描述性认识论。它明确指出降低产生有效知识及发现与修正错误可能性的因果要素。下一章中，我们也会介绍第二型(M-Ⅱ)与组织化的第二型(O-Ⅱ)模式，M-Ⅱ与O-Ⅱ为行动场域建构了一个规范性的认识论。行动科学家要处理的就是被M-Ⅰ所威胁的效度，而他处理的方法是创造M-Ⅱ的条件。我们假设朝M-Ⅱ迈进对当事人系统有帮助。面对当事人系统中成员们自动产生的M-Ⅰ行动时，行动科学家要能一致地以M-Ⅱ方式来回应及行动，这需要一套行为或称为临床技巧，行动科学家努力帮助当事人学习这些技巧，以便当行动科学家不在时，他们也能创造出适合于M-Ⅱ的条件。

前面的讨论指出行动科学的特点在于"专业—当事人关系"（the professional-client relation)。有些读者可能会想：行动科学家如何去创造条件，使得社会情境中的行动者在其中得以陈述其解释所依据的资料，同时报告自身私密性的推理？社会心理学家尼斯贝及威尔森(Nisbett and Wilson，1977，p.246)声称这一过程可以产生有用的资料，但这些资料"缺乏生态意义"（ecologically meaningless)。组织民俗学者格荣(Gronn，1981，pp.26-27)则拒绝检查意义的想法，因为他认为这是"不实际及不礼貌"的，他害怕这会使对方更有防御性。尼斯贝与威尔森代表社会科学的主流派，而格荣则代表反对派立场，但两者都没有将研究与介入结合在一起。

正因为行动科学家是致力协助当事人学习的介入者，所以才有可能创造上面我们讨论过的那种资料。当事人愿意公开检查自己的行为反映；他们愿意讨论感动人的事件，因为他们期望自己有所学习。当然，重要的是行动科学家的确能帮上忙才行，如果当事人没看到对他们的帮助，便不会长期忍受这一不舒服而费时的过程。继续研究的决定需要当事人及行动科学家双方都对它有一个内在承诺。这一承诺指出更进一步的研究利益。首先，与典型的实验室情境相反，当事人可学会处理那些他们感觉强烈的事件，而在实验室情境中，在一个解决困惑任务的过程中会产生习得性无助

(learned helplessness)。其次，当事人自己会对资料的效度进行监督。在主流派研究中，被试只会"做好他的分内工作"，但在行动科学中，当事人倾向于利用资料来协助自己改变生命中所遭遇的困境。

将研究与介入相结合的另一个优点是因果理论得以在当事人致力于实行它们时一再被检验。这一优点涉及在行动科学中用主流派科学的实验方法进行验证的比较。下一节就将讨论这一点。

五、实验与行动科学

我们已指出，在主流科学中一个严格的实验有好几层检验，行动科学同样如此。以严格的次序而论，我们可以问个体是什么引导了他们的行动，观察他们以后的行动来看它是否符合先前建立的假设，而且可以通过介入来改变先前认定的模式。"介入"是行动科学中"实验"的同义词。当当事人投入改变实验(change experiments)中时，他们是在从事重要的学习活动，认真地思考与反映自己在做些什么以及什么阻止了自己去改变。因此在介入的过程中，较好的资料是在询问及观察的层次上产生与获得的；同时，我们感兴趣的学习并不是立即发生的，必须要求多次重复。作为要引起某些结果的行动的每一个介入，都是建立在因果理论的基础上的；这些理论是要接受检验的，这个过程指向检验真实发生的结果是否与理论预测一致。

我们在行动及因果性的讨论中注意到，介入与实验间的模拟是有强而有力的支持的。实验是因果假设的有力检验，因为它是对自然的一种介入。不过，控制实验(controlled experimentation)与行动科学的介入在方法论上仍有重要的差别。我们可以说控制实验是行动的一个子集或是精制品，实验的兴趣在于获得精确的解释。例如，实验者时常对所有相关的因素加以控制，然后在一个特定时间内只改变一个因素；但实践行动却发生在一个多种变量不断互动的情境中，而当事人通常不可能控制它们。实验的方法论允许实验者决定受试者所遭遇的情境是否相同。从某种意义来说，实验发生在历史之外，但在行动科学之中，最重要的是任何探究行动对规则与规范的影响，而这些研究的发现将引导我们在同一实践社群中做更进一步的探究。

65　　　舍恩的观察曾提到实验与介入的另一重要差别。他说："实践者使他的假设成真，他的假设使他在一种笃定语气中行动。"（Schön，1983，p. 149）舍恩也指出实践者通过行动检验他的假设，同时行动也是一种探索情境的工具以及企图改变情境的一个移动。当科学主流中实验的基本导向是检验时，同时也可能有一个发现或探测的导向，但实践的第三个方面（即行动为改变情境的一种企图）是和实用的利益有关的；然而在控制实验中，实用性却只是一个支架而已。可以肯定的是，科学家长久以来便以设计实验验证假设为主要兴趣，因为只有那样，研究结果才可能发表。但其他科学家可能就以对其研究程序的批评来批判该研究考虑得不够周详。相反地，在实践行动中，达到或变成所期望的结果，通常才是它最主要的考虑因素。

　　　行动与实践之间差异的另一个表现是，只有在其假设有被否定的危险时，实验才是有效的。这里产生了一种意识，即自我实现的预言是有效行动的本质。设想一个企业家认准某个特定位置非常适合他做生意，在他这个信念下的解释推理在某种客观程度上可能是错的；但他的相信可能使他的工作更勤奋，因而使这个信念成真。同时，我们应该注意到情境并不能被完全操纵，当我们认为行动中的解释如同行动者放置到情境中的投射，当事人努力使它成真时，也要知道没有一个在实践行动中的人可以唯我独尊地认为自己的投射可以成真。不论企业家的想法多么积极，也时常会失败。行动的移动会产生后果，许多后果是无法预见的，也非行动者所想要的，深埋在行动中的解释可能是错的，而它的错误可能无法在其自圆其说的预言中被发现与矫正，我们可能会看到倾向于创造自圆其说的案例反而多产，不走自圆其说路线的则会相反；但多产可能是无效的，如果当事人
66　的行动方式一直令他无视于错误的来源，即便它多产但仍可能没有真正的效率。

　　　正如舍恩（Schön，1983）所描述的，深埋在介入行动中的某些假设可

能是并不想去改变情境。例如，我们对第二型行动的假设是它会激发并催化个人的学习功能，因为它揭露了当事人的自我防御策略；行动科学其他的假设，则可能是行为处境中某些成员并不想去支持和肯定。例如，行动科学家认为当事人系统中的所有成员都实行第一型的使用理论，当事人可能不喜欢这种认定，而致力于发现不支持这种认定的资料。与此相似，行动科学家可能会创造一种当事人系统的行为世界图来预测某些扭转性的改变，这会引发当事人产生一种动机，在行动之前就先注意到要寻求行动中的错误。因此，我们可以预期的是：行动科学家所做的解释或假设会被实践社群中有兴趣去否定这些假设的成员，在他们的行动中进行严格的检验。

我们可以说行动科学中证伪(falsification)功能的原则具有引导批判的启发性，证伪性并不见得经常是行动情境中主要的考虑之一，不过仍有许多情境是与证伪性相关的。例如，当事人甲相信当事人乙是自我防御的，甲对乙的这种认定可能使甲在行动中不自觉地激发了乙的自我防御，而甲又以这种因自己而引起的乙的自我防御来作为支持自己原始归因的证据，这便是自圆其说的预言，它也是自欺欺人的。证伪原则所引导的批评则可能以下面的形式出现，"如果你的行动方式对防御的产生有责任的话，如果这个人在你的行动产生之前就是防御的，你又怎么能发现自己可能是错的呢？"这种批评时常是一个强制性的批评，当当事人说了如下的话时，这种批评也是成立的："我知道我所说的都是真实原因，是因为我的确深深感受到它！"我们并非说当事人的感受常是错的；问题在于如果是错的话，当事人和其他人并没有办法来发现。因此证伪的原则提供了一个方法以提醒当事人，他可能是错的，这样一来便支持了公开检验的规范。

六、试探性互动与规则主导的互动

我们对"介入"与"实验"的讨论，集中在行动逻辑与实验逻辑之间的相似性上，如果某人确信做了 X 行动将会导致 Y 结果，那么检验这一认定的可能方法是去做 X 行动，看看 Y 会不会发生，这是自然科学中检验因果假设的逻辑，我们也讨论过这种因果检验与实践是相关的。但在行动科学中，还存在检验的另一方面，它有赖行动者对控制人们互动的规则有所了解(多半是隐含的了解)。

比如，先前提过的例子，当事人实行"自我批评或检讨"的规则时，将会减少其他人对他的挑战！当我们这么认定时，是认为如果行动者在批评别人之前先批评自己，它的影响就如同该行动者所说的："我也犯了错，我并不比你好！"同时，我们推论这一移动是取悦于一个互惠与平等的规范，它暗藏的信息是："我已经承认了自己的一个弱点；你现在如果否定我的话，你的这一行为是不礼貌的。"这一考虑可能对那些共享这种社会互动规则的当事人有强制的影响力。

对于当事人实施"自我批评"这一规则的意图也引发了一个相关的争论，如果我们要求当事人对自己的推理有所反映时，他可能会说，"我不想让他变得自我防御"或是"我不想出现判断性及威胁性的样子"。这些推理合理地伴随着上面讨论过的因果认定，应该是可以清楚看到的；也就是说，接收者将不太可能挑战行动者的观点，这时，当事人推理的内在一致性并未"证明"这种认定是有效率的，但它的确暗示了如果行动者的推理有其效度，那么这一因果认定就是有效的。

行动科学中的一种实验是角色扮演，在角色扮演中，两三位当事人假设自己置身于某一特定情境中进行对话，这种方式比只是抽象地谈论着什么是可能发生的要更有效。角色扮演的具体性引发了人们对赖以建构互动规则系统的隐含了解，也就是说，人们具有解释与预测其他人反应的隐含理论。虽然不是完全一样，但当情境被具体描述及扮演出来时，这些隐含的理论具有很高的效度；当事人对抽象的描述只能抽取其隐含了解中已明白揭露出来的部分，也就是我们所谓的"信奉理论"(espoused theories)，但它可能是对其隐含了解所做的一个不正确的陈述。

七、行动科学中的发现及验证

科学主流派很重视发现场域与验证场域间的区别，但这一区别在行动科学中是行不通的,生命实践的行动者没有别的选择只能去行动,而一旦采取了某些行动,这些行动也就建构了未来的限制。这意味着在行动情境中,创造好的、简单明了的猜测以及建构迅速、可信的检验格外重要。行动科学家像日常生活中的行动者一样,必须注重有效的发现,不然他就浪费了当事人的时间,或是实质上伤害了当事人。

"发现"的重要性在西蒙(Simon)所谓人类认知限制的观念下得以澄清,马奇和西蒙(March and Simon,1958)以及西尔特和马奇(Cyert and March,1963)解释道:当个人或组织面对一个尚未建立规律的例行行为的情境时,他们开始"追寻"(search),"追寻"是一个消耗资源的活动,而当发现一个满意的变通之途时,追寻就暂时搁置了。也就是说,考虑到人们认知的限制,人们不会耗尽心力去探索所有可行之道,而是在发现某些足够好的或还不错的可行之道时便暂时停止追寻。但也就说明了我们生产变通选择的秩序(order)是重要的,引导与产生各种可行方法的启发会决定行动的选择范围,因为实践者想经由公开反映来改进他们的实践,所以他们应该也有兴趣去反映和思索他们如何发现问题及可能的方法。行动科学一定要关切这些话题,加上一个反映的层次,行动科学家必须注意到怎样才能更好地帮助实践者看清自己的发现模式(patterns of discovery)中有问题的特性。 *69*

在库恩的思想中,发现与验证是不能分开的,因为建构发现场域的范式也是由验证的标准所决定的。这种看法存在某些合理性,有什么样的问题设定的方式决定了有什么样的解决办法。但不是所有的验证标准都是如此决定的,在发现的实践者模式中发现问题的特色方式是采用独立的验证标准。例如,针对"先考察他人的责任"和"先考察自己的责任"这两种对立观点的探索,其行动的后果将有助于创造行为世界的有效资料;而这一考量的关切点,是有关探索法(heuristics)的第二序的"价值"。

在下列讨论中,对行动场域中发现及验证的解释将会有一个较好的呈现:行动者可能框定一个情境,而这种框定的方式创造了一个产生错误的自欺欺人的历程。例如,一个市场调查人员将一次即将召开的预算会议框定为他与研究发展部门争夺有限资金的一场输赢战,他们的行动方式可能将使得输赢之争得以发生。在这种条件下，他不易发现自己的认识框架存在的缺点，更明白地说，某些"发现"可能创造了无法使验证所必需的有效探究得以产生的条件。

第四节　作为批判理论的行动科学

前面有几处讨论了我们提到过行动科学的规范范畴。我们已注意到行动有一个道德的层面，在下面实践推理所关切的问题中可以看到，"我们（我）应该做什么呢?"我们已讨论过深植在行动科学中的实践认识论与主流派观点的不同；两者的不同在于实践性知识不只是有关从手段到目的的关系的知识，同时包括明智选择目的的知识，我们已指出行动科学家是一个寻求比既存现况或其他状态更好的介入者。在我们的案例中，正是由我们所说的第二型（M-Ⅱ）的规范理论进行指导。我们说过行动科学寻求能取代既存现况的其他选择，而在这一过程中更看清了什么是存在的既存现况，并鼓吹根本的改变。

我们有必要特别讨论行动科学的规范性范畴，因为不论是主流派观点或是反对派中的某些观点，都认为科学家持有一个规范性立场是不恰当的。主流派观点已经被实证主义者对事实与价值的分离所严重影响，只有有关事实（fact）的陈述，在认知上才有意义；价值判断则被打上"情绪语调"的烙印，于是科学家限制自己只着眼于"事实"。反对派观点的代表舒茨（Schutz，1962）则是另一个例子。他拒绝实证观点，却认为社会科学家有必要采取价值中立的立场，不过，在反对派阵营中，还有一个富有影响力的观点，认为理论家应该采取一个规范性立场作为批评既存现况的基础。这是由法兰克福学派的理论家建立的，这一阵营中近年来最具影响力的成员是哈贝马斯（Jürgen Habermas）。法兰克福学派以其批判理论而闻名，批判理论是社会探究的一种取向，这种取向寻求知识与行动、理论与实践的结合。也就是说，批判理论学者在改进人类存在的工作中以实践为重。

法兰克福学派的作者讨论了批判理论的两个例子。第一个例子是马克思主义，虽然他们所讨论的并不是正统的马克思主义，因为他们着重对意识形态或虚假意识（false consciousness）如何使人们无法看清自己的真实利益进行批判。第二个例子是弗洛伊德的心理治疗。马克思与弗洛伊德的相同之处在于解放个人的兴趣，寻求将个人对主体的自我觉察转化到他们所诉求的对象上。对我们来说，行动科学是批判理论的第三个例子。行动科学并不像马克思主义以及心理分析，但它也致力于刺激人们进行批判的自我反映，使他们可以更自由地选择是否要转化以及如何转化他们的世界。 71

在这一节中，我们会描述批判理论的某些特质以便澄清行动科学的规范范畴。我们借助戈伊斯（Geuss，1981）以及伯恩斯坦（Bernstein，1976）的论点来进行讨论，他们每个人都针对哈贝马斯的著作提出了自己对批判理论的深思。

哈贝马斯（Bernstein，1976，p. 191）曾提出科学的三种类型。

1. 经验—分析的科学：这是符合主流派的描述。他们寻找描述因变量与自变量之间规则的假设—归纳理论。他们为技术兴趣而服务，也就是说延展了人们对自然的控制。

2. 历史—诠释的科学：这是符合前述反对派的描述。他们关切沟通行动，方法论是那些适合解释文本及了解意义的方法。他们为实践兴趣而服务，而这被调查的规范所引导。

3. 批判社会科学：它超越了经验规则及意义解释的描述，为解放兴趣而服务，由"什么可能是"的角度对"是什么"提供批判。这是方法论框架的自我反映，人们经由自我反映可以转化他们的自我觉察，而能采取改变既存世界的行动。

伯恩斯坦描述了这三种科学以及它们所引导的兴趣之间的关系：经验—分析科学一致的、足够的了解需要开放、自我批判、探究社群的存在，主导了历史—诠释训练的实践兴趣，努力推动开放、未被曲解的沟 72

通。暗藏在科技及实践兴趣所引导的知识中的是对一个事物理想状态的要求，在这种理想状态中，未疏离的工作以及自由的互动能够得以维持。

这三种科学不应被视为相互排斥的，自然科学或许可被理解为纯粹经验—分析的学科，虽然这种理解并不能对科学社群互为主体的实践有所帮助。社会行动的科学同时是经验—分析与历史—诠释的，虽然主流派与反对派观点趋向两极，但这些不同层面之间的关系并未透彻了解。批判的社会科学包括经验—分析以及历史—诠释的层面，并且超越了它们。

戈伊斯（Geuss，1981，p.76）认为批判理论是由三个主要部分建构而成的，我们将它们摘要如下。

1. 能展现出由社会目前状态转化到某种最后状态的理论。

2. 能说明这种转化“实际上是必要的”。例如：

（1）目前的“社会安排”导致了痛苦、苦难及挫折，当事人……仅仅接受目前的安排……因为他们持有一个特定的世界观与世界图像，而这个世界观的获得只是因为他们处在一个被强迫的条件之下。

（2）设想的最后状态将是一个没有幻象、没有不必要的强制以及挫折的状态，这一状态对当事人而言较容易去发现和理解他们真正的兴趣。

3. 能确切指出由目前状态到预设的最后状态的转化如何才能产生。只有在当事人采用这一批判理论作为他们的自我意识（self-consciousness），并且在生活中实行它时，转化才得以产生。

从对批判理论特点的这一描述来看，相较于心理分析与行动科学，其更符合马克思主义。但我们应当清楚的是，为了满足戈伊斯所描述的几个论点，批判理论就必须要制造许多经验性的主张。例如，一方面它必须认明目前社会安排与他们负向结果之间的因果关联，而且要展现出不会创造这些相同结果的另一种安排。另一方面，并不清楚的是，如果当事人知道得更多，他是否会拒绝他目前持有的世界观。假设这一声明不只是一个无谓的重复（如果他们有不同的需要，就会想要不同的事情），那它的位置是什么呢？与此相关的是，我们提到的当事人的"真实利益"是什么呢？假设当事人目前不能有"较佳的认识"，而且也对他们真实的利益并不自觉，那么这些又是如何被决定的呢？对有待讨论的这一点，戈伊斯的观察是，"一个批判理论不仅要能给对当事人如何理性去行动的资料（如果他们有某些兴趣），还要能直接明白地告诉他们什么才是合理、公正的"（Geuss，1981，p.58）。这一声明指出了批判理论与主流科学间的关键性差异。

批判理论以其对内在批评原则的坚持来辩护规范立场。也就是说，批判理论家声称被大家议论纷纷的规范观点隐含在批判理论诉求对象的信念实践中。正如戈伊斯（Geuss，1981，p.61）所指出的：人们并不只是拥有和获得信念，同时具有批评及评估自己信念的方式。每个当事人有一组认识原则，例如，他们至少有一组有关什么信念是可被接受或不可接受，以及信念可如何显现它是被接受或拒绝的，这是一个最基本的第二序信念（second-order beliefs）。

批判理论的进步性在于它明白揭露了当事人已使用但自己尚未察觉到 的认识原则，并证明了当事人根据这些认识原则的标准所持有的世界观是错误的。但仍存在的问题是，如果批判理论在完成这一批评时要有其效度的话，什么才是决定它效度的标准呢？戈伊斯认为，批判理论所诉求的对象是对其效度做最后判断的人。也就是说，当事人同意他们的世界观（world view）。对他们而言是"反映地不接受"（reflective unacceptability）时，这种批判理论就得到了支持。"反映地不接受"指当事人在自由讨论中，经由有效的资料，对自己原来持有的世界观进行反映思考后而扬弃了这些信念。当然，这并非指当事人会在他们被挑战的当下立即放弃原有的信念。批判理论的重点是当事人可以允许并面对自己是错误的，如马克思理论家谈论的"错误意识"，以及心理分析理论家谈论的"潜意识压抑"等。当原本持不同观点的当事人（调查者）在探究的历程中共同集中在同一意见上时，也就是说在讨论中得到参与者的自由同意，这一讨论中的自由同意就是效度的最终效标，这与皮尔士所谓的探究社群很类似，在这样的社群中，原本持有不同观点的探究者在探究的过程中逐渐达成相互主观同意。

在哈贝马斯的批判理论文献中，已特别清楚地看到他与皮尔士的关系。哈贝马斯认为人应该以自主的、负责的理性存在，基于这样的认知，他提出"理想谈话情境"的概念，认为所有言辞沟通涉及四种效度声明（Habermas，1979，pp. 2，28；Bernstein，1976，p. 211）。

1. 可理解性说话者所说的句子必须合乎语法规则，以便听者能够理解。
2. 真理：所说的内容是真实存在的。
3. 发言者是真诚的：发言者所说的与他的意图是一致的。
4. 发言者的语言行动是适切的、合乎逻辑的。

如果这些效度声明有问题时，发言者便诉诸哈贝马斯所谓的检验及查证这些声明的讨论，良好的讨论或言谈的标准近似"理想的谈话情境"，因为通过讨论，可能达成一致意见的理性，也就是说"假如当事人是在以无限时段作为前提的一个完全自由且无强制的情境中讨论人类经验，所有当事人都会对某一陈述的真实性达成同意"（Geuss，1981，p. 65）。皮尔士对科学探究中的"真理"给予了同样的定义。哈贝马斯认为理想的谈话情境和真理一样是理性、自由及正义想法的基础。

哈贝马斯认为理想谈话情境之所以值得接受是因其真理的"超越"标准，他指的是任何地方的所有人在所有时间里，都因其言谈沟通的本质而能看到这种超越的标准。戈伊斯怀疑这个标准的普遍性，他指出可能有某些奇特的文化并不如此。不过，他同意现代社会接受这一观念："我们真正的利益是在全然自由的讨论条件下形成的"（Geuss，1981，p. 67）。假使理想谈话情境的标准是当事人每日生活认识原则的基础（当然对科学家更是如此了），那么当当事人没有采用理想谈话情境中的那些信念时，批判理论便得以揭示他们的某一组特定信念是错误的，这是批判理论所能展现的（也就是说，这些支持理想谈话情境的有关信念只有在强制性条件下才可能形成）。因此，可以发展及辨认出这种"证明"（证明行动者某些信念是不同于支撑理想谈话情境的那些信念）的情境即一个近似理想谈话的情境。于是，在这种分析上，对批判理论的提倡者而言，他强制（在心理上或其他方面）其他人采用批判理论就是不一致和"错误"的。唯一合法、合理的强制形式是：较佳的辩论力量。较佳的辩论力量是在自由及开放讨论中形成的。

如我们所见，负责任信念的伦理深植在科学事业中（Scheffler，1982，p. 7）。行动科学将这一伦理延伸到负责任行动的范畴中。在这一小节里，我们描述一组行动科学的价值观，某些价值观在概念和经验上是相互关联的，也就是说，行动创造了行为世界，这些价值观中的某些价值观在这一行为世界中被人们了解，而这一行为世界倾向于被其他价值观所引导。我们也声明这些价值观是深植在当事人系统的认识原则中，而这若不是真的，我们就不会期待当事人系统从事行动科学。行动科学的实践，特别是在实践的早期，涉及内在批判的完成，内在批判使当事人能觉察到他们的行动模式与他们所相信的价值观之间的不一致。76

有关行动科学的价值观，我们从能力（competence）及正义（justice）的价值观开始讨论。当我们视人们为主体时，看到达成所期望结果的行动设计与实施是基本的生命活动。说一个人致力于实现意图的结果，就是说他们寻求做一个有能力的人。一旦我们将人视为一种社会存在时，"正义"就成为十分重要的价值。正义的中心概念是普遍性的原则，这是埃奇利在实用推理中观察到的最重要的原则："如果一个特定的人在一个特定情境中应该去做某一特定的事，他与在相似和相关情境中的任何人都应该去做同样的事。"（Edgley，1978，p. 28）

能力及正义是紧密相关的，两者都涉及理性的观点，普遍性原则是一个理性的原则，同时坚持"每个人应该做 x"与"我不需要做 x"是不一致的，这不是正义的行动，而是和正当的理由相左。一个人以这种方式行动的话就可以被看作无能力的，部分原因是因为他创造了别人的防御反应。有"能力"不需要当事人创造出反生产性的后果（counterproductive consequences），这是理性原则的另一例子。

"能力"要求人们在行动中能告诉他人有效的资料。人是"本能的科学家"（intuitive scientist）这一隐喻（Kelly，1955；Schutz，1967；Heider，1958；Kelly，1971；Nisbert and Ross，1980），指出了理论能解释世界，并依证据而修正自己以保持其正确性的重要性。有效资料的产生要求类似一个探究社群，而这个探究社群是被互为主体的可验证资料、揭露的推理以及公开证伪性等规范所引导。我们所坚持并据以行动的理论，若不合于这些标准便不是公正的，也就是说，要确定一个理论便要制造一个效度声明（validity claim），效度有赖于公开检验的感受性。因此，如果我们声称自己可免于公开检验，便破坏了普遍性原则，也等于说："除了我之外，所有效度声明都必须被检验。"

创造与维持一个能产生有效资料的行为世界，需要下面的条件：当事人能做自由及公开的选择，并且感到他们的选择来自内心的承诺，自由及公开表明选择所必须的条件是信念效度的必要正当性被一个探究社群所接受。这是哈贝马斯对理想谈话情境加以分析的证据，也是长久以来认可科学与民主价值观的一致性。如果选择不是自由和公开的，我们就没有理由相信探究社群会倾向于真实的意见。内在承诺是自由及公开选择的经验性结果，在行动的范畴中，它也是有效资料要长时间维持其效度不可或缺的条件。当人们对一个行动的课题感到内在的承诺时，会运用智慧去实行它。这一实行也将更有能力，而且对成功而言是重要的资料，也就更可能被认可并依其行动。例如，当工作者对生产好产品有一种内在承诺时，他就不太可能允许设计上的错误继续下去而不做修正。

我们刚才讨论过的每一个价值观都和个人因果责任（personal causal responsibility）的观念有关。注重自己责任的人比不注重自己责任的人更能产生有能力与公正的行动。那些远离个人责任的人，很可能会创造一个"无法产生有效资料""所做的选择不被认可"与"当事人感觉不到内在承诺"的行为世界。然而，明显的是人们时常指责他人，却并没有看到自己的责任，而他们这么做时，却相信自己有好的理由让别人为自己负责。如果被"个人应为自己负责任"的规范所引导的行动科学家，看到人们对他们自己已距离化（distancing themselves）的这一批判能在一个公开反映的场域中出现，同时所涉及的人也认可它的有效性时，参与者才有可能学习与改变。行动科学创造一个系统，在其中当事人系统的成员能在一个自由而开放的讨论中由经验的、解释的以及规范的声明中为自己衡量，这一系统所需的条件是行动科学所要创造的。

我们可以简要地将本章中所讨论有关行动科学的各个方面做一个摘要。

1. 行动科学企图在社会实践的社群中实行探究的社群。正如科学探究是依据负责的信念的规则与规范而进步，行动科学则将这一伦理延伸到实践中。

2. 当主流科学的指向首先是为其本身，其次是为科技应用而服务的知识时，行动科学是指向为行动而服务的知识。它基于视实践性知识为隐性认识的范畴（a realm of tacit knowing），但可经由反映探究（reflective inquiry）而揭露的实践认识论。

3. 当主流科学强调经验，反对派观点强调解释的观点时，行动科学强调的则是经验的、解释的以及规范声明的解释。

4. 覆盖律模式捕捉了行动科学中知识逻辑的部分。例如，社会系统中，例行防御的特点可以被抽取出来，并被第一型（M-I）及第一型组织（M-O-I）模式所解释。但行动科学倾向于生产的知识是不完整的，并且这些知识可以在情境需要的时候被补足。因此理论的建构应是简单到足以使用，而同时又使行动者可以掌握情境中所有相关的特点。他们应该适合于处理具体情境，并且能制造科学性的归纳。行动科学注重行动逻辑意义的程度要大于偶发事件间的规律。

5. 行动科学中知识声明的检验和主流科学一样，都被公开检验、证伪性、资料的互为主观同意的规范所引导。虽然如此，在行动科学中，这些规范被用来建构及改进实践以使彼此达成一致。主流科学的知识基础跟随适当规则与规范的探究社群，行动科学中的知识立基于实施有效资料、自由公开选择以及内在承诺规范的实践社群。

6. 科学主流的论点明确地区分了发现场域与验证场域，而在行动科学中，这两者却不能明确地加以分辨与区别。

7. 行动科学倾向于创造转化既存现况的其他选择，以及改进人们在规范及价值观层面上的学习。探究集中在对双路径的学习以及破除有问题的认识框架。或是罗蒂（Rorty，1979）所说的非常态的对话，如批判理论（Guess，1981）一样，行动科学通过对当事人系统的认识原则的内在批判，为行动科学的规范位置（normative position）进行宣示与辩护，它将最终的判断留给了批判的效度。

（审校/李　涛）

第三章　行动理论

我们所描述的行动科学，其理念源于我们的实践工作，即我们以研究者、教育者和介入者的身份，依据行动理论所进行的工作（Argyris and Schön，1974，1978；Argyris，1976，1980，1982，1985）。也许其他的研究计划和理论取向也可以提供指导行动科学的其他方法，然而，我们所特有的方法为我们设想行动科学提供了视角。这个视野也提供了在本书第二部分所批评的主流研究实例之外的其他出路。也是在这个视角下，本书的第三部分阐述了如何学习进行行动科学研究必备的技巧。因此，这一章为我们的工作提供了理论导向。

行动理论源起于这样一个概念：人们是自己行动的设计者。当在行动的层面看待人类行为时，这些行为是由行动者的目的及意图建构形成的。行动者设计行动，以达成他所希望的结果，并自我监控，以了解他们的行动是否有效。他们根据自己的目的来建构行动意义，并借此理解所处的环境，这些意义的建构反过来又指导了他们的行动。在监控行为有效性的同时，他们检视了自己对环境的意义建构是否恰当。

任务设计的复杂性，远远超过人类心智对信息的处理能力（Simon，1969）。设计行动要求行动者以简化的方式对环境进行解释，并建构一套可管理的因果理论，从而限定了达成目标的行为模型。人们若只凭自己对一个环境的粗略接触，是不足以建构出对环境的理解和行动理论的。相反，每个人都储存了许多概念、图式及基本模型，并学会在面临一个独特情境时，从经验库中取出一套程式来设计自己对环境的了解与行动。我们称这种设计的程式为"行动理论"（theories of action）。

第一节　行动理论

行动理论可被视为一大套环环相扣的假设。行动理论中的假设形式是：在 S 情境中，若要达到 C 结果，便须执行 A 行动。（Argyris and Schön，1974）从拥有这一理论的行动者的角度来看，这是一种控制理论。它陈述了要达到某一特定的结果，行动者应做什么。从观察者的角度看，归纳行动者的行动理论的特点，就是提出一套解释或预测的理论。此前章节的语言已经形成了一种倾向性的特征。我们用下面这个例子来进一步说明："约翰遵循了下面这个规则：如果我要贬低别人，就先贬低自己。"从约翰的角度来看，这是一种控制理论。我们可以从约翰执行这一规则的预期结果来发现这一点。准确地说：约翰这么做是想让对方降低防御性。因此，一个行动理论的假设既可以视为是行动者的倾向性，也可用于解释行动者的因果责任。

一、信奉理论与使用理论

行动理论有两类。信奉理论是指个体宣称他所遵行的理论，使用理论（theory-in-use）则是指那些由实际行动中推论出来的理论。例如，人们问一位管理咨询顾问甲先生："当你和你的当事人意见不合时，你会如何处理？"甲先生回答："我会先陈述我所理解的两人意见的根本差异，然后和当事人讨论用哪些资料来解决这个问题。"这就是甲先生的信奉理论。但当我们检查甲先生在实际情境中和当事人交谈的录音时，却发现他只拥护自己的观点，而抹杀了当事人的观点。

言行不一致，是个老掉牙的现象，它有时也被表述为"说一套，做一套"。但信奉理论与使用理论之间的区别不同于这种老调重弹。人们的确常常做出和他所信奉的理论不一致的行为，但我们要说明的是，总有一种理论和人们的行动相一致，我们称之为使用理论。我们要分辨的并不是行动和理论的差别，而是两种不同的行动理论：人们认为自己奉行的理论以及他们真正使用的理论。我们认为人们所做的一定和他所具有的使用理论一致，但却不一定和他的信奉理论一致，这一论点支持我们形成这一看法——人们的作为都不是偶然的，他们不会"恰好"就这么做。事实上，人们的行动是经过设计的，而且作为行动者，他们要对自己的行动设计负责。

信奉理论与使用理论可能一致，也可能不一致；而行动者可能意识到也可能意识不到这种不一致。行动者能意识到自己的信奉理论，因为它是行动者宣称自己所奉行的理论。回忆之前所讨论的隐性认识和规则主导的行为，以及它们之间的关系。正如许多社会调查所强调的，人们认为人类的行为总是遵守他们无法言说的规则。

使用理论常是人类赖以设计行动的隐含的认知图式（tacit cognitive maps）。我们对行动的"反映"可以揭示出行动理论，但我们必须知道对行动的反映本身也是被使用理论所控制的。要成为一个行动科学家，需要做83到三点：学习如何在行动中进行反映，以揭露隐含在行动中的使用理论，还要学习去设计及生产能应用于行动与反映的新的使用理论。

二、嵌套式的理论

行动理论可以清晰地表达为不同的细节层次。设想一个在人际关系中经常出现的策略，我们称之为"溜入"（easing-in）："如果你想批评某人，而他可能变得很防备；但你希望他能解除抗拒而了解你的观点，那么就不要公开地说出你的批评；你可以以提问的方式看看他的回答是否正确，他会在你提问的过程中知道你真正想说但未明说的话。"溜入策略是一种高层次的设计程式。要能问出一个特定种类的问题来引导与暗示对方不是一件简单的事，要能产生符合语法结构的系列问句，需要许多仔细的假设与说话的技巧。同样，要能辨识与觉察别人在一个特定情境中如何开始自我防御，也需要复杂的知觉能力，并对人们防御系统的运作具有高度判断力。

我们若要对一个人的行动理论做全面的分析，是一件非常复杂且费时的事。但为了理解行动理论，我们又必须让它们明白地呈现出来。因此我们需要模型（model）——简化的表征——它能呈现出行动理论最重要的一

第三章　行动理论 ｜ 69

些特征。这就像语言学一样，研究如何提取出和语法句子的生产最有关系的那些特征。

行动科学致力于将埋藏在人们日常生活行动中的逻辑彰显于抽象层面上。关注的焦点会随着行动者在特定情境中关心的内容而转移，"溜入"的提问策略说明了此抽象的特定层面。行动科学可能并不关注在英语交流中发言者的特定语调，但确实需要了解听众对发言者的疑问或了解行动者沟通困难的原因。

在行动科学中我们创造的能彰显人类行动逻辑的模型，是由我们的主要兴趣所引导的：在实践工作中，我们关注的是"如何协助人们在行动中做出清楚明确的选择以创造他们生存的世界"。因为我们的兴趣在于帮助人们设计及实施行动，所以我们的模式应该连接具体的情境。我们针对个别案例整理出一般特征，这是件困难的工作，但可能并不比每个人在日常生活中不得不进行的行动设计更加困难。

身为行动科学家，我们关注介入者在人类行为系统中的有效功能(包括个人、团体、团体之间、组织以及社群的不同层面)。因而，我们最关心发现"推进或抑制行为系统中学习的行动理论具有哪些特色?"下面要描述的是我们根据早先建立的理论所发展的模型，正是这个理论使人们在互动过程中不断重复错误且学习能力低下(Argyris，1970)。这些模型为我们提供了检查及扩展行动理论的方式，同时也协助当事人系统地反映他们的使用理论，并学习新的使用理论。

三、使用理论模型

使用理论模型(theory-in-use model)可依图 3.1 的框架来建构。主导变量(governing variables)是行动者寻求的价值观。每一个主导变量可以被设想成具有调节区域。例如，个体不希望有太多的焦虑，但也不希望它降到零点，以免自己觉得太无聊。通常我们谈到人们的行动时，好像它(们)都将走向一个终结状态，好像只有一个相关的主导变量，但事实上，人们是活在许多主导变量同时在起作用的场域中，只要它们的价值在一个令人满

意的范围之内，这些变量很容易被行动者忽略。一旦一个主导变量超出这 85
一范围，行动者便会采取行动将它拉回到令人满意的层面。任何一个行动却可能会对许多主导变量产生影响。通常行动者必须在诸多变量间选择谁为主谁次之，因为提高某一主导变量的价值的行动可能降低另一主导变量的价值。

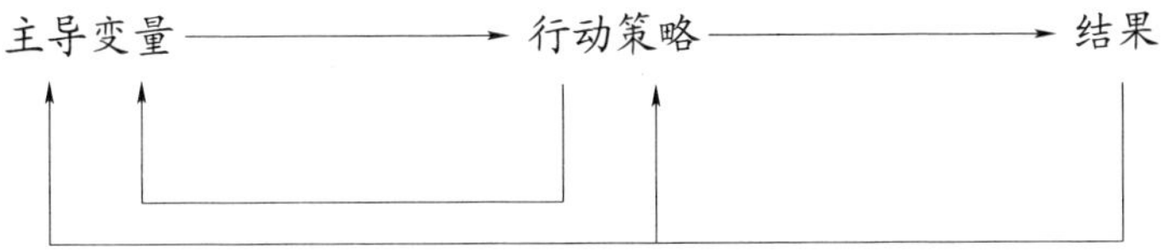

图 3.1　使用理论模型

行动策略(action strategies) 是行动者在特定情境中为满足主导变量而使用的系列动作。行动策略有预期的结果，行动者相信他的行动策略会产生这些结果，而且这些结果可满足主导变量，结果回馈给行动策略以及主导变量。

行动对行为世界、学习以及有效性是有结果的。结果可能是行动者希望达到的，但也可能并非其所希望的；可能是有效的，也可能会带来反效果。那些不被期待的结果无论如何也是行动设计的一部分：人们设计行动，试图去实现特定的结果，但因其设计的某些性质却不可避免地导致了并非其所希望的结果。例如，溜入的提问策略很典型地创造出它想避免的防御性后果，因为接受者通常了解行动者正想引诱自己进入陷阱。的确，只有在接受者了解到自己被认为要以一个特定方式去回答问题时，溜入策略才能成功，而当接受者照预设去做时，他同时了解到行动者对自己的负面评价，但却又做出好像不是那回事的样子。

行动的结果不只依赖行动者，同时也依赖接受者的使用理论。一个人的使用理论包括庞大的信息储备——有关人们有何喜好以及如何在不同情境中做出反应。我们可以说，不论行动结果是否是行动者所希望的，都是被行动者所设计的。因为它们必然是跟随行动策略以及行动者对接受者使用理论的预设所产生的。

四、单路径学习以及双路径学习

当一个行动策略的结果正是行动者所希望的，那么意图与结果是"相匹配的"，而行动者的使用理论得到确定。若结果并非其所希望的，特别是当它们带来反效果时，那么它就是失败的或是"不匹配"的。人们对错误的第一个反应便是寻找另一个可以满足同一主导变量的行动策略来取代前者。例如，如果行动者想压抑冲突（主导变量），为了达到目的，他避免说出任何可能引发矛盾的话（行动策略），但别人却提起具有威胁性的事件（不匹配），这位行动者可能试着用"多谈大家都会同意的话题"的策略。在这个案例中，新的行动策略被用来服务于先前的主导变量，我们称之为"单路径学习"。我们这么说是因为虽然在行动上发生了改变，但主导的变量并没有任何改变。

另外的可能性是改变主导变量本身。例如，行动者可能不去压抑冲突而选择强调公开进行调查。这一相关的行动策略可能引发了对冲突事件的讨论。在这一案例中所发生的就是"双路径学习"。我们认为双路径学习所涉及的慎重的过程与罗蒂（Rorty，1979）所说的非常态的对话（abnormal discourse）相似。它关切的不是在一套既定标准之内如何在多条相互竞争着的手段—目的的推理链中做选择，而是在相互竞争着的多套标准（架构或范式）之间做选择。

当能分辨清楚单路径与双路径学习之后，我们应当注意到，事实上这两种学习是存在于一个连续的状态中的。这个过程嵌套了价值观和策略，而针对特定情境中的双路径学习过程，也可能由于包含太多主导变量而出现单路径学习。例如，压抑冲突的努力与公开讨论冲突的努力可能同时存在于"让他人去做我认为对的事情"的主导变量之中。因此，真正的双路径学习涉及"设计与他人共同决定是否讨论冲突的方法"。从另一角度来说，也就是所谓第二序标准（second-order standards），即评价其他的架构或范式所采用的标准。

在实践中确认双路径学习的问题可遵循下面几个线索。要处理双路径问题就得处理人类的防御机制。下面两种情况是涉及双路径学习的实例。

1. 当行动者流露出他或别人可能感到困窘或受威胁时，就表示他们需要双路径学习；"不容讨论"或"不可告人"问题是一个双路径问题；而"不容讨论"或"不可告人"的经验与对"不容讨论"或"不可告人"的遮掩一样，本身就是一个双路径的问题。

2. 当行动者一再尝试各种解决方法，但问题却依然存在时，就表示可能有一个双路径的问题隐含其中。例如，一项生意可能一直亏本，因为他的成本比其他竞争同行要高，或是因为他的产品市场并不稳定。但如果负责这项生意的商人一直尝试错误的解决方法或是在他的能力之内并没有解决方法时，那么他犯的这些错误为何一直未能被自己发现，而错误的解决方法却一直持续呢？在学习中，"坚持错误"的现象就是双路径的问题。这些问题都需要行动者深入探究隐藏在自己行动策略中的主导变量后才能解决。

行动理论取向与家庭系统理论之间存在一个平行关系。在有关家庭的讨论中，瓦茨拉维克、威克兰德与菲什（Watzlawick, Weakland and Fisch, 1974）区分了第一序改变与第二序改变（first-order and second-order change）。当人们降低对一个设定规范的偏离程度时，便发生第一秩序的改变。它是负回馈机制控制原则的应用。例如，当室内温度降到一定标准后，自动空调便打开了。在我们的语言中，空调系统就是一个单路径学习。

瓦茨拉维克、威克兰德与菲什认为当家庭系统的结构必须进行改变时，第二序改变就无可避免了。在家族治疗工作当中，他们发现当有些家庭结构本身需要改变时，一再尝试各种第一序的改变，就会形成更多家庭问题。这一问题的循环称为"多做无益或原地踏步"的征候。这时需要改变的便是这一家庭本身的系统结构。例如，父亲可能抱怨儿子强尼功课不好，而强化强尼的反叛性，使他更常在外游荡，这反过来又使父亲更加数落强尼，父子间行动彼此不断循环。治疗者的角色便是为病人的家庭带来第二序的改变——改变系统结构，而这种改变经常是通过治疗者的介入而重新界定家人对家庭经验的意义。

在行动科学的取向中，我们的焦点是双路径学习，哪些使用理论会抑制双路径学习的发生，哪些使用理论可使一个系统提高双路径学习的能力。我们发现个体和组织在单路径学习上都相当有能力，但在双路径学习上则不然。家庭系统理论家认为人们的双路径学习能力不足，因而需要治疗者的帮助，才能产生双路径学习。但我们的取向和家庭系统理论有一个重要差别，即我们关心的是提升行动者进行双路径学习的能力系统，而家族治疗者关心的是能否造成该家庭双路径的改变，而不是提升该家庭进行双路径学习的能力。例如，治疗者可能协助一个家庭去改变一个家庭问题（如混乱的争吵），但家庭成员并没学会如何在没有外来者介入的情况下自己来改善这一情境。瓦茨拉维克、威克兰德以及菲什看到了这一点，但他们并未深究下去。当家庭可能不得不在产生新问题时再次寻求帮助，但治疗者可能并不关心如何协助家庭获得自己改变问题情境的能力，而着力在改正新的问题上。当然，因为先前的治疗经验，这位治疗者的治疗过程可以进行得更为迅速有效。事实上，对这个有问题的家庭来说，不定时地去找治疗者来协助，可能比自己去学习双路径学习的技巧更省时省力些，这也可能是进行家庭治疗时一个合适的策略，特别是针对那些较不容易发展出反映能力的家庭。与家庭治疗不同的是，我们的实践是以组织咨询及专业咨询工作者为对象。对这些当事人来说，重要的不只是去解决某一特定问题，而是去增加他们双路径学习的能力。

第二节　第一型使用理论

阿吉里斯和舍恩在 1974 年建立了一个模型(或是一个理想类型)，这个模型描述了抑制双路径学习的使用理论有哪些特点。虽然人们的信奉理论涉及很广，很多研究指出人们的使用理论却几乎没有什么变化(Argyris，1976，1982)。更明确地说，我们研究的案例显示每个人的使用理论都和我们称之为第一型的主控程式一致。不过，在第一型之内，个人在权衡主导变量时，对特定主导变量的偏重程度有很大的差异，行动策略亦是如此，不同的人会偏好某些特定的策略。但是这些较低秩序的变量(lower-order variations)都是由第一型主控程式主导的(见表3.1)。

表 3.1　第一型使用理论

主导变量	行动策略	对行为世界的结果	对学习的结果	有效度
界定目标以及试着达成	单方面的设计与管理环境(例如，晓以大义或是说服的手段)	行动者是防御性的、不一致的、不和谐的、竞争的、控制的、害怕成为脆弱者、操纵的、隐藏感觉、过度考虑自己或他人或是顾己而不顾他人	自我欺骗	降低有效性
尽可能增加"赢"，尽可能使"输"最小化	把持与控制工作(例如，声称对工作的所有权，把持对工作的界定权和执行权)	防御性的人际与团体关系(例如，依赖行动者，不为团队添砖加瓦，极少协助他人)	单路径学习	
避免表达与引发负面的感觉	单方面的自我保护(例如，论断式的表达，而缺乏直接的、可观察到的行为的支持；无视他人的影响和自己的言行不一致；通过防御性手段减少不和谐的情况，例如指责、刻板印象化、压抑情感、理性化等)	防御式的行为模式(例如，不信任、缺乏冒险性、顺从、强调外交手段、权力中心的竞争行为、对抗)	很少将自己的理论公开检验，多半对自己的理论进行私下验证	
强调理性	单方面的保护他人不被伤害(把持资料创造规则来检查资料与行为，掌控私下的会议)	不太允许自由选择、缺乏内在承诺以及冒险		

资料来源：Argyris & Schön，1974.

　　第一型的四个主导变量是：(1)界定目标以及试着达成；(2)赢，不要输；(3)压抑负面感觉；(4)强调理性。

　　第一型的主要行为策略是单方面地控制相关的环境及工作，并且单方面地保护自己和他人。因此，它的潜在行为策略是单方面地控制他人。实行这一策略的方式包括下列特点：对别人进行归因与评价，但却不予说明；告知别人自己的行动过程，但不鼓励别人探究；认为自己的观点明显是对的；掩饰自己对他人的归因、评价，采取各种保留面子的做法，以免有可能令自己困窘的事实被揭露出来。

第一型策略所导致的结果包括以下方面：防御性的人际与团体关系、选择的不自由以及不易生产有效的信息。这些都不利于人们学习，因为它们很少对人们的想法进行公开检查。因此，人们的假设容易倾向于进行自我欺骗；也就是说，只有在可接受的范围内发生的学习才会被保留。在这种情况下，不可能发生双路径学习，结果容易不断发生错误，也降低了解决问题的有效性。

我们认为，人类是在第一型使用理论的程式设计中行动的；我们预测他们会用和不用哪些策略，以及发生和不发生哪些结果。我们曾对许多当事人团体(包括数以千计的人)检验过这些预测，到目前为止数据都得到肯定(Argyris，1982)。多数人所持的"信奉理论"，都和第一型使用理论相矛盾。而且在面对我们使用策略的预测时，他会试图证明我们的预测是不正确的。可是即使我们的预测在行动中得到解释，而他也企图去做出不符合我们预测的行动，但结果却是他并不能够如自己所预料那样产生非第一型策略的行动。只要他们处理这个双路径问题，换言之，只要他们处理具有威胁性的问题，就会出现这个结果。最好的情形是，他们能够做出与第一型相反的行动策略，我们称之为"第一型的镜像"，即第一型的对立面。

第一型对立面行动理论的主导变量是：(1)每个人都参与目标界定的工作；(2)人人皆赢、无人是输家；(3)表达感受；(4)压抑行动的认知、智力层面。相关的行动策略包括强调探究以及尽可能降低单向控制(Argyris，1979)。

第一型对立面更像是信奉理论而非使用理论。第一型对立面理论中各种因素，常常被用于非指导式(nondirective)治疗与 T 小组训练①。通常第一型

① T-group 训练，又叫"敏感性训练"，由美国社会心理学家勒温于 1946 年创立，通常是十几名当事人组成一个小组，在心理学家或专门的训练员的指导下，就"此时此地"发生的事进行坦诚沟通，进而学习如何有效地交流、倾听及了解自己和别人的情感。——译者注

对立面的构成要素隐藏在潜伏着的第一型使用理论之中，而这个潜伏的第一型使用理论坚持对自我及他人进行单方面的保护，同时存在竞争及单方面的控制，并以一个伪装的形式出现。第一型对立面通常跟随第一型使用理论而游移不定，行动者会先尝试第一型的对立面理论，如果看似无效，就转而使用第一型使用理论。第一型对立面，在行为世界、学习及有效性上带来的结果都与第一型使用理论相似。

人们在对他有潜在威胁或困窘的情境中，特别容易采取带有第一型特征的行动。在这些情境中，行动者最易采取控制他人、保护自己的行动策略。自我保护通常将错误归咎于他人或环境而非自己身上，而最需要双路径学习的情境也就是最易产生第一型使用理论的情境，因为第一型使用理论抑制了双路径的学习。

一、组织化的第一型使用理论：行为的世界

个体置身于一个行为世界或文化之中。这个行为世界具有双重性质。它一方面由生活在其中的个体的行动所创造；另一方面又独立于任何一个个体行动而客观存在。使用理论不仅引导了人们精心设计的所有行动，同时也引导了行为世界的建构。同时，人们所共同建构的行为世界又以它特定的使用理论引导着个体的社会化，并且创造了使用理论是否有效的条件。

正如我们所描述的，第一型使用理论的结果包括了防御性、选择不自由以及自我欺骗的过程。如果第一型分辨出的使用理论的特征确实普遍存在于每个人的行动中，那么家庭、团体及组织的行为世界便具有与第一型相互映照的特征。人们陷于第一型使用理论运作中的互动，激起了一种将人际行为世界模式化的动力，而这些模式化的动力使得人际行为世界的特征显现出来。

阿吉里斯和舍恩（Argyris and Schön，1978）创造了一个与第一型使用理论一致的行为世界模型——组织化的第一型（M-O-I）。M-O-I 是一个有限制的学习系统（见图 3.2）。M-O-I 说明了当个人运用第一型使用理论处理具有威胁性的问题时，他们创造了初级抑制的路径，也就是说他们创造了"不容讨论""自我实现预言""自我欺骗历程"以及"衍生错误"的存在条件，而他们却意识不到自己在创造这些条件中所负的责任。初级抑制路径导致了次级抑制路径，如输—赢的团体动力、保持一致性、团体间的二极对立以及组织中欺上瞒下的游戏。这些次级抑制路径强化了初级抑制路径，两者结合在一起使人们在组织中进行双路径学习的机会受到破坏。

在这些条件之下，组织可以在不威胁它们潜规则时修正错误，而且他们可以寻找那些不可能被自己掩饰的错误修正，但他们却变得无力修正那些需要他们去质疑及改变潜规则的错误。他们也极尽所能地将掩饰错误的伪装以及掩饰伪装的再伪装弄得十分细腻精致，而且从事备份式的自我保护活动，如搜集资料建立一个特殊档案以备"老板之需"。

这一切作为及活动都为生活在其中的个体创造了双重束缚。他们一方面作为组织中负责任的成员，看到错误及非生产性的活动时，觉得有义务去修正；但另一方面要揭露这些具威胁性的事件却可能被视为对组织的威胁或不忠诚。

二、与其他描述性理论的关系

有不少来自不同理论观点的学者同意我们用第一型与组织化的第一型模式所描述的人类现象的这种经验本质。社会心理学、社会学与组织行为科学的权威学者们所建构的论述均与我们对第一型世界的描述相吻合，而我们与其他学科之间的差别在于：（1）我们辨识出隐藏在人们行动之中的生成机制与因果机制，（2）我们的注意力指向（通过改造人们的人际行为世界）改变既存世界的可能性。

当代社会心理学最流行的一个主题就是研究人们日常生活中的推理历程（Nisbett and Ross，1980；Einhorn and Hogarth，1981）。这类研究大多关注社会认知中的表面错误及偏见。人们不但容易犯推理性的错误，而且也倾向于按照导致错误继续存在的方式进行推理。研究者依先前研究所形成的意见来解释新的资料，而对不支持自己假设的数据则忽略或错误地加以解释。人们诱导数据以吻合他们的观点，并且对依据低效度的结果而作的推理表达了极大信心。他们易于把其他人的行为（而不是他们自己的）归咎于倾向性特质（dispositional traits）。

这些发现和我们在个体行为世界中所见到的第一型使用理论是一致的。这些研究者认为他们自己的观点理所当然是正确的而不公开进行检查。他们可以依据十分有限的资料来论断别人的行为，但以诱导的方式援引资料来解释，并对自己的假设加以肯定；而这时他们却丝毫觉察不到自己对生产这些资料所应负的责任。

研究日常生活人际互动最具影响力的理论家戈夫曼（Goffman，1995）曾假设人们处理自我在日常互动中所呈现的方式是：建立一个对情境的定 97义，而控制他人将如何反应。当发生干扰或中断这一情境定义的事件时，人们的互动就被打断，这时参与的双方常感到困惑、尴尬、羞耻或恼怒。因此成员会通力合作以避免这种干扰。戈夫曼说："他的言行举止彬彬有礼，礼节到位。他小心谨慎；不谈及与别人宣称的观点或多或少相矛盾或令他们尴尬的事情。他们措辞委婉，甚至谎话连篇。为了保留别人的面子，他的回应总是特别的暧昧模糊，哪怕这会伤害到彼此的利益。"（Goffman，1967，pp. 16-17）

在我们的语言中，这些都是单方面对自我及他人进行保护的第一型策略。这些行动方式强化了人们在日常推理中自我欺骗、重蹈覆辙的特点。隐瞒危险或尴尬的事实，确实降低了人们双路径学习的可能性。

在组织行为的领域中，我们所关心的主题早在 1963 年便被西尔特和马奇（Cyert and March，1963）讨论过。西尔特和马奇将组织描绘成联盟小团体之间进行冲突与讨价还价的场域。不同的团体对秩序与组织的目标偏好不同，它们之间以冲突及谈判妥协的形式进行着政治的运作。组织的目标经常是不一致的，不同的团体在组织中通过政治的运作依次达成他们所偏爱的目标，而组织的宗旨却常常十分远大且不易操作，因为"非操作性的、伟大的宗旨是不会和任何次团体的目标相冲突的"（Cyert and March，1963，p. 32）。因此，组织才得以满足其不同的次团体。

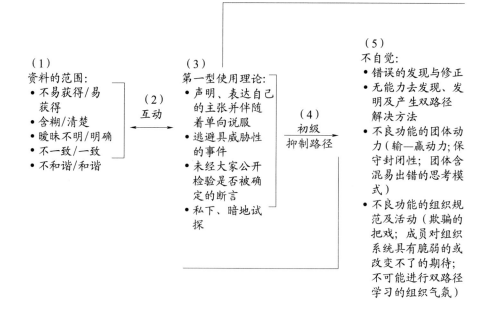

（1）
资料的范围：
• 不易获得/易
  获得
• 含糊/清楚
• 暧昧不明/明确
• 不一致/一致
• 不和谐/和谐

（2）
互动

（3）
第一型使用理论：
• 声明、表达自己
  的主张并伴随
  着单向说服
• 逃避具威胁性
  的事件
• 未经大家公开
  检验是否被确
  定的断言
• 私下、暗地试
  探

（4）
初级
抑制路径

（5）
不自觉：
• 错误的发现与修正
• 无能力去发现、发
  明及产生双路径
  解决方法
• 不良功能的团体动
  力（输—赢动力；保
  守封闭性；团体含
  混易出错的思考模
  式）
• 不良功能的组织规
  范及活动（欺骗的
  把戏；成员对组织
  系统具有脆弱的或
  改变不了的期待；
  不可能进行双路径
  学习的组织气氛）

（2）　（3）　（4）　（5）

图 3.2

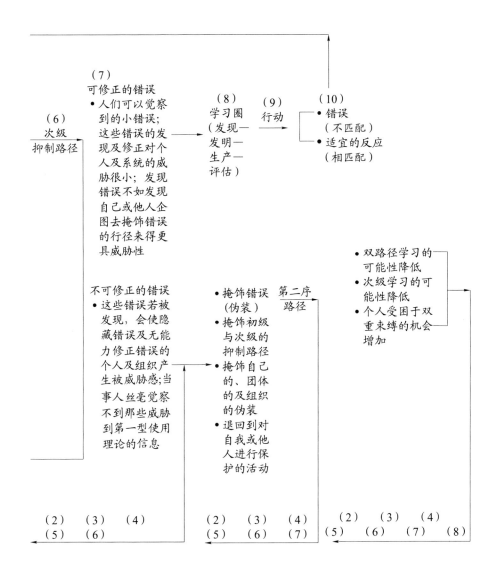

组织化第一型使用理论受限制的学习系统

资料来源：Argyris，1982.

在我们的观点中，这正是对在组织化的第一型世界里所发生事情的准确描述。组织的使用理论不是相一致的，其中充满着输—赢的色彩。团体在组织中学会了保护自己，学会了与其他团体结盟以确保自己的地位，掌控或扭曲那些可能伤害到自己的信息。这些都是一个有限学习系统的策略性特征。在组织化的第一型世界中，这些做法都是理性的、可接受的，但它们却限制了组织发现更好地解决问题的机会。

第三节　第二型使用理论

行动科学家就是介入者，他所追求的不仅是描述这个世界，而且是去改变它。更确切地说，他致力于帮助当事人系统的成员(members of client system)对他们自己所创造的世界进行反映，并学习去改变这个世界，以使其和他们所信奉的价值观及理论更为一致。引导行动科学者的规范视角可用第二型使用理论来描述(Argyris and Schön，1974)。第二型理论作为信奉理论并不新鲜，事实上有许多人愿意信奉它，但作为使用理论很少见。行动科学家试图去创造与第二型理论相一致的行动，因为第二型的行动可以打断正在进行中的第一型行动与组织化的第一型世界。与第一型及组织化的第一型相一致的行动威胁到人们行动的有效性，并且抑制了人们的学习，而第二型的行动则被假设为会增加有效性及学习。第二型提供了一个使用理论的意象(an image of the theory-in-use)，供行动科学者(介入者)协助当事人学习。

第二型的主导变量(见表 3.2)包括：(1)有效的信息(valid information)；(2)自由及信息充分的选择(free and informed choice)；(3)对自己的选择有一个内在的承诺(internal commitment)。这三项价值观都是行动科学想要创造的另一个世界，具有不同于第一型世界的特征。行动科学介入者的首要任务便是创造条件使得这些价值观得以实现(Argyris，1970)。

第二型的行动策略涉及与那些有能力者及参与设计或执行行动的人共同分享控制权。与单方面的倡议(第一型理论)和探究以揭示行动者自身的观点(第一型理论的对立面)不同，在第二型世界中，行动者把倡议与探究相结合，用相关的可直接被观察到的资料来说明自己的看法与评价。在第

二型互动中，为了催化行动双方能公开检查彼此的分歧，而鼓励揭露双方
相冲突的观点。

第二型行动策略的结果应包括低防御性的人际与团体关系、高度自由
的选择与高风险性。在这些条件之下，双路径学习的机会增加，人们行动
的有效性也与日俱增。

表 3.2 第二型使用理论

主导变量	行动策略	对行为世界的结果	对学习的结果	对生活品质的结果	有效性
有效的信息	设计情景或环境，在其中成员可以产生并清晰地经验到个人基本假设、行动策略与行为结果的因果关系	行动者体验到最低程度的自我防御(成为促进者、合作者和选择的创造者)	证明自己行动理论不正确的过程	在生活品质上，积极影响多于消极影响(如更有真实性、更多自由)	提高长期有效性
自由及信息充分的选择	工作是参与双方所共同控制的	在人际关系和团体的互动中，经验到最轻度的自我防御	双路径的学习	更有效地解决问题和决策，尤其在有难度的问题上	
对自己的选择有一个内在的承诺，并持续监督它的执行	对自我的保护是一个双方共同合作的事情，而且它是成长导向的(以直接的、可观察的行为资料来讨论，以降低对自己矛盾与不一致的盲点) 双向的保护他人(指非一方单方面地保护另一方)	以学习为导向的行为规范(如信任、个体性、碰到困难的事件敢公开地面质澄清)，即行为的规范是以拓展与催化参与者学习为重的	可公开试验的理论		

资料来源：Argyris & Schön, 1974.

组织化第二型的学习系统(见图 3.3) 描述了行动者以第二型使用理论
互动时所创造的行动世界。当组织的成员用第二型使用理论来处理困难及

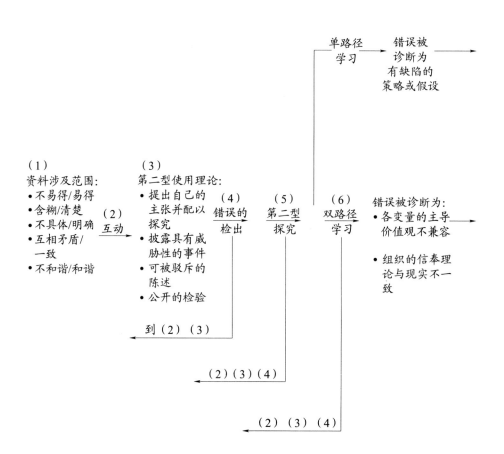

図 3.3

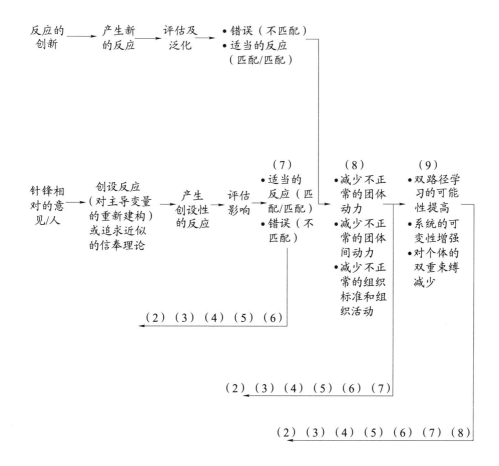

组织化第二型的学习系统：促进错误的检出与修正

资料来源：Argyris，1982.

具有威胁性的问题时，他们便涉及第二型的探究而非创造初级抑制路径，公开讨论先前所认为不可讨论的事情，检查及纠正双方的设定，中断自我欺瞒的过程。单路径及双路径的学习均可以发生，不良功能的团体与团体间的不良动力因此下降，行动者对欺骗及掩饰错误的需要也相应减少。

在信奉理论的层次上，第二型及组织化第二型的世界看起来真像是一个全能的母亲与美丽可口的苹果派，困难的是我们如何在真实世界中创造它们。这是一件十分棘手的事，一是因为人们已长期被社会化为不断地生产第一型的行为，二是人们所共同建构的第一型人际行为世界不断地生产有利于第一型行为的条件。因此，行动者只在头脑中接受第二型理论是无济于事的。如何生活在第一型的世界中，在面对几乎无坚不摧、绵延不断的第一型人际互动时，能操作第二型行动策略，扰动第一型人际行为世界的固有秩序，才是最重要的学习。

（审校/林玲）

第二部分

Part II

常规科学与行动科学的实践、方法和结果

　　在常规科学的范畴内，存在许多不同的探究社群，每个社群都有自己的一套规范和实践。在这一部分，我们将探讨来自四个探究社群的实例：实验社会心理学(第四章)；探讨个体因素与组织因素是否匹配的评估研究(第五章)；用于教育情境研究的基础民族志与应用民族志方法(第六章)。

　　在每一个实例研究中，我们都会描述研究者处理一个重要的社会问题的路径：从服从权威，到工作场所中的满意度与生产力，以及教室中的失败。在分析的过程中，我们不仅仔细检查了研究者所使用的方法和理论框架，而且也考察了蕴藏其中的操作性假设。然后，我们探索了即便研究者的设计实施得很顺利时，却依然会产生的意外结果，这是在每个实例研究中都会出现的情况。最后，针对如何减少这些内在矛盾，我们提出了一些建议，并且利用行动科学的实例来阐明如何能够实现这些建议。

　　在介绍完这些实例研究之后，我们根据研究者所属探究社群特有的标准和规则，检查了不同的研究方法(第七章)。我们认为，研究者和所有实践工作者一样，都受到他们的实践规则和标准的约束，这就使研究者处于两难之中，而这种两难困境是不可能在他们现在所属的社群内得到解决的。此外，我们试着说明这些研究者所遵循的规范是如何引导他们设计自己的探究方式的——因为正是这种探究方式使得他们生产出来的知识对实践者来说作用有限。通常，基础研究者会问："这是怎么发生的？"而应用研究者以基础知识为基础，继续追问了这样一个问题："我们如何达成一组特定的目标？"但不论是基础研究者，还是应用研究者，他们都没有考虑实践工作者面临的实际问题，在真实生活情境的复杂性与价值两难中，我要如何理解与行动?

　　在第二部分的最后一章(第八章)，我们提出了指导行动科学实践的标准和规则。在这一章中，我们描述了行动科学与较传统的探究规范之间的相似和差异，行动科学致力于将这些探究规范应用到社会实践的领域中。我们会告诉读者：这一方向将如何引导行动科学者提出新问题、使用新方法以及建构新的解决之道。我们希望这些努力能为研究者与实践工作者处理实践当中的两难问题提供新方法。

第四章 超越常规科学的限制：实验室实验与行动实验的比较

20世纪60年代，在耶鲁大学的几个标准实验室里，一个名叫斯坦利·米尔格拉姆（Stanley Milgram）的研究心理学家（research psychologist）进行了一系列关于"服从权威"的实验（Milgram，1974）。从那时起，许多人就不知道是该为米尔格拉姆所做的烦恼，还是该为他所发现的而苦恼；几乎没有哪个实验，能够比他的这些研究引起更大的争议。一方面，支持者宣称这是近些年来最重要的研究；然而另一方面，批评者却谴责这是最不道德的研究。虽然争论不休，但几乎所有人都同意一点：米尔格拉姆的研究结果是令人惊讶、让人感到沮丧的，却也是相当重要的——因为他发现普通人都会服从权威，即使这会违背他们的核心价值观并导致伤害他人。

米尔格拉姆的实验证明了社会心理学对真实生活中两难困境的探究并非无足轻重。阿希（Asch，1952）的从众实验、拉坦纳与达利（Latané and Daley，1970）的无辜旁观者实验和津巴多（Zimbardo，1969）的故意破坏实验，都属于同一类型的实验。他们看到了日常生活中实际面临的道德两难问题；揭示了我们所信奉的道德推理与我们的实际行为并不一致；也探索了这种不一致给行动者本人及其周围的人带来了什么影响。因为这种研究抓住了重要的问题，我们或许可以期望，与那些只考察缺少社会相关性或对社会影响很小的研究相比，它能带来更有用的结果。这种说法在一定程度上是真的，但即使是这类研究，也仍然使我们停留在它所引发的各种两难困境的边缘，而不知该如何超越它们。

目前来说，指出解决之道并不是科学家承担的常规角色，因此要求科学家找出解决之道似乎并不公平，也与他们的工作无关。有人可能会争论：科学是一个包含两个步骤的过程。科学家首先生成数据并建立理论，然后由实践者或应用社会科学家弄明白如何解决问题。但这种对研究、理论与实践所做的严格的区分，对每一方的努力都可能带来非同小可的后果。我们组织的研究和创建的理论或许很难，甚至不可能被用于解决真实生活情境中的问题。而实践者或许会带着他们对世界的隐性命题(tacit proposition)而行动，他们的这些隐性命题不易被证伪，也因此充满了不易被察觉的错误。既然左手不知道右手在做什么，两者便都冒着看似优雅却互不相关、各行其是的风险。

在这一章，我们之所以选用米尔格拉姆的实验来仔细考量这种风险的可能性，并不是因为它的缺陷，而是因为它的优点。米尔格拉姆清晰明确地指出了实验室研究与日常生活事件之间的联系；为了了解引起服从的过程与条件，他设计并检验了多重变量与假设；为了解释服从的不同来源、心理机制和过程，他也提供了一个简练而全面的理论框架。因此，我们选择它不仅是因为它具有代表性，而且是因为——就像米尔格拉姆研究中，服从的被试可能会说的，"如果做我们应该要做的事会使我们陷入困境，那么我们就真的麻烦大了"。

107 第一节　服从权威

在米尔格拉姆研究报告的开头几页，我们便遇到了两个两难问题。首先，憎恶伤害他人的人，如果接受权威的命令，也会伤人。其次，尽管服从对社会组织来说是不可或缺的，但是它也必须为第二次世界大战中对犹太人的大屠杀等类似现象负责。人们可能会因此感到疑惑：如果服从是必需的，但又有可能变成毁灭性的，那么我们可以对它做些什么？如果米尔格拉姆的阐述是对的，那么我们所能做的就十分有限。但这种阐述或许只是在试图解释发生了什么，而不去探究可能发生什么，关于服从是什么以及我们如何解决这些两难问题，米尔格拉姆提供的解释并不完整。考虑到这一可能性，让我们先看看米尔格拉姆是如何研究服从问题，以及他为了解释这一问题而发展的理论。同时，我们会提出两个相关联的问题：他的方法论与知识生产了哪一种学习？哪种解决办法是最适合去遵循的？

一、实验室中的服从

米尔格拉姆指出，当今美国耶鲁大学的实验室与 20 世纪 40 年代德国纳粹的集中营有本质的不同。但在设置实验情境时，他试图通过建构一种情境来维持服从权威的基本特征与两难问题——一个人在这个情境中会被一个权威人物命令去侵犯另一个人。因此，米尔格拉姆设计了著名的实验情节：一个主试命令一个不知情的被试对一个同伴被试进行电击处罚，只要后者在学习任务上出了错，前者就要对其实施强度逐步递增的电击。然后，他要探索的就是在他精心策划的情境当中，被试会进行多久才拒绝执行主试的命令。

当然，这个"学习者"同伴并没有真正遭受电击，但不知情的被试并不知道这一点。相反地，被试完全相信他们是在参与一项关于"惩罚对学习的影响"的实验，而且他们也相信自己确实是在对一个真正的学习者执行危险程度不断提高的电击。毕竟，被试可以看见"学习者"；他们看见他被绑在隔壁房间的椅子上；他们也看到了电极被系在他的手腕上；电极的前面是一个令人印象深刻的电击控制器，电压的范围从"轻微电击"到"极度危险的电击"；而且最后，为了消除被试的怀疑，每次执行电击时，他们都能够听到从隔壁房间传出的学习者的尖叫与抗议声。如此，米尔格拉姆建立了一个极具说服力的场景——它是如此逼真，以至于当被试得知一切都是事先安排好的时，都感到相当震惊。一个被试在被介绍给一个"学习者"之后，她大叫着说："你是一个演员?! 你演得太像了！喔，天啊！他（主试）对我做了什么……我快不行了。我一点都不想继续。你不知道我在里面有多难熬……像我这样的人竟然会伤害你……我的天啊！我不想这么对你。请原谅我。我真的接受不了。我的脸都红了。我是那种平时连一只苍蝇都不会伤害的人。我是在教男孩时都不用处罚的人。一开始我就对自

己说，你不会因为这个惩罚而受到伤害的。"（Milgram，1974，p. 82）

正像上面这个被试所说的，她不仅震惊于知道这个情节是事先安排好的，而且也惊愕于自己的所作所为，她发现尽管自己不希望伤害任何人，但她还是一直增加电压，直到电击板上最后显示"极度危险的电击"。或许就是因为如此，当骗局被揭开以后，米尔格拉姆发现，她和其他被试都倾向于为自己的行为开脱责任。当被问到他们为什么会一直继续时，他们解释说他们不相信学习者会受到伤害，他们指出是一个权威要他们这样做的，他们低估了伤害的严重性，或者为自己的行为找一些意识形态上的借口。就像有人所指出的"为了科学的利益，便去完成它"（Milgram，1974，p. 54）。

在对这个基本情节进行调整之后，米尔格拉姆继续检验了构成服从基础的不同心理机制，并通过改变实验条件，排除了其他的解释。第一套变量集中研究物理距离的变化，结果发现：当被试与权威之间的距离越大，且被试与学习者之间的距离越小时，被试会服从权威的可能性较小。第二套变量则考察了攻击性作为解释结果的另一种可能性。结果显示，如果让被试使用自己的设备，被试并不会选择去电击学习者，这一结果排除了把故意伤害当作看似合理的解释。第三套设计则是请这些人预测他们自己或其他人会怎样处理这种情境，结果发现，几乎每个人都预测自己和他人不会服从，这意味着他们深信自己的善意，也坚信在充满压力的情境下，他们仍有执行善意的能力。然而，个体在压力情境中的实际表现并没有证实这一信念。最后，还有一组变量改变了谁做电击的命令者、接受者和反对者。例如，一种情况是，一个有着权威地位的人（主试）被放在学习者的位置上，并被绑在椅子上，扮演被电击的角色。然而，不管所处的位置或采取的行动怎样变化，一旦有权威地位的人发布了采取某一特定行动的命令，大多数被试都会服从。

不过，也不是所有人都如此。有一小部分的人并不服从，他们单方面地拒绝继续执行命令并终止了实验。当被要求继续时，这些被试对权威的命令表示反对（Milgram，1974，p. 51）。

雷先生：我不会(继续)的，除非那个人不再那样尖叫。

主　试：你没有其他选择。

雷先生：我有。(无法相信并且愤怒的表情)为什么我没有选择的权利？我是带着我的自由意志来到这里……

二、为什么服从

对米尔格拉姆而言，"最急需解释的事实"是大多数成人在接受权威命令后，都有反抗另一个个体和自身价值观的"高度意愿"(extreme willingness)。(1974, p.5)为了解释这个事实，米尔格拉姆推断：尽管这样不问是非的服从可能是"令人惊讶而沮丧"的，然而，这样的服从对社会组织却是必要的。他提出，"发生[就地控制的压制(the suppression of local control)]的基本原因，并不是基于个体的需求，而是基于组织的需要。等级结构只有在具备了一致性的特点时，才能发挥作用，而一致性只有通过就地控制的压制才可能达成"(Milgram, 1974, p.131)。在这个解释中隐含着两个相关假设。第一个假设是，只存在两种回应权威的方式：要么毫无异议地服从，要么单方面地不服从，就像在米尔格拉姆实验中被试的行为所显示的那样。第二个假设是从第一个假设中产生的。如果我们仅有的两种选择是服从或单方面地不服从，那么接下来就会发生两种情况：社会和谐的产生可能离不开较低层面上的服从，及在较高层面上行使单向控制。直觉上来看，这很有道理。在日常的组织生活中，人们一般的确会服从；而当他们不服从时，他们通常会单方面地采取行动，这常常会危及组织的和谐(organizational coherence)与生存。

因此，这里就遇到了一个两难问题。组织生活所要求的服从可能会导致任何事——从日常生活中发生的小"谋杀"到极端情境中灭绝人性的大屠杀。因此，存在一个似是而非的悖论：被视为对和谐的产生非常必要的条件，却可能同时导致人类痛苦与屠杀的自相矛盾。但是，假设有可能创造另一种形式的权威关系，尽管它现在还不存在，却可能解决这个悖论。如果真有这种可能的话，它将证明现存的权威安排并不是必需的，而且它也可以帮助我们解决现有的服从权威的两难问题。但米尔格拉姆并不想从实验研究中找出这个可能性。事实上，实验室的方法已经排除了这种探索。结果便导致了这些方法所产生的描述本身，必然包含了重要的局限性。

三、实验室规则

实验室规则中的一条直接反映在米尔格拉姆对自己所做实验的说明

中。他写道："不管我们在实验室中的研究与我们强烈谴责的纳粹时期的服从形式之间，是否存在任何关联……这些差异……是如此之大，然而，只要保留了某些基本特征，这些差异或许会变得相对不那么重要了……因此，普遍性的问题并不能通过列举心理实验室与其他情境间的所有明显差异而得到解决，而是应当通过仔细建构一个能捕捉服从的本质的情境来解决。"（Milgram，1974，p. xii）

这里的逻辑或许可以表述如下：为了有效地描述某些现象，我们应该保留它的基本特征，并建构一个能捕捉其本质的情境。这与米尔格拉姆的实际操作一致。他所创设的情境复制了现存的权威关系，而且在导致服从反应的条件下（接近权威并疏远学习者），他从不质疑或试图改变服从的反应。这里的基本假设是，通过复制世界，我们将会生成一个对现象的描述，而这种描述是可以超越实验室的限制而被概括出来的。

在很大程度上，我们都同意这种逻辑。但我们相信，它同时也产生了大多数实验者所未能察觉到的限制。其中最重要的一个限制是，如果不试图去改变现状，实验者不太可能会发现维系既存社会行动与关系的深层防御结构。这种结构只有在既存的社会安排受到威胁时，才会变得很明显。也就是在这个时候，我们隐藏的防御习惯才会被调动起来并现出原形，因而才能展现探究这些结构和改变这些发现的可能性。如果只是复制现况，我们便既不能描述这些防御结构，也不能发现它们所维系的社会结构事实上是否必须存在。只有尝试改变既存现况，才能产生这种知识。

但实验室的另一条规则却使这样的尝试变得不太可能发生。如同米尔格拉姆所解释的："简明性是有效科学探究的关键所在。在主题为心理内容的例子中尤其如此。心理问题在本质上是很难发现的，它的许多面貌也是乍一看而无法注意到的。复杂的程序只会阻碍对现象本身的详尽研究。想要通过最简单的方式来研究服从，我们必须创设一个情境，让一个人命令另一个人去实施一个可以观察到的行动，同时我们也必须注意对命令的服从何时会发生，以及何时不会发生。"（Milgram，1974，p. 13）

我们同意"简明性"正是我们所希望的，我们也同意复杂的程序只会使现象更难理解。但在实验室中获得简明性的方式却同时会混淆现象，并使我们无法充分地开展探究。为了简化服从问题，米尔格拉姆把研究集中在有限的变量上，一个由他解释并认定的先验前提；他还必须隐瞒实验假设和实验操作，以免混淆了各种结果。在这么做的过程中，他对研究场域及发生在其中的互动，施加了高度的概念控制与情境控制（参见 Cassell，1982，对不同形式的研究控制所做的讨论）。问题是，这种控制虽然想要把主试与无关因素的影响最小化，但是其本身便可能会发生威胁到效度的因果影响。回想那个脸红的被试。她大叫着："喔！我的天啊！他（主试）对我做了什么。我快不行了。"这些反应都表明：这种实验骗局不仅使被试为他们自身的行动感到痛苦，而且也让被试感觉主试的行动捉弄了他们，使他们被公开地暴露在一个并非由自己制造的情境中，还让他们自身的价值观受到了侵犯。简而言之，他们可能感觉到某人在幕后捣鬼，因此也就影响了被试在实验后的访谈中如何对自己的行为做解释。如果真是这样，那么实际的主试可能也促成了被试在自我报告中反映出的防御性和免责声明，所以他在某种程度上也要为此承担责任。

从行动科学的观点来看，同样重要的是，这种控制形式对可能发生的各种探究创设了一个额外的限制。依据米尔格拉姆的说法，"服从"是个体在被家庭、学校和工作社会化的过程中习得的。我们一次又一次地经历"服从"这个原则并把它内化成"就照掌权者的话做吧"（Milgram，1974，p. 138）。米尔格拉姆还说："就像我们把语法规则内化，从而便能理解和创造新的句子一样，我们也可以把社会生活的公认规则内化，这将使我们能够在新情境下满足社会的需要。"（Milgram，1974，p. 138）

我们都同意这种论述，但假如我们现在希望了解这些规则是不是可以改变呢？首先，我们的研究显示，要改变受规则制约的行为需要参与者的承诺，进而也需要他们分享对情境的控制权。因此，参与者辨认出来的变量，他们赋予这些变量的意义，以及他们想要检验的假设，都必须被放在探究的最重要的位置上，并且再也不能把它们看作无关紧要的或者是由主试单向控制的因素。其次，我们已发现，改变受规则制约的行为需要提供一种基本的社会化过程，个体透过这个过程可以学习日常生活的新常规（Belger & Luckman，1966）。这意味着为了打破旧有的规则，为了试验与反映新常规，并为了持续不断地对学到的新事物进行反映，必须提供多重的机会。仅有一些实验操作是不够的，而实验室的单向控制也办不到这一点。

但是，即使这种控制能做到这一点，在我们看来，它也是不可取的。这种控制更倾向于促进而非改变服从反应，而且它也减少了个人对自己行动的责任感。权威关系的合法性与单向性是服从的两个必要条件（Harmon，1981；Milgram，1974）。如果我们希望改变这些关系的本质与合法性，就不能在一个以它们为合理特点的情境中变更。正如苏尼加所主张的，"认识论的策略总是会生成社会学的策略……科学家将实验室环境提升到了与理想的研究范式同等重要的高度。有待我们决定的问题是：它①是否能完美地代表一个民主社会的权力关系"（Zuniga，1975，p. 110）。

第三个规则进一步地限制了我们改变现象的能力。在社会科学中形成的理论首先应该是用来解释因果关系的，社会科学家也会避免从一个来自道德的立场去评判事情是什么。米尔格拉姆也不例外。他的目的是去了解，而不是去下判断或开药方。后者是规范领域的事务，最好是由实践工作者或道德哲学家去追查。米尔格拉姆遵循了下面这一普遍观点："服从

---

① 实验室环境。——译者注

权威固有的两难问题是一个古老的问题，它和亚伯拉罕的故事一样久远。现在的研究所要做的就是赋予这个两难问题一个当代的形式，即把'服从权威'当作实验探究的主题，而且以'了解'它为目标而不是从道德立场去评判它。"（Milgram，1974，p. xi）

考虑到大多数个体都会认为，米尔格拉姆实验中的被试不是虐待狂，就是道德上该遭谴责，所以上述观点很有道理。但正如我们先前看到的，米尔格拉姆的实验资料表明：情况并非如此。除非被命令这样做，否则他的被试绝对不会选择去伤害学习者，此外他们也为自己的行为深感痛苦。因此，前面的判断是不正确的。但最重要的是，这些判断或许会导致个体低估了他们自己在类似情况下采取相似行动的潜力。为此，把重心放在了解而非道德评价上是受到欢迎的。

尽管如此，我们也不应该完全放弃道德评价。除非我们认为被试真的没有选择的余地，否则，我们仍然应该评价他们的选择会带来怎样的后果，以及导致他们做出这种选择的推理是什么。米尔格拉姆在试图避开道德评价时，采取了一个不同的视角——他强调了情境因素的因果作用（causal impact）。通过这么做，他避免了负面评价，但他可能无意中采纳了"我们除了服从，别无选择"的信念——一个可能会强化服从的信念，但我们不知道事实是否真的是"除了服从，别无选择"。我们还没有检验在面临引起服从反应的情境因素时，我们是否可以改变服从的反应。

规范理论并不要求把米尔格拉姆实验中的观察者道德化。一种规范的立场（normative stance）既可以帮助我们描述世界，也可以帮助我们绘制走出两难困境的路线。例如，批判理论主张把参与者自身的原则作为道德评判的基础是有可能的（Geuss，1981）。在米尔格拉姆的实验中，被试面对的是竞争性原则或要求，因此产生了服从的两难问题。他们希望能同时满足忠诚于权威与对他人负责的原则，所以，他们在实验期间与实验后都体验到了压力。因而，这并不是一个被试不能实践个人原则的简单问题，而是一个原则相互冲突的特殊情况，在被试看来，他（她）被要求必须在两个截然相反的行动中做出选择：要么服从，要么不服从。等到需要被试对自己的行动负责的时候，他们对自己的行动给出了否定的评价。令他们左右为难的是，他们不知道该怎么做才能解决他们的冲突。那么，要是我们能发明一个可以解决这一难题的替代性方案，又会怎么样呢？这个替代性方案不仅可以告诉我们什么是社会世界的重要本质（既存社会现况的设计并不是必需的），而且还可以告诉我们该怎样重新建构这个世界，才能使它更适合居住。

四、我们学到了什么

米尔格拉姆的实验所生产的知识可以被用在洞察力、行动与结构性改变的层面上。在每个层面上看，学习都是非常重要的，但这还不足以解决米尔格拉姆所描述的服从的核心难题。

（一）"洞察力"作为疫苗

米尔格拉姆最重要的发现是：假如一个权威人物下达了伤害他人的命令，那么，即使是最善良的人也会伤害他人。然而，我们中的大多数人还是没有觉察这一可能性，这表明我们"对在真实情境中运行的网状社会力量缺乏基本洞察力"（Milgram，1974，p. 30）。这暗示着，当条件情势适当时，我们之中的佼佼者也有可能违背他人与我们的价值观，而我们却没有觉察到这一点。既然有备无患，那么我们现在便可以留神警惕这样的情况发生。就像米尔格拉姆的某些被试一样，我们现在便可以试着更有效地处理我们在这些情况下会遇到的价值冲突。

但仅有这样的洞察力并不能解决服从的两难问题。一旦我们遭遇到价值冲突，我们仍然必须找出一些方法来更有效地协调它。然而，如果米尔格拉姆是对的，我们就必须打破"照掌权者的话去做"这一社会化的积习，我们把自己的责任推卸给权威者的倾向，以及那些助长了这种习性和倾向的组织规范与结构。此外，只是反对和拒绝服从这些规范是不够的；我们必须找出能带来真正的替代性方案的行动，也就是说，这种行动必须能解决两难问题，而不是在两极之间摇摆不定。

（二）"不服从"作为一种替代性的行动

在米尔格拉姆考虑到的极端情境中，单方面的不服从是很有道理的。但在日常生活中，我们遇到的是没那么极端但依旧棘手的服从两难。例如，我们被要求违背自身意愿去训诫一个下属；我们被命令支持一个我们认为有歧视性的政策；我们被警告，如果我们想获得成功，就必须从事快速而又不道德的研究，但这违背了我们自己的准则。我们每往前走一步，都要学着如何一点点地放弃自我，并告诉自己："事情就是这样子的"或"我别无选择——不这样做就没法做了"。这些反应很让人信服。它的确是事情的运行方式，获得成功的规范确实存在，一个人如果不继续依规范行事的话，他（她）可能就不知道该怎么处理这些现实问题。所以，在个人的小世界中，我们也学会了如何放弃一些个人的责任感，这就使得在集体与社会中，人们对不负责的现象有更高的容忍度。

这些状况为更极端的情境提供了实践的土壤。在那些情境下，不服从可能会导致更多的问题。如同米尔格拉姆所提出的，如果我们每个人都只按照自己的意见单方面地行动，那么或许相比不负起自己的责任，我们更有可能增加社会的混乱。如此一来，"服从是必需的"这一观点将会得到重新肯定，人们寻求法律与秩序的做法也再次被肯定。如果真是这样，那么，在极端情况下被视为必要的"单方面的不服从"，可能也导致了极端情况的产生。为了预防极端情况的发生，我们需要找到替代的行动方案——这是常规科学目前尚未认识到的问题。

（三）"结构性改变"作为预防之道

米尔格拉姆的结果的确提出了可以改变情境或结构的方法，因此我们至少可以修正"服从"的问题。我们先前在米尔格拉姆的实验中看到：当被试与受害者之间的距离越近，而与权威的距离越远时，被试选择电击学习者的可能性就越小。这个发现的隐含寓意是：可以通过创设能增加我们与权威之间距离的结构来解决服从的两难问题。可以预见，与权威的距离拉远以后，基层的工作者就能根据他们可以立即获得的信息来下判断和做决定。一旦被采纳，这种解决办法就将把大量的权力转移到基层。

在现存的阶层结构内部，我们还不清楚哪些因素会使权威采取降低自身控制权的方式来设计他们的组织，但假设他们的确这么做了。在组织生活中，人们所持有的明显不同的信息基础总会产生相互冲突的判断，为了确保组织运转的协调性，个体仍然需要协商和解决这些相互冲突的判断。如果要避免走极端或各自地工作，那么个体必须在这些结构内部找到某种行动的方式，以使他们可以解决相互矛盾的观点与价值观。因此，即便采用了这些结构，有效的执行还是需要发起新的行动。只有结构性的改变是远远不够的。

想要真正地解决服从的两难问题，只是简单地在构成问题的两个必要条件——"个人责任"与"社会和谐"——之间游移是不够的。但在研究服从时，米尔格拉姆假定了"既存现况"的必要性，并因此把他的实验放置于既存的安排与反应内。结果，他的研究并没有产生可以帮助个体的知识，个体在实验后依然在各种冲突性要求之间游移不定——这些冲突性要求正是两难问题的基础。我们从来都没有听说过能更好地处理这种两难的替代性方法，也没能发现维持它不变的深层结构。事实上，如果只是复制它的原状，我们只会更加了解怎样去制造服从，而不是怎样去解决它所产生的两难问题。

第二节　超越服从

但是，如果我们现在希望考虑服从实际上是否必要的问题，正如先前提到的，这要求我们从两个方面来创造另一个替代性的人际空间：一个背离了主流实验性情境并且与真实生活情境（在其中，服从属正常行为）有差异的人际空间。在我们看来，不论是实验的情境，还是真实生活的情境，它们都是与第一型及组织化的第一型保持一致的环境。在设计帮助学生学习第二型行动的研讨会中，我们试图改变现有的规范，例如，服从与单向的控制。由于我们的参与者通常是按照第一型在行动，因此他们创造的是组织化第一型的学习脉络，这些研讨会则提供了一块肥沃的实验土壤，我

118

们可以同时在其中设计实验去探索及改变既存现况。

接下来要描述一个关于服从的实验，及探究我们可以如何更好地理解并超越它（服从）。更确切地说，这个实验检验了一个参与者（学生）面对由权威（指导者）下达的要求。当学生按照指导者的话去做时，他就违背了自己认为是对的观点，接着他便认为自己不用再为自身的行动负责了。这些都是米尔格拉姆认定、描述的服从权威的本质特征。但在行动科学实验中，我们的目标是深入探查并重新建构我们社会世界的这些根本面向，而这一过程同时产生了理想的与不合要求的效果。我们因此有机会看到具有这些目标的实验将会是什么样的过程，也因此有机会去推敲这一过程所生产的知识。服从事件本身发生在一个较大的行动实验场中，我们之所以要设计这一实验场，是为了促使参与者换一种方式来审视自己的行动和参与实验的冒险性。我们称这一实验为被动性实验（passivity experiment）。当教师（指导者）发现学生表现出一种抑制他们学习的退缩模式时，就可以启动这个实验过程。它发生在研究所第二个学期的开始；我们在这个实验开始的时候就进入了，所以我们能够设置在行动中①探究"服从"的场域。

一、被动性实验

在学期的第三周之初，指导者一开课便说明他想要开展一个实验。接下来，他做了两个关于团体的推论，并公开检验团体是否会证实这两个推论。 *119*

> 好，我想做另一个实验。我首先要做的是针对这个班级做两个归
> 因，然后，如果可以的话，我会在此对这两个归因进行公开的检验。
> 第一个归因是，既然我们的时间有限，那么就存在一个公平的问
> 题。我想你们中的大多数人都认为，某个人不应该占用过多的时间，
> 因为每个人可以平均分配到的学习机会应当是平等的。有人不同意这
> 个归因吗？（大家都认同。）

_____

① 指导者与参与者之间的互动行动。——译者注

另一个归因是关于保罗的。当他开始发言时，很多人都觉得他的发言还算是公平，尽管你们不一定同意他开始的方式。（大多数人都同意；有些人说他占用的时间太多了。）

　　然后，我继续说："谁想要第一个发言?"团体一片沉寂。（保罗）看了看我；我也看着他。我环顾了周围三四遍。保罗也四处观望了一下。最后，他接下来(开始发言)。

　　我想知道：为什么会这样? 一个已经发过言，（在课堂上）占用了他应有的那一份时间的人，现在却又在某种动力的推动下，占用了更多的时间——这里的动力是什么?

这名指导者展开实验的方式是：在团体中公开地确认一个令人困惑的过程，并检验构成这一困惑的推论是否正确。一旦其他人肯定了这些推论，他就会深入调查这个谜团，而有关个人如何看待课堂参与的新资料就出现了。总结起来，学生们的发言如下：

　　"我觉得我应该说些比较聪明的话，不然老师就会指责(attack)我。"

　　"我觉得我在外面躲避，在里面很安全。"

　　"我在等某个人犯错，然后看老师会怎样做。"

　　"我一点儿也不知道要从哪里开始。"

120

　　"我觉得我的介入必须是完美的才行，然而我不知道怎样才是完美的。"

　　"我不想显得很愚蠢。"

　　"我感觉当时的我如履薄冰。"

　　"我觉得介入之前，我必须作好准备活动。"

　　"我感觉我会出丑。"

正如这些资料所暗示的，个体对于自己、老师以及"参与"意味着什么，各自持有一套自己的推论。作为回应，指导者试图去确定是什么引起了这些反应，他调查并追问当时发生了什么情况，以及学生是如何从这些资料得出他们的结论的。在这么做时，他核对并检视了学生的反应在多大程度上得到了分享或在多大程度上有异议。通过这样一个过程，参与者逐渐学习到指导者在无意中促发了第一个发言者对被指责的畏惧，他们也看到了班级是如何因在当时不敢直面指导者，而强化了指导者的行动。

在稍后的实验阶段，指导者开始以这些早期的发现为行动的基础，他把参与者对他做出反应的方式，与前一周讨论过的案例中参与者回应权威的方式进行了对比。在前面那个案例中，一名主管及其部属就谁该为咨询计划中的内部问题负责一事，分化出两种完全不同的意见，每一方都单方面地责怪对方且回避检查自身的责任。不过，班上有65%的学生认为应该由权威负责，他们指出：那名主管思想封闭，防御心强，并且无法察觉自己对部属的影响。根据这些资料和来自班级的其他资料，指导者开始大声地推断：许多团体成员可能认为那些处在权威位置上的人应当承担更多的责任，这就使得他们对那些有权力的人既敌对又服从。一方面，他们可能并不认同权威的做法，还可能会私底下对权威作负面的归因（例如，他会指责我，她操纵了一切）。然而，另一方面，他们可能认为所有的问题主要都由权威控制，也应当由权威来为这些问题负责，这种认定使他们一直没有意识到自己的被动性是如何促成问题的。 *121*

二、个人当面质疑权威

在这个探究的过程中，指导者自始至终都扮演了一个主动的角色——为了帮助每个人更好地学习，是他使这些问题和两难困境浮出了水面，也是他对这些问题和两难进行了考察。但与实验室里的主试不同的是，指导者公开地陈述了他的假设，并邀请参与者帮助他探究这些问题。指导者认为，这样做有助于探索参与者的被动性，同时也能帮助他们突破被动的困境。但是其中一位参与者乔治却不这样认为。他认为这些行动可能在无意中加剧了他们原本想要纠正的被动性。因此，他对指导者的实验提出质疑。

> 乔　治：我可以发表一些对这个过程的看法吗？我想把自己对刚才所发生的(事情)的反应，与你提到的、可以帮助我们减少被动性的两难问题联系起来。在我看来，你转变的方式，甚至你否定我的想法的方式，并不都会被唐娜(即案例研究中的主管)认同，你视为"实验"的过程，实际上是你在施加单向控制。
>
> 指导者：没错。
>
> 乔　治：我认为在这整堂课中，你在以一种更微妙的方式施加单向控制。你把我们的被动性问题列入了教学议程，并因此替换了原本可以出现在课程中的其他内容，比如我们准备好的案例。
>
> 指导者：是的。
>
> 乔　治：我的理解是，照你这样做，你会继续发现我们的行为举止很被动，因为我们是从你那儿学习到"这里发生了什么"的行为线索。
>
> 指导者：让我们来问问其他成员的看法。

在这个互动中，一个学生当面质疑了权威，他声称指导者是在采取单向的控制行动——因为指导者把班级成员的注意力都导向了他们的被动性，从而替代了他们已经准备好的案例。在这个推论的基础上，他接着预测：指导者将会助长他希望消除的被动性。倘若真是如此，指导者的行动便违背了他的本意，而且他可能也在无意中妨碍了班级的学习能力。

为了了解事实是否正如乔治所说的，指导者首先询问其他人的反应，而不是坚持自己的观点。这样做，就可以生成其他人是怎样看待他的行动和这个实验的资料，并且可以把与权威观点保持一致的倾向最小化。米尔格拉姆(Milgram，1974，pp. 116-121)的实验资料也表明，一旦一个同等地位的个体当面质疑了权威，团体将不太可能会继续照权威指示行动。相反，他们更有可能质疑权威。因此，在一个行动科学的实验中，指导者会通过激发其他人的这种反应①来支持这种持续不断地对质。

三、权威当面质疑学生

尽管如此，指导者并不会不假思索地认为参与者的观点是令人信服的。相反，当另一个学生——保罗表示同意乔治的评论时，就像他邀请学生质疑他自己的想法一样，指导者也质疑了保罗的观点：

保　罗：我认为（乔治所说的）很有道理。我想，如果你不是直接提出被动性的问题，而是问我们是否想讨论这个问题，这样更可取。

指导者：那么，如果你认为这些人做事被动，你会怎么提起关于被动性的问题呢？

然后，他转向乔治，想看看他是否能提出另一种可能：

指导者：乔治，你能给我举个例子吗？我怎样才可以做到这一点？

乔　治：一个例子（停顿）。我想它是个两难问题，让我这样说吧。

指导者：请说。

乔　治：你身陷两难困境，因为你认为我们是被动的，想向我们传授可以增加我们的自主权的知识，即我们是被动的认识。为了传授这种知识，你可能有必要运用单向控制。那是有可能的。我想（保罗的）提议，即建议你跟我们商量我们是否觉得有必要讨论这个问题（是一个很好的建议）。

指导者：你能够做到你所说的吗？

123

---

① 质疑权威。——译者注

在这段摘录中，通过询问保罗如何生产不一样的行动，指导者进一步探究了保罗所提出的替代性方案。他既没有接受也没拒绝这个竞争性主张，而是邀请对方举例说明，所以他和团体可以自己判断这种主张是否能解决被动性的两难问题。正如上文所述，在指导者看来，只是走出被动性状态还不够。在肯定学生提出的主张之后，还有必要仔细检查其主张的可行性，就像他提出自己的观点供班级审查一样。这样做之后，他就绝对不会允许自己或学生单方面地把自己的观点强加给别人。

四、个体的服从

从乔治的观点来看，指导者的要求是有问题的，因为他不知道走出两难困境的具体方法，他也觉得自己不能说些什么。正如他第二周透露的，他私底下的反应是想着"呀！我该说什么呢？"而他公开的反应却是重申这个两难问题。所以，当指导者再一次请他提供一个替代性方案时，乔治照要求做了，并发生了下面这段介入。

> 乔　治：我有一种感觉，即这里存在一个说不出口的规范，它让人们觉得每个人的发言时间都是均等的，自己不应该占用其他人的时间。你对这个规则进行了公开检验。我进一步地感觉到，你认为保罗上周至少用了他应有的那份时间。你对此也进行了公开检验。对我而言，这指出了我所思考的两难问题，那就是，许多人有机会发言，可是没人这样做，因此保罗在某种意义上是一脚踩进了一个被大家共同创造出来的真空里——我认为这就是你所说的"被动性"。我的感觉是，你指出了一个学习的问题，而这个问题是全班的问题。我认为，如果在这堂课的开始，花些时间讨论那个问题是很值得的。其他人是否也这样认为？

> 指导者：（对全班）你们的观点呢？

> 混杂的声音：当然！好啊！

通过提出并检验推论，这里所述的替代性方案便开始实施了，这很像指导者曾做过的。但在最后，乔治明确地询问团体是否也认为被动性是一个值得讨论的问题，这一点与指导者所做的不同。就像他之前的行动一样，指导者对这个替代性方案的回应是：先引出他人的观点，然后陈述他自己的想法，并邀请其他人阐述对其看法的反应。接着，指导者提出了他是如何看待自己的行动与团体的关系的。

> 我的观点是：你们对唐娜的案例并没有做出选择。你们对短的案例没有做出选择，对第三个长的案例也没有做出选择，是吗？
>
> 我说，"这并不是以具体的安排为背景的"。但没人说，"我不想做其他那两个"。我得到了默许，你们没表示反对就表示你们的意思是：继续吧，如果你在做有益的事，我们就一起做。如果不是，我们会告诉你的。所以我的看法是，我这么做是基于我得到了这个团体的赞同。

指导者承认自己的确没有给过乔治建议的那种选择，然而他暗示那是不必要的。他假设，既然自己的课程并没有设定具体的安排，而且也没人告诉他该停止，他便可以继续得到团体的赞同。因此，指导者与学生对于"选择"，对于应该由谁来"负责做出选择"持有不同的看法。从学生的观点来看，指导者应该明确询问他们是否希望讨论某个议题。然而，从指导者的观点来看，不论是什么环节有问题，他始终抱持着鼓励大家与他公开对质的立场，而且这一立场在持续不断地得到加强。按他的观点，增加这一步——询问学生是否希望讨论某个议题，可能是在诱使学生陷入困境，因为它会导致学生在当面质疑权威之前，先依赖这种权威邀请学生的开放态度。这种替代性选择可能会使被动性的两难问题更加恶化。

如果不是之前的做法，介入者可能毫无批判性地接受学生提出的替代性方案，因为，当学生坚持自己的主张时，他们便已经打破了自己的被动性。但这样做无异于是在暗中鼓励"可以依据局部或较低层次的意见做自由选择"的替代性方案；并且，正如米尔格拉姆所主张的，这种规范会逐渐损害协调冲突性观点的任何可能性，而这在真实生活的情境中必定是不切实际的。所以，对这个案例中的指导者而言，实验才刚刚开始。根据这个观点，学生所采取的用来克服被动性的举动，还不足以解决这个两难问题。他们的举动仍然立足于一个先验前提，即所有权威都单向地负责并控制着一个过程，下属需要得到权威的允许才可以改变它。只要对情境的这种框定继续存在，学生就不太可能在教室之外的情境中，有能力与权威就冲突性观点进行协商。所以在上面的案例中，指导者并没有直接接受学生的替代性方案，而是继续邀请他们提出并阐明自己的观点。当学生们这样做时，他继续对学生的观点发表评论，继续说明他自己的观点与学生的观点在哪里出现了分歧，并继续鼓励其他人评判他的观点。

五、个体与权威相互对质

作为回应，乔治继续面对指导者，他指出，当他一度认可指导者所做的是符合逻辑的时候，也就是这一点使他处于两难困境之中。

> 乔　治：我的两难就是这一点。（你所做的）毫无疑问是有根据的。我想对我而言，这样做可以充分地促成你所主张的目标，也能使我们不再那么被动。但我认为，这是一种形式与内容的两难。在这个意义上，教学议题是由你定的，即我们的被动性，而且你一开始就在维护自己的看法，这使得你在第一堂课就把自己放在一个位置上，当时你对我们宣称："你们是没有能力的。我之所以在这里告诉你们这一点，是因为我有一个更宽阔的视野，更有经验，也更有能力。"

> 虽然你在这里想要表达的是：我想使你们变得更有能力。但是我认为这个经验对我而言，就是把我放在一个你所定义的情境中，任由你对我进行评判。所以，尽管我认为，从知识上，我从中学到了一些使我能够更主动控制局面的东西（假如我能够实践它的话），但这堂课的经验学习却是延续了被动性，因为你把我放在那样一个角色上。

指导者：这听来有些帮助。如果这也是其他人的感受，那么让我知道这一点是很重要的，因为我不认为由我来设计一个能降低你们的被动性的实验是可能的。我也不认为按照你提出的去做会（改变团体的被动性）……我不相信你们在前三周没能掌控住班级讨论就意味你们是被动的，特别是当我的部分策略是要去当面质疑你们的被动性时。我认为你相信它会使你们更被动。

乔　治：是的。

指导者：澄清它的一个方法就是检验它，并看看在我们互动时会发生什么。

　　乔治声称指导者的行动该对他体验到的被动性负责。按照他的观点，指导者已经选择把他放在一个被动的角色上，并单方面地规定了教学议程及坚持维护他对这一问题的看法。但在上述两个案例中，乔治都没有举例说明或检验他的主张，而事实资料显示：指导者的确公开地检验了他对问题的观点，其他人也认同他的观点（见最初的介入）。乔治反而是在按他认为权威不应该采用的方式在行动。他"基本上都在维护（他自己）的观点"，他"把（自己）放在一个说'你们是没有能力的'位置上"，而他也把指导者置于一个"（他）所定义的情境，（他）正在这个情境中评判（指导者）"。这就是社会不公正（social injustice）的本质。乔治要求别人做的，正是他自己在相似条件下没有要求自己去做的，乔治和他要求别人做的其实都是在控制情境。此外，乔治对发生了什么事的理解是不准确的，他的理解是以他自己的私人经验为基础的，因而使得他对事实的看法无法与人协商，社会正义更是无法实现。

　　相对地，指导者继续当面质疑乔治并捍卫自己的位置，他同时开放他的观点接受公众的检验。他清晰地陈述他的观点："我不认为按你所说的可以改变什么。"他承认存有分歧的观点，建议他们让彼此不同的观点接受检验："一个方法是对它进行检验，看看会发生什么。"这个检验是要在团体中公开进行的。这样做是使他们寻找团体中每个人都能举证的资料，这样其他人才能对情境定义的方式也有控制权。这样做，指导者就展示了一种替代性方法，不同于"被动地按领导者所说的去做或单方面地不同意他的观点"。指导者的行动暗示了一个规范：让不同的主张接受公众的检验与批评。这个规范提供了米尔格拉姆所引用的主要原则"照掌权的人所说的话去做事"（Milgram，1974，p. 138）之外的另一种可能性。

六、中断既存的规范与防御

当乔治的主张被这样批评时，既存的规范与防御也开始出现了。在课堂对话进行的某个段落中，乔治解释他的介入是被设计去照指导者所说的去做，他这样维护自己的观点：

> 我试着去设计一种我认为你（指导者）所要我做的介入。我想与我要如何处理这个状况的直觉是会有点儿不同的。

就像米尔格拉姆的被试一样，乔治解释他对自己行动的设计并不是要去符合自己的信念，而是要去符合权威的要求。但与米尔格拉姆的实验者不同，这里的实验者并不只是想了解被动性的反应，也想通过揭示并改变维持被动性不变的防御机制，来探查行动者的"被动性"。所以就像指导者对学生的被动性发出疑问一样，他现在则质疑深藏于乔治的行为方式中隐含的规则：

> 但你的表述有两个问题。一个问题是你所表述的基础是你的感觉。另一个问题是我已经说过的，"你能做出你自己所说的吗?"而你却做了某些你认为是我想要而并非你所要做的。你的说法告诉我的是：如果那是你的心理状态，而且如果你现在将你的心理状态概化到别人身上，那么我想，像你这样的人事实上并不会从我这样的行为中学习到东西。
>
> 如果你如此程式化地为我去做你认为我要你做的，即使那不是你

128

自己想做的，那我也不能确定我是否可以相信你的感觉，除非你已经准备好并能够说："这些感觉是当一个人被要求去做某件事时的感觉，尽管这不是他自己要做的，但他却仍做了某些他认为是教授想要他做的事情。"

指导者指出：乔治在对话中提出他的观点的方法，深藏着两个规则。第一，他的观点的基础仅仅是基于他的感觉；第二，他所设计与所做的是为了符合权威的要求。指导者据此预测：这样的规则会使乔治不容易学习或被人信任。指导者的行为旨在找出深藏于参与者行动中的隐含规则，并证明这些规则是如何必然地导致了他们自身所不能接受的后果。某种程度上只要个体能够认同这个逻辑，他们通常会放弃他们的观点，并重新思考深藏于他们行动中的规范或规则。但一般来说，他们会先为自己的逻辑辩护，乔治就是这样的情形。为了回应指导者的批评，乔治启动了几道防御线，而每一次都如同指导者所描述的一样，规避了他自己对行动与结果的责任。然而每次当乔治启动一个新的防御线，指导者就说明他的新观点是不被他本身的标准所接受的。

为了说明这一点，在下面的文字中，在乔治的主张后面，接着附上指导者对他进行批评的言行。注意，每次当指导者指出乔治观点的漏洞时，乔治马上转换到一个新观点上，而指导者就跟着再指出新的漏洞。

乔　治：我感到你是在要求我按保罗的建议去行动，但这不表示我赞同这种做法。　　　　　　　　　　　　　　　　　　　　*129*

指导者：要怎样做，才能使你不会陷入一个你得为自己不赞同的意见承担责任的困境中？

在乔治最初的防御中，他解释他只是按保罗的建议行动，但他自己并不赞同这种做法。但当介入者质疑乔治自愿对自己不赞同的观点承担责任时，乔治的第二道防御线发动了。他声称自己别无选择。

乔　治：你要我按保罗的建议去做，而不是我自己愿意的。如果你要我按我自己的想法去做，我就不会这样做。

指导者：你那时可以说："抱歉，但我不想按他所说的去做。我想按自己的想法去做。"

在这里，乔治以他没有选择为借口为他的行动辩护，但指导者指出乔治可以怎样拒绝，因此证明了乔治的说法并不正确。乔治一认识到这一点，他就放弃第二道防御线，进而辩称他只是在按照社会可接受的方式做事：

乔　治：我想我所做的并不是按部就班地做你要我做的，而是维持应有的礼貌去回应你。

指导者：如果你了解我，那你所做的就是最失礼的事情了。最有礼貌的方式是说："你问了我一个错误的问题！"

通过诉诸社交礼仪，乔治使用了第三个防御。但指导者通过指出这对他是失礼的行为，再一次质疑了乔治的防御，指出乔治的行动如何产生了违背他本意的后果。

130　　防御性行动的快速转换需要一些特别花哨的策略，然而这些防御策略也表明乔治的行动逻辑是一贯的。那就是，尽管他不断地转换观点，却还是有一个一致性的逻辑。在每一个情形中，他不是声称他不对他所做的负责，就是说明他做的是对的事。他的第一个防御性观点是"那不是我想做的"；这时，他只是试图否认自己的介入行动。当指导者后来指出这个观点本身有问题时，他转换到"没有选择"的防御性观点，而把责任推到了指导者身上。而当指导者证明这一点不正确时，他就转换到他是"在做对的事情"的观点上，仅仅是表现得有礼貌而已，其实他的行动不像指导者想得那么严重。但就像我们之前已经看到的，指导者指出如果那是他想做的，那就真是事与愿违了。当他的防御行动屡屡被他自己的标准所阻困时，乔治开始往内看他自己的责任，但只灵光一闪。他的反映是：我不想回答这个问题，但不知怎么却觉得被要求这样做，或许是由于某种学习的隐含理论。

如同后续对话中说明的，直到他的同伴开始确认他的论点有漏洞，乔治才主动地开始一个重新思考他的行动的过程。

七、同伴当面质疑成员

在许多讨论之后，乔治还是不顾其他的可能性，继续认为他最初的批判有效。在这一点上，他的同伴开始根据课堂上实际发生的进程质疑他的主张是否站得住脚。

  乔 治(做总结)：我对你所做的有个批评。不论我所能想出来的其他替代性方案的可能性有多大，我都想维持这个批评。我的批评是"人们并不会因为你告诉他们是被动的，就变得较不被动"。

  提 姆：或许有些人会，有些人不会。

  戴 维：是啊，我猜那就是我的反应。就这次课堂上大家参与的信息来看，至少就我所见到的，当团体在进行时，的确有部分人变得不太被动了。

  乔 治：不，我不认为那是指导者的行动让他们那样的。

  戴 维：你怎么排除指导者的影响呢？

  乔 治：嗯，只要看他们何时变得没那么被动。

  乔：你会把这(部分人变得不太被动)归因为什么呢？

  乔 治：我能先问你(戴维)，你认为那是什么时候发生的吗？

  戴 维：乔治，我不知道该怎样讲，因为当指导者指出我们是被动的时候，我的实际反应并不是要去防御说我不是。而是一种沿着第一型使用理论的表现，就像是在说："喔？是吗？如果你敢指着我鼻子，说我是被动的话，我会做给你看。"所以对像我这样的人，指导者的做法可能是正确的策略，因为他激起了我的第一型策略出现。

文　斯：但是如果你一定要等到别人来激发的话，戴维，我要提醒你的是，我为什么必须等指导者来激发我，因为如果下一次也要等某个人来激发你，你就不会学习那么多了。

戴　维：好，请考虑这一点。最令人不舒服的就是你得到别人对你的一个特定的认定。他要求我去确认这件事"你想要推卸你的责任，退出去(bow out)并且离开团体"。而我必须确认这一点。一旦我确认了，我却不喜欢它；那并不是一件我会接受的事情。所以对我而言，把自己涉入其中确实是个挑战。一旦它浮出表面被大家讨论，我要保持被动，就变得更不容易了。

上面的对话是由乔治再次重申自己的观点开始的，但这次一个同伴当面质疑了他，同伴的当面质疑像是说："你或许是对的，或许是错的，但我们现在还不知道。"从这里开始，他们继续探究彼此的观点，并以指导者所提出的替代性行动规范来描述他们的反应：让不同的主张接受批评与检验。例如，提姆一说出乔治可能是错误的，戴维就介入并引用了一些资料，指出事实可能确实是"当讨论进行时，的确有部分人变得较不被动了"。然后当乔治声称那不能被归因为指导者的行为时，这时大家并没有提出他们自己的主张来反对乔治，而是询问他是如何形成这个观点的：你怎么排除指导者的影响？那你把团体成员(班上同学)被动性的减少归因为什么呢？

乔治并没有回答，反而进一步地探问戴维的观点，戴维并没有拒绝这一询问。相反地，他从感觉上报告了自己对指导者的回应，"喔？是吗？如果你敢指着我鼻子，说我是被动的话，我会做给你看(证明我不是被动的)"。他接着在一个低层次的推论上描述了指导者的行动如何影响了他的感受，并得出结论说对某些像他这样的人，这会是一个"正确的策略"。一旦戴维的反应公开之后，这些反应就可以被批评了，而另一个参与者文斯就针对戴维的反应提出他的批评，指出：戴维可能必须要等别人来激发自己才会变得不太被动。戴维没有否认这一可能性或转换观点，相反地，戴维保持开放地进一步描述了自己的防御机制。这些描述提供给他人可以继续接近戴维和他讨论的基础，而其他人都可以独立地接受或拒绝这些观点。

因此，防御机制不断自动换转的倾向在上面这个典型案例中并没有明显出现。参与者给他人提供了可以理解他们行动的通路，而不是试图掩盖这些路径。他们不只提出了自己的观点，也描述了这些观点所依据的信息。最重要的，他们并不是贸然地接受或反对任何一个论点，而是对这些考虑到的不同观点进行批判与探究。这样做时，他们就遵从了指导者同样遵从的行动科学规范。但因为他们是同伴，他们能够提供指导者所不能提供的信息资料。此外，因为乔治对权威所采取的姿态，同伴的观点便具有指导者所没有的影响力。

八、个体反映自身的责任

在接下来的一个星期，乔治听了一份记录这次课堂讨论的录音，并就¹³³实验中提出的问题思考他所听到的。当他这样做时，他开始看到他为自己"设下陷阱"的程度。他看到：不承认自己其实并不知道其他的可能性，他反而通过制造一个类似保罗所提出的建议来掩饰这一点，因此就启动了这一过程的其他部分。而当他进一步听录音时，他也了解了指导者的言行和自己防御的关联性。他写下了他的发现，并在下星期回到教室时，公开地反映了他对所发生的过程的新理解。首先，他描述了先前那个星期他私底下的反应，以及这样做如何使他为自己设下了陷阱。他接着指出了指导者当时没能全部探索到的他的观点，以及这些又如何启动了自己的防御。最后，当被问及指导者该如何做得不一样时，他提出了一个新的做法。在这一堂课中，他把焦点放在他自己的责任上，就像关注指导者的责任一样。在当面质疑其他人的观点时，他也使自己的观点可以被公开当面质疑。通过这样做，他打破了在上一个星期中强化他自己的无觉察的反应方式，并且协助了指导者也这么做。

九、结果

但我们要从实验的结果中找出什么呢？一个行动科学实验的目标是描

述并改变社会世界中我们看不到的盲点、困境以及限制。在这个特定的案例中，指导者希望发现并解冻到底是什么导致了学生的被动性，就是说，是什么使得他们按照权威者所说的话去行动？甚至当这违背了他们的信念时，然后他们要权威者为所发生的负责。而这个实验目标中隐含着我们评价这一实验结果的标准。我们要问：参与者与指导者在他们的行动与反映中，是否展现了一个看待他们自己与他人的新方式，而这个新方式能够使他们改变被动性吗？

乔治与他同伴的行动资料，表示这些实验假设是被肯定的。由于指导者的介入，个体开始以新的方式看待自己。戴维第一次承认了他的被动性，而乔治开始看到他如何为自己"设下陷阱"。而对他们来说，他们并不能接受自己的发现，但两人最后都为他们自己的行为担起了责任。他们肯定了指导者的归因，而他们也认为他们所发现的并不仅是指导者所说或所做的后果——尽管乔治一开始努力地要去证明这一点，一旦他们意识到自身对这种后果的责任，他们所看到的"不能接受性"就提供了新行动的动力。戴维变得更主动，而乔治也使得他的观点更容易接受检验。因此在他们的行动中我们看到了新理解力的证据，因为他们不但报告了新的洞察，他们的行动也和新的洞察相一致。

同时，实验也产生了对参与者的被动性的丰富描述。通过质疑他们的被动反应，指导者发现学生无形中把权威框在一个远比他们自己更具有控制权和负责任的位置上。此外，他们先验地假想这样的观点才是对的。带着对权威角色的框定，我们可以看到他们自身的角色如何变成了权威行动下的被动接受者。后来，当实验进一步地展开而乔治对指导者的批评做出回应时，我们就发现一些隐含的规则是如何遵从并帮助维持了对一个个人角色的被动性框定（a passive framing of one's role）——像"照掌权者所说的话去做"与"仅凭你的私人经验确认自己的观点"的规则。最后，一旦这些规则被公开讨论并受到挑战，大家隐藏的防御性就会开始启动，如同乔治灵巧地从一个观点转移到另一个："那不是我的"，"我没有选择"以及"我所做的只是合于社会接受的礼貌"。然而从行动科学的观点来看，同等重要的是发现了个体能开始制订另一个非常不同的规范，而这一新规范要求他们让不同的观点接受公开的检验与探究。在实验的最后，更多的参与者变得更能采用一个主动的角色，批评并探究不同的观点，而不再仅是接受或反对它们。

这个实验同时发现了维持服从的深层结构，并且寻求一个可以使"服从变成社会和谐所必须"的行为规范的反证。实验结果表明：完全可以产生非常不同于米尔格拉姆（Milgram，1974）所认为的必须存在的权威关系。如果这样，它就意味着或许可以更好地处理服从权威与社会和谐之间的冲突性需求所引起的难题。但想要探索这个可能性，不仅需要个体去发现他们的既存反应，而且他们要能试验全新的反应，这就要求研究者去创造可以超越常态科学规范的情境。他必须要创造一个实验领域，在其中，所运行的规范要和实验室或工作场所中的规范有根本的差异。

第三节　这在何种意义上是一个实验

实验的第一个目的是去引起个体以一个预期的态度去行动，或者是选择不这样做。按照这样的观点，刚才所描述的事件就可以说是一个实验了，因为指导者行动的方式是他预测这样做会帮助个体降低服从性，或者允许他们选择不去改变他们的行为。

实验的第二个目的是制造能在实验情境之外仍旧有效的实证性概化（empirical generalization）。这个策略是为了形成一个假设，如果没有被否证的话，实证性概化就可以成立了。这个实验的假设或许可以这样形成：在第二型条件之下，是有可能降低个体"不加质疑地服从"的自动反应倾向（第一型行动策略），参与者报告了他们在研究所课堂团体之内，他们的秩序与主导的感觉至少没受到伤害，并且有可能获得增强。

如果这个假设要得以成立，我们至少要能建立三个条件。

第一个条件显示出参与者（实验中的受试者）的确是对指导者带着服从而行动的，可是这样的服从并不是指导者所要求的。我们想，前面的录音转录稿显示参与者确实是这样行动的，而其中许多人也承认自己是这样做的。此外，有些人不仅承认自己是服从地行动，也表示指导者至少应该为他们的行为负部分责任的看法。

指导者探索了自己的行动引发参与者被动性的可能性，因为实验性操控（experimental manipulation）要求他不去诱导参与者的服从。而在批判性探究之后，团体达成了他们该为自己的服从行动负责的结论。

第二个条件说明指导者的行动要与第二型特征一致。在这个例子中，需要指导者去对质并探究服从反应，当通过他的行动去探究这个可能性时，他可能在大家没有察觉的情况下催化了成员朝向第二型的方向行动着。

第三个条件是看参与者的服从反应是否被减少了，同时并没有减少团体的秩序与主控感。这项任务使整个实验比米尔格拉姆的实验更复杂与困难。在大多数的实验中，是假设被试有技巧能做出实验所需的反应。例如，米尔格拉姆的实验依靠被试能够了解命令，观察受苦的个体，并能执行他们所选择的任何决定：电击或者不电击。大多数成人显然具有这些技巧，而米尔格拉姆也视之为理所当然。实验通常并不会设计成要被试去使用他们所没有的技巧。

在我们的降低服从性的实验中，却是相反的情形。参与者已熟悉于制造而不是降低服从性。如果实验性操控（创造第二型的条件）是要去成功地降低服从性，参与者需要获得他们所没有的能力。这些能力包括察觉他们对服从的自动化行动，以及学习他们未曾有过的行动技巧，例如以一种可以确保个人责任和团体持续自我管理的方式来当面质疑权威。

再进一步说，一方面参与者对他们的自动化行动变得有觉察力，一方面却缺乏创造一个他们所看重的具有第二型价值观的行为世界所需的技巧。这一点对参与者而言，是具有威胁感的。这意味着在我们实验中的参与者也必须察觉当他们受到威胁时是会自我防御的。换句话说，在我们的实验中，我们不能理所当然地认为参与者已具备降低服从性的技巧。他们需要协助才能学习到这些技巧，并且要去创造一个可以增强这些技巧的系统性文化(systemic culture)。

评估这些要求达成的程度是有可能的，我们试着从三个方面来证明。

第一，我们可以分析录音转录稿，来评估指导者与第二型行动相一致的程度，以及他在多大程度上愿意去探索他没有这样做的时候发生了什么。

第二，当指导者试图评估学生对自身服从反应的无觉察时，分析学生对指导者的最初反应是有可能的。此外，当学生越来越察觉自己的服从反应，且试图减少服从行为时，他们的防御性也是有可能被评估的。

第三，采用整个实验进展期间的互动来解释某些学生最后是如何走向减少他们的绝对服从的，以及团体对服从的规范是如何发生转变的，都是有可能的。

如果我们想要这样做，我们可以在研究所未来的课程中继续这种分析，因为还会有其他机会来检验个体到底学到了什么。"不加质疑地服从"不太可能会在一堂课中便发生显著的减少。为了评估这些发现的外在效度，我们可以扩展这些研究。例如，观察学生在其他学期面对权威的方式，或者观察学生在其他学期以指导者的角色(或身份)尝试帮助其他人减少不加质疑服从的倾向时的表现。

在这个条件中潜藏着另一个要求，即要证明：在服从行为减少的同时，有利于有序社会、有利于自治以及有利于双路径学习的团体规范也得到了维持，所以不会发生米尔格拉姆预测的团体社会结构的瓦解。

我们可以通过下面三种方法来确认实验是否符合这一要求。第一，我们可以访问参与者，从访谈中获取他们对这些事件的看法。第二，也是比较重要的一点，我们可以观察为了维持他们的团体过程、由他们创造的管理品质以及发生的双路径学习的数量与质量，参与者是如何行动的。如果有录音，便能轻松获得这些方面的信息资料，本实验即是最好的例证。如果方便，也可以加上观察者的资料，但我们发现对观察者的工作技能的要求没有对参与者的那么高，因为后者的能力必须依靠实验的结果。第三，这些资料的来源是参与者本身。他们最关心对这些问题的解答以及每一个解答是如何导致这些问题的。例如，可以把学生分成几个小组，让他们重听并分析录音的内容。他们可以提交自己的分析供其他人验证。他们可能会特别小心地去发展有效资料，因为这样的资料决定了他们的学习程度；决定了他们必须克服哪些困难，才能获得他们寻求的技能；也决定了需要哪种团体文化，才能使这个团体变成一个充满活力的学习环境。简而言之，学习所需要的资料，必须与回答我们提出的这三个问题（关于实验的内在效度与外在效度）的资料一致。

在考虑实验的内在效度时，还要提及另外两个问题。第一，被动性与无条件服从有可能是学生伪装的行动吗？这看来是极度不可能的，因为他们正在设法学习克服这种行为。而且，他们最初的防御性反应显示他们是认真的。此外，一些人学得比其他人快，然后会帮助其他人学习的事实也表明，他们不太可能提前合谋设计这种被动性实验。后续实验的反应也支持这样的推论。第二，我们怎么知道没有第二型的介入（指导者的实验性操作），改变就不会发生？正如其他研究显示的（Argyris，1982），个人不能制造出与第二型一致的行动，即使他们了解这个模式，想要按与它一致的方式行动，即便他观察过几个团体的实践尝试，并且自己也尝试过几次，也还是无法靠个人之力习得符合第二型特点的行为。因为学习第二型需要在有督导的环境中练习与实践。

（审校/崔玉晶）

第五章　组织评估研究：填补常态科学研究忽视的落差

在过去，相关取向研究(correlational approach in research)常被使用于组织评估研究，用来探讨有关工作设计的安置、组织的表现、组织内各单位的互动及外界环境互动等变量对"效能"(effectiveness)的关联性(Van de Ven and Ferry，1980，p.9)，在这一章里我们将呈现我们的观点与相关取向研究某些特性间的比较。

在大部分此类的研究文献中，"效能"被界定为是否能产生出人们所预期的结果(Van de Ven and Ferry，1980)。而我们对"效能"的定义是：在相似或者渐渐减少的物质或心理成本的情况下，能够持续地生产我们预期的效果。这个界定的条件是非常重要的，因为我们很可能逐渐地拥有一个相当有效能的组织，但到头来产生效能的基础一点一滴地被侵蚀掉却完全不知道原因。

有许多不同的变量与组织的效能有关，本章主要把焦点放在工作设计与工作表现上。就如哈克曼和奥尔德姆(Hackman and Oldham，1976)所指出的探讨范畴一样，我们将探讨以下的主题：什么使人提高工作士气？如何改善工作表现并提高满意度？以及，如何提升一个单位投入的经济绩效？

第一节　基　本　假　设

诊断研究的基本假设是：个人与工作要求的匹配是关键因素。例如鲍迪奇与布欧诺表示："'匹配'原则的基本前提是，当组织内各部分和谐一致地共存时，组织便会更有效能地运作。因此，一组特定的任务需要一个特定的组织结构、一套特定的技术及一个适合的决策子系统，组织在这一方面越一致，成功的概率越高。"（Bowditch and Buono，1982，pp. 7-8）

但是，普费弗（Pfeffer，1982）在审视了许多相关文献后，总结指出："到目前为止，实证研究结果显示的预测效度都太低，以至'匹配'的重要性及基本前提受到怀疑。"有些学者也怀疑"匹配"与"满意"必然相关的假设，例如，兰迪（Landy，1978）曾指出："'匹配—满意'的观点源自动机理论，假定人们会花力气维持或增加愉快经验，以及减少或降低不愉快经验。如果这样对人类动机的假设可成立，那么个体与工作之间的'匹配'就该比不匹配、有差距的要更好才对。"然而，其他的实证研究修正了这个假说。研究结果显示，创造性可在最佳挫折情境（condition of optimal frustration）下（Barker Dembo and Lewin，1941）以及适当难度但可达到成就的情境下得到提升（Lewin et al.，1944）。

141　另外，还有一个假设是，"良好的"匹配的正向效果具有相当时间的预测力。换言之，这个假设意味着"匹配"这个因素对个体而言够稳定的话，在一周内测量出的某个数量，只要主要能力或工作不改变，下周再测时，不会有显著改变。即使存在例外，它们也是偶然的，并且可以通过有效的抽样程序与研究工具得到控制。但是兰迪对这种假设提出了质疑，他指出："一种企图处理不匹配条件的工作满意理论可能改变个体的满意度。我们并不关心这些争论，这不是因为它们不重要，而是因为就算这类研究的预测效力很高，或者植根于某种动机理论，从组织诊断研究的观点看，它们仍存在着很重要的关于科学与道德上的落差，这才是我们所要探究的。"（Landy，1978，p. 537）

关于科学上的落差可以陈述为：运用于描述研究取向的研究情境与研究工具是否可能早已埋藏了某些自我限制的情形？例如，只要研究者们仍然描述研究，即使一个研究已经证实"哈克曼—奥尔德姆理论"（Hackman-Oldham theory），其结果可不可能仍留有某些与真实间的落差而未被识别出来？换句话说，目前使用的描述真实的概念，是否限制了对真实的描述呢？

而道德上的落差则是关于正义的议题，我们再回顾一下"匹配""一致性""和谐"等概念，它们曾是也将一直是研究人类行为表现的中心议题。此外，它们也是社会心理学与组织理论的主要概念[例如，不和谐理论（dissonance theory）、社会比较理论（social comparison theory）与偶发性理论（contingency theory）]。所有这些理论共同的基本假设是：人类厌恶并排斥"不一致"，而且"不一致"影响了人类的行为表现。

"一致性"也是法律实施与公平正义的基础，任何被制定的法律都应该被平等地应用，如此则法律面前人人平等。在诊断研究上，"一致性"与"公平正义"的关系尚未被研究者们探究，但是如果满意感会影响个体的表现，那么个体表现会受公平正义或不公平不正义的感受所影响，也是很合理的（Evat，1976）。例如，个体可能对"匹配"并不满意，但认为它很公平正义（例如处在新的组织或处在有问题的组织中），或者他们也可能感到相当满意，但认为那样的"匹配"不符合公平正义（如男女同工不同酬）。 *142*

在一般组织与社会中，当组织表现在"匹配"的基础上能满足许多员工但却不公平不正义时，会有什么影响？对不公平的觉察是如何有助于表现的维持呢？实践工作者无知地援用了那些将"匹配"与"不公义"联系在一起的研究结果时，会有什么影响呢？

还有一个假设是："不匹配"能被降低也应该被降低，这个主张认为可以在不危及组织或不令个体不舒服的状况下降低"不匹配"的情形。在某些例子中，这样的假设成立，工作得到扩张与增加而没有明显地伤害到多数工作中的个体。然而，在另一些例子中，这并不真实，我们发现许多专业人员表示他们希望有"第二型"（Model Ⅱ）世界的出现，但是很困难。即使是在最佳条件下，例如，布鲁德特里克（Brodtrick，个人交流，1983）在一项关于欧洲企图去官僚化的研究中发现，那些曾是强烈抱怨过度规则化的人发现，"他们在过去能很简单地找出规则，然后藏身于规则中处理的事情，现在反而变得很难决定"。

稍后，我们会引用一群专业咨询员的实测，他们对有关他们表现的上级督导给予回馈的品质不满，他们不满的原因一部分是他们认为上级主管不知如何给予有效的回馈，另一个让他们不满的部分原因是他们相信：如果上级主管愿意，他是可以学习如何给予有效回馈的。不论是哪一个理由，他们都认为上级主管是有错的。稍后，这些咨询者参加了一个学习计划，在这个学习情境中，他们得知：(1)他们也不具备他们坚持上级主管应具备的技巧。(2)和上级督导员一样，他们也不知道他们缺乏这些技巧。(3)学习这些技巧的难度比他们想象的要大得多。他们看到所期待的回馈和他们从上级主管那儿所接收到的回馈存在很大的差距，但现在他们对上级主管的期待却有重大的改变，他们对两者的落差更有耐心，也更加尊重。当他们对工作保持高度承诺时，他们的不满意感显著降低，或者，对这种新学习不感到威胁的那些人而言，甚至会增加满意度，有些人知道为了要给予或接受回馈，他们必须有很多新的学习，他们开始去思考，也许他们最好是另找一个不需要像现在这样依赖他人回馈的专业工作(如自行创业)。

第二节　专业组织中的诊断研究

作为展开我们讨论的第一步，我们将先报告一个由阿吉里斯(Argyris，1985)所做的研究，这份研究是在一个专业顾问公司的三间办公室进行的，访谈包括两部分问题：一是员工的需求与能力的匹配性；二是工作要求。面谈持续约1-2.5小时，访谈过程加以录音且多数都誊录成文字。由于三间办公室的研究结果都非常类似，本文只取办公室 A 的结果来呈现以说明我们的观点，35 位顾问中有 25 位接受访谈，而其中只有 1/10 是管理人员。我们将采用哈克曼与奥尔德姆(Hackman and Oldham，1976)的技能多样性(skill variety)、工作重要性(task significance)与自主性(autonomy)分类方法来组织研究结果。

在我们描述结果之前，先得留意一件事：这个研究使用的研究方法并不同于许多研究者使用的严格的相关法，然而，结果却是相似的，换言之，资料的收集大部分支持哈克曼与奥尔德姆的假设。然而我们的任务是，即使这些假设被确立，还要去观察其中存在着什么样的落差。

100％的顾问指出技能多样性非常高，最主要的四大类技能分别是：*144*分析能力（92％）、将模糊问题概念化的能力（84％）、与客户的交谈技巧（64％）以及应对挑剔顾客的能力（60％）；管理人员则指出分析技能与概念化技能是最主要的两大技能（100％），他们还指出处理问题很多的团队的人际关系与管理副总裁们（vice-presidents）在他们的工作中是非常重要的技巧（80％）。

顾问们表示任务界定特性（task identify features）是很重要的因素，工作团队要能在早期的顾客关系中，很快地界定问题并协调整体目标与具体分工，这是很重要的能力（100％）。84％的顾问认为管理的主要技能是协助团队在关系的初期能形成团队对任务的界定，100％的管理人员持相同的观点。

所有的顾问与管理人员都认为他们的工作具有高度的重要性，他们表现的成败对顾客、顾问公司与自己的生涯都具有即时的、实质的、明显的影响。两组人都引用高收入为依据（关于高收入，他们没有负面的看法）来证明自己的工作表现对顾客与顾问公司具有高度重要性。

自主性也是一个重要因素，顾问们表示他们特别喜欢被分派到那种能提供高度自由和独立性的案子（92％），72％的顾问认为在大部分的顾客案例中，的确存在着高度自由和独立性，若情况不是如此，他们往往会感到不满意，并有挫折感。100％的管理人员指出，一个成功的任务团队是在关系初期已能界定任务，成员被正确地编组且分工，管理人员的主要任务则是提供一个整体的方向感。

到目前为止，正如哈克曼与奥尔德姆的预测，研究数据显示，顾问与管理人员都具有高度的内在动机而导致工作表现非常优秀。一些质性的陈述说明了这一点：

"工作压力几乎全是自己给自己的（大笑），不管做什么，我不但要做好，而且要做到最好，或者尽可能最好。"

"公司里每个人都非常聪明、勤劳，而且有很强的动机（去做一份出色的工作），他们会倾全力而为。"

"我们之中大多数人不只是希望成功，而且是在最短的时间里成功，这才是我们真正关心的问题。"

96%的顾问与70%的管理人员表示：工作压力大是因为他们有很高的标准，压力是自己加的，而非来自他人（各占80%及90%），而来自顾客的压力是理所当然，可以理解的（各占92%及90%）。一位顾问说他并不感到太多压力，他又补充说道："不过，我会说我是极少数的情形。"

这些专业顾问指出，从管理人员与上司那里获得反馈是非常重要的（96%），他们各组都提到在这上面有非常大的不匹配，72%的专业顾问与70%的经理人员表示获得不匹配的反馈，88%的专业顾问与100%的管理人员表示公司对个人最重要的义务是"给予做第一流客户工作的机会并提供匹配的绩效评鉴"。对反馈的不满显然影响专业顾问对公司究竟在多大程度上关照他们及他们的职业生涯的看法，那些对公司给予的反馈不满意的人也表示公司并不太关照他们。

这些结果和3年前另一位顾问在同一公司所获得的研究发现是一致的，他访谈了同样数量的管理人员以及将近90%的专业人员。他指出几个不满意的来源，没有一个与工作本身有关。一位受访者评论道："个人发展潜

力与这些潜力被有目的性地理解之间存在矛盾。"另一位受访者说："在'公司'工作不需要很高的'精神成本'（psychic costs），'系统'产生了'反生产反应'（counterproductive reactions）。"有关这种反应的一些例子有："无效与非系统化的绩效评估和回馈过程""关于我做得如何"的模糊不清及有时冲突对立的信息以及"对同事们要如何解决有关个人表现的模糊讯息时，组织内相对缺乏可以采用的过程与机制"。顾问们的报告中也指出上司与管理者在给予反馈时，出现的无效和不敏感的行为。

总体来说，技能多样性、任务界定、工作重要性与自主性等核心工作维度间的"匹配性"是非常高的。顾问与管理者都指出他们的工作有高度的意义感、对工作结果有高度的责任感，并且对高品质工作有高度的内在承诺。不过，尽管他们对工作本身的满意度颇高，但对反馈和职业生涯发展的满意度却相当低，一些有关的意见列举如下：

　　　　"反馈……我认为，那几乎像是个玩笑，是有一些人把他们的工作做得非常好，但那是少数，多数人的工作都做得很差，他们宁可休假也不要工作。"

　　　　"差劲透顶了，从我第一天到这儿报到至今，还没有机会跟我的上级指导员说说话呢！"

　　　　"反馈最大的问题……是太笼统、太概括了，然而当它是具体而特定时，又往往不公平且具有惩罚性。"

　　　　"我所获得的反馈太少了，而当我得到时，那些反馈都不够细致、敏锐且具有批判意味，对我没什么意义。"

　　到此为止，我们从那些在个人的变量与组织的变量间探究"匹配性"的研究报告得到一致的结果。现在，让我们来探讨在这些研究中有没有任何与真实的落差，是足以干扰我们对现实的描述的。在此，我们首先介绍有关诊断研究的行动观点。

第三节　行动科学取向的诊断研究

　　在行动取向理论中，匹配性的观点或一致性的重要性也是有关的议题，它与一般诊断研究的不同之处在于它着眼于"匹配性"如何被研究的过程，问卷与访谈主要是在"信奉理论的层次"（espoused level）上提供资料，它们无法提供真实行为资料，使被指涉的意义呈现，从而建构"使用理论"（theory-in-use）。但是，在我们的研究中，获得了下面这样的信息：他们对

"不匹配"的范畴反而产生了有趣的发现与进一步探究的动力；"不匹配"的范畴包括了反馈的品质、人际关系与职业生涯发展等。

第一组资料包括了三个办公室里几乎所有上司、管理人员与顾问所填写的案例，案例格式与第八章及其他地方出现的 X—Y 案例的格式相似（Argyris，1982）。这种案例能让我们有一个途径来接触组织成员认为重要的问题范畴、他们用自己的名词或分类了解这些问题范畴的方式，以及他们用来处理这些问题的行动。反过来，这一种诊断方式允许我们看到成员所建构的组织，不但可以诊断问题本身，还可以诊断成员们解决问题的方法。我们在这个案例中发现，所有的回答者都信奉一个包含着关怀、互助的行动理论，但没有任何一个回答者能以口头或书面形式提供一个与他所信奉的理念相一致的情节（scenario）。此外，一旦诊断出他们的无效能并承诺要生产更一致的情节时，他们若是无法做到时，就会受到工作伙伴和他们自己的评判。这一点对我们所有的研究主体（被试）来说都是真实的。

从这样的结果我们推论，所有的使用理论都相同，顾问、管理者与上司并没有什么不同。因此，我们可以预期，如果顾问也在领导人的位置，他们不会做得比管理者或上司们更好。例如，如果他们有机会给别人反馈，他们可能也会生产无效的反馈，如同他们的上司所给的那样。

在公司的一间办公室内，我们有一个机会来检验这个预期，上司们与管理者在考虑顾问团队的"道德"问题，他们从同伴中邀请了好几位顾问，来进行这项议题的研究并把结果反馈给他们。

现在我们有机会来看看这些年轻顾问们在以下 4 种条件下会如何表现：（1）当他们有权力去研究与批判时；（2）当他们设计研究、反馈历程与会议时；（3）他们有上司作为后援时；（4）他们有外面的顾问支持协助他们时。最后，上司们与顾问们邀请我们其中一人出席会议来确认上司与管理者不会仗着级别而强制执行任何事，同时，公开的观察也是对这些顾问的双重保护。

在许多方面，顾问们处于一个实验性情境中：他们是在比上司与管理者日常生活中所拥有的支持还要多得多的情况下，进行评估与回馈结果，但我们预期这些顾问给予回馈的做法与那些上司和管理者并没有什么不同，整个过程都加以录音分析，而有关的结果也会被发表（Argyris，1982）。当顾问们给予上司与管理者绩效反馈时，他们所表现出的和他们责怪上司与管理者的所作所为是一模一样的。他们批判、评价，而没有说明自己的观点，同时，他们并不鼓励别人与他们对质。这场探究碰触到一个重点：上司与管理者都报告说他们陷在束缚中，一方面，他们真诚地想要倾听和改变；另一方面，他们所收到的反馈，不是太概括，就是过于主观且不敏锐。如果他们过于将焦点放在后者，专业人员就会指控他们太独断专行、故步自封；如果他们过于将焦点放在前者，他们能做出建设性改变的可能性就很低；如果上司与管理者隐藏事实，不公正的惩罚感也同时逐渐增加，专业人员会在结束会议时认为他们自己做得很好。由于上司与管理者都觉得他们不可能以所获得的反馈为基础做出改变，而他们的缺乏改变，反过来又会被专业人员视为抗拒改变的证据。

第四节　我们学到了什么?

如果我们把焦点放在描述现实的目标上，我们可以这么说：经由一个根据行动科学原则的介入探究，我们发展出一个比其他可用方法还要丰富的真实图像。我们现在知道，即使有机会在被支持的情况下给出反馈，这群专业顾问们也无法产生更有能力的行为，我们知道这是他们的盲点。从我们的观点看，盲点就是行动，这些行动是行动者自己设计的。这表示顾问脑海中存在某种程序，这一程序维持了他们的盲点，但却从未觉察到自己的盲点。如果这是真的（true），这就是一个很重要的真实（reality），而一般典型的诊断研究往往忽略了这个事实。

最后，一般诊断研究无法提供关于团体、团体间以及文化防御的例行性作为特性的概念（cultural defensive routines），这些特性可能存在于组织中保护与增强这些特性本身。然而，要减低任何的不匹配情况都必须了解这些特性。当我们实施训练课程来帮助个体学习第二型（Model Ⅱ）行动时，我们发现这些深层结构被视为理所当然的特性就浮出了水面。当个人努力去学习新行动而发现他们做不到时，他们就会逐渐把注意力与精力放到个人、团体和组织的层面上，去发现这些障碍，并再设计新行动。如果没有对自己和组织内的防御模式的深层结构进行审视，个人不可能理解本书所描述的再教育过程。

第五节 公平正义的议题

两个诊断性访谈的结果说明了顾问对反馈行动的不满，他们相信他们的上司(和公司)应为这种情况负责，他们也深信如果他们的上司"真的在乎人们的问题"，他们可以学习更能干的行为。顾问与管理者都认为他们不必为反馈领域中的不匹配承担个人的责任。

因为有这样的想法，专业人员认为要求组织改变和上司的行为改变是公平合理的要求，因而在组织层次上，他们认为做出回馈是他们的权利，也是义务。他们建议更注重职业生涯发展，这一研究的咨询者(即研究者)同意这些看法，他建议管理者与上司能够为年轻的专业人员提供更好的学习和职业生涯发展的经验，成立职业生涯发展委员会，提供更多正式的训练，以及建立更清晰的升迁政策，他建议上司要给予更多的反馈机会，而且，要学习更有效地进行反馈。为了证明这些建议的公平合理性，这位研究顾问建议，应该同意且宣布每位工作同仁都有"定期对其表现评估和讨论的权利与义务……这应该是……个人对个人的……而且是贯彻到底的"。

组织透过将想法变成政策而使这些建议的公平合理性得以确认。政策，当然是信奉的理论，而只有当上司与主管人员根据这些政策的意图执行时，不匹配的降低才会真正发生。我们认为，若没有特殊的再教育，没有组织文化的改变，这样好的意图是得不到实施的。若果真如此，则不匹配感将更大，因为就算组织已经要求较好的反馈，很多的行为还是不会改变。

X-Y 案例的学习经验，与从实际评估访谈获得的资料，这两者都显示出重要的调和状况。X-Y 案例的结果指出第一型模式是由文化中学习来的，而且所有参与者都是透过社会化过程学习的第一型行为。因此，个人不必为他们发展出第一型模式的行为负责，同时他们选择在第一重的框架内表现自己，那是他们的选择。另外的事实是，个人在他们脑海中有很精熟的程序用以界定他们的使用理论。如果我们接受这种分析，则个体(上司或下属)就容易出现不敏感、误解且扩大错误的倾向，虽然他们的表现可以有不同的策略性行为，但这些不同的行为策略都同样维持了这些条件。在这些条件下，认为只有上司为不良的反馈负责，这是否公平正义？对下属而言，想当然地假设上司在意他们就可能有不同的行为，这样的说法符合公平正义吗？以我们之见，答案显然是不公平不正义的。下属要上司所做的事，正是下属自己不做、也做不到的。

而且，一份来自真实的评估会议的录音分析显示，采用第一型的方式压制他们的挫折和愤怒，或者在结束时才表达这些情绪，前者的反应会给上司一个假象——会议顺利进行，后者则证明了很多上司对反馈会议最主要的担心——部属变得很防御，不太可能得到好的结果。

在此，我们有两个看法要表达。第一，所有当事人都认为反馈会议应该举行，产生有关胜任行为的规则是可能的，而且，他们本身也已经照做了。然而，当另一个人没有照规定做时，个体也许认为他们没有被公平地对待。但我们的看法是，个体自然且自动的第一型反应将会使他们违背规则，然而个体却并没有觉察到他们正在违规，并且他们不是不接受那些可能帮助他们透析双层无觉察(double-layered unawareness)的反馈，就是他们会因为收到无效反馈而责怪他人。

第二个看法是，在使用理论的层次上，个人很少意识到自己行动的因果责任。所有个体都拥有相同的使用理论，而且我们认为在生命早期就学得的第一型的主导变量内，人们是可能改变他们的行为的，但是，其结果仍是第一型的行动与结果。而且，任何帮助个人改变他们行为的教育课程，若不能协助他们改变主导变量，终将只落得耍耍花样、搞一时流行的效果罢了。

虽然个体在他们的使用理论和第一型组织(O-I)学习系统上无法选择，但他们可以选择改变他们的使用理论、组织学习系统与文化。然而，除非参与其中的人承诺投入，否则这种改变不会发生。因此，政策性的建议，"例如，每个人都有权利获得有益的反馈"，正是一个最主要的信奉理论，这一信奉理论反而提供了成员"不匹配"与"不满意"意见存在的基础。此外，改变使用理论可以导出一个观点：所有人都可能致力于创造改变个人的使用理论、组织学习系统与文化的条件。

　　问题来了，如果参与成员掌握了我们建议的观点，那么是否能改变他们对原来问题的反应或者减少他们对原先观点的坚持呢？这是否会改变他们原先认为上司无能力即代表不公平与不关怀下属的观点呢？如果答案是肯定的，那么，行动理论所具有的诊断经验应被加入诊断的理论与实践中。

　　然而，如果答案是否定的，那么，我们要问在组织中的公平正义所指的是什么？这很重要。如果对满意度的渴望成为比对公平正义的渴望更有力的动机时，我们会创造出一个怎样的世界？尤其是，既然满意度的基础是很少人能拥有的能力，同时也是很少人能实现的管理规则时，那么，我们如何能分辨个人满意度变成仅仅是为了个人利益或甚至是自恋的问题？或者，为了促进组织的健全，在什么情况之下，组织设定一个满意度或匹配度的上限才是公平的？

第六节　个体和双路径学习

　　如果要发生真正的组织改变，我们相信所有的个体都必须学习一种使人发生双路径学习的使用理论。一旦个体按照这样的方式学习时，他们势必创造出新的组织学习系统与新的文化，来认可这样的学习。我们新的"使用理论"的候选人是第二型，就组织学习系统而言是第二型的组织系统。

　　但进一步的问题来了，如果被放在设计成教导第二型使用理论的学习环境中，专业人员倾向于如何反应呢？有两组因素影响这样的学习：第一组和学习环境的特性有关，第二组则和个体的"准备度"（readiness）有关。

在本书第三部分的介绍中，我们将详细描述来自一群专业人员对我们创造的学习情境如何反应。刚开始时，他们发现自己不知所措与备受挫折，他们的不知所措在于他们看到自己所设计的行动策略竟如此难以实践，他们的挫折在于他们十分确定自己不会再犯错的时候，错误竟然再度发生。然而，这些不知所措与挫折最后将转化为他们成功与精熟的经验（不知所措与挫折附带地成为学习的助推剂）。什么是学习的"准备度"呢？我们可以通过再次检视专业人员与其工作间的匹配度基础而获得一些认识。在表 5.1 左侧，我们呈现的是专业人员对自己职位的一些说明，右侧是我们对这些说明的一些推论。

表 5.1   *154*

回答者对自己职位的说明	我们的推论
专业人员动机非常强而且主动，关键在于要给他们提供具挑战性的工作和学习的机会	工作的干劲与工作挑战性和学习程度有关
只要有挑战性，这里的人会全心卖力地工作，若缺乏挑战性，他们则会变得不高兴	工作的干劲与工作挑战性和学习程度有关
我们的工作不只要做好，还要做到最好	对职业生涯成功有高且能够达成的渴望
我最怕的是，如果我在这里工作但却不是一个有能力的专业人员，我会觉得自己如粪土般不值一文	对平庸或低于平均水平的表现有强烈的情绪与负向反应
工作中有很多压力，而且大多数压力是自己给自己加的。例如，专业人员讨厌犯错，他们表现得就像要被执行最后的审判，好像他们的自我极为脆弱	对犯错的反应与错误的分量太不成比例

从类似这样的资料中，我们可能发展出一个专业人员如何对成败做出反应的模式（见图 5.1）。这个模式显示出专业人员代表着一种对成功高度渴望而对失败高度恐惧的综合体，成功的经验通向骄傲且令人愉快的感觉、对工作精力充沛、对工作品质强烈的渴求以及获得好名声的期待。而这些条件，反过来更增强了对成功的渴望。

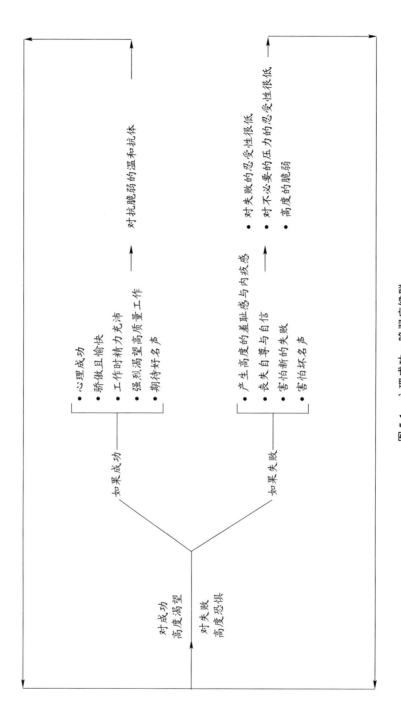

图 5.1 心理成功—脆弱症候群

同时，他们也提供了一个对抗失败感与毁灭感的温和抗体，我们把"毁灭感"定义为：当错误出现时，表现出不匹配的高度绝望或失败感的倾向。对羞耻和愧疚感的敏感度越高，越会躲避且害怕羞耻和愧疚感，同时内在的毁灭感越高。毁灭感源自对失败的反应，那些反应包括强烈的羞耻感和愧疚感、自尊与自信的丧失、害怕新的失败和害怕得到不好的名声，这些反应导致对失败的容忍力降低、不必要的压力感与高度的毁灭感，这些结果又反过来增强了对失败的恐惧。

因此，下面的这一结论是合理的：解冻过程(unfreezing process)对专业人员而言，将会是有威胁感的。事实上，他们是被放在一种非常有可能发生错误与失败的学习环境中。这表明，要缩减或去除反馈过程中的落差可能十分困难，而且它和参与者所拥有的行动技巧关联的程度要比研究者或顾问们所能想象的还要高。这也意味着，就像前述年轻的顾问一样，专业人员所信奉的有关公平正义、满意度和其他我们视为重要的数据，反而正是使他们对自己丝毫无所觉察的障碍物，他们对"自己要求他人生产的行动却是自己也无能力生产出来"的这一事实毫无察觉。

很显然，组织评估研究认为"将满意度、能力和绩效表现等与公平正义分开讨论是可能的"，这个假设与第一型是一致的：单向控制以力图将赢的概率最大化，将输的概率最小化。例如，顾问或管理者在为了维持赢(而非输)的情况下，而把忽略公平正义性的诊断研究用来加强他们各自的案例。

在第二型世界中，这些因素是很难被分开讨论的，因为个人的责任是很重要的参数。当顾问们开始探索他们应该如何为"导致"他们不满意、他 们自己无能力的盲点以及看待困难的盲点等"原因"负起部分责任时，他们与上司的行为就开始改变了。然后，因为公平正义的话题变得十分突出时，整个问题的矛头开始转向。

如果研究者能获得有效的信息，那么回过头来，公平正义的议题很可能不只是在管理组织方面，更是在如何创造必要条件上，都能够提供非常重要的启示。而一旦缺少了有效的信息，任何科学都会处于危险状态。

（审校/李涛）

第六章　民族志取向的介入与根本的改变

　　民族志(ethnography)是人类学的一个分支，它试图通过参与观察的过程，对特定场境中的社会互动规则进行描述。民族志研究法的特征是它能相当深刻而丰富地描述社会互动的各种模式，并且能对特定文化人群的社会互动模式的意义，给予精湛的说明。如同斯普拉德利(Spradley)所言："民族志的核心目的，即是从当地人(native)的观点来了解生命不同的面向，民族志不是'研究'人，而是从人的身上'学习'。"(Spradley，1980，p. 3)

　　有相当比例的儿童，特别是弱势族群的儿童，无法学会阅读与书写。有越来越多研究者透过民族志研究法对这个问题加以揭示。大多数民族志研究集中于家庭文化与学校文化之间的匹配与冲突(Philips，1983；Heath，1983；Schllon and Schllon，1981；Jordan，1981；Erickson，1975)。少数的民族志研究者致力于钻研社会及政治分层如何隐晦地影响学校本身以及学校相关的各种互动(McDermott and Gospodinoff，1981；McDermott，Goldman

and Varenne，in press；Ogbu，1982)。对于这些研究者所搜集到的有关学业失败的相关信息，一些实践工作者及研究者质疑这些研究成果是否真能像所预期的那样，可以产生一定程度的影响，并带来一些期待中的改变(Cazden，1983；Kleinfeld，1983)。

　　本章中还要质疑的是：民族志细密的研究，对于改善现况能有多大程度的贡献？为了回答这个问题，我们将检验五篇常被引用的、有高度影响力的民族志研究。其中三篇民族志研究可能被称为基本的或描述性的传统民族志研究，是针对与学校学习失败相关的互动模式进行描述的。这三篇研究中，有两篇采用"文化匹配"(cultural match)的观点(Philips，1983；

Erickson，1975），一篇更多地运用政治的观点（McDermott and Gospodinoff，1981）。对这三篇研究，我们同样会提出两个问题：第一，这些研究是否吻合民族志研究的目标，即完整性、精确性及增加有用知识。第二，这些研究针对实践工作所提出的建议，是否真的足以协助那些希望在实践工作中进行变革的实践工作者实现改变。在本章中，读者将会看到我们对这两个问题的思考交织在一起。

另外两篇研究来自仅有的几个采用了介入法的民族志研究，这些介入法是针对之前描述过的民族志相关研究中所提到需要改进的一些条件来设计的（Jordan，1981；Au and Jordan，1981；Heath，1982，1983）。这两项研究为改变"学校学习失败"现状做了很多努力。然而，我们认为，虽然这些研究者所建议的改变的确说明了文化条件的问题，但是他们并没有建构出一个反映的情境，足以让在第一线的学生与老师可以针对产生及维持学习失败的制度及人际条件进行反映。在这样的限制下，我们质疑他们所提出的介入方法是否真的足以提供实践工作者检验自己在处理文化差异时的使用理论。

第一节　描述性民族志研究

菲利普（Philips，1983）研究了小学一年级及六年级的美洲印第安小孩，她的研究假设是：印第安族群在面对面的人际互动中隐晦的文化规则（特别在教与学的互动上），是和英式教室的风格无法匹配的。菲利浦特别着力分析比较印第安及英式文化中获取注意及建构说话次序的策略的差异，其中包含目光接触、对话中的停顿、手势、轮流对话的方式等。她认为学生在家中所习得和应用的互动规则，与教室中的文化存在不小的差异，这些差异导致印第安小孩在英式教室中产生学业失败。

麦克德莫特和戈斯帕迪洛夫（McDermott and Gospodinoff，1981）研究了纽约市郊的一所小学一年级的学生，这些学生来自各种不同的文化背景，包括意大利人、犹太白人、波多黎各小孩及黑人。他们假定班级中隐晦的互动规则产生了一种自相矛盾的结果：管理顺畅的班级，因其可管理性（manageability）取决于情境的创设，从而造成了班上少数族裔学生在学习阅读中的学业失败。沿用伯德惠斯特利（Birdwhistell，1970）的情境分析方法，麦克德莫特和戈斯帕迪洛夫对低阅读能力及高阅读能力学生阅读时的重复性身体姿势进行比较，发现前者的身体姿势会阻碍他们进行较长时间的阅读，而后者的身体姿势则支持他们进行阅读学习活动。

埃里克森（Erickson，1975）研究了咨询人员与受辅导的大三学生访谈时的互动。他假定咨询人员和受辅者之间的相似性会强烈影响受辅者接受咨询人员的建议、支持或特别的照顾。埃里克森分析了咨询人员与受辅者的言语及非言语的互动，来确定他们所感知到彼此相似的程度。他也分析了咨询人员及受辅者在互动中解读对方隐含信息的正确性。他发现不仅双方种族背景相近，可以预测两人互动的顺畅性及对彼此的照顾程度，甚至双方若产生一种"特殊的共同成员关系"（particularistic comembership），例如，双方都喜欢运动，都会对受辅者产生正面的疗效。

学业失败是所有这些研究者都非常关心的课题，因此我们假设他们希望自己的研究成果能生产一些有用的知识，提升实践工作者减缓学生学业失败的能力。因此，这些研究者竭尽所能地将研究做得尽可能完整、精确。然而，这正是本章的争议所在，因为这些民族志研究都将民族志的三大特色——完整性、精确性、实用性——置于危险的境地中：（1）他们坚持并做出的推论并未与参与者检测过（即使有，也没有在研究中表明）；（2）他们对问题的诊断并不完整；（3）他们对结构或人际方面所提出的建议，都很难执行。

在我们对这些研究上的特色进行分析之前，先让我们停在此处，谈谈有用性（usefulness）的概念。本书的重点是放在如何生产一些可以协助改变现况的知识。因此，在本书一开始时，似乎就在询问一个研究上常被质疑的问题，这个问题正如卡兹登（Cazden）于1983年在教育及民族志委员会的演说中向民族志研究者所提出的问题一样。我在此复述一下："虽然我们专精于描述各种教育问题（如学业失败）是如何被维持的（即现况为何不变），但是我们这样一群语言学家与民族志学者，却没有能在解释学业失败何以产生的同时，提出这些问题可以如何被改正。"（Cazden，1983，p.36）至此，卡兹登的问题及本章的问题是一样的，答案的差异在于他们分析出的有关失败、改变现况的决定因素不同。

卡兹登认为学业失败的持续存在是一个既存现况，我们则持一种不同观点。我们认为教育的既存现况是世界上有关学习与效率的一组相互关联反应的后果，是人类第一型使用理论（Molel I）互动的结果。因此，当一位行动研究者对一个问题的诊断判定为学业失败时，他或她便会专注于隐藏在参与者互动关系中的推理（大部分是言语的互动），并且集中探讨推理会如何削弱参与者的意图，例如为教室内所有学生争取相同的机会、建立可以减少或根除学业失败的学习环境。因此可以说，行动科学家专注于那些维持学业失败后果的个人与团体互动中的推理历程。学业失败是一种既存教育现况；推理与互动产生学业失败，而行动者未能察觉这一情况，两者相互建构了彼此。如果教育系统是要来解决问题的话，我们认为后者的现况需要特别注意。

举例来说，菲利普和埃里克森都着重于对造成学业失败的文化因素的诊断，他们较少看重教师及咨询人员的推理过程及如何处理文化差异的方式。然而，如同克莱因菲尔德所建议的："最基本的问题并不是行为规则中的文化差异，这在跨文化的学习情境中经常见到，人们通常已想出处理文化差异的方法。最基本的问题是：在某些环境中，一些文化群体决定他们并不想习得主流文化的特性。倘若这是真的，教育工作者需要从民族志学者这里去了解这种文化上的抉择是如何、为何产生的，也需要去了解对这些学生来说，教师的一些要求代表着什么意义，更需要去了解是否有协调的可能性。"（Kleinfeld，1983，p.286）

这一视角反映了克莱因菲尔德的观点，需要审视"文化的抉择"（cultural decisions）是如何运作的。然而，我们框定这一探究的方式和他的想法有些不同。我们不是先去探讨文化抉择，而是关注人们如何处理教室内文化差异的推理及如何应对因文化差异所产生的冲突。我们着重探讨教师与学生使用理论的互动模式，以及这些互动模式如何在教室内生成学习文化。我们坚信只有改变教育现况的这个层面，在系统中的个人才可以独立而且持久地纠正学业失败的后果。

第二节　民族志研究的局限性

现在让我们先转向去探讨民族志研究的一些特性，我们相信这些特性降低了其改变教育现况的效能。我们将会审视三个不同机构内的独立研究项目。

一、民族志研究者提出并持有未经检查的推论

所有民族志学者需要对他们所处的环境赋予意义。"在了解被研究文化中的意义"与"描述这一文化的组织与转译这些意义"之间，很难维持平衡。如果对参与者行动的意义过早下定论，或没有和参与者进行检测，那么民族志研究者有可能在描述他感兴趣的现象时，冒不精确或不完整的风险。而且，这样的描述，对于参与者而言，所能提供的帮助也相对减少。这便是在本章中的一个观点，麦克德莫特、戈斯帕迪洛夫和埃里克森所提出和持有的推论，可能会产生一些预期外的结果。

具体来说，他们对行动者所做的推论是由相关理论为指导来帮助他们框定资料的。他们并未公开检测这些推论（或是公开检测他们的理论基础）。如果真的做了这种检验，他们也不会写出来，而是假装没有看到这是整个研究过程中很重要的步骤。通常，他们所提出的推论，之后就会变成因果理论的一部分，这一因果理论很显然并未由行动者检测过。简而言之，他们对行动者所提出的推论就此结束，但是这个推论很可能是不正确的，因而会减少读者及参与者学习的可能性。

麦克德莫特和戈斯帕迪洛夫对教师行为某个方面的分析，就是一个很鲜明的例子。他们记录说：教师经常会在低阅读能力组学生好不容易已经安顿下来、正要开始阅读的关键时刻打扰他们（如大声叫学生、训斥学生、

叫某个学生离开小组等）。于是，他们提出了一系列推论来解释这个现象：*164*
"由推论可知，这位老师不喜欢教导低阅读程度的学生，尤其是这些学生
安顿好要开始学习的时候。就学生对学习阅读的准备度来说，这位老师对
这群学生的反应是可以理解的。因为当学生已经知道如何去阅读时，教师
是比较容易进行教学的。高阅读程度的学生就不会给老师制造这种头痛的
问题。"（McDermott and Gospodinoff，1981，p. 22）

之后，他们便坚称这位老师经常在关键时刻从低阅读能力的学生旁走
开了，因为这位老师对于教导这群学生感到不舒服。这个归因可能是正确
的，但是解释教师行动的结论是来自一个理论，就是教导低阅读程度的学
生比教导高阅读程度的学生更加困难。然而，这位教师并没有给出任何信
息显示她之所以离开、不管这群学生，是因为她觉得教导这群学生感到不
舒服。就我们所知，研究者并没有和这位教师检验这个因果推论，确认这
位老师是否认为这种推论是有效的，而是直接就教师在面对学生阅读失败
时的退缩行为，提出这一因果推论。

事实上，一连串未经检验的推论，难以令这位教师理解和改变自己的
行为，这一点毋庸置疑，尽管麦克德莫特和戈斯帕迪洛夫特别谨慎地指
出：教师的行为，反而抑制了学生学习阅读，虽然这并不是教师初始的意
图。他们描绘这位老师是一位"关心学生的专业教师，我们都知道教一年
级学生是很困难的工作，这位教师在这个环境下已是特别优秀的"（1981，
p. 228）。本书认为这位教师的行动是隐晦的、熟练技巧的、自动化的，而且
我们也假定她对自己的行动是缺乏觉察的。但这样一来问题就产生了：请问
这个研究如何帮助这位教师对她的行动及行动的结果有所觉察？

麦克德莫特和戈斯帕迪洛夫认为这位老师的行为条件是由更大范围的
学校与社会结构决定的，可能就是这样，但是这些条件并不会因为一位教*165*
师对其有所洞察就能发生改变。接近教师个人控制范围内的条件是个人内
在的条件，也就是促使她如何决定其行动的推理。可以从这位教师对低阅
读能力组学生的反应中得知这种推理的实例：她如何处理这种挫折感；她
是否将学生不善于阅读的失败，归因于学生故意的行为，并因而感到苦

恼？或者是归因于学生天赋较差，而有罪恶感或无力感？上述任何的反应都可能导致麦克德莫特和戈斯帕迪洛夫对这位教师的行为进行描述。但是，任何一种推理，都会给教师在归因方面提供非常不同的变革处方。不过，因为麦克德莫特和戈斯帕迪洛夫所提出的推论，并没有与这位教师检验过，因此，并不能给读者提供关于低阅读能力组的完整图像。同时，也很难让这位教师从他们所呈现的描述中有所学习。

虽然埃里克森给予参与者及行动者评论自己行为的机会，但在他的研究中一样出现了未经检验的推论。以下摘录的是一段对话转录稿，就我们所知，埃里克森根据这段对话内容所做的推论，没和每位行动者检验过。这段对话记录记载了一位咨询人员和一位波兰裔美国学生的谈话。

咨询人员：(没有微笑且很正经的样子)你在上学期的生物课成绩怎么样？

学　　生：什么怎么样？

咨询人员：分数怎么样？

学　　生：乙等。

咨询人员：乙等？

学　　生：对啊！！

咨询人员：那口语课的成绩怎么样？

学　　生：口语课，嗯……我……嗯……我想……我没有成绩。

咨询人员：(直视学生，没有笑容)你说"没有成绩"什么意思？

学　　生：有些地方没有完成。

咨询人员：啊……怎么回事？

学　　生：啊……我……啊……吗……怎么说呢？我的确完成了它们，你知道，我在考试中作弊，他们就……

咨询人员：你在考试中作弊？

学　　生：考试成绩……是的。

咨询人员：(低下头阅读学生的文字材料)你不知道你所有的

成绩。

　　学　　生：我不知道。

　　咨询人员：(看着学生，没有笑容)你有没有哪一科不及格?

　　学　　生：没有，没有。

　　埃里克森对上述这段谈话的评论是："波兰籍美国学生一开始对于对话有些困惑，只是被动地回应教师的一个又一个提问，而咨询人员似乎要让学生觉得他不够聪明、不够专心，不断挑战这个学生的答案，即使他的回答并不模糊。咨询人员的声音是不友善的，有时甚至带有威胁性。此外，因为这个学生沟通上的问题，咨询人员错误地推论这个学生是有学业上的问题。"(Erikson，1975，p. 49)

　　在这里，埃里克森看到这个学生接连回答了一连串的问题，从而认为咨询人员判定这个学生不够聪明、不够专心。但是就我们所知，这并非是咨询人员对自己行动所赋予的含义，而埃里克森并没有将他的推论和这位咨询人员的言语或行动作联结，因此，很难判定这个推论的正确性。

　　接下来，埃里克森说咨询人员以一种威胁性的姿态来挑战学生的回答，的确有可能如此，但是，也很有可能是咨询人员在困难情境中想以一种单刀直入的方式来问学生，或者也可能是咨询人员在这样的情境中努力压抑自己对这学生的不满情绪。没有任何资料显示这位咨询人员对当时所处的情境赋予了什么含义。如同前一个研究一样，这样的推论削弱了所描述现象的完整性(甚至还包括正确性)。同时，也使得行动者难以对自己的行为可能造成的伤害有所察觉，更降低了这个行动者开始学习如何推理和采取不同的行动的可能性。

　　虽然埃里克森给予参与者评论自己行为的机会，但是就我们所知，他并没有和这些参与者分享他的推论。没有任何资料显示他曾经询问过参与者对他推论的看法是什么。以下是另一个咨询人员与学生的对话互动(Erickson，1975，p. 54)。

咨询人员：对于下学期，你为什么不说一下你的想法，你想从这里获得什么？(身体向前倾)你想要继续这个主修 PE 体育吗？

学　　生：有啊！我想要让成绩好一点。我的 PE(在椅子上换个姿势)……我也想要接受咨询，看一看……你知道的，有两条路……平衡的。

咨询人员：我懂了。嗯，你对咨询的认识有多少？

学　　生：一无所知(微笑，转开眼睛，看上面)。

咨询人员：OK。

学　　生：(在椅子上换姿势，微笑，移开视线)我知道我应该上一些心理学之类的课程……还有咨询的训练……

咨询人员：(身体后倾)嗯，(当咨询人员说话、在椅子上换姿势时，学生停止微笑，直直地看着咨询人员，坐着不动)这……不同的地方有不同的情况。但是基本上你需要……首先，你需要提出证明……提出教师证明(提供给学生更多的信息)。

埃里克森重播了录像带，并分别单独地询问这位咨询人员与学生对他们行为的评论。这位咨询人员说(Erickson，1975，p.55)：

此刻我们都似乎专注于信息的提供以及整理……他对未来有一些抱负，嗯……PE……还有咨询……他对自己的未来及咨询的计划过多……这一年来，我想我接触这个问题如此频繁，以至于它已经变成了我准备要列举的、最喜欢的主题之一。基本上，他所做的是启动了我的信息提供工作。

这位学生则有一个迥然不同的经验(Erickson，1975，p.55)：

嗯……嗯，我不能这样说啦，但是我真的不大满意他想去推进的事……你知道吗，我想他并不认为我符合资格，是他说话的样子告诉了我这一点……他似乎想要找我的茬，你知道吗。试着说不……我不认为你可以处理什么事，除了 PE。你知道吗，他只是笼统地说出这一点，并没有像过去那样站起来大声吼，不过是试图更专业一些，就像是使用糖衣炮弹。

这位咨询人员说这个学生有接受咨询的想法，而对于未来的计划过多，从这一点，显然埃里克森推论学生很正确地理解了咨询人员的意思。然而，请注意，咨询人员说学生的计划过多，而学生说咨询人员找他的茬，这两种说法都似乎有理。但是埃里克森并未说明他如何弄清楚学生所说的解释是正确的。在埃里克森看来，这个议题并不是他研究的核心目的，所以，误解是很有可能发生的："隐含的信息——不管是否有意图、不管解读是否正确——在咨询情境中都是重要的。"（Erickson，1975，p. 55）我们同意这一说法，但是我们还会增加一些观点：在咨询情境中，应基于对参与者的深度关怀，关注信息背后的意图以及其被解读的正确性，特别是如果他或她希望开始去改变行为背后的推理方式。

和麦克德莫特和戈斯帕迪洛夫一样，埃里克森并不认为咨询人员是有意识地歧视学生："本研究中的咨询人员并没有要欺骗学生或学校，也没有不胜任咨询人员的工作。"（Erickson，1975，p. 68）但是这些咨询人员若对自己的行为缺乏察觉，只是被迫接受其意义而没有发现其意义，那将抑制参与者的学习能力。

二、对问题的诊断不够完整

我们现在来探讨民族志学者对学业失败问题进行的诊断。乍一看，会觉得民族志学者在进行诊断时，所找寻的信息和行动研究者所感兴趣的层面是一样的。菲利普、麦克德莫特和戈斯帕迪洛夫以及埃里克森都想要了解：（1）行动以及行动背后的推理过程；（2）社会行为的模式；以及在特定情境下理解（1）和（2）的表现。

然而，菲利普和埃里克森和大多数民族志研究者一样，只是审视了学校中文化规则互动的因素。他们并未去检测学生和老师如何以特定方式去应对文化差异的推理过程。例如，菲利普描述了一连串有关印第安学生倾听与回应的行动（如以某种眼神接触的方式或其他心理语言的暗示），这可以放置在一个使用理论的框架中来看：当我转移视线，没有直接回应时，我是在倾听对方说话。菲利普也描述在主流文化教室中表现自己集中注意力的规则：当我想要让某人知道我在听他说话时，我直视他的眼睛、点头，或直接反应。这两种表达方式，在他们自然的情境中，都是以"倾听他人"的姿态建立社会关系的有效方式。

菲利普在判断在学校遭遇困难的印第安学生的动力原因时，需要面对学校文化与家庭文化不兼容的事实，并且采取行动。因此，菲利普描述了教育现况的一个层面：印第安学生有其有效学习的规则，这些规则是白人老师不知道的；白人教师并不知道这些规则，所以给印第安学生打了很低的分数，而造成这些学生的学业失败。但是，菲利普并没有探究另一个更深层的现状：（1）是什么阻碍这些白人老师去发现印第安学生有不同的做事情的方式？（2）是什么使这些白人老师不愿负起责任，而只是指责印第安学生并且挫败他们？我们坚信这些白人老师未能察觉、未能负起职责是典型的第一型使用理论的反应。而且，我们也相信：菲利普建议文化中有关学习的规则应该与教室内的学习规则兼容，这个观点是改变现况的必要但并非充分条件，因为这个答案无法改变教师、行政人员，甚至学生的第一型使用理论的价值观。

菲利普和其他人可能会说：应该把这种改变看作一种良好的、值得追求的目标，但是，实际上要使学生变得博学多闻，是一个相当复杂困难的任务。为什么要把班级内的社会互动视为一种改变的目标呢？这会使得这个任务更复杂。我们相信创造一些条件协助那些面临学业失败的学生成功是相当重要的成就。如果教师与行政人员对他们造成学业失败的责任可以察觉得更多，他们将会采取不同的行动，也可以减缓学生学业失败的问题。如果教师、行政人员以及较年长的学生将学业失败的责任归咎于自己，那他们更愿意去监控学习的情况和他们自己。如果教师、行政人员及青少年能发展一些技能来讨论像是种族主义这种具有威胁性的议题，将能减少这些议题影响教室互动及学习成就的程度。如果个体对自己是如何在此系统中生产了某种行为，导致自己虽非有意但确实是维持了学业失败的情况，能够有所察觉，并且如果这个察觉是伴随着新技能的学习与发展，这些都将增强这个系统的能力，使一个系统可以更有效地处理下一个具有威胁性的议题。

我们并不知道上述这类的改变是否真的发生在三个研究中的任何一个教室里。如果这些改变真的发生了，就我们所知，它们并没有在研究报告里出现。我们的预测是：如果只想参考菲利普、麦克德莫特和戈斯帕迪洛夫、埃里克森所提出的理论来执行，这些改变是不可能在目前的教育现状下发生的。

虽然菲利普和埃里克森和大多数学校民族志学者一样采取"文化匹配"的取向，但麦克德莫特和戈斯帕迪洛夫则呈现出一个有趣的例外。在我们看来，他们的诊断和行动科学家所下的诊断是一致的，因为这一诊断所揭示的行动逻辑是符合第一型的动力观的，即会造成低信任、强化错误、高防御的后果。举例来说，如果麦克德莫特和戈斯帕迪洛夫（McDermott and Gospodinoff, 1981）曾公开地确认老师之所以无法处理低阅读程度学生的原因，那么就可以进入以下这种使用理论的框架内，"当这位老师因为感到太挫折而无法有效率地处理这些学生时，她便选择逃避，但又做得好像没在逃避一样"。倘若研究者多搜集这种行动逻辑的数据，就可以描绘出这位教师在面对挫折时的内在推理与外在行动的蓝图，并且可以与这位教师进行检验。在本章读者可以看到这样的蓝图，它可以是一种有效的工具，可以用来了解及改变个人的现状（使用理论）。

因此，在这些研究者的诊断与建议中隐含了两个特点，这两种特性可能会抑制创造改变现状的知识的能力。一个特点与诊断的层面有关：文化不匹配的诊断结果并不能发现维系文化不兼容的动力观，即没有个人与机构的第一型行动理论。另一个特点与使用的诊断方式有关。在这个例子
中，即使麦克德莫特和戈斯帕迪洛夫提出了我们所谓第一型的描述，但是

却没有提供所谓"如何改变"的描述。

三、提出的处方难以实现

这几位研究者的研究结果都和学业失败有关。他们都对实践工作者及其所存在的系统明确地或隐喻地提出建议与处方。他们显然都知道他们的处方是很难执行的。让我们先从隐喻的人际互动处方开始谈起。

如果有教师像这三位研究者所描述的那样在乎自己是否胜任教学工作，这些老师当然就会希望避免菲利普、麦克德莫特、戈斯帕迪洛夫和埃里克森认为他们不自觉会犯的错误，并且能够像这些研究结果所暗示的一样，应能察觉如何可以有不同的互动及推理。举例来说，还记得麦克德莫特和戈斯帕迪洛夫曾提到教师的退缩行为会减少学生学习阅读的可能性。这个分析对这位教师有一个隐含的建议：如果这位教师持续的退缩行为会抑制学生的学习，那么她应该会停止退缩。所以，这个建议的用处是什么呢？请注意，要停止这种已经自动化、熟练的行为，是很不容易的事。如果麦克德莫特和戈斯帕迪洛夫对这位教师行为的归因是正确的（即她对教导低阅读能力组学生感到挫折），且她"不会"退缩的话，那她所面临的挑战即是需要处理自己在尝试教导这些学生时的不适感。在这种情况下，如果她仍留在这小组里，可能会做出比逃避、离开更伤害学生的事。

也许从诊断可以推论出来的不仅是这种建议而已。假设麦克德莫特和戈斯帕迪洛夫的推论是正确的，也许应该提供这位教师的建议是：学习一些教导阅读的新方法，这样就可以不会使她感到不舒服。然而，要让这位老师再回到大学去学新方法或体验使用新方法的效果，却不在教师的权利范围内。因此，如果麦克德莫特和戈斯帕迪洛夫的推论是正确的，他们所暗示的方法，可能对于问题的帮助不会太大。如果他们的推论是不正确的，那么他们的建议就是无关的、离题的。

相同的情形也发生在埃里克森对咨询人员与学生对话的因果推论上。埃里克森的推论是：（1）波兰裔学生答非所问的情形，让咨询人员认为他是一个不聪明或不专心的小孩。（2）与学生的沟通困难导致咨询人员认为这位学生一定有学业上的问题。(3)咨询人员因为对这位学生有上述这两种的看法，所以并没有给学生任何的支持。

在埃里克森这段因果推论里，隐含着几个建议：(1)不要因为学生无法立即回答你的问题，就认为他是一个笨学生。(2)不要以为一个有沟通困难的学生就一定有学业上的问题。(3)不要因为学生不良的沟通形态就不愿意提供支持给他。若有人想要遵循这些原则的话，他就必须打断自己平日习惯对别人做判断、做推论的自动化过程，如此一来，这些建议的实际可行性有多大？要去应用这些建议似乎是有问题的。

一个人的自动化思考过程在两种情况下可以被打断：他自己打断自己或是别人替他打断。即使埃里克森是对的，但是人们的推理却是自动地发生在一个内隐的层面上；行动者是很少察觉到自己的判断，以及对自己用来下判断的资料作反省。如果没有保持这种察觉与反映的习惯，要一个人去监控或打断自己未觉知的行为是很困难的。

这些研究者之所以会提出这些建议，并不是因为他们对促进改变的困难视而不见，他们也明白地提出了一些人际上的建议。只是他们对于个人与人际层面改变的可能性几乎都抱有悲观的想法。埃里克森写道："要使上述的建议有成效，能使当事人对此产生一些意识的觉醒，面对面的互动可能是有用的。这种面对面的互动或许不是技能上的训练，但它可以促使咨询人员、行政人员、学生对于自己的行动、对学生的判断有更多的觉醒。"(Erickson，1975，p. 67)但是，埃里克森不认为这类的训练可以使这些人有显著的改变："人类互动过程中有关社会认同(social identity)的特定归因的运作是很复杂的过程，以至于人们很难对此有所反映，也很难靠自己的意志力就可以停止。因此，相关的训练必须是密集而持续的(类似心理治疗)，但是这种训练对一个学校的发展来说是太昂贵而不可行的。倘若训练太短，在我看来，就像是装饰性窗帘似的在职训练，看起来它的明显的目的是为了要改变现况，但潜在的功能是要使这个组织及其所设定的标准的运作过程合法化。"(Erickson，1975，p. 67)

菲利普认为注意力的结构上的差异可以是生理上的。她相信非言语的

174

注意力结构可能是无法改变的。因为：

> 非言语行为涉及社会互动中的肢体语言，这更多是在幼年开始学习的，比语言的学习还要早。这也可能和幼年时处理非言语行为的大脑发展有关……
>
> 非言语行为模式的获得，是通过社会化过程获得的，例如，移民中隔代间身体语言的改变就是一个很好的证据(Efron，1941)。但是这些人的改变是非常缓慢的，因为他们处于一个社会分离的情形，并没有和那些非言语表现不同的人经常接触，或者对这些不同非言语行为的人们，没有什么认同。(Philips，1983，p. 31)

总而言之，菲利普和埃里克森会转而求助于机构和结构上的改变，这
175 并不令人感到意外。但是，他们提出的建议是有问题的。例如，菲利普建议："总之，所有致力于改变的行动者(change agent)应该和弱势社区的目标(如使小孩学习与成长的知识)结构地相连 (structurally linked)在一起并对目标有所回应。"(Philips，1983，p. 135)然而，由于没有进一步地探讨与阐述，一个致力于改变的行动者很难理解何谓"结构性的相连以及对弱势社区的目标有所响应"的行为。大多数有良好声誉的致力于改变的行动者已认定他们所追求的是有意义的目标，而此目标也是他们之所以可以在工作中保有良心的原因。

菲利普和埃里克森都建议学校应该创造一种环境，可以让弱势学生所属的文化族群的成人来教他们。这样一来，就不会有因为非言语及后设沟通(meta communication)上的疑惑，也可以用和学生相同的沟通规则来跟学生相处："多雇一些第三世界的咨询人员""多聘任一些印第安籍的教师在教室内工作"就是其中的两个建议。当然，印第安籍的老师教印第安籍的学生，在逻辑上并没有什么错误，但是这种解决方式却忽略了白人的盲点。也就是说，这种解决方式即是说埃里克森研究中的那位咨询人员是不需要检查自己的行为对那位学生造成了哪些意想不到的影响，而且这位学

生也不需要思考这位咨询人员是否在意识上并非故意要传递给他所认为的负面信息。

这种建议的另一个问题是并没有证据表明对于责怪和疏离别人这种具有威胁性的问题在同一种族背景中就不会发生。的确，阿吉里斯（Argyris，1982）的研究显示：群体中的这种第一型行动的不信任及防御，在任何种族群体中都会发生。

虽然麦克德莫特和戈斯帕迪洛夫并未对有关文化差异的诊断达成共识，但他们却在对改变的悲观态度上是一致的："不幸的是，即使我们对这个议题达成了一些理智上的澄清，但是，这仍然有很值得思考的问题，那就是：176如果平日所必须处理的并来自体制的要求（institutional demands）没有相当程度的改变时，我们是否还会持续投入，创造更多空间？多数的机构都企图扩大学生的社会与心理的潜力，但我们绝大多数人并不具有如何改善情境的清楚概念。"（McDermott and Gospodinoff，1981，pp. 229-230）

在我们看来，人际的基本的改变是真的很难达成的，但是这种很难在人际中有改变的想法，是并未被检验的。也就是说，麦克德莫特、戈斯帕迪洛夫、菲利普和埃里克森都没有在研究中对个人不能改变的说法做检验。当然，菲利普也许曾尝试要提醒教师应该多关注和对较大范围的注意结构（a wider range of attention structures）做更精确地解释；麦克德莫特和戈斯帕迪洛夫也许曾经帮助了那位老师和他的学生察觉他们的自我封闭模式，并且开始去改变这些模式；埃里克森也许促使了咨询人员及受辅者一同学习彼此非言语的行为对对方的影响。

换句话说，麦克德莫特、戈斯帕迪洛夫、菲利普和埃里克森所使用的诠释框架和米尔格拉姆是相同的。所有的研究者都精确严格地描述他们所观察到的本来面貌，但是又假设这个世界是不可能改变的。而且，他们也未曾对这种不可能改变的假定做任何的质疑或检验，但却又在这个假定之上建构他们的描述。

在这里我们思索一下克莱因菲尔德（Kleinfeld，1983，p. 286）提出的一个观点。她认为：不幸的是，现今多数民族志的研究对于大多数老师保持着一种疏远、敌对的态度，就是在研究中悄悄地把他们标签成"坏人"。而之前所讨论的重点——"诊断应着重文化差异"的推论并未被检验，隐喻式的建议很难达成，直接的建议又超出了教师所能控制的范围（如"政策或社会的改变"）。这些都很有可能造成一种疏离感，特别是对那些可以从民族志这种"了解文化情境下行动间的关系及对参与者的意义的特别方式"获益的人（Cazden，1983，p.38）。

我们已经讨论了三篇民族志的研究，这些研究都想要精确及完整地描述一个问题，并且能增加有用知识的内容。然而，这些描述的精确性是被质疑的，因为这些研究者所提出的推论并没有被检验（就目前我们所知）、没有与研究中的参与者进行检验。这三个研究的完整性受到质疑，因为这些研究仅以诊断的一个方面为焦点，并未能深入人们对于人际的推理，因此也无法回答是什么促使人们难以对自己如何制造问题的部分进行察觉。

这些研究所提供给实践工作者参考建议的适用性亦备受质疑。因为这些研究者也表达了他们对自己可以促进直接改变的怀疑。我们亦表达我们的悲观，但却是和他们持不同的理由——研究者提出的有关人际上与结构上的建议过于抽象，难以确认，单靠这些研究者自己所下的定义，其他实践工作者很难或不可能应用到他们的实践中。

第三节　应用民族志

民族志研究竟能不能针对他们描述的问题提供有意义的改变策略？这个问题，已经有人在着手探究了。现在，合作型研究越来越多（Florio and Walsh，1981）。卡兹登在教育与民族志委员会上的演讲（之前提过）曾经很关切地表达：民族志的研究并没有生产出一些足以化解校园内少数民族被区别对待问题的知识。但是她也明确地提出两个例外："所有针对问题进行探究的民族志以及语言学研究，在过去10—15年，只是为了达成'相互的利益与交流'而已，就我所知，只有两个例子是真的超越现况的，他们不仅描述问题，还留下来和教师合作一起设计改变的方法，那就是在阿帕拉契亚的希思（Shidey Brice Heath）以及在夏威夷的卡米哈米哈早期教育方案（Kamehameha Early Education Program，KEEP）。"（Cazden，1983，p. 35）

卡兹登所提到的这两个例子和我们之前所讨论的那三篇研究是不同的。在这两个例子中，他们创造了新的教育情境，足以改善大部分学业失败的困境，因为他们的介入方式可以使家庭文化与学校文化有更好的匹配性。但是，克莱因菲尔德呼吁民族志研究者应该要超越"文化冲突范式"，要确认少数族裔学生是如何做出不愿意接受主流文化的决定。她强调去检查决定背后的推论，以及反映教师与学生间互动的推论，是如何导致这个决定的发生——"对学生来说，老师的要求代表什么意义"（Kleinfeld，1983，p. 286）。

我们的观点和克莱因菲尔德一致。我们这些行动科学者希望去了解什么样的推理使学生、教师及行政人员会有这样的互动模式，而这样的互动模式又如何使得学生无法学会学校规定要学的技能，而且又让其他人无法去理解这些情况为什么会发生。要去逆推这个过程，是需要行动者去检查自己有关互动、学习和处理教室内不同文化差异的使用理论。这种学习，不管是发生在个人还是群体的层次上，我们称之为双路径学习。行动者需要创建一个合适的情境，了解他们在系统中所创造的双路径学习——它的错误或它的成功，并且需要充实我们对改变现况所持的理论，如此才真能改变这个系统。

接下来我们要来描述与考察两个在民族志研究中很有影响力的介入，就是卡兹登提及的两个超越现况的例子。我们将会检查研究者如何诊断一个问题以及如何诠释在一个教室内要如何发生改变本质的意义。我们也会 *179* 特别考察他们对于改变的观点是否会导致双路径改变的结果。

一、希思在阿帕拉契亚地区的研究

希思在郊区南边的社区居住与工作了 5 年，当时，她一人身兼数职——民族志研究者、社区学校系统的咨询者以及大学教授。她的研究导向以她居住处当地人群的需求为主：（1）她发现为什么这么多贫穷的学生，不管是黑人或白人，都有学业失败的问题。（2）她运用一些资料来帮助老师提高他们的教学成功水平。

希思从访谈社区开始她的研究，她访谈了一个名为路德维尔（Roadvine）的白人社区，以及一个名为却克顿（Trackton）的黑人社区。她也搜集围绕在这些社区附近的中产阶层城镇的相关信息——大部分是非正式的搜集，也邀请了很多人帮忙（Heath，1983）。她发现每个社区在很多领域都存在系统的差异，例如对书籍的使用、和书籍有关的互动规则以及社区成员对阅读与书写的认定。也许这些差异还包含不同的说话方式、与社区不同的互动方式。她还发现：虽然一些老师对于路德维尔、却克顿社区的学生似乎已经觉察到有差别，但是他们无法确认这些差异到底是什么。

希思运用她身为咨询者以及教师训练者的角色，到处传播这个信息给老师们。她的介入有两个主要部分：一个部分是详述社区成员未曾察觉的差异形态，另一个部分是说明如何创造一个环境可以促进小孩获得读写能力。

希思以她大学教授的身份解决了第一个问题。身为老师们的老师，她和老师们一同沟通、讨论她搜集到的资料，借此引发他们觉察到他们所要教的孩子是来自对书籍的使用有不同规则的社区。另外，具有同样重要性的是，她把自己的学习方法教授给了老师们，使他们成为民族志研究者，在自己的社区里进行民族志研究，这样一来，他们就不需要依靠希思作为他们的"翻译者"，老师们也就可以开始去研究自己与学生互动及自己与家人互动的规则。

二、KEEP 方案的介入

在夏威夷，KEEP 方案中的研究者和教育工作者之所以会开始研究，与希斯一样，都面临着同样的问题：少数族裔的学生，即夏威夷的原住民有学业失败的问题。KEEP 小组的研究者注意到这些少数族裔的学生在他们的家庭文化情境中是表现相当优异的孩子，但不管他们在家里如何表现，这与在学校里对他们的要求显然是不同的。这些研究者认为如果他们能了解学生在自然情境中的学习情况，就可以帮助教育工作者在学校创造类似的情境。他们称此为"诱发性情境"（Jordan，1981，p. 16）。

其中一个最广为讨论的情境叫作"说故事"（talk-story），是基于夏威夷原住民说故事的形式而创造出来的（Watson-Gegeo and Boggs，1977）。为了尝试将这种形式带入教室，研究者和老师们创造了一个新的阅读团体的框架。这个框架强调一些说故事的特征，例如相互的参与、轮流说故事的顺序是自由的而非硬性规定的，而且师生的关系是不同，是比较"非正式的，说话会相互重叠的，大家一起说的方式"（Jordan，1981，p. 18）。

第四节　框定问题中的双路径改变

在这两个研究项目中的研究者都发现，文化中有关沟通与学习的规则需要改变。他们也发现，文化使用理论层面（而非个体使用理论层面）的意图与结果之间并不匹配。在这个方面，他们的诊断与菲利普和埃里克森的看法相似。希思对这个问题的表述如下：

> 却克顿的小孩在自己社区内回应问题的"沟通能力"（communi-cative competence），很少能完全迁移使用到教室里。
>
> 在却克顿，语言运用的学习无法帮助孩子妥善处理教室内问题的三个主要特性……简而言之，对却克顿的孩子来说，学校问题的发生频率、目的，以及在教师假设学生应该具备的学科内容知识（content knowledge）与技能等范畴发生的学校问题，都是他们所不熟悉的。（Heath，1982，p. 123）

希思所看到的问题还包括：如何教导却克顿社区的小孩学习教室内的讨论规则，以及如何教导却克顿社区的小孩了解已经习得的发问规则。这些老师可以将这些意见适当地纳入他们的教学活动中，从而为却克顿的孩子们创造出一个相类似的、更有效的学习环境。

同样，乔丹也认为夏威夷学生的学业失败问题是由"文化不匹配"所致，于是他提出如何在教室内创造一个更为匹配的学习坏境：

> 来自不同文化的小孩透过不同的社会化过程，以不同的方式体验不同的学习历程，对不同的情境也会有不同的回应。
>
> 许多少数族裔的学生之所以会在学校有学业失败问题，原因之一是：他们必须去学习新的学习方法，而此方法不同于老师们已经习得的教学方式。（Jordan，1981，p. 16）

他的建议如下：

182

> 以实践及种族的理由来看，（KEEP 的）假设是正确的，即她们不会去改变学生或家庭来适应学校，而是调整学校的教学方式，以使得少数族裔的学生可以表现得更好。
>
> 这个立场暗示需要从多元的教学实践与课程中，努力地选择能符合学生原有种族文化的策略，从而提升教育的效能。（Jordan，1981，p. 16）

我们相信这里所提到的研究很接近双路径探究（double-loop inquiry）。因为这些研究要求人们去检查影响他们言谈的隐性规则与价值，这使得他们可以用新的眼光来改变自己的规则与价值。然而，这里也会有所争议：成熟的双路径学习一定必须发生吗？学校的文化应该尽可能地贴近学生家庭的文化吗？而且，我们认为学校文化的整体层面应该包含一些因素，这些因素是会阻碍或催化这个文化的成员对自己文化的反映以及改变文化的能力。这也包括对教师与行政人员推理的质疑，其前提是如果这个推理导致他们：（1）从一开始便创造了功能失调的情境及（或）政策。（2）对于功能失调的情境以及政策视而不见，或者即使他们发现了这些问题，但仍无法有效地改变这些功能失调的部分。换句话说，双路径的问题不只是要学生学会读写而已，而是要去创造一个教学情境可以使学业失败不再发生。

我们相信要达到这样一个境界，就需要采取双路径学习的方式来促使人们去发现、讨论及修正行为层面与政策层面的错误。

第五节　在解决问题中的双路径改变

如果我们说 KEEP 的方式并未对现况造成根本的改变，那么我们就必须进一步直接检查有关教室与学校互动的观察资料。如果我们发现人们正在讨论之前从未被讨论的学校文化特征（如犯错、失败感、负面评价一群学生的意义等）、教师对彼此使用理论进行当面质疑，以及对课堂任务实行双向控制，这些都表明双路径学习或其他一些非常接近的东西正在进行。不幸的是，这里并没有足够的直接观察资料（包括教室互动及教师互动），能使我们对这一困难议题做出判断。然而，我们仍然可以利用已经存在的资料进行推论，这使我们相信研究中所强调的现况改变并未发生。我们又是如何做出这种推论的呢？

在 KEEP 的方案中，教师的确学会改变他们的行为与课程，但是他们的行为改变仍停留在第一型当中。例如，研究者发现，年幼的孩子只觉得与某种姿态的成人"说故事"是很舒服的事。为了成功地教授一个阅读的课程（包括说故事），教师必须学得这种姿态，这种姿态就是"热情而有控制力的"。教师必须给予学生大量的赞美与鼓励，公开地表达期望，明确地反对偷懒的方式，"她清楚地表达同意或不同意，她的一致性，以及在她的掌控范围内对'好事情'的施与（如特权）。这些做法建立了她坚定但友善的成人角色形象，她表达直接关注的方式是积极地尝试。"（Au and Jorden，1981，p. 146）

在 KEEP 方案中透过正向行为矫正技术，的确创造了教师在教室内温暖而掌控的角色；教师被教导要使用"赞美、拥抱"等行为以及"对学生给予正面的响应"等（Sloat，1981b，p. 39）。这些行为对老师来说可能是新的行为，而他们也的确创造了较为成功的学习阅读环境。但是，这一行为矫正的行动理论仍是属于第一型，因为这些策略均是老师单向地控制情境。

这种方式可能比较适合5—7岁的学生。我们并不是期待老师能创造出第二型的孩子，但是我们会建议老师和行政人员应该尝试去创造一个可以彼此学习的第二型学习系统（我们可以帮助他们在获得一些技巧的同时，可以对彼此如何相处的互动、KEEP方案如何对他们有影响、他们如何监控了系统中的成功进行反映）。希思和她的学生指出老师在家里使用的发问策略，具有两个第一型行为的特征：沟通中溜入策略与渐进策略的困境，以及信奉理论和使用理论之间的矛盾。这些议题似乎并没有成为他们努力改变的重点，虽然我们认为这些都是双路径学习的核心。

一、溜入与直接取向

当老师们针对自己在家对儿童发问模式进行检查时，有一些老师发现他们提出的许多问题是指导式的、较为严厉。发问的功能之一是引导被问者去做或是说什么，一个例子是："这是一个陀螺，你从未见过它们，对吗？"希思解释道："大人不是希望小孩有所回应，而是直接告诉小孩要做什么，'不，我从来没有看过'。"（Health，1982，p. 112）

发问的实际目的之一是为了要管束学生："吉姆，停下来，你为什么不乖乖坐好呢？"希思再次解释为："后面那句话是为了要扩展指责的训斥力，并且要求学生去想想这个问题的答案，但是没有要学生以口头的方式回应这个要求式的谴责"（1982，p. 112）。

这些策略背后的推理显然和第三章所提到的溜入策略背后的推理是一致的。还记得前文曾提道：一位行动者隐藏了一个信息，却要对方自己发现这个信息时，她会使用发问来渐进地引导对方；当对方回答这些问题时，将引导他了解发问者希望他知道的信息。虽然这位老师的问题很像是本书中提及的学生与经理所描述的第一型行为，但是这仍然有两个很重要的差异。第一，被揭示的信息所处理的问题比运用溜入策略的经理与治疗师所处理的问题更为具体。第二，问题的形式是更直接的，"别那样，吉姆，你为什么不表现好一点？"会比"你想Y先生对你的反应可能是什么？"要清楚多了。

然而，即使有这些差异，我们仍然怀疑这些问题是否就是溜入策略的方式，而且这些问句是否真的可以帮助儿童发现与学会使用溜入问题。这个怀疑可以由两位教师参与实验的经验获得支持。他们决定将问句中的隐含意义直接表达出来，即直接说出他们想说的话。在行动理论的框架中，这个改变表示要从溜入的策略跳到直接的策略。有趣的是，两位教师都觉得他们做了这个实验后感到不舒服："他们说当他们直接告诉学生时，他们觉得并没有进入学生的世界。他们没有感到任何的互动发生，也觉得他们好像在对第三者'说教'，他们不敢确定学生是否真的听进了他们的话。"（Heath，1982，p. 112）

　　阿吉里斯（Argyris，1982）发现，成人在日常生活中以一种直接的方式批评别人时，就会有类似的感受。溜入策略与直接策略是第一型行动理论的两极。第一型的成人可能无法在这些类别内生产新的策略。许多第二型的训练即是关注对两难情境的反映，并且对一些未预期的成果（如感到不一致、说教、控制等）设计替代性的策略。

　　希思没有提到她是否讨论过其他替代方案，如阿吉里斯（1982）所描述的倡议与探究相结合的方式。如此，这些实验帮助教师进一步察觉他们使用理论中的一些要素，但是并未帮助他们改变原有的使用理论。也就是说，这些训练增加了教师问题经验库，但是并未改变他们发问背后引导发问方向的价值观。因此，我们可以预期在新的课程中，教师仍然会在溜入策略与直接策略之间摇摆，但是却能同时运用更多种形式的发问技巧。 *186*

二、信奉理论和使用理论间的矛盾

　　希思评论道：教师在反映自己实践的过程中，"证实了自己的确有一些行为模式，有时是和他们的理想与原则相反，或者，至少是不在预期内的"（Heath，1982，p. 126）。能有这些洞察并且对这些洞察产生一些反映，是行动科学核心的部分，因为这正是造成改变的前几个步骤。举例来说，希思发现少数老师有一些直觉，认为他们之所以无法教导黑人学生学习，是因为学生在家的学习规则和在校的互动模式不同。然而，这些教师却无力寻找足以支持他们暂时性诊断结果的资料。希思解释道："一些老师对此矛盾的现象有一些察觉，但是他们觉得既然他们不知道黑人社区中如何教孩子学语言，也不知道如何使这些孩子运用语言来认识这个世界，所以他们也就没有根据可以重新思考黑人儿童的语言社会化过程。这些教师可能只会假设他们教这些小孩学语言与认知技能的方式，是与他们教自己的孩子一样。"（Heath，1982，p. 114）

希思帮助教师走出他们两难困境的方式是：帮助他们学习成为观察自己与他人的观察者。如此，当他们变得可以胜任民族志的研究时，他们就可以自己去发觉与寻求那些需要支持自己诊断的资料。然而，虽然这是一项很重要的技能，但是也不足以改变现况。对老师来说，还需要询问自己下面这些问题："为什么我要继续用我不相信的理论（黑人儿童学习语言的社会化过程和白人儿童一样）来行动？""是什么阻止我去测试我对黑人小孩学习语言过程的假设是否正确？""为什么我不去请这个社区的人帮我看看我犯了什么错误？"

一旦有人对这些问题进行了探究，它们就可以促使人们去讨论当教师们的能力达到什么程度时，他们才会认为自己能够讨论这些问题，同时也能在黑人社区讨论这些问题。如此一来，便可以生成一些资料，这些资料又可以帮助教师去反映他们是如何处理棘手问题的（如对学生的歧视、对自己教学的挫折感）。如果这些讨论真的在他们当中发生了，那便是他们没有在研究报告中写出来，也没有把它们看作介入的核心部分。

在这种情况下有两个改变是存在的，这两个改变可以催化他们拓展自己人际关系反映的双路径学习。

第一个特征是强调参与研究的教师需要进行公开讨论。当他们开始去反映不同社区使用的语言规则时，这些教师就能够将他们的反映具体化，对学生也较实用。这样一来，在班上讨论不同语言规则的情形，就可能经常会发生："老师和学生开始公开地讨论，学校是一个可以让大家讨论有关自己的事的地方。对有些学生来说，一想到要在学校公开谈论自己是很奇怪的事，但是一旦形成了这个习惯，将会使他们在学校的活动更加成功，而且，更重要的是，不会使他们觉得讨论家里的事是具有威胁性的。"
（Heath，1982，p. 125）

检视行为背后隐含的规则可能会影响一个人在组织中的学习与判断，这是改变现况很重要的一步。同时，对那些想要改变现况的介入而言，需要加强使用反映与讨论：必须经过反映讨论，第一型关系（第一型关系的特色是"只赢不输"的心态和单向控制的策略）的稳固程度才可能改变。

教师可能会问年龄较大的学生是否意识到不同语言的差别，如果知道，又是什么让他们保持沉默。通过这种方式，老师们可以了解他们所做的为何会导致学生的沉默。在这个部分，学生可能必须检查自己对于教师是否愿意倾听与改变的假设。这样一来，他们可能必须去检查自己对于权力的假设是什么，以及想一想他们相信老师（有权力者）在多大程度上愿意改变。

希思介入的第二个特征是教师们在资料搜集与改变效果中的作用很重要但不够充分。在她担任大学教授的角色里，希思能够教导老师如何运用民族志的方法。所以，改变非常依赖每位老师的发现以及她如何决定使用她的发现。老师是自行决定在班上应该有多少改变发生的教育者。所以，希思创造了一个使老师产生了高度内在认同的情境。

KEEP 和希思的介入，帮助我们颠覆却克顿社区儿童以及夏威夷原住民儿童的学习现况。这是一个相当复杂而又有意义的贡献，可以有效地减少在某些特定情境中的不公平，而且会持续一段时间。（在希思的例子中可见到，教室改革最终以希思的离开、高度严格的州政府和联邦的教育要求的出现而结束。）

这些在夏威夷和阿帕拉契亚介入方案的改变结果，对学生学习阅读、写字是相当重要的。在希思介入的例子中，老师还学习到社区文化的差异。但是有关学业失败的问题，对学校实践工作者、学生来说仍呈现一种困难而又具有威胁性的情形，虽然对老师和学生而言，他们所面对的挑战可能不同。对教育实践工作者的挑战是：需要学习如何应对这些具有威胁性的问题，这些应对方式是透过建立一种自我纠正、自我反映的系统来帮助自己面对问题，这些群体很可能面临高度的经费制约、有意或无意的种族主义以及破坏主义，而他们的工作量都已超负荷了。然而，我们相信：行动科学家和实践工作者有了直接合作之后，将带来一些改变。本书的第三部分将说明要实现这一任务，所需学习的复杂性与挑战性。

189 　　在本章，我们尝试仔细审视了对学业失败起因的三种民族志描述的性质，并调查了这些描述的特征可能会怎样阻止他们有效地改变现况。我们也查看了两项应用民族志研究，并且考察了这两项研究能够在多大程度上帮助教育实践者将自己投入双路径学习的方式中。在下一章，我们将更加仔细地考察在试图生产能够促进人们改变现况的知识的过程中，民族志学者和其他社会科学家可能会面临哪些限制，尤其关注那些来自他们自己所在的社会科学界的限制。

（审校/刘义国）

第七章　作为实践工作者的社会科学家：科学知识 转化为实践知识的障碍

在前三章中所提及的社会科学家们，都可被视为是在其独特的社群进行探究工作的实践工作者。他们当中有些是基础研究者，有些是应用研究者，有些属于实验分析传统的领域，有些则属于诠释历史传统的范畴。然而，作为某个社群当中的成员，他们都遵循一套规则来告诉他们从哪些问题着手、哪些问题则不必理会、要寻找什么样的解答、何时可以知道问题已经解决、他们应该如何着手解决问题，以及他们在解决问题时应该避免做些什么。正如库恩（Kuhn，1970b）所说的，上述这些规范正是实践工作者所累积知识中的一部分，也是他们在特定社群见习期间所学到的，但多半被他们视为理所当然。

这些实践工作者会定期地研讨这些规范，在过去 20 多年中，社会科学领域的实践工作者一直在这样做。在社会科学领域内外都在批判争辩：社会科学是否在以适当的方法来研究该领域中适当的问题？或者，这些科学 本身是否已变成问题的一部分而不是解决问题（Mills，1959；Zuniga，1975；Caplan and Nelson，1973；Ryan，1976；Friedrichs，1970）。由于这些批判性的争辩，关于什么样的问题和方法才被视为正统合理的研究的观点已逐渐发生改变。在实证—分析传统里，已从实验室方法的纯科学定位转向更重视社会相关问题的研究取向，并且更重视发展可脱离局限于实验室内的方法（Reich，1981；Campbell and Stanley，1963）。同时，那些从事历史—诠释传统的人也有平行的转移，不再把自己严格地界定为冷静客观的观察者，而是把自己的角色重新定位为研究对象的帮助者或支持者

（Cassel1，1982；Spindler，1982；Spradley，1980）。

然而，即使有了这些新的期望，一些研究者仍继续解决他们自定的问题，而未曾考虑到实践工作者要求去解决的问题。对一个基础研究者而言，他的问题是：陈述或说明一个现象。对一个应用研究者而言，他的问题是：找出可对特定现象做些什么行动。这里存在着的一个困境是：对于基础研究者或应用研究者来说，两者都认为他们的问题已经解决、任务已经完成，但他们都没有考虑到实践工作者的问题——如何在充满着复杂、多元或互相矛盾价值的现实生活的情境中，去了解和行动。实践工作者的问题的确超出了基础研究者与应用研究者的探究社群的范围。

在本章，我们将由某些隐约的暗示来思考一个明确的观点，你所寻找的正是你所得到的。每个研究者根据他自己所属社群的探究规范，寻找不同的事实和解决之道。为了我们的目的，我们可以区分四种不同的社群，它们在社会科学中的两种传统内，分别代表了基础研究和应用研究（表7.1）。

表 7.1　探究社群

研究形式	传统	
	实证—分析的	历史—诠释的
基础	米尔格拉姆 （实验社会心理学家）	菲利普，埃里克森，麦克德莫特，戈斯帕迪洛夫（描述性民族志者）
应用	哈克曼，奥尔德姆，劳勒（评估研究/组织行为）	乔丹，希思 （应用性民族志学者）

注：在这四种分类内，每一个类别里都有许多研究社群存在，这个表格主要聚焦于研究社群间一般性的差异。

接着我们将去思考不同社群的规范如何主导研究的实行以及如何决定了生成什么样的知识。深入探究后，我们发现了一个矛盾——在我们所研究的案例中，研究者遵循了他们的实践规范进行研究，但是他们所进行的研究却在达不到他们自己和实践工作者标准的情况下收场。

第一节　找出它是如何发生的

把基础研究者的研究视为科学家的实践，我们之前曾讨论过，基础研究者的工作面临的理论问题是：找出一些现象是如何发生的。同时，基础研究者所承担的不只是理论上的问题。他们每个人的研究毫无例外地都在探讨一个重要的社会问题：在学校里对权威的服从以及学业失败的课题。于是，到目前为止，我们很高兴地看到，在社会相关性和潜在有用性之间有一个不错的配合。另外，理论上的要求和兴趣之间也有良好的配合。然而，为了解决自己的问题，现在这些研究者必须建构一些探究的路径来深入问题，但是并非所有的探究都同样可以产生对社会有用的效果，即使这些探究的确带领我们进入了最重要且相关的社会问题的讨论。

从研究者的观点来看，列在第一位的想法是：一项研究必须遵循他们的实践规则，之后，研究才能深入一个最有可能产生被其规范所接受的解决方法的领域。于是我们看到：米尔格拉姆遵循实验室情境的规则建构了他自己的问题，他问道："如果一个实验者告诉实验对象要表现出逐渐增强的激烈对抗他人的行为，在什么情况下，这个实验对象将服从，而在什么情况下他不服从？"（Milgram，1974，p. xii）他所属的特定研究社群影响了他寻找解决方法时的方向。为了研究被试受到的心理影响，他观察了在由一位社会心理学家操控相关条件的情况下，当情境因素（如距离和角色）改变时，实验对象会做什么。

描述性民族志学家采取不同的方法来进行他们的探索，但同样是系统化的方法。他们不像米尔格拉姆一样受限于实验室的限制，也不需要去调整他们的问题来配合这些限制。因此菲利普（Philips，1983）可能会问一些不太精准的问题：印第安小孩是否学到了独特的沟通符号？如果是这样，这是否可以解释他们学业失败的原因？麦克德莫特和戈斯帕迪洛夫（McDermott and Gospodinoff，1981）的提问是：在学业失败这样一个功能失调的问题中，是否可能有某些功能良好的部分存在？当这些问题一旦被框

193

第七章　作为实践工作者的社会科学家：科学知识转化为实践知识的障碍 | 165

定了，可能就会引导出一个限制较少的研究方法。这些民族志学家所要寻找的事实，不会在事前严谨地被界定，而且当他们提出这些问题时，也可以自由地探索意料之外的发现。然而，正如米尔格拉姆受限于他的社群，那些民族志学家同样受他们社群的限制。他们每一个人都从民族志学者的角度来寻找事实，解释现象。因此，他们寻找沟通符号和互动规则当中的相似性和差异性，也寻找研究对象的种族认同及早期的社会化过程中的要素。这些是民族志的"事实"，如同斯科尔特（Scholte，1974）所主张的，民族志的情境因而界定为民族志工作者"头脑中的民族志传统"，这是被他放在文化或问题本质之前来考虑的。

由此可见，实证科学家和民族志学者所问的问题与所寻求的事实是由不同的规则引导的，而且，他们的研究也朝向不同的方向。然而，所有的研究者都试图去解答一些已被陈述出来的难题，而且在他们自己传统当中的变量内尝试去解答。米尔格拉姆创造了一些限制或产生服从的情境来描述现象和解释原因，而民族志学家则考察了导致学业失败的文化因素。

所以，现在我们会提出一个问题：从这些研究路径中我们获得了什么？首先，他们所生产的"事实"并不能为自己（事实）辩护，这些"事实"必须要先被有组织地融入可以回答某些问题的理论之内，才可能继而形成解决方法。

正如那些利用一些既存概念工具来引导自己做研究的研究者，他们现在则是在特定的学术传统与学科之内，以所获得的概念结构来展示他们发现的事实。因此，米尔格拉姆提出他的发现，并且以两个步骤阐明了一个解决方案。他首先解释什么原因导致被试服从，先描述某些情境导致被试出现某些心理状况，因而导致或限制其服从反应。然后，作为一个基础研究者，他采取第二个步骤，提出一个问题："为什么服从？"这些又告诉我们有关人类和人类处境的什么信息？为了回答这个问题，米尔格拉姆（Milgram，1974，p.125）提出了一个"进化控制模型"（evolutionary cybernetic model），他"相信"那些控制论的原则"正是所讨论的行为的根源"。米尔格拉姆解释说：这样的模型提醒我们，当一个人被带入一个阶层结构中，在其中他不再是功能自主的人，而是成为系统的一部分时，这个人"一定"会发生什么？对我们而言，这个模型提醒了什么？再回到米尔格拉姆对"为什么服从"的答案来看，服从对社会和谐是必要的。为了在社会组织中存活，在下层的人必须接受在上层的人的控制。因此，一直以来，人类已学到——事实上是与生俱来服从的潜能——没有服从，社会组织将陷入危机中。

到此为止，米尔格拉姆关于"为什么服从"的问题获得了解决，他的任务也已完成。但是，请注意，在此刻，他的解答变成了我们的两难。如果我们助长不服从，可能会危及社会组织的生存；但如果我们鼓励服从，则可能危害对其他人的责任。

民族志学者的解答也使我们陷入两难。一旦菲利普（Philips，1983）和埃里克森（Erickson，1975）发现了他们的事实，他们都会将其放入他们传统的假设和理论架构内。菲利普解释说，老师没有能力去衔接或更好地处理差异，是由于冲突的沟通风格需要高度技巧的行动能力，是需要学习才会的，有些甚至是神经学的基础，以至于超出人类的了解和控制。同样，埃里克森认为，即使我们试图以通用的标准（如测验分数）来公平地评估学生，我们仍然不自觉地以特定的、潜在不公平的标准对人们进行分类，如种族、民族等标准。再者，他还说这些过程是如此复杂并且发生过高度学习，以致他们无法进行反映性的行动或随意停止这些表现。

在此，民族志学者所关切的"为何失败"的问题被解答了。但是，他们的解答又再次成为我们的难题，因为被视为一个老师或辅导员必备的能力，却将必然地导致对待学生的不公平和失败。以这种方式来框定问题，如果不按照种族或民族关系来对老师和学生进行匹配，我们可以做的事很少，并且处理的方法可能导致情况更为恶化。

认识到这一点后，麦克德莫特和戈斯帕迪洛夫尝试着以其他替代性的解释来改变这个解答，探讨什么是族群内错误沟通的诱导因素，什么是导致学校失败的因素。首先，他们质问民族志学者（如菲利普和埃里克森）视为理所当然的假设。他们指出，沟通符号和规则的差异既不是"自然"的，也非"长期以来不能挽回"的。因为如埃弗龙（Efron，1941）的研究显示，种族群体确实搭建了弥合彼此差异性的桥梁，甚至人体语言行为的差异也可以被弥合。接下来，他们引用研究报告并生产他们自己的资料，来为貌似功能不良的差异性的存在做另一种解释。他们认为，这样的功能不良并不是必然的，在特定的社会安排中反而是功能良好的。

然而在最后，麦克德莫特和戈斯帕迪洛夫把老师和学生置于同一处境中，来解决他们的问题。他们解释道："我们的问题是，我们的学校系统使尽责的老师表现得像种族偏见者一样，也使聪明的小孩子好像傻子一样，即使他们想表现得不一样。"（McDermott & Gospodinoff，1981，p. 226）换句话说，面对目前学校系统的现实，老师和学生拥有的选择太少且注定要失败。如此一来，这个解答将他们从一个困境拉出来，又将他们丢进另一个新的困境中。

但是这些研究者对所研究问题的解答，究竟具有什么意义（implications）呢？这个答案主要看我们是以谁的问题在进行考虑？我们已经知道：研究者会建构一种问题来符合他们的研究目的，而实践工作者也在建构另一种问题来符合他们的目的。我们认为这些解答好坏与否，取决于我们想解决谁的问题：研究者的问题是如何在其研究社群所实践的要求内描述因果性，实践工作者的问题则是如何在常态环境中转化因果性。下面我们将考量研究者对每一个问题的解决有多么充分。

一、研究者理论上的问题

在本书的第一部分我们看到实证—分析传统和历史—诠释传统的学者，对于什么才算是对一个问题的解答有着不同的看法。一方面，在实证—分析传统里的解释，提及分析事件之间的关系，也提及从具体情况推论出来的抽象的因果解释，是可以归纳概括的。这些解释，为了可以被反证，必须尽可能完整、精确。另一方面，历史—诠释传统则拒绝因果关系的看法，反而强调：理解社会行动意味着抓住行动的逻辑，或者更确切地说，社会行动是个人在一个特殊而具体的情境中的意义和意图。

正如我们已经知道的，足以构成问题解答的要素，和对行动及人类能动性本质的假设有关，也和什么样的解释最能捕捉社会行动的意义有关（见第二章）。

但是在社会科学的实践中，两种传统的研究者们都已在这些领域中找出了艺术性的妥协之道。现在，大多数的实验心理学家在他们的研究方法及程序中，也不同程度地尝试解释被试的规则、意义和意图（虽然成功说明的程度不一）。以相同性质的手法，民族志学者常常以实证—分析传统的语言，将行动者的规则放在因果的情境中，考量事件间的关系，并排除不同的解释。因此区别这两个社群的界限，在实践当中并不像他们所认为的那样清楚。但同时，这两个领域的实践工作者在工作时，是无法忽略他自己所在传统的标准的，例如什么是好的解决方法，什么不是好的解决方法。实验心理学家必须建构可以证伪的解释，且必须是在其范畴中属于合理与精致的解释。民族志学者必须试着准确地捕捉研究对象在他们行动情境中的意义和意图。当他们偶尔纳入对方的一点规则时，他们亦努力地彼此隔离，不允许超出解释或理解的范畴而进入规范或价值观的范畴之中。在实证—分析传统里的研究者仍然追求将价值和事实分开，坚持在解答中寻找世界的事实，而诠释传统的研究者则仍然试着对研究的参与者持不偏不倚的立场，并避免把自己的价值观加在他们身上。

在两个传统之下，这些规范（norms）既帮助也妨碍了研究者的任务。一方面，它们提供了实践的形式和意义，另一方面，它们又将其置于"双重束缚"（double bind）中。因为，为达到一个规范的目的，往往需要违反另一个规范的要求。为了更加详尽说明我们的意思，让我们来看看米尔格拉姆的解答。在许多方面，这个解答达到了实证—分析传统的标准，它驳斥了一个普遍而又错误的观点：对一个不公正的权威者的服从是病态的或个人性格倾向。它以相当少的概念来解释范围广泛的事实，看上去有几分精致，它提供了对人类习性和社会机构的一种解释。

但是，问题就出在这里，因为这个解释在实证—分析传统里是无法被证伪的。回想米尔格拉姆的解答：把服从放在阶层关系的情境中来解释——为了社会和谐，服从是必需的(在下者必须让出控制权给在上者)。为了反证这个解释，我们必须建构一个可以推翻它的实验。然而，这个实验得超越实验者的问题是："什么限制或产生了服从?""什么样的反应和情境使服从变得不必要?"这些需要超越既存的反应和安排来寻找答案。然而追寻这一超越现况的探究将违反实证分析传统的规范，使米尔格拉姆的解释在其中无法被证伪——除非这种可能性是自然地在长时间后顺理成章地发生，否则它是不容易发生的，因为这种解释本身先验性地排除了这种可能性。更一般地，任何社会科学的解释，都假设一个事实——既存的社会安排揭示了事情的真实或必要的本质，这个假设所冒的一个风险是：创造出来的解答包含着该传统无法发现的错误。

　　另一支探究的路线可进一步说明这个争议。在行动理论的范畴里，哈蒙(Harmon，1981)对问责制原则的考虑以一个假设作结束：如果加以检验的话，可能显示出"服从"并非对社会和谐是必需的。然而，哈蒙对于服从两难的陈述和米尔格拉姆是很相似的。他是在相同的阶层情境中来理解服从的，在这种情境中责任规则与安排对人们服从与否的表现给予奖惩，才导致社会长期的内化和服从。他对责任安排的潜在前提的理解也和米尔格拉姆相似：在社会的情境里，如果一个人的行为影响到另一个人，他应当考虑到与他人的一致性和公平性。与米尔格拉姆一样，他指出责任安排的设计为了确保一致性而把"执行者"和"决定者"区分开，因而助长了我们会倾向于表现有害的行为，却不觉得个人应负责任。如果哈蒙就止于此，我们也就不需要对他做比米尔格拉姆更多的分析。他留给我们的看法是：为了一致性的利益所做的事破坏了一个人对其行动负责的个人责任感。

　　但是，哈蒙既不主张既存问责制安排(existing accountability arrangements)的必要性，也不受限于与规范性关切或价值关切保持距离的约束，他发明了一个可以更妥善安排服从的两难情境的替代性责任形式。他提出的问题是：考虑问责制概念的前提价值观，同时考量目前问责制安排下的结果——什么形式的问责制和组织安排可能创造令人满意的一致性，同时也增强个人的责任感呢?这一个问题在两个要点上，都落在了实证分析的范畴之外。这个问题显然具有规范性，因为它批判地检验和宣称什么是我们该选择的价值和目的（一致性和个人责任），而且，它并不排除存在目前安排之外的任何可能性的发现。

在回答此问题时，哈蒙首先排除依逻辑行事的这种不真实的想法，他不接受基层人员片面的判断，因为"它可能有着无法检查和武断的危险"（Harmon，1981，p. 127）。为了这样做，他拒绝使用米尔格拉姆描述中提出的替代服从的唯一方式。而且，他之所以这么做是出于一个和米尔格拉姆类似的理由：助长片面武断的判断将危害一致性与和谐性。因而他和米尔格拉姆都相信：无论对他人的控制让步还是片面地控制他人，都不可能处理具有冲突性要求的两难。因此，哈蒙（Harmon，1981，p. 127）建议在现存的问责制规则里，加上一个替代规则——一个不会那么绝对地区分"决策者"和"执行者"的决策规则，即可保有一致性，但同时不会减少个人责任感。他自己的发明是一个共识的规则（consensus rule），参加者必须彼此协调其不同的看法和利益，而没有人可以片面地将决定强加于另一个人。在这样的状况下，他假设：一个人不太可能在没有感受到个人的责任感和对他人责任的情形下采取行动。

毫无疑问，这个决策规则和现存的结构有很大的不同。也许正因为如此，哈蒙思考的是：什么样的情境会是这样规则实施的必要条件？相互信任的创建、明确陈述在什么条件下这一规则可以被最好的使用、相信规则会起作用（规则能够成功发挥作用的原因，部分也是自我应验的预言），以及在这种决策模式中的实践和经验。然而，我们的观点已不是这个特殊的决策规则是否有效，我们的观点在于，我们不容许预先假设它是无效的。这不仅是一个规范的问题，也是一个实证的问题。忽略它的实证性内容会冒险建构一个错误的解释，却无法发现它们是错误的——这违反了可证伪的规范。同时，这一实证上的问题无可避免地需要和规范考虑结合在一起。所以，追踪这种探究的思路将违反事实—价值观的规则。不管哪种方式，实证—分析传统中的基础研究者将会进退两难。

同样的理由，民族志学者的解答也无法达到其传统内的标准。菲利普和埃里克森两人都主张：互动和意义的制定规则是不可改变的。它们如此自动和复杂，以至于它们无法被察觉、被反映或者以意志力可以阻止。但我们怎么知道它们不可改变呢？虽然没有资料表明它们是可以改变的，但如果那只是因为那些改变没有自然地发生呢？因此，唯一的方法来发现我们是否可能反映，以意志力阻止或改变规则是可以试着做做看的。但是，这种探究将违反民族志学者必须遵从的规则。他们的角色是：必须对其所见的一切保持原状。但是，他也可能因此而错失某些非常基本的特质——我们如何在这个世界里建构和互动。

两个传统皆有其判断好坏解决方法的标准。这样的分析表明：有些标准和依据是互相冲突的。在两个传统中，基础研究者必须以某些形式遵守规则："描述准确的事物"及"不要发掘与研究和规范性有关的事"。然而，后一个规则使得两个传统很可能生产出内含了研究者无法发现错误的描述。

二、实践工作者的问题

201

正如研究者的解答是期待达到某些标准，实践工作者也一样。正如我们在第一部分所看到的，为了行动，实践工作者寻求对现象的理解。他们试图转化，而不是对他们所见的一切不闻不问。而且，他们持续地捕捉他们所面对的问题情境中的冲突价值。因此，他们的解决方法应具有某种特质：他们应强调在他们潜在控制内的因果因素，他们应告知实践工作者如何转化他们所见的，即使这一转化的要求已超出目前存在的现况；而且，他们应说明一些规范的立场，让实践工作者可以安排冲突的价值和目标。为了让实践工作者更有效能，他不能比研究者更容易忽略那些要求。问题是，对研究者和实践工作者而言，现存的要求可能相当不对等且互相矛盾，使得当前盛行的学术劳动的分工模式令人质疑。

我们已经知道，在这一模式下的基本前提是，社会科学的发现可能对社会问题的解决有所贡献(参看第一部分)。社会将其问题交给社会科学，而社会科学则向实践工作者提供理论来解决问题（Schön，1983. Geuss，1981）。就此而言，基础研究者应提供解释，能更好地建构社会问题，从而协助实践工作者来解决问题。但是，他们有吗？框定问题的方式会对如何选择解决方法产生影响（Schön，1983；Kahnemann and Tversky，1984）。但是正如所述，在我们研讨个案中的问题框定暗示着它的解决之道无法满足一位实践工作者需要面对的要求。这些研究者，对规范性事务几乎没有任何引导，而他们强调的因果因素却超出一个实践工作者所能控制的：历史因素（在家庭及学校中的早期社会化）、情境因素（天生的和必需的组织上或系统上的限制）、遗传因素（种族或族群的分类），以及被认为是自动的无意识的反应（非口语的反射、意识知觉外的推理过程和高度学习过的行动）。同时，他们简单地排除了对这些因素获得控制的可能性。菲利普和埃里克森辩称我们自动的反应远远超过我们思维的控制，以致它们无法被替代。米尔格拉姆则辩称，助长服从的情境因素是必需的，因此我们服从的潜能事实上像是天生的。只有麦克德莫特和戈斯帕迪洛夫指出了社会系统某些形式有改变的可能性，但甚至连他们也说还没有着手去完成"最模糊的想法"。因此，一旦实践工作者面对那些问题时，他们可以做的就太少了。他们无法控制关键性的相关因素，因此，基础研究者提出的解决方案变成了我们的两难问题。

矛盾的是，这些研究者所致力达到的公平和同理，却变成实践工作者的两难。每一个研究者都毫无例外地强调他所描述的结果并不是参与者蓄意的行为后果。菲利普强调，师生都不需要为其未能了解彼此而受指责，因为，缺乏了解是早期社会化过程的结果。埃里克森（Erickson，1975，p. 68）强调，辅导员并非恶意的也不是无法胜任，他们只是行使专业化行为的个体，然而其判断人的方式可能导致不公平的结果，从而无法帮助人。麦克德莫特和戈斯帕迪洛夫（McDermott and Gospodinoff，1981，p. 228）提到"有良知的教师"都别无选择地需要面对既定的情境。而米尔格拉姆认为，服从的确被认为是一种令人苦恼但对组织而言却是必须且功能性的反应。这种面对参与者的姿态确实考虑到了实践工作者在这个世界所面临的困难。于是行动者(参与者)较容易感到被了解，观察者(读者)较不易带着"高高在上的看法"，以至于他对自己也会如此行动的相似性视而不见。通过这些研究，面对这些两难的处理，我们不再天真无知。问题是，这些研究的成果带领我们走到了一个无法做出不同行动的无助处境中。

然而，若是一个研究者已认识到这些限制和行动者好的意图，同时也想探究他们必然地创造出并非所想要的后果的那些行动方式的话，该怎么做呢? 这样的立场将需要有一套不同的假设。第一，行动者都有选择，而且都做了选择，不管他们的选择是以多么隐晦或心照不宣的方式进行的。第二，有可能将这些导致并非所想要结果的隐晦选择带到行动者全然觉知的一个层次上来。第三，在某些条件下，可以接近并控制住这些选择。在这样一套假设里，行动者就不被认为是对制造这些结果负道德上的责任，但他们能够也应该对这些结果负起个人责任。稍后，我们会陈述一个研究者如何在研究过程中确定这种和参与者有关联的立场(见第九章)。但目前，让我们先考虑如何才能带来不同的解决之道。

我们可以在舍恩(Schön, 1983)研究实践工作者如何在行动中反映的实例中找到一个这样的例子。在一个个案中，他描述一位城市规划者如何发现自己陷入两难的处境，即城市规划者对当地团体的管理与发展的义务。为了描述这个两难处境，舍恩由探究与提供一个丰富的描述开始——一个规划者所面临的情境因素，包括对长期以来存在于其角色中的冲突的历史分析。然后他也把其他的因素带到台前来，而其中最重要的是：规划者在和两个团体互动时，规划者如何选择去框定(frame)自己的角色，而他的框定又如何引导其去建构一个将自己置于两难处境的平衡行为。请注意一点，这个对规划者角色和情境限制的两难处境的说明，凸显出实践工作者"选择了"怎么做以便于调和这些限制，但也因而导致了他面对的两难。

同时，舍恩(Schön, 1983, p. 228)认为这位规划者具有善良的意图：他是一位愿意对自己的实践进行反映的人。所以舍恩需要弄清楚是什么阻碍了规划者去发现和修正自己的错误。之前的研究者对这一困惑的解释是建立在如下的假设上的：参与者的行动是必要的并且不在自己的控制之中。但是，如果舍恩归因于"选择"，现在，他又如何去说明，一个人"选择"去做与自己意图相违背的行动呢？像一些其他的研究者，最初，舍恩假设这位城镇规划者并未察觉他自己的不一致。但是他并没有继续假设这种无察觉(unawareness)是必要的，或是它是在规划者控制之外的。反之，他提出的假设是：规划者将其思考只集中于其策略，而忽略了他如何建构自己的角色以及他眼前的情境。进而，其角色本身被其行动理论所强化，导致了规划者和他周围的人都在私底下做反映，而无法获得公开反映时可以增加的察觉。

到目前为止，舍恩已形成对城市规划者两难处境的解释，而规划者的无察觉更加深了其两难的情境。和前面的研究者相反，他关注的是一组可能的原因，认为这些原因可能在实践工作者的控制之内，因此是可以改变的。为了追寻这个可能性，舍恩进一步往前推进他的探究，超出了其他的研究者的终点。他的提问是：如果和事实相反，规划者察觉到了自己的错误，那会发生什么呢？他会如何探索、又往哪个方向去呢？（Schön, 1983, p. 230）正如舍恩所述，这是个特殊的问题，因为根据他的分析，这要求规划者持有一个替代的办法及其行动理论，这个问题是独特的，它对舍恩所发展的解决之道具有关键作用，可以在协助这位规划者解决他的两难的同时，探索发展出另一个替代行动理论的可能性。

最后，舍恩的研究提出一个解答，不仅解释了是什么导致规划者的两难，也解释了如何可以更好地处理两难。那就是，学习另外一种行动理论。为了达到那样的洞察力，舍恩必须发展出不同的探索方向。在询问"如果……将会怎样"的问题及"什么阻止了他的察觉"后，他必须继续问"和事实相反"的问题，以寻求不同的引发因素：不仅包括存在于规划角色本身和情境的限制，也包括他框定角色及解决方法的方法，同时也要探索他如何在那些限制内重新框定它们的方式。这一系列探究行动本身即依据不同的假设。舍恩要假设个体不但能够建构其行为的世界，而且也能够选择重新建构它们。因此，舍恩的探寻可能产生一个让规划者更好地处理两难处境的解决方案。

这并非表示其他研究者未能提供建议来走出两难情境，但他们是以不同的角度来研究两难的。正如我们在案例研究中看到的，大部分的人暗示或建议在政策或结构的层面上做改变，而未能严格考虑这种改变会产生的影响，或是如何在行动层面上切实执行。例如，菲利普建议以族群的方式来配对师生，而并没有提到这样的配对将可能进一步助长族群内的疏离而且以牺牲更弱势学生的利益为代价。在大部分基础研究中，这样的可能性都没有得到更进一步的探讨。严格考虑其建议对机构和人的可行性不是基础研究者的工作，只简略地将研究结果与"实践"应用挂钩，对其目的来说就足够了。其结果是，那些研究者甚至不可能得知他们的建议是解决了问题，还是产生了更多的问题，更不可能提出"为什么"的提问了。

三、结论

在我们的案例研究中，每一个基础研究者都是从解决承载了重大社会问题的理论问题着手。虽然实证分析和诠释的传统所寻求到的事实及其解决方法有所不同，但两者都强调因果，且其对因果的假设大部分都在实践工作者所能控制之外。因此，他们所发现的解决方法反而使实践工作者进入了难以克服的两难困境，而且他们的建议究竟是否产生出新的解决方法，也是不清楚的（见表 7.2）。但不只是实践工作者自己陷入两难困境，研究者也是如此。依据"不要深入探究和规范有关事务"的规则，他们无法充分地满足"准确地描述这个世界"的规则或产生对实践工作者更有益的解决方法。

表 7.2　问题和解决之道的框定（基础研究）

研究形式	所问的问题	所发现的因果因素	所做的假设	所形成的解答	所产生的知识
民族志学者	这是什么？ 它是如何发生的？	强调： • 各文化群体间社会化的差异和相似之处 • 现存的互动和意义的规则；沟通符号；社会认同 辨识： • 情境因素	通过描述"这个世界是怎样的"可以揭示世界的基本特质。互动和意义形成的规则，是高度自动化和技术化的，是不易改变的	描述和说明世界如此存在与发生的因果解释	对科学： 陈述现存的可能因果关系： • 不完全的：他们错失维持既存现况的深层结构 • 不确实的：他们所所包含的假设可能很难证伪 并未陈述，什么是既存现况和根本替代方法
实验者	这是什么？ 它是如何发生的？	强调： • 情境因素 • 既存的心理和行为反应 辨识： • 社会化的过程	通过描述"这个世界是怎样的"可以揭示世界的基本特质。既存的安排和反应，改变它们会危及及组织生存	描述和说明世界如此存在与发生的因果解释	对实践工作者： • 对存在实践工作者控制之外的因素如何导致了两难增加了洞察力 • 对实践工作者在既定界限之内，自己的行动是如何维持与强化这些限制缺乏洞察 • 对实践工作者在实践中一旦面对两难时，可以如何行动以转化两难缺乏洞察

第二节　如何达到预定的目标

　　和基础研究者一样，应用研究者是在相同的两种传统内从事研究。但他们是运用这些传统的工具找出如何达到某些预定的目标。于是当他们在搜寻基础研究的结果试图找出线索之后，他们建构了一套独特的规范和假设。这些规范与假设允许他们运用那些线索来解决实践问题，而不会违背他们所遵从传统的基本原则。这种建立过程，首先可以用应用民族志学家如何着手解决学业失败的问题来加以说明。像描述民族志学家一样，他们同意以一种"差异"（difference）而非"缺陷"（deficiency）的模式来解释学业失败。但对这些研究者而言，他们的问题始于此，而非终于此，因为他们的任务是提供一些具体的建议来帮助孩子们在学校里取得学业成功（见第六章）。以乔丹的看法，这将使学校转换成"和该族群文化兼容共存的"（Jordan，1981，p. 16），学校才可以对教育的有效性有所贡献。按希思的看法，这表示协助儿童学习四个 R：包括"向学校学习"，所指的是规范和期望，正如同他们"学习阅读、书写和算术"（Heath，1983，p. 281）。虽然所认定的目标不同，但两位研究者着手研究相同的问题。正如希思所描述的，"问题是'如何达到这些目标?'"（Heath，1983，p. 281）。

　　为了解答这个问题，希思和乔丹各自寻求不同的方法，运用教师和学生既有的文化知识、技巧和规范来衔接师生间的相异性。乔丹（Jordan，1981，p. 16）强调，她不是在学校内追求激进的变革，希思（Health，1983，pp. 284，354）则看重，她和她的教师在教导学生主流社会中互动规范的同时，寻求如何"调适"群体的差异。在采取这个立场后，他们的探究停留在其研究传统内。他们忠于民族志的规范，民族志的规范是反对对不同文化群体的规则与规范进行介入的，他们和基础研究者一样，追寻同样的民族志的"事实"。同时，希思和乔丹均不接受描述性民族志学者所提出的解决方法。例如，当希思依据菲利普的一些见解时，她所强调的是语言而不是非语言的互动规则，她假设人有能力去克服不同文化群体之间沟通符号的差异。对希思而言，这样的修正是必要的。正如我们所看到的，缺乏这些，如何在面对面互动时弥合这些差异就变成无法解决的了。

类似的构建过程也可以追溯到组织行为领域。在我们的案例研究中，我们考虑运用如哈克曼和奥尔德姆（Hackman and Oldham，1975）的评估模型对组织进行诊断和提出建议（参看第五章）。这些模型常运用在组织中，被设计用来解释一套复杂的相依存的变量如何导致和组织效率相关的结果或目标。在这个例子中，研究者对雇员的动机、满意度和生产力等结果感兴趣。但是这个模型可能在一系列的不同可能性中聚焦到任意几个目标上。于是，组织生活的一个事实便是研究与测量效率的努力反而成了有问题的。一个人如何知道设立哪个目标才是适当的标准？在实践中，大部分研究者回答这个问题的做法是选择一些对学者和参与者具有"实质利益"的研究目标，并研究人们可能会期待组织如何达成这些目标（Mohr，1982，pp. 190-191）。因此，重要的问题不是选择什么目的，而是如何达到那些目的。

哈克曼和劳勒（Hackman and Lawler，1971）开始在社会心理学的范畴内研究这个问题，他们依靠勒温（Lewin，1938）和托尔曼（Tolman，1959）的理论发展了一套理解工作设计的概念框架。几年后，哈克曼和奥尔德姆（Hackman & Oldham，1975）在此基础上，精心设计了一个模型，可以应用于对职务评估与职务再设计有兴趣的组织。这个模型和在社会心理学领域内大多数理论中可发现的因果结构具有极为相似的结构。先有某 *210* 些被认为是会带出某些关键心理状态的条件（大部分是情境上的），这些心理状态在不同个人特质的作用下导致了某些行为结果[可以和在前面段落中提到的米尔格拉姆（Milgram，1974）关于服从的阐述中的因果逻辑相比较]。

在这一点上，应用研究者已经框定了他们的问题。然而因为他们的传统的不同，他们的框定集中在不同种类的因果因素上。民族志学者强调沟通符号、互动规则和互动的情境，而组织行为中的评估研究者则强调情境的因素，例如工作认同和技术种类及其对心理和行为变量的影响。即使如此，每位研究者仍追寻那些他们认为对达成所设定目标具关键性的因果关系。

因此，现在问题再次变成：这些探究的路线到底产生什么样的解决方法？正如基础研究者所发现的因果因素并未能建构一个解决方法，应用研究者依其描述的因果关系所建构的解决方法，也没能为自己找到解答。相反，为了产生所期待的结果，他们必须描述那些因果因素如何被操控。而在问题没被解决前，研究者必须提出某些介入的理论，不论这种理论有多松散或只是暗示性的。

在民族志学者的例子中，研究者设计了两个介入理论来达到不同的研究目的。希思为了解决自己所设定的问题，发展了教导儿童学习四个 R 的策略。四个 R 所包括的不仅是学校的学科，也包括了学校互动的规范。为了这样做，她发展了学生、老师、父母如何发现与建立学生现存规则的方法，这样她们就既可以达到目前在学校里人际互动的要求，也可以满足以后生活中互动的需要。反之，由乔丹所描述的 KEEP 政策则指向与希思不太相同的目标。KEEP 政策是由学校来适应儿童的文化，而不是要求儿童学习学校文化的规范，这里的假设是：不论是实践还是族群的原因，学校课程都不是试图改变儿童或其家庭来适应学校，而是改变学校来使其更有效地服务少数民族的孩子（Jordan，1981，p. 16）。

我们在这里所看到的是，希思和乔丹以相同的模式来解释学业失败。但是，她们为了缩小学校与学生间的差距而设定的目标及介入策略却有若干差异。希思研究案例中的老师，可能连希思本人都认为她们所做的只是"人道地"尽可能为孩子的未来做准备，而准备的方式是增加他们已习得的规则（Heath，1983，p. 281）。不同的是，乔丹认为要求学校改变以适应儿童的规则才是"务实且符合伦理"的做法。然而不管他们的差异如何，他们各自所设定的目标都洋溢着一种理所当然的正当性。没有一个研究明白指出自己的解决方法只是一种选择，而且应接受批判和检视。乔丹对 KEEP 政策之下的"务实且符合伦理"的理由只提及但并未予以明晰，好像这些理由的"正确性"是如此明显而不必陈述。

在不同传统中处理着不同的问题，哈克曼（Hackman，1983）及哈克曼与奥尔德姆（Hackman and Oldham，1980）发展出一套原则，这套原则描述了如何操控在他们对问题的框定中所辨识出来的关键性的情境因素。这些情境因素包括对结构与政策的重新设计来促发被认为可以提高生产率和增加满意度的心理状态，因为结构与政策的某些特质被认定对职务设计中的工作意义、自主性与回馈有影响。和民族志学者一样，这些研究者的行为表示，他们也认为他们所设定的研究目标多多少少是内含在组织的问题之中的。他们从未质疑自己预设的研究目标是否正确，也没提出如何根据其他的组织结果或目标来评估检验这些研究目标的正确性。

那么，这种解决方法的含义是什么呢？在这种解决方法中，基础研究者并未严谨地追踪，以了解实践工作者如何解决他们所框定的问题。这并不是说他们忽略或不关切这些问题，而是在专业劳动分工模式下，回答这一问题的任务被指派给了应用研究者和实践工作者。目前我们认为应用研究者做得如何呢？同样，这取决于"我们要考虑的是谁的问题"，是应用研究者如何达到所设定的某些目标的问题？还是实践工作者在真实的生活情境中面对所提出的目的和价值皆有冲突时，如何理解与行动的问题？现在我们根据这两套标准来看看应用研究者的解决方法。

一、应用研究者的问题

对应用研究者而言，什么才是好的解决方法呢？这是一个复杂的问题。因为它涉及显性的和隐性的两个标准。一方面解决方法应告诉我们如何达到在对问题的框定中设定的目的，然而，另一方面，它应根据一组隐性的规则来建构，即能使应用研究者保持在其特定传统的规范内。一组规则主控了面对各种目的时的选择过程，另一组规则则告诉研究者如何寻求和选择达到那些目的的策略。其假设是，遵从这样的规定，研究者就可以在涉入实践性事务时避开规范性关切（normative concerns），从而保护其科学家的身份。然而，那些规则也可能同时阻碍了他们解决所设定问题的能力，而无法创造新的解决能力。接下来是对这些规则的考量以及对问题解决有效性的启示。

规则 1：目的应当视为在问题中已被给定了。

我们看到对应用研究者而言，问题不是"我们应选择什么目的"而是"我们如何实现目的"。应用研究者因此认为在他们所框定的问题中目的就已设定了。然而，目的很显然并不是通过一个自然地产生过程而实现的，它们必定是由某人以某种方式设定，而且不涉及规范的范畴。为了这样做，大部分应用研究者同意之前所陈述的目标取向逻辑（goal-oriented logic）。如果研究者或参与者对一个目标感兴趣，那么，这个标准本身就足够表明目标是值得追求并探究达到它的有效方法的（Mohr, 1982）。

两个传统对此标准持有不同的理由。在实证分析的传统中，组织研究
213 者追求的目的是为了服务于"效率"，在追寻期间，他们努力将价值和事实分开，他们界定其探究为"他们所认为的实证问题"：什么是实现这一组目的的最有效且可信的方法？在诠释传统里，我们实现类似的目的，但是其理论基础却不同。民族志学者，如海姆斯（Hymes）提出追求目标是为了提高沟通能力（参见 Philips, 1983），研究者努力不把自己的价值观或目的强加到参与者身上，因而他们将研究的探究限制在一个相似的问题内：我们如何协助参与者达成他们为自己设定的目标？这个假设在双重意义上具有规范倾向，它主张避免价值问题是重要的，而且，它假设既没必要也不适合将"目的"视为探究的对象。

但是这样的逻辑有一个问题：实践工作者和机构本身都有类似的多重

并且经常是冲突的目的，而机构的利益却存在于满足这些相冲突的目的之中（Kelly，1955；Pfeffer，1981；Mohr，1982；Keeley，1984）。于是，在追寻一组目的时，可能会违反其他目的或者产生和其他目的相反的结果。然而，应用研究者在设定问题时，好像未能察觉这个可能性，或者，至少视其为他们探究的周边问题而已。但是希思的方案已表明它不可能是周边的问题。在其研究展开后，希思发现，却克顿社区的学生并不熟悉老师在传达命令时所运用的礼仪原则，结果，他们既不了解也无法遵从它们。于是，在一个即兴的实验里，她询问老师们是否可以用一个月的时间试着用更直接的规则，老师们同意了，接下来一个月，他们给予明显的指令，而非暗示或间接的要求。所以，不是说"我们可以按时准备，好吗？"而是说"将你的玩具放回你拿它们的地方，我们必须整队吃午饭了"（Heath，1983，p. 283；同时参阅 Heath，1982，p. 112，会更详细陈述这个实验）。

他们的发现对由冲突的目的所造成的问题，提供了重要的洞察。尽管教师希望采用学生熟悉的规则，但这样做了以后他们却对所发生的感到不 *214* 满意："他们提到当他们用那些（更直接的）陈述时，他们感到并没能进入孩子们的世界，他们没有感受到互动感，而且感觉像是在对第三者说教，他们也不确定他们的话是否真被听进去了。他们视问题为获得一种和这个年龄的孩子'分享谈话'的方法。"（Heath，1982，p. 112）

这样的现象表明：尽量真诚地努力去采取共处规则的结果，可能违反其他与老师利害攸关的价值或目的。在这个案例中，老师觉得新的规则和他们看重的分享与互动相违背。所以，他们希望采用直接的规则，但却违背了其同时想要"分享谈话和互动"（shared talk and interaction）的期望。然而，这一冲突一旦被揭示出来后，相关冲突价值的两难困境是不会被教师追求改变的。相反，有些老师不说明为什么，就回头固守她们原来的礼仪规则，其他老师则在教学生如何使用暗示与间接要求的同时，继续使用直接陈述的规则（Heath，1983，p. 283）。但是这两种方法都没能面对一个双重的问题：老师的"分享谈话"真的是一种分享吗？它是为了学生学习的利益而进行的吗？"分享"也可能不是老师们的利益了，因为"分享谈话"是根据间接规则所进行的活动，因而它具有含糊不明的性质和误解的可能性；此外，在这个案例中，学生们甚至是既没分享也没遵循规则。

如果我们认真对待这个可能性，那么老师和学生应该追求什么目的这个问题本身，就变得值得探寻了。教育场中有多重目标，不但相互冲突，而且可能在探究过程中发现新的目标。但最重要的是，那些目标具有批判性实证和规范性的含义。在这个案例中，我们看到的是，"分享谈话"可能事实上并非"分享"，教师致力于"分享"活动也可能并不利于学生的学习。因此，目标并不是"给定"不变的，而是一个持续的选择，问题并不是我们是否应该做规范的选择，而是我们和我们的参与者应该如何做选择。目前，我们认为面对这些选择是无法规避、显而易见的事。我们把这些选择的点视为批判探究的对象，我们可以在互利的基础上，根据探究进展过程中出现的实证数据明确地进行选择和修改选择。当我们这么做时，作为研究者，我们的任务就是创造条件使参与者不仅只是达成某些特定目的，而是在自由与被告知的选择机会中做出自己的抉择（参见 Geuss，1981；也可参见 Keeley，1984，其对用于判断有冲突的目标的冲突性标准的讨论很有趣）。

规则 2：在你的探究领域里搜寻基础研究中有关问题解决的线索，放弃那些不适合应用目的的研究。

这个包含两个步骤的规则通过引导研究者的搜寻过程来控制应用问题被设定的方式。第一步是所有一般科学的特点，它指定了什么事件与问题是合理的，但不是以明显的规则，而是以举例与模式化的方法隐性地引导研究者的探究。这种方法像是一种"盒子"，而不是倾向"唤起新的现象；事实上，那些不符合盒子的现象，常常是一点也看不见的"（Kuhn，1970b，p. 24）。但是，正如库恩所指出的，它所严格限制的，正是使科学可以扩展其范畴并且增加其知识精确性的能力。因此，它是双面的"盒子"，一方面促进提升现存的知识，另一方面却使根本性的新洞察变得不太可能发生。

　　这一建立过程的两面性，也可在应用社会科学中找到。过去十多年，哈克曼和其同事——哈克曼和劳勒（Hackman and Lawler，1971）、哈克曼和奥尔德姆（Hackman and Oldham，1975，1980）和哈克曼（Hackman，1983）——从基础研究的范畴一路走到发展可用于组织内的改变原理。追溯这个过程，我们可以看到他们的追寻原则不只是为了科学，同时也为了增进应用研究者解决自己所设定问题的能力。回顾一下：在概念化问题时，哈克曼和劳勒（Hackman and Lawler，1971）首先在其研究传统中搜寻理论以找出关于问题解决的线索，然后，他们根据追寻那些线索的工具，生产和检验勒温（Lewin，1938）和托尔曼（Tolman，1959）在社会心理学研究基础上建立的假设。几年之后，哈克曼和奥尔德姆（Hackman and Oldham，1975）将那些假设组织成一个具有社会心理学理论特质的一个综合的模式。然而，当他们这样做时，他们要确认这模式是有用的。他们设计的每一个主要的变量群都可以测量，他们也开发出一个工作诊断的调查表，用来评估工作和重新设计方案，最后，他们列出一套设计的原则，描述模型中所确定的情境因素如何通过政策或结构的改变来操控（Hackman，1983）。

　　这一建构的过程使得哈克曼与同事对其领域的知识有所贡献，而且研究所得的知识对实践工作者更有用了。但同时，我们在第五章咨询公司的案例研究中却看到这一个过程可能同时使实践工作者错失解决他们问题的关键证据。请回忆一下，第五章中的公司经理先是设定了一个反馈的政策，后来却发现他们不能执行该政策，因为经理缺少进行反馈时所必需的互动的规则，而且经理们也没有意识到自己缺了什么。哈克曼和奥尔德姆的模型和他们的诊断工具都未能发现这一落差，也不能指引我们如何填补这个落差。他们的探究社群并没有要求实践工作者找出这种事实（互动的隐含规则），也没有发展可以使我们考量出这种事实的工具。这些事实和引领我们发现它们的工具，是属于民族志的传统，但在此是被忽略了的。

这种理论模式与诊断工具所导致的结果是，不能执行的政策却倾向于被执行，因为每个人对互动的规则及其中的落差持续地无察觉，这样的后果就不只是"让人不太满意"了。研究者的这种"盲目性"结果加剧了实践者的困境。研究者自己的改变策略不足以解决自己所设定的目标。更糟的是，我们还不能看清困难是什么。

这一箱子的另一面展现在应用研究者在审视其各自领域时如何选取线索的形式上。我们看到希思在设定她的问题时，先由基础研究中寻找对她有用的发现与假设，再采用和基础研究者(例如，菲利普)不同的模式。她放弃了那些令她无法解决问题的假设，从而拒绝了这些差异或不相容的观念。如此一来，她可以使用基础研究来设定她的应用问题却不要它们的假设阻碍她的研究。但她没做的一件事是积极主动地去证伪这些假设，将她的研究发现反馈给基础研究以修正基础理论与研究。将应用的结果反馈给基础研究的领域是十分罕见的，因为基础研究者并没有认为实践者的反馈对理论建构有益，而应用研究者也很少给他们自己赋予这一角色(Bickman，1981)。因而，应用研究者对变革的努力并没有告诉我们基础研究对于世界的假设在什么时候是不适当的。因此，应用研究忽视了通往科学进步的关键通路之一。

规则3：选择符合参与者社群既定限制与常规的问题解决策略。

这是一个选择的规则，这个规则要求研究者用与既存组织设计及互动常规兼容的策略解决他们的问题。至少，它排除了根本质疑或挑战现存状况的策略。在这里所讨论的案例研究中的应用研究者在形成他们的解决方法时均坚守这一规则。乔丹强调她并不建议在学校实践中进行激进变革，而是在课程及教学实践中，选择和当事人群体文化兼容的改革策略(Jordan，1981，p.16)。在希思的案例中，老师们一旦发现新规则和她们自己的价值观不兼容时，她就放弃了改变的努力，并对这种后果不满。一方面，寻求"可用的"务实方法，但另一方面，当一个策略一旦和她们的实践做法相背离时，放弃是老师们较喜欢的选择。

认清既存限制和常规仍然值得多加讨论，因为它使我们低估了我们在对抗什么。这个问题被先验地认定为是无协调可能的，以至于错失了解决我们所设定问题的许多方法。第六章里我们已阐述过了，在直接与间接策略之间的摇摆使教师不可能全面解决他们所面对的冲突原则的两难困境。间接规则模糊不明，直接规则则是说教；不论哪种方法，老师都无法确定他们的心声是被听到与理解的。但假设我们发明一个替代性方法，它把直接性和探究他人反应结合起来，情况会是怎样呢？我们可以称这一个规则是"探究式倡议"（advocacy with inquiry），它是一个第二型的使用理论，第二型使用理论经常只是信念却未被践行（较典型的就是第六章提过的在倡议和探究之间的摇摆实例）。这一使用理论是在既存规则之外的，学习它时需要重新检验现存常规（如讲礼貌）。然而，它可能解决老师在两个既存规则中摇摆所不能解决的两难困境。虽然如此，重点不在于它是否可以解决这个两难问题，因为这是一个不能在此回答的实证问题。重点是：这一隐性的规则阻碍了应用研究者进一步地考虑可超越现况的可能性，而某些两难困境可能只需要我们试着去解决它，寻找其他可能解决方法时就迎刃而解了！因此，这一规则先验性地排除了可能解决问题的策略，从而削弱了我们解决问题的效力。

二、实践工作者的问题

实践工作者不单独以一组事先给出的"预定目的"评估其结果。实践工作者可能带着某些目的到他们所面临的问题情境中，他们只有在其中才会发现其他的目的。因此，他们根据多元的价值观和目的来评鉴效果。然而，有一些目的是除非他们着手转变情境时才会发现，否则他们也许不会发现。希思项目的教师们说明了这个现象。当教师达成了他们所设定要做的事后却发现，兼容规则的这个目标和他们所抱持的其他价值观不兼容，这样的结果当然令他们不满意。在组织层面上，前面提过的咨询公司通过建立反馈解决了咨询者所要解决的一个不匹配的问题，但却给缺乏反馈技巧的员工制造了另一个不匹配的问题。当这些实践工作者考量这样的结果时，他们所提的问题不会只是"我们达到了所设定的目标了吗？"而是"我们喜不喜欢所得到的？"和

²¹⁹ "这样的结果和我们的根本价值观与理论一致吗？"(Schön，1983，pp. 132-133)这表明对实践工作者而言，"有效性"是有特殊意义的。达到一个所想要的目的并不足够，而是避免在达成目标的过程中不知不觉地制造了不想要的结果。所以，实践工作者不只是找出如何达到一个预定目的，而是如何在问题情境中所发现的经常相冲突的目的之间一再地协商。对实践工作者而言，"目的是什么"才是核心问题。

毫无疑问，这是一个麻烦的问题。在设定问题和评估解决方法时，并没有明显的标准可供我们在不同的目的之间做选择。然而，对实践工作者来说这是不可逃避的任务，他们无法从现在所界定的应用研究中获得任何指导。应用研究者所提供的问题解决方法受限于如何达到某些目的的知识，通常是服务于所谓的效率。哈克曼和奥尔德姆在组织效率情境中所进行的满意度与产量的研究即为一例，乔丹在 KEEP 政策中论及教育效率亦为一例。应用研究的核心问题是"我们如何达到一个预定的目的"，而"最终会达到的目的是什么"则被贬抑边缘化了。我们已经知道目的是预定不变的，它们的正确性是不言而喻的(Jordan，1981，p. 16)，它们是不用费心去证明的，因为参与者都视这些目的为利益之所趋(Mohr，1982，pp. 190-191)。

这样的解决问题的选择是建立在一个假设上，即辨别不同的目的既没必要，也非所欲。但若如此就会产生一个问题：对谁而言是不必要和不想要的？基利曾指出："对理论者而言，采取彻底的相对主义可能是最方便的，但对那些在复杂组织中实际负责行政业务的人却不可能如此。"(Keeley，1984，p. 5)

对基利而言，研究者并不是没注意到这些冲突，也不是他们认为这些议题对行政人员不重要。他认为，这正是相对主义的一种极端形式，这一极端形式"允许他们很少探讨解决方法，对这样的冲突置之不理也不会觉

²²⁰ 得难堪"(p. 5)。也许对研究者来说，采取这一相对主义的观点而不理会这

些冲突才是必要和想要的。只要研究者预设"目的"是别人所预定而不是他们自己的规范性抉择，就如莫尔所言，研究者是以一种"特别的感觉"来表示他们的规范性的："这个教导不是说组织应以一种溯源自上帝、人类或健全社会之本质的态度来运行，这样太像纯规范哲学了；要强调的是一个组织应该如何行事才能有效率又有效益。因此，这个建议是依据实证的假设，即对正在完成一件工作的人而言，特定结构或行为将是起作用的或有效的。"（Mohr，1982，pp. 2-3）

这样的一个观点允许研究者在不放弃他们研究者身份的前提下同时涉及实际事务。他们的问题保留在实证的层面上；他们对规范性的关切只以一种"特殊感觉"的面貌出现。这样的现象颇具效度。一个目的是否可以通过一个方法而不是另一个方法达成是一个实证的问题，但它并未回答我们如何在可能的各个目标中选择的问题，而"足够利益"的标准并不能让我们避开这个问题。正如基利所指出的，为什么组织的目标比其他评估标准（如个体权利或在莫尔所指出的由健康社会观点中获得的标准）更具客观效度，并不是很明显。即便如此，应用研究者为了维持他们对科学规范的忠诚，可能必须避开这个问题。所以，实践工作者亟待回答的重要问题，应用研究者却必须置之不理。在这个意义而言，尽管应用研究者关切实践事务，他们仍是十分不务实的（Keeley，1984）。

三、结论

科学实践的社群以其所持有的规范告诉我们该追求什么问题和事实，什么构成了一个好的解答，以及解决问题时要做什么，避免什么。如同所有实践的规范一样，科学社群通过界定其内外的界限来赋予我们工作与任务的形式、意义与方向。本章已试图识别出这些规范，它们对我们的探究形成束缚方式，以及对研究者和实践工作者所面对的解决问题的影响。我们发现既存的科学规范导致了无法在其规范之内被解决的两难。基础研究者建构解决方法的方式使实践工作者处于必要与相冲突的要求之间。对

221

米尔格拉姆而言，导致我们伤害他人的服从性却是社会和谐与组织生存所必要的。对菲利普和埃里克森而言，导致学业失败的文化差异发生在高度技巧性与自动化的互动过程中，这些技巧与自动化的特性甚至可能真有神经语言的基础，它们是人们"能力"的必要条件，并且超出了我们的控制。

这样的结论是从根据科学社群规范来描述世界所生产的知识中获得的。然而要证明这些结论的错误或发现其中系统性的落差与谬误却需要超越这些规范。要能证伪与发现谬误，要求我们质疑既存现况是否有必要存在与维持不变、发明可能解决这些两难的替代性做法，并实验这些做法。进一步地说，由于在一个专断与自以为是的基础上设计替代性做法会是不切实际与不合伦理道德的，我们需要根据既存实证证据与规范分析来建构替代性做法，就像哈蒙（Harmon，1981）发展他的决策规则时的做法一样。否则，这样的实验是弊大于利的，或者只是在浪费时间而已。但是从这个方向移动会改变"不要深入探究和规范有关事务"和"不要提出根本性的其他做法"的规则。所以，恰如实践工作者被留置在两难中，研究者也是一样，而且研究者的缄默还关闭了他们为实践工作者建构两难困境出口的可能性。

在应用领域中存在着突破这些两难困境的机会。应用研究者能介入实践事务并操控因果变量得到想要的结果。但是为了保护他们科学家的身份，他们必须规避规范性问题，因而不能在价值的两难上给实践工作者太多指导。民族志研究者并未质疑在不同文化群体间与群体内歧异和冲突的价值观，而组织研究者没有对组织如何判定相冲突的利益提供任何建议。相反，他们采用了一组被组织中部分成员所持有的目标，然后探究如何依据表 7.3 曾提及的探寻与选择规则去达成这些目标（见表 7.3）。至于那些在既存探究与实践规范之外的经验与实践则被视为边缘或被忽略。根本性的替代性做法未被发明，冲突的价值观或利益被忽视了而不是面对与涉入。结果，基础研究的假设并未得到检验，而且埋藏在这些假设中的冲突

224

表 7.3 问题和解决之道的框定（应用研究）

研究形式	所问的问题	所发现的因果因素	所做的假设	所形成的解答	所产生的知识
应用民族志学者	我们如何达到一组既定的目标？涉及哪些关键的因果因素？	强调： • 文化族群间社会化的差异与相似 • 现存的互动和意义产生的规则，沟通符号，社会认同 辨识： • 情境因素	目的可视为是既定的 冲突的目的不需要纳入考虑 解决方法可能在研究者和实践工作者既存的限制社群之既存的限制里发现和常规里发现	介入人理论的设计是为了通过调整现存规则的歧义与文化情境之跨越来动规则	对科学： • 产生如何在现存限制内达成既定目的的知识 • 很少有根本的新洞察：一根本的替代目的的选择并未产生 一基础研究的假设没有根据应用知识得到修改
组织评估	我们如何达到一组既定的目标？涉及哪些关键的因果因素？	强调： • 情境因素 • 既存心理和行为反应 辨识： • 人际间的因素	目的可视为是既定的 冲突的目的不需要纳入考量 解决方法可能在研究者和实践工作者既存的限制社群之既存的限制里发现和常规里发现	介入人理论的设计是通过政策和结构的改变来操控情境因素	对实践工作者： • 洞察如何在现存的限制内达成特定目的 • 对在问题解决过程中，如何协调冲突性目的的洞察很少 • 对根本性的新选择或评估它们的新标准洞察很少

性要求也没有得到解决。因此，为了满足科学与实践要求所做的研究，在事实上，反倒妨碍了两者的进展。

（审校/崔玉晶）

第八章 练习行动科学：探究与介入的方法

就像前面章节曾讨论过的社会科学家一样，行动科学者可以视为是在他们自己的探究社群内工作的一群实践工作者。他们遵循着一套规范，这一套规范界定了问题的设定与解决，并且在问题与方法具有研究的合法性时，在问题的解决过程中规约与指导了实践工作者做什么或不做什么。行动科学社群(action science community)最大的一个特点就是"在实践的社群中推进探究社群的发生"。正如本书第一部分所描述，行动科学者和科学家一样关切科学的探究精神，只不过行动科学者考虑的是实践工作者。就发展与生产知识而言，行动科学者坚持求证错误的规范，他们致力于对行动逻辑(logic of action)的把握。他们将那些规范与人类心灵和行动情境所形成的约束相适应，将其扩展到规范的范围。这些规范在实践中的状况如何正是我们在这里所需要关注的。

到此我们回顾了在"实证—分析"和"诠释—历史"传统内应用与基础研究者的学术实践。通过这样的审视，我们已发现这两个范式传统中的不同社群的实践规范都会防止它们的研究者提出实践工作者所不能忽略的问题，从而去解决那些在实践现场中持续面对的问题。因为行动科学试图延展对知识的要求从而满足实践工作者的需求。行动科学规范的特征就是要能对实践现场中冲突性的两难议题更好地回应解决。在前面几章，我们已对基础与应用研究者的学术实践有所分析，这一章将对其中行动科学的实例，进一步反映回看，以检视行动科学的这一特征。

第一节　转化所发生的现况

　　和所有研究者一样，行动科学者也会对"某些现象是如何发生的"提问。如此提问的时候，他们的探究追寻会被自己另一并存的实践旨趣所引导，这个并存的旨趣便是"他们（行动科学者）最终如何能转化他们的发现"。所以当舍恩（Schön，1983）在城市规划者的案例中提问"发生了什么"时，他点出了在规划者控制之内的这两种旨趣，不论多么隐晦，都是规划者可以做选择的（请参看第七章）。舍恩检查了规划者开放给自己的几种不同的角色："他可以像其他前辈一样是一个规划书写者，办公室的墙上挂满了图表和地图；他可以是一个社区的组织和倡议者。然而他选择的是做一个调停中介的角色。"（1983，p. 221）在相似的情境中，哈蒙对既定责任的安排进行探究（参见第七章），他检查了那些既定责任及因果规则的前提预设，重新思考我们是否应接受这些前提（Harmon，1981，pp. 117-137）。在这两个例子中，"选择"其实是被预设的，研究者需要进一步探究"是什么导致了这些选择"。

227　　到目前为止，这一支探究的路线并没有和第七章讨论过的有多大不同。和前面的研究一样，它探究重要社会问题的原因，和应用研究相似，它找寻能在行动者控制之内的因素。它对潜在假设与价值观的探究亦不足为奇，米尔格拉姆（Milgram，1974）早已探究过了人们服从行动中冲突的价值观与要求。不过，一旦行动科学者想去理解发生了什么事，他们会问："如果事情产生根本性的不同，得采取什么行动？"对哈蒙而言，这个问题像是问：如果组织改变了做决策的规则，不再被阶层主导的原则做决策，那么一个组织会发生什么？对舍恩而言，问题则是：如果这位城市规则者具有"非常不同的行动理论"（Schön，1983，p. 230）会发生什么呢？正是在这一点上，他们的探究产生了与基础的研究和应用研究的不同。并不是因为他们问"如果这样会怎样"，而是因为他们已准备好要对既存现况之外的范畴提问。米尔格拉姆问"如果这样将会怎样"是因为他预设了"存在"既存现况是必需的，所以他限制了自己对变化的探究无法超出既存现况。与此相反，第四章被动实验中的指导者却主动地找寻并检验根本上不相同的权威关系，以发现既存现况是否可能转化。

虽然如此，当行动科学者追寻这些问题时，他们也知道他们与其他研究者一样是被其社群规范所引导的。他们发现的事实和发明的替代性方法并不是一个武断的研究结果，而是在使用了符合行动科学社群规范的透视镜后，研究者所发现的结果。正是个人责任（personal responsibility）这个价值观，使前面已讨论过的每位行动科学者发现并且强调了在一个行动者控制之内的因素，并且发展出可以增进行动者控制能力的新的做法。在哈蒙的案例中，他把限制组织对阶层权力的使用看成一个"关键性的体制任务，这种机制不会降低行动者的个人责任"（Harmon，1981，p. 128）。第二个价值观就是"公正"（justice），"公正"使得阿吉里斯专注于年轻咨询员是如何为办公室工作者设计了"不匹配"，为的是致力于解决他们自己的"不匹配"（见第五章）。这些是行动科学中的核心价值观，这些价值观影响了行动科学者寻找什么与发现什么。

然而，这并不是说先前的其他研究者不重视价值观的问题，在 KEEP 228 政策提出学校实践需与学生文化兼容的教学政策后，乔丹（Jordan，1981）说，基于"伦理的理由"（ethical reasons），要注意公正与责任的观念。这里的差别是，这些研究者所提出的规范观点非常隐晦，以至于它们对特定案例的启示经常未被预想与考虑到。这些研究发现所带来的后果通常是：充满了内部矛盾却未被注意到，直到实践者意外地遭遇这些矛盾。这也是希思方案中老师的情况，老师们发现他们所采用新规则的后果却和他们自己认为的对错相抵触，他们不满意这种冲突的结果。只有这些老师重新思考他们最初的位置之后，他们才拒绝了研究者所暗示的"公正"观念，因为他们采用新规则的代价是牺牲了自己的价值观与判断，他们也就不会要求其他人做同样的事。当然，在事前预料这些可能性是不可能的，不过这就提出了一个同样重要的差异。一旦价值冲突被揭示，行动科学者便会积极主动地解决它而不是忽略它。回忆一下阿吉里斯要求年轻咨询员思考，要求办公室职员以他们自己也做不出来的方式去行动。而在希思与乔丹的方案中，研究者并没有提供资料建议参与者如何寻求公正。以前在研究中处于边缘的探究在行动研究中变成了核心的关注点。

这里要指出的是，行动科学者在框定他们的研究时就踩进了熟悉和不熟悉的范畴。当他们专心地探询"事情是如何变成这样"时，终究会提出下一个问题："我们如何转化我们所发现的?"为了回答这个问题，他们就使用了符合行动科学规范的透视方法，来寻找与发现允许他们不只是描述也同时能转化现况的事实。

在这一点上，之前的研究所提出的问题在行动科学中可以这么问：由这一支探究路线，我们会得到哪一种解决方法？要得以建构一个解决方法，就如同前述的研究者建构了符合其规范的答案一样，研究发现必须依行动科学社群的规范来加以组织。既然行动科学的目标是在社会实践的服务中进行了解，并且指出可以转化我们所发现现况的另一个新的途径，行动科学所设计的解决方法，必须涵盖三个部分，而其中每一个构成部分是相互牵连的。首先，行动科学必须描述发生了什么，而这一描述隐含了能提出既存现况如何转变。其次，要能形成可以转化所描述现况的其他解决方法。最后要发展出一个由此岸达到彼岸的路径。

舍恩在城市规划者实例中所提出的三重解决方法，阐明了这些构成部分及它们之间的关系。为了描述那位规划者的两难，舍恩先将它称之为规划者的"平衡动作"。"平衡动作"是规划者面对发展者与规划委员会之间相冲突的义务时，所使用的一套谈判磋商的策略。舍恩"详述"了规划者试着批评发展者的计划却不让他感到挫折。他试图严格审查发展计划但同时又具包容性。他试图带领发展者遵循一个正确的路线而不降低发展者对自己提案的责任感。他的行为具有权威性，但他的行为方式却要避免权威性（Schön，1983，p.221）。

当舍恩描述完发生了什么之后，他开始说明他的发现。他解释说，"我们可以视这些问题以及平衡动作是规划者选择框定他角色方式的后果"

（Schön，1983，p. 221）。同时，舍恩排除了一种替代性的解释，即角色本身要求这些策略。他的理由是"规划者工作中双重目标的冲突性是实际存在的，这一双重目标要求他与发展者协商的同时不能侵犯委员会的权威，但这个要求本身并不是创造平衡动作的充分条件"（Schön，1983，p. 226）。这一说法并未解释为什么他没有将这些目标公开表达反而以单向控制的方式处理了两者之间的冲突。对舍恩而言，是规划者"框定"其角色的方式致使这样行动。但他又是为什么选择这种框定自己角色的方式呢？舍恩认为那就是规划者的行动理论的作用，他的行动理论在界定与强化其角色框架（role frame）的同时，也使他不易发现自己所使用的框架。舍恩认为，这位规划者的行动理论（第一型）由一组价值观与策略所组成，而这一组行动策略限制了他对自己行动的反映，并且要求他私下以单向控制的方式设定与解决问题。他强调这是一个自我强化的系统（a self-reinforcing system）："一个可以框定他的角色和问题以符合他的行动理论的系统，或者也可以说，他发展了一个行动理论来配合他所框定的角色与问题。"（Schön，1983，p. 228）

230

　　从许多方面看，这一解析与传统研究所提供的解释有相似之处。首先，舍恩对发生了什么提供了一个丰富的描述，之后排除了其他解释。其次，他开始建构可以涵盖他发现的事实和为他的描述进一步做出说明的更为抽象的解释。当他这样做时，他的叙述便暗示了这位规划者应该要改变，他应该要选择改变。正是因为这一点，舍恩开始和传统研究的规范背离。他指出不仅规划者的策略是求变的，他所设定问题的价值观也是求变的。对舍恩而言，这些就是他的叙述中关键的变量，因为规划者就是因此才在"提案建议者和处置决议者之间"被卡住了（Schön，1983，p. 234）。

　　依照上面的解释，舍恩提出另一做法，一个非常不同的行动理论，一个人要将自己隐藏着的假设公开地检验（Schön，1983，p. 230），这么做可以带来极为不同的结果。为了描述这种不同的做法与事实，舍恩由一个抽象模式（第二型）开始。第二型模式由一组不同的价值观与策略所组成，规划者遵循这个模式采取行动。接着，舍恩预测在这一特定案例中，规划者若这么做时可能会发生的一系列的假设性后果。其中最重要的是"更高水平的反映能力"，一个人对自己的角色进行检验就较不易使错误一直不被检查和不被察觉。在设计这一种解决方式时，舍恩建立了规划者对自我反映的兴趣。舍恩描述道："这位规划者喜欢对自己的实践进行反映。他参与我们研究的意愿也确实是由这一兴趣而来。"（Schön，1983，p. 228）

即使如此，这种解决方法要求规划者重新思考他的价值观及他在角色框定中设定的目标。倘若舍恩的解释是正确的，这便是规划者所不能做到的某些事，因为他的行动理论限制了他对自己所使用的策略进行反映。所以，阿吉里斯和舍恩（Argyris and Schön，1974）设计了一个学习过程，以便处理这一矛盾并协助个体探究与重新设计他们的行动理论。

如上所述，舍恩的解决方法只有在他解释了规划者的两难，同时又提供线索找到走出两难的方法后才算完整。他已经提出一种解决方法，这一解决方法不仅建立在他所描述的事实上，同时也根本地转化了现况。并且他设计了由此处到彼处的通路，而这一通路的目标旨在处理改变的悖论（the paradoxes of change）。一方面，这个建构的过程酷似应用研究建基于基础研究的方式。行动科学和应用科学都在为另类解决方法提供解释，而且他们的另类解决方法也逻辑性地遵循着他们的解释。这也是希思与乔丹致力于解决学业失败问题时所做的，也是哈克曼与同事对工作差异与满意度问题的做法。但舍恩的解决方法在两个重要的层面上不同于他们。首先，它对所追求的目标和达成目标的手段重新进行思考并提出质疑，同时，它提供了一个学习过程，在这一学习过程中，可以探究与重新考虑自己的价值观与目的。到目前为止，我们看到这是一个基础与应用研究都未能触及的范畴。因为第一个分离点的发生，第二个分离点才因而可能。第二个与传统研究的分离之处，即在于舍恩的方法推进了一个根本不同于既存现况的解决方法。舍恩指出了规划者的两难，但他所提议的行动理论（第二型）很少被人使用。在提出这个行动理论的过程中，舍恩为规划者提供了一个在任何实践中都能更好地处理冲突需求的方法。

这些不同的解决方法给我们的启示是什么呢？到目前为止，基础与应用研究的解决方法忠于其范式常规而缺少对实践者所必须面对议题的考虑。行动科学宣称对科学与实践间的冲突需求能有一个较好的处理办法——在忠于科学要求的同时，使这些要求转为行动的条件；实践者必须在这些条件下行动，并且这些条件延展到行动过程中，使实践者更加注意他该关切的问题。现在，我们一起来看一下行动科学者是如何满足这些科学要求，这些又带给实践者怎样的启示。

第二节　作为实践科学的行动科学

如本书的第一部分指出，广义而言，行动科学是进入社会实践的一种探究，行动科学致力于生产为社会实践服务的知识。因此，行动科学所谓解决方法与主流科学标准吻合，却又各异其趣向不同的方向转变。与实证—分析传统一样，行动科学对知识的要求包括可实证性地进行证伪的假设，这些假设可以组成概化的理论。与此同时，它也要求实践者在真实生活的情境中对这些假设进行证伪的检验。与应用研究相同的是，行动科学同样要求知识是要有用的，它强调社会行动的设计与实行，拒绝当下对基础研究和应用研究之间的二分法。行动科学的知识要能对基本的议题进行阐述，这是一种在特定情况下可以概化得到的并且可以应用的知识。行动科学与基础研究或应用研究的实证或诠释传统不同的是，行动科学认为知识要围绕目标的形成（the forming of purposes）而展开，而不仅只顾及达成目标的方法或手段。作为一种批判理论，行动科学的目的是生产能唤起实践者批判性反映的知识，实践者因而能比较自由地选择是否及如何转化人们的实践。现在让我们以这些标准来思考我们的行动科学案例。

1. 知识应包括由可实证地进行否证的假设，这些假设可以从理论中总结出来，也可以在真实生活的情境中进行证伪。

在顾问公司的案例中，阿吉里斯预测咨询者给出回馈的行动并不会和其他职员有多大差别。这个假设来自概括化的行动理论。行动理论假设所有个体实际上都以第一型使用理论行事，并且依此做评断，却不明示或检

233 查自己的使用理论。在这个公司的特例中，阿吉里斯预期这些咨询顾问们会和其他职员一样给出他们的评论。为了检验这一命题，他提出假设并发展这个命题使得咨询者可以接受或拒绝它。换句话说，阿吉里斯在推论层面上公开陈述自己的命题，命题的推论陈述可以容易地和咨询者对所发生现象的观察相联结，咨询者可以控制进行检验的条件（参见第五章）。本章的后半部会进一步说明在面对真实生活情境的挑战时，怎样进行这种检验。目前要注意的是，这一规定要求这些命题需具有允许实践者去进行否证的特点。这些特点包括：公开陈述命题，提供建立命题的直接观察资料，陈述命题与这些资料相联结的推论，并设计引导行动者有效地检验命题与推论的条件。

与之相反，在实证—分析传统中多数研究所生产的命题都非常抽象，以至于实践者很难将其和发生的现象联结，从而也难以独立判断这些命题是否和发生的事实吻合。通常，这些资料要么是量化的，要么是建立在个体自我报告之上的，这些资料所组成的结论和所发生的资料很难联系。在另一方向上，民族志研究者则生产了容易和他们的观察相联系的命题。但是，就像我们之前讨论过的民族志案例研究所建议的，这些研究者并未把自己的命题看作应该接受研究参与者公开检验的假设（参见第六章）。不论是实证—分析传统或是民族志的方式，实践者面对这些命题时，如果他们认为这些命题是错的，也没有机会拒绝它们，或者如果他们觉得这些命题是有效的或是对的，也没有机会去采用它们。既然行动科学致力于概化知识并且经由对行动反映（the reflection on action）来改进社会实践，行动科学的命题就必须符合这一目标。前面几章中提及的顾问公司、都市规划者及研习会参与者才有机会拒绝或接受和自己有关的命题。

2. 知识必须是在行动中才有用。

234 舍恩（Schön，1983）在形成他的理论与方法时，发展出了一个解释及另类解决方法，舍恩的方法在包括了许多情境与事实的同时，剖析了城市规划者的特例。在反映对话的协助下，那位城市规划者能够看清他如何处理了自己的专业角色在面对发展者和规划委员会间相冲突的义务时，所产生的特别的两难。但同样重要的是，当这一知识是从一个特定案例中抽象摘取出来后，这一知识便使得他明白了在具有冲突要求的任何情境中，他会倾向于协商。倘若他的行动理论是第一型，如舍恩所指出，他会单方面地以私下协商冲突的方式处理所有类似的情境，他发现错误和对自己角色反映的能力会因而受到限制。对行动者而言，推论的多重层面的知识允许个人将许多复杂性精简地包裹起来(抽象与概化的知识)，这使得人们可以在特定事例中应用这些知识(它在一个具体层面上辨识出行动者实际的作为，因而个人可以在行动中指认出来)。同时，这个特点让行动科学对所有与实践相关的知识都有所贡献，而不只是生产对某一城市规划的特例有用的知识。假若舍恩的解决方法是正确的，那么任何一个持有这一行动理论的实践者都应该以相同的方式来限定自己的反映能力。

3. 知识应涉及目标的形成，而不仅仅只是达成目标的手段。

为了更具实践性，实践的科学必须面对选择的问题，而选择问题必然涉及目标的形成和选择实现目标的方法。我们一旦考虑目标，价值观的问题就不可能再被视为边缘问题。它们是整个包裹里的一部分，不可能被忽略。因此，行动科学的探究必然延伸进入了规范的范畴。这样一来，行动科学要致力于对理性批判提出规范性要求，实践者才能够像拒绝实证要求一样，拒绝规范性的要求。决定一项要求是否被采取或被拒绝的标准存在着差异。

作为一种批判理论，行动科学为它自己规范性位置的辩护建立在内在批判的原则上(the principle of internal criticism)。这里所指的是，行动科学 235 自己的规范性要求是被实践者"认识论原则"(epistemic principles)中所暗含的规范观点的基础所评估的(Geuss, 1981，同时参见第二章)。但是因为这些原则通常是隐含的，行动科学者必须先使它们明确显现出来，行动的命题才能够在这些被明白揭示出来的规范观点上加以检查与评估。在顾问公司的案例中(参见第五章)，阿吉里斯阐述了这样一个过程如何真实地展开。一开始，他即指出暗含有咨询顾问对回馈政策要求中的公正原则。一旦咨询者确认了阿吉里斯的这个看法，阿吉里斯将公义原则往前推进并指出咨询者自己的规范性位置是不公正的。他们宣称了一项要求他人做到自己却没做到的政策：他们自己和那两位职员都缺乏技巧做出他们所要求的回馈。因此，在这两点上他们的要求是不公正的：要求职员们给出反馈但咨询顾问们却没有，他们通过向职员施加不一致的要求来解决他们的不一致。在此基础上，考虑到咨询顾问行动的实证资料，阿吉里斯立即采取了一个规范的姿态，即职员们应该重新思考他们的政策，认清他们回馈技巧中存在的落差，并学习如何降低这些落差。这个立场，是在一个自由并且开放探究的情境中提出的主张，因而咨询顾问可以自己评估并自由地决定拒绝或采用它。等到咨询者发现他们一开始所提出的要求不被接受而放弃时，研究者的要求就被确认了。

这一过程的结果之一便是，咨询顾问们对他们自己原则的察觉延伸了，而且他们之间的不一致也得以阐明。然而，同样重要的是，这一过程本身提供了一个方法，在其中，这些实践者能够持续地探究在一个问题中得失攸关的不同目的，并且对存在于这些不同目的中冲突着的规范性要求进行理性地批判。采取这一过程到一定程度时，实践者就会变得不太可能"毫无意识地"提倡一种满足一方利益却侵犯他人利益的政策。这种深思熟虑的态度是公开表现出来的，他们行动中的指导原则变得明白可见，而且他们的规范性要求或意见，在自由开放的探究中，在考虑到这些原则与有效信息的基础上，成为批判讨论的主题。以这样的方式，采取一个规范性的姿态就应该促进而不是限制了实践者的自由选择。

所有探究社群均持有约束其实践者探究的规范，行动科学自然也不例外。我们在这里所看到的差异是，行动科学力图修正关键性的科学规范，以期生产出同时推进科学与实践的知识。前几章中的行动科学者在这么做的同时就进一步地探究了下面的问题：如果事情有根本性差异时，可能发生什么？被主流的约束所置之不理的价值观问题却是行动科学在乎的议题，行动科学者将他们的探寻延伸到发现对手段与目标的思考，发现根本性的其他替代性办法。行动科学努力的一个结果便是，他们发明的解决方法对厘清科学与实践中基本议题的知识有所贡献。

在这一点上，我们曾经只是思索过行动科学者如何框定其探究的问题。我们还不知道行动科学者如何实际地生产出形成解决方法的知识。因为行动科学的方法与框定其探究的规范一样具有独特性，所以本章的下面各节将描述这些方法。

第三节　行动科学：探究的规则与方法

到目前为止，我们见识过行动科学如何在问题中移动，进入熟悉与不熟悉的探究范畴及所寻求的解决方法。行动科学方法有规可循，行动科学方法被设计用来承担重要的问题，以保证所获得的知识在行动中既有效又有用。行动科学的方法以一种特有的意识来展现它的严格性。它们强调知识的公开检测，要求与一套明白揭示的规范相一致，行动科学方法将这一套规则运用到行动情境中，并且将其延伸包括了对所有规范、解释及实证的要求，即行动者必须如此行动，只要他们试图了解这个世界而行动。正是在这个意义中，我们认为行动科学在社会实践的社群中扮演了探究社群的功能。它渴望协助参与者理解实践领域中"负责任的信念"的规范。现在让我们来描述行动科学方法如何实现这一目的。

以最完整的方式来说，行动科学者在一个学习情境中，与参与者共同投入一针对社会实践问题批判探究的协同过程。这一情境的核心特点是，这个情境的设计是表明了用来培养有关个人实践和建构个人实践的其他方式的学习。因此，它顶住了真实生活情境中的某些限制，以便使参与者认识他们自己所界定的实践，并以一种新定义的行动和能力的特征进行实验。这意味着行动科学方法的目标之一，是将我们想当然却并未察觉到的、有关自己行动的知识公开，即揭开隐含的知识，以便行动知识被检验。另一目标则是认识那些我们不知道的知识，从而发现可能的实践方法，如此它们也得倒检验。行动科学中的批判探究过程是公开反映与实验的一种形式，行动科学者在行动情境中使用这种形式的规则，以期确保探究的有效性和有用性。

和其他所有方法一样，行动科学的方法被设计成能使行动者在面对相关的影响和阻碍中达到他们的目标。在行动科学的范畴中有很多这种影响与阻碍。如前面已经描述过的，第一个难题是，行动科学的资料就是人们的行动。行动是充满意义的，而行动的意义是模糊的(参见第二章)。这里的困难是参与者将不可避免地由行动的序列流动中选择与聚焦到不同的部分，而且他们通常会对同一个部分赋予不同的意义，因此对公开检验所必要的互为主体的同意是有困难的。行动科学必须要能设计某些过程，而这个过程可以发生以下两个作用：(1)能允许参与者公开陈述他们选择的资料与他们赋予的意义；(2)能使参与者对他们各自赋予同一个行动资料意义的差异进行协商。其实，在大部分的批判反映过程中，都产生了上述这两种作用。在这样的过程中，参与者得以利用推论阶梯(the ladder of inference)的概念工具将他们的选择和形成其结论推论步骤的资料公开(参见第二章)。

但是这一过程本身引发了第二组挑战。反映的过程对参与者的压迫感，激起了其防御反应，并回过头来影响了行动资料的有效性。只是达到所谓彼此对同一现象资料的同意是不够的，因为有可能是经由劝服和顺从性达到同意，而行动科学方法要求的则是经由一个开放并且自由探究的过程。和所有科学相似，行动科学期望后者的发展。问题是，一旦感受到挑战，参与者回应"反映"这种要求的方式通常比前者(即顺从性的反应方式)更为突出。为了更全面地了解这一点，让我们想一想自由并且开放的探究过程所运用的要求。参与者必须要能找回自己与他人的隐含的推理过程；要能够公开地处理挑战和冲突的观点；他们必须展现可以揭露他们自己或他人弱点的资料；当他们错的时候，他们必须要能辨识自己的错误并告知别人，而且在不同竞争观点中做选择时，他们必须要能感觉到自由。

对参与者而言，这些要求可能同时让他体验到渴望与压制感。这些要求有利于学习，但同时也使参与者冒了不同意、冲突、困窘与失败的风险，这种威胁会降低对风险的防御。此处的困境是这些防御会以影响探究过程的形式展现出来，参与者因此可能隐藏坏的信息，减少或干脆掩盖冲突，对那些他们反对的观点不表异议，犹像不表达自己的观点等。像具有学习动能一样，反映过程也充满了焦虑与防御的潜能。行动科学必须将这些挑战都纳入在内，在参与者学习渴望的基础上，降低被参与者本身的防御所提升的压制感。

第三组挑战来自行动情境的性质。虽然行动科学方法的学习情境被设计用来控制真实生活情境的某些限制，但它也企图遵循那些可以概化到任何一个行动情境中的规则。这意味着效度只有在不可能也不想要单方面控制变量的情况下得以保证。因为行动情境中涉及太多变量，单向控制的企图或是失败或是部分得逞，都只会使情境更加混淆。所以，行动科学一定要在高度复杂性和较低控制中，从互相竞争的假设中找到可以选择的某些方式。

本章后续部分将描述面对这些效度的影响时，主导与持续反映的实验过程的方法及规则。和基础与应用科学的方法和规则一样，行动科学的方法与规则指导着资料搜集、假设检验与资料分析的过程。行动科学所不同之处在于这些规则的性质及它致力于协助参与者学习这些规则的事实。这样，参与者才能在一个学习情境中实行这些为了探究而设计的共享的范畴。

一、谈话即资料：行动逻辑的窗户

与民族志及语言学一样，行动科学相信行动被规则或隐含的理论所规约，而人们的交谈是社会行动的一个重要形式（参见第二章，以及 Gronn，1983；Searle，1969；Austin，1962）。依据这个观点，"谈话"不只是短小的故事资料，而是开在行动逻辑上面的窗户。因而，行动科学者的问题不是"谈话"是否是行动，而是它是哪一种行动？更精确地说，我们希望揭示行动中隐含的前提性的逻辑形式——"在情境 S（如行动者所建构的 S 中），做 A 达到结果 C"。就是说，我们必须在个体和他人互动的实际言行中取得资料。同样，也要掌握在谈话时他们所想的和所感觉到的。由这些资料，我们就能重建必然存在于个体头脑中、致使他们生产了我们所见的行为与后果的规则或前提。

为了服务于参与者的学习，行动科学有一系列用来搜集可信的行动资料的方法。这些方法包括：（1）辅以录音的观察；（2）访谈；（3）行动实验；（4）参与者书写的案例。行动科学者通常依不同目标来运用所有这些方法，并用这些方法交叉检查与试验每一个方法的发现，但每一个方法都有相同的行动科学的三个特征。首先，资料的产生是一种让参与者感受到可以自如地对这些资料负责的方式，行动科学者积极地致力于减少研究者对要研究什么问题、要选择什么资料与方法的控制。同时，他们也尝试检查任何施行控制的影响。例如，对行动科学者在场或不在场时均进行录音，这种方式可以用来探索研究者的在场是否要对先前的结果(参与者的行动)负责任。此外，在选择要研究什么问题的过程中，鼓励参与者选择对他们及他们自己的学习具有批判性的问题。这个做法立刻催化了学习过程，并使认识被扭曲的潜在可能性降低了，因为参与者自己承诺为了自己的学习尽可能地如实报告与记录自己的反应。

虽然如此，我们知道这些资料仍对效度具有风险性。参与者可能是为了避免困窘或因为不自知的遗忘或选择性记忆等，而误报了他们的感觉或发生的事。无论如何，当我们一起使用行动科学下面的三个部分时，可以减轻这个危险。第一，我们要参与者以他们所能重新搜集到的资料来报告他们和其他人实际的言行，而不只是对所发生过的事做出他们的结论。第二，我们对行为背后的规则感兴趣；而且我们假设，依据规则学习行为(rule-learned behavior)的性质，个体不可能一致地实行他们不知道或不具有能力实行的一套规则。所以，当他们未能精确地报告参与者说了什么时，他们就不可能无误地再陈述他们推理与行动方式之下的规则。第三，我们视这个假设是需要被检验的；因为资料搜集有许多方法和机会，发现其中误差和检验假设的机会是很充足的。更重要的是，某些方法包括了直接观察，直接观察允许我们交叉检查参与者的报告。

在上述行动实验方法中，我们就可直接触及个体的行动，并且可以探究他们当时的想法与感觉。但这个方法论本身包含了它自己的风险性，因为研究者冒险，甚至尝试去"污染"（contaminate）这些结果——他们在行动现场的出现及其行动致力于协助参与者学习一套新的技巧而不只是探查个体的行动。在后面有关检验假设的一节中，我们将继续深入探讨对研究者影响的争议性问题，但在这里希望强调的一个关键特点是所有资料搜集过程的真实性。研究者主动地探究其影响的性质，并设计机会去探查自己的影响，这一探究通常有赖于参与者搜集未被研究者在场所影响的资料。所以，目标不是去削弱研究者的影响，而是给予参与者对资料搜集过程高度的控制，并设计方法去发现在其所搜集的资料中研究者确实有的责任与影响。

资料搜集的第二个特点是，每个方法的设计均是为了能引出个体实际上如何行动及在当时他们想到/感觉到什么的资料。观察是和访谈或介入活动相结合的，如此，行动科学者可以得到参与者反映的资料。撰写案例时要求参与者将一页纸分成两半，在右边重新记下相关行动者的实际对话，左边则写下在当时他们未说出来的思想和感觉。同样，访谈的设计不只是用来引出参与者有关情境的结论，而是在情境中他们与其他人实际上互动的言行，同样也包括了他们在当时的想法和感觉。设计行动实验观察参与者如何行动，而同时探查未解冻的推理与反应，是这些推理与反应使得在现场的行动维持不变。如这一点所指出的，行动科学者视谈话不只是 ²⁴²行动还是人们得以报告他们所想所感的手段。我们可以由这些资料重建行动者如何用他的行动来构建情境。

为了目标的需要，这一个"谈话即行动"（talk-as-action）与"谈话即报告"（talk-as-report）的双重焦点却带出了自我报告（self-reports）这一个具有争议性的议题：这种报告的可信程度如何？描述这个具有争议性的问题，最便捷的方式就是将不同的观点两极化地呈现出来。一方面，社会科学家认为自我报告是不可信的。基于无法知道的扭曲的暗示，个体所说比所知多。因此，即便他们认为自己可以知道，我们通常无法说明是什么导致了个人的所思所行。基于这个观点，人们对自己的推理过程是没有察觉的，而且他们对自己无察觉这件事也是没有察觉到的。因此，他们可能乐于告诉你他们之所以如此行动的理由，但事实上，这些理由却不见得是他们行动的基础（Nisbett and Ross，1980；Nisbett and Wilson，1977；Langer，1976）。采取另外一种立场的社会科学家则认为自我报告是和实际存在的现象相关的可信的注解。个人是他们思考过程的最佳专业人选，他们拥有通往思考过程的通路；事实上，这是人之所以为人的重要本质。依据这个观点，人类觉知他们的推理过程，而且知道他们察觉这件事。他们可能会犯错误，但是他们的观点可以和观察者的观点相对照以求得一致，他们用来解释行动的理由可以被检查。在我们解释社会行为时，重要的正是这些理由，而不是呆板机械的原因（Harré and Secord，1972）。

行动科学相信以上两种观点都正确，但都只在某些范畴中是对的。我们的任务就是发展理论来分辨什么是我们能报告的过程，以及探索它们的最佳方法（Ericcson and Simon，1980）。行动理论企图通过辨识与区分信奉理论与使用理论以及提供一个重建两者的方法论来完成这个任务。请回忆一下，信奉理论是那些行动者察觉到的理论，行动者以这些理论来解释他们的行为。询问人们为什么这么做就可以轻易地得知他们的信奉理论；但他们所说的那些信奉理论也许能或不能如实地反映在他们的行动中。相反，使用理论则由大部分隐含未显的一套前提假设所组成，但它却告诉了我们一个人实际的行为，它可能和一个人的信奉理论相一致，也可能不一致。通常，行动者对他们的使用理论是不自觉的，这就使行动科学者进入这样一个位置——必须搞清楚什么样的资料可以使行动者推知其所使用的理论，而不把它们和信奉理论相混淆。显然这不是只问"为什么"的问题就足够的。我们说过，"为什么"的问题容易引出个人看似合理但却不一定正确的信奉理论，只是因为它们是最现成并且较容易被行动者回溯的。因此，我们必须找到某些进入内在过程的方法，这些方法要能使我们不需要问行动者"为什么"，却反而能解答"为什么"的问题。

我们从一个看似不相干的出处得到某些有助于如何进行的提示：提供

这些来源的人认为，我们是不可能得到通往个人推理过程的途径。虽然尼斯比特和威尔逊对他们自己的提议都表示怀疑，但他们（Nisbett and Wilson，1977）提出了一个看法可以经由当下中断的过程，使参与者警觉他们的认知过程，并且教导他们练习内省的程序，使一个人正确地回溯他的推理。行动科学者针对每一个这些隐含的推理，将它们以下面所描述的一套规则加以阐释；这套规则告诉参与者和研究者在内在过程找寻什么以及如何注意到不同的反应。

规则 1：介入正在进行中的互动，直接关注内在历程，并引发探索它们的动力。

虽然尼斯比特和威尔逊（Nisbett and Wilson，1977）曾做出前述回溯方法的建议，但他们却视自己的建议为"生态无意义"的意见。显然，他们假设个体是不会在面对这些探测技巧时静静等待的，他们对被中断时的各种相关反应是不自觉的。这一点在一般的社会或研究情境中可能是真实的。但是因为行动科学的研究过程是为参与者的学习所设计的，这些技巧就变得切题，并且十分有意义。行动科学者专注于提供给参与者关键性的入口，也就是能促动参与者的兴趣来检查他们内在过程的介入方法。第四章中描述过的被动实验就说明了这一点，那位行动科学者通过指出参与者设计了他们自己的不公正，进而启动了一个探究过程。因为这些结果是预料之外的，参与者并没有蓄意地去生产这些结果，他们也就十分乐于回溯可能导致这些后果的内在过程。同时，我们也知道这并不保证参与者是正确地回溯或报告内在过程，因而，只有这一项规划是不够的。它鼓励了自我报告，但只靠它不能确保可信的报告。

规则 2：引出有关自我、他人或情境因素（例如任务、时间等）的认定与评价。

既然我们的兴趣在于了解参与者是如何了解他们的社会世界，我们仔细探查参与者对自己、他人及情境因素所做的认定。这些认定与评价是他们用来建构自己在其中行动着的问题情境的资料。因此，研究者会询问参与者的反应，这样一来，他揭开了行动者在一个特定事例中私下做出的认定与评价。例如，被动实验中的学生对他们自己的"笨"、他人的"聪明"及介入者的"坚持"所做的归因。这些报告和后面的这句陈述是不同的："我退缩是因为我认为观察是最有利于学习的。"后者可能反映了参与者所想的，但它可能是、也可能不是一个正确的、能说明是什么导致他的退缩的解释。前者则给我们开了扇窗户看到个人是如何"看"（see）他们在其中行动着的情境的。这让我们去重建他们行动所依据的条件，我们因而得以建构这个前提："当我认定谁是笨的时候，我就退缩并掩饰我的笨。"后面这一个命题和前面这个人给他自己行为所做的看似合理但通常并不可信的那一个解释并不是同一类的。后面的这个命题建立在参与者实际作为之上，是参与者在特定条件下经历并自己报告出来的资料。

245　　　**规则 3：视因果解释为待检证的假设。**

自我的解释可能是不可信的，但我们不能预设它们是不正确的，它们反而应被视为和其他命题一样，是值得去验证的。一种检查方式涉及找寻可以去否证这个命题的资料。举例来说，咨询员常说他们采取的一种取向是当事人会自己得到洞察的。但这一解释忽略了一个事实，即咨询员的问题通常"引导"了当事人获得原本已在他们脑海中的洞察。一旦这些否证的资料被确认后，咨询员和研究者可以开始寻找更能说明咨询员实际言行作为的新命题。在这一点上，研究者可能重新调整他的研究方向，探寻咨询员在所提出的引导性问题中对自己及当事人所做的归因。研究者和咨询员可能发现，这位咨询员掩盖了负面的归因，同时伴随着这些负面归因，他做了会令当事人沮丧的预测。这位咨询员可能会说："这个家伙真是心怀怨恨。他根本没看到他自己在其中的角色，但是如果我告诉他这些，他一定火冒三丈！"同时，咨询员可能也会这么想："如果他因此而在我们谈话时生气，我不知道我会做什么。我不认为我能够处理它，但我最好不要让他知道，否则他会离开。"依据这些资料，我们可以开始建构一个对咨询员引导者提问的不同的理解，即基于他对当事人和他自己的能力所做的推论来理解他是如何行动的。因而，我们可以获得下面的命题："当到了你能力的极限时，以引导的姿态行动，为了掩饰你的无知，要表现得你知道要去哪里。"

这一节的重点，并不是放在检验个人赋予其行动的因果解释的不同方法上。我们已在第二章讨论过这一点。接下来的章节，我们要多谈一些在行动情境中设计检验的不同方法。下面一节我们要来解释为什么这些因果解释被认为是待验证的假设，它们如何以对实践工作者和研究者的学习而言有用的方法被检验。

规则 4：放慢速度以专注在个人如何由现象资料到其结论的推论步骤， 246
因为人们推论过程的高度技巧可以使个人和自己的推论过程隔绝。

如果我们要知道个体是如何建构了他们所行动的情境，我们需要找到某些方法去进入这些过程中。一个方法就是减缓这些过程的速度，切实地返回个人是如何由发生的现象资料移动到他们对其做出认定或归因的推论步骤。通过推论阶梯，我们可以协助个人回溯寻找到他们选择的信息，他们对信息所赋予的文化意义，以及他们建构的归因与因果理论。我们可以用这个方法协助个人清楚说明涉及这种隐含过程中的推论步骤，使个人更容易检验他们的推论，并且发现其中存在的系统性落差的偏见。例如，个人可能发现他们倾向于专注某种信息而忽略了其他信息，或者，另一种可能是，他们看到他们有所预设，所以一下子就由现象资料跳跃推论到特定的结论。

规则 5：放缓步调，注意个人的情绪反应。

个人可以经由放缓速度，回溯寻找到他们自动的情绪反应来得到协助。对个体来说，体验到一种苦恼并不少见，但要明辨它们是什么感觉，又是因为什么而发生的，就有困难了。然而，我们需要全面地了解个人如何在他们所面对的情境中体验和行动，有了个人的这些资料，我们才能更完整地掌握个体觉得他们自己在面对什么，以及他们是如何处理那些反应的。

这里的一个问题是，这些反应是自动的，以至于我们和我们的推理过程失去了联系。如果我们要重新和我们的情绪及认知过程联系起来，如我们曾说过，放缓步调是有用的，放缓步调审视一下发生了什么，并且回溯自己当时在想什么、感觉什么。不过，这并不是一件简单的任务。要公开地回溯公开表达出这些过程是要冒险的，公开的动作会激起情绪和防御反应，从而阻碍了对这些过程的回溯，也使向他人报告这些过程变得困难。因此，行动科学者所进行的探究，即在于协助参与者能以一种持续探究的方法来处理这些反应(参见第十章及十二章)。

在这里，我们希望强调的是，所有行动科学的资料搜集过程需要设计以促进与建立参与者对学习的承诺。所以，参与者所选择的问题是对他们来说很重要的问题。资料搜集大多是在他们自己的控制中，可被直接观察到的资料是主要的焦点。参与者在协助下回溯自己的内在过程，介入者努力发现参与者行动中的不一致和令人困惑之处，以便参与者有兴趣去探究可能解开这些谜题的内在过程。这五个规则是为了保证参与者的参与效度。这些规则使参与者成为协同探究者，因为他们自己的学习有赖于这五个规则的实行。

二、资料分析：图解社会行动

到目前为止，我们已经描述了资料搜集的方法，而且我们已经说过，我们希望将隐藏在社会行动中的逻辑命题明白地揭示出来。在分析这些由资料建构出的知识时，行动科学必须符合其实践的标准。这一知识必须在行动脉络中被检证，能被行动者在行动现场使用，并且能提出可能性做法。为了满足这些实践的标准，行动科学者依赖三个分析工具。

第一个工具包括了指导分析过程方向的高度抽象解释与规范性的模式。这个模式告诉研究者什么资料是重点，什么不是，哪个因果系列是重要的，哪些不重要。如我们在舍恩对城市规划者的两难分析中所见，第一型和第二型理论在个人行动理论的分析中就发挥了这个作用。

第二个工具是第二章所描述的推论阶梯。它提供了一种三重的功能。第一，它使我们可以由具体案例资料到较抽象的模式，因而这些模式是被
否证的。第二，经过"推论阶梯"，概化的知识可以联结特定的案例。第

三，个人使用这个工具回溯并公开他们由事件发生的现象到所做结论的推论过程，个人因而对其行动进行反映。

第三个工具是图解（mapping）。行动图（action map）是用来分析一个特定问题与呈现知识的方法，行动图的知识呈现方式可以超越特定个案，从而对其他情境的其他行动者而言也是有用的知识。这个图解通常是一种中距离的再现（midrange representation），它不像由一个具体案例到第一型、第二型理论那么抽象的表现。行动图通常提供了对一个问题较详尽的描述，例如，运作一个组织结构时所涉及的困难。但是如同较抽象的模式一样，这些行动图描述了赋予社会行动活力的隐含逻辑，及其对行动者行为世界的启示。一个特定的图是什么样子，要视它所涵盖的范畴而定。一个行动图可能描述隐藏在一位咨询者实践的逻辑命题中，也可能是一群咨询者共构的行为世界。所有的行动图都呈现了人际行为世界领域中的特定方面，很像地形图必须以一个特定方式呈现不同地区的物理构成一样。制图者知道，针对特定区域，它的某些方面必须要依据特定的特征来描绘，而其他的特征可以略而不提。同样，社会行动的图解因着手分析的层次与目标而不同，但它们都必须要能把握社会行动的特定方面并将其描绘出来。接下来我们考虑在行动图中，哪些是可以不一样，哪些是必须要具有的要素。

1. 行动图要能描述出分析的不同层面。

在个人层面，行动图可以指出一个人实践中的单一规则。例如，一名咨询员实践中的隐含规则是：相信除了我了解得更多之外，当事人最清楚自己，因而，当我相信自己了解更多时，我也最了解他。这一规则不只是明白揭示了她的咨询实践中的规则，也足以解释一名咨询员如何在试图以当事人为中心行动时，不自觉的却可能出现的以自我为中心。再往前推进一步，这位咨询员继续发展了一个有关她自己实践的较复杂的图解。这张图描述了一组相互关联的前提，正是这组前提决定了她在面对负向评价和害怕自己导致防御时是如何行动的（见图 8.1）。

如果我们分解这个图，可以看到它描述了一组相互关联的规则，在哪些条件下它们使用这些规则，以及使用它们后可能产生的结果。通过辨认

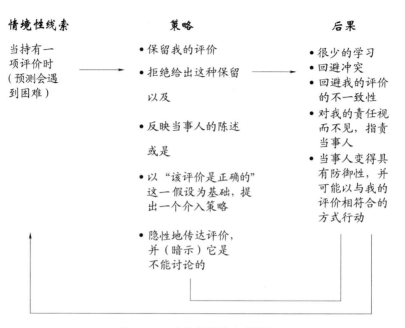

情境性线索	策略	后果

情境性线索

当持有一
项评价时
（预测会遇
到困难）

策略

• 保留我的评价
• 拒绝给出这种保留

以及

• 反映当事人的陈述

或是

• 以 "该评价是正确的"
这一假设为基础，提
出一个介入策略

• 隐性地传达评价，
并（暗示）它是
不能讨论的

后果

• 很少的学习
• 回避冲突
• 回避我的评价
的不一致性
• 对我的责任视
而不见，指责
当事人
• 当事人变得具
有防御性，并
可能以与我的
评价相符合的
方式行动

图8.1　一个咨询员的实践图解

单一线索或条件与反应的模式，这位咨询员比较清楚地分辨在哪些条件或
250 情境下，她的行动倾向于违背她的意图。在这样的图解学习之后，她开始
先在一个能学习到新反应的环境中，辨识并中断自己的反应，稍后，她可
以在她和当事人的关系中进行工作。

如图 8.1 所示，她的实践规则是完全可以被概化的，对其他和她一样
陷入相同两难的咨询员而言，应该是有用的。这个图一方面抽象得足以超
越这一特定案例的特定条件，而同时却又具体地描述了在哪些特定条件下
其行动的精确之处。就是在这一观点上，我们把行动图称为一个中距离的
概念。

在组织的层面上，这一组相互关联的因素创造、维持并强化了一个一
样可以被图解的复杂的社会系统。这样的一张行动图描绘出妨碍一个组织
实施其原本意图结构的因素网络。如图 8.2 所示，图 8.2 由描述成员所面
对的初始条件开始，从与工作相关的限制到不一致，再到高度的复杂性与
模糊性（第一栏）。第二栏展现了在这些条件下的两套主导的规则（被动和

主动)，一系列特定的个人规则组成了这两套规则，概念化成为一个连续体。与此同时，图8.1由回馈路径的观点解释了这两组反应如何相互组合强化了彼此和初始条件。它描述了这一套相互关联的因素所激起的多重束缚，而这些多重束缚又被其主导的规则所影响。这一过程增强了互动的动力并且持续地强化了初始条件(第三、第四、第五栏)。图8.2对这些因素的描述，明白揭示了阻碍这个团体成为一个有效组织团队的隐藏过程。行动科学的文献资料认为，假如在另一个组织中检验这个图，会发现它可能在相当程度上也能概化地解析组织中的人际行为世界。

2. 行动图可以被图解或是口语再现。

至此，我们已讨论过的都是图解的形式，即以图解方式给出了和再现了关键变量之间的相互关系。即使图中涵盖了大量复杂的材料，这些图都 251 简单得足以被行动者所应对，而且它的生动视觉效果是容易记住与回忆的。因此，它们足以允许行动者在行动时储存与回溯这一知识。但是，为了其他的目的，口语再现同样地具回溯性而且更有用。有一种图称之为"脚本"(scripts)。"脚本"使我们更丰富地描绘一个特定规则的抽象建构，这一抽象建构包含了序列的移动和未明说的期望。将这些未明说的期望予以表明的方式，就是将一个规则执行与实施所涉及的序列行动如实描绘。例如，溜入(easing in)是一种行动者为了避免刺激对方的自我防御而设计的规则。在溜入策略的脚本中，一名行动者对自己提出一系列的问题，而其提问的内容与方式导致行动者得到他的推论想法。在这里，通过描述行动者的系列期望和行动者的头脑中生产这些行动策略时所假设的移动，这一规则被脚本化。

溜　入　脚　本

1. 我知道我要你如何去行动，但我不会直接告诉你。

2. 我不会告诉你这个案例是这样的。

3. 我问你问题，如果你的回答如我预期，那就会引导你理解我所处的位置。

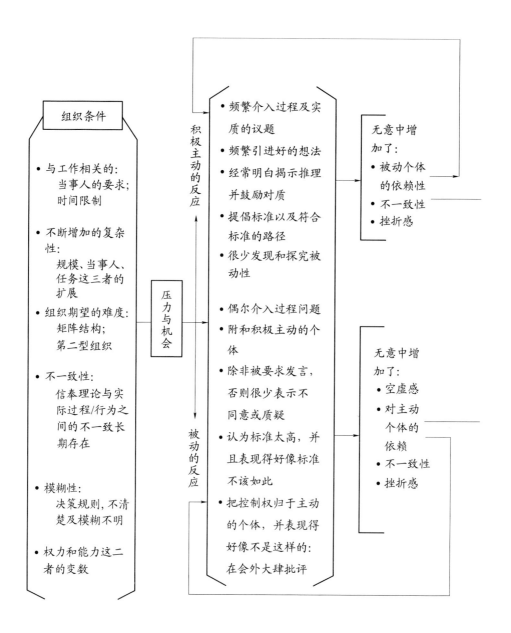

图 8.2

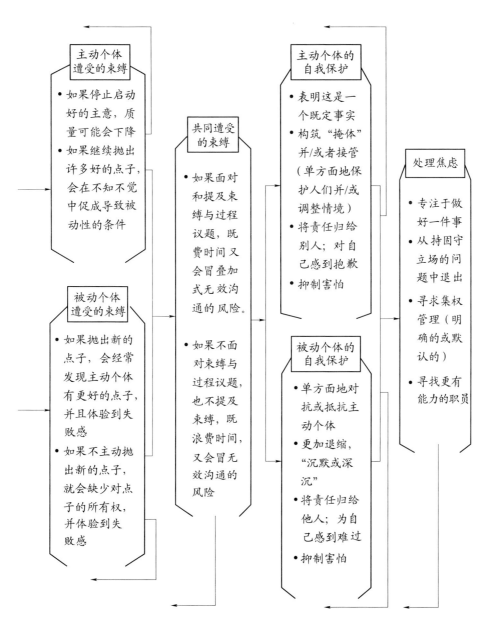

行动图

资料来源：Lawler et al., 1985, pp. 86–87.

4. 我期待不用我的说明，你自己会了解这一切。

5. 我期待你不会讨论它。

6. 我期待我们相处融洽。

7. 如果你对我的意图有疑问，我希望你不要提出来，而且要表现出没有疑问的样子。

8. 如果你的言行不符合我的预期，我将会：

a. 继续问你问题，好给你更多时间做"建设性思考"。

b. 最后变成更为坚持我的观点。

c. 企图和你争辩你的观点。

d. 得出结论：你的防御太强，妨碍了你的学习，或是防御强到我很难去处理。

e. 我会妥协并/或退缩但却表现得我既未妥协也未退缩。

253　　与溜入策略的建构不同的是，这一脚本对生产溜入策略的隐含推理过程进行解构。这种解构的脚本可以使行动者看到他们先前看不到的部分：他们行动中所涉及的各个逻辑步骤。一旦察觉到这些步骤，行动者就会以一种新的眼光来看他们的行动。虽然他们力图以当事人为中心，对人敏感，不具控制性，但下面的这个脚本会揭露出他们隐含的逻辑与其意图相违的事实。如此一来，这个脚本就提供了行动者重新思考其理论及进一步反映其实践的功能。

254　　3. 行动图可以是描述性的，如上面陈述的，或者是规范性的，两者的区别在某种程度上取决于一个人的观点。

　　一位观察者可以描述我所遵循的规则，但我对此规则的遵循是一种视其为规范的方式。由行动科学的观点来说，结合了"倡议"与"探究"的脚本是一个规范性的脚本，它提出了可改变溜入脚本的另外一套方法。

结合倡议与探究的脚本

1. 我知道我相信你(或我)应该由行为中辨认出既存的困境，而且我将和你沟通。

2. 我将会以鼓励你进行探究和对质我立场的方式行动。

3. 我期待当你相信它是必需时，你会对我的位置探究与对质，我会告诉你这是我所期待的。

4. 我将会定期地检查这个案例是不是这样在发生。我会以行动使你对持续设计你的行动与想法间的一致性负起责任来。

5. 如果我指出你在想法与行动间的不一致，我会和你开放地检验。

6a. 如果我学习到这个不一致虽然并不是你有意的行动，但你是知道且隐藏了这个事实，那么我将再回到第一步来帮助你。

6b. 如果我学习到这个不一致是你有意的行动，并且你有意隐瞒 了这个事实，我会觉得我不能信任你并回到第一步。 255

通过描述这些规则，个体能够看到究竟产生了什么，它如何不同于溜入策略。即使这两个脚本都涉及如何提问，但这里所给定的脚本也显示了隐藏在它们之后的期望与意图是非常不同的。

4. 行动图通常在不同的抽象与分析层面上彼此构成网巢式。

先前所描述的组织图包含了个体的规则，这些个人的行动图组成一个展现它们相互关联性及其对组织后果具有涵盖性的模式图解。同样，个人的规则包含了可被脚本所描述与掌握的一系列序列移动的期望。因此，我们发现图内有图，每个图均有一定范围内的有用性。行动科学者或实践者选择什么形式，则视他要解释什么与要达到什么目的而定。图表的形式可以用相对简化的方式来把握一套极为复杂的相关联的变量，因而它是可以回溯与应用的，而这是精确量化分析或对每个人期望与序列移动的质化描述所不能达到的。当一个人在行动时，他脑中不可能包含太多的信息。简而言之，假使某人想要生产或去改变诸如溜入的规则，有关溜入脚本的序列就有用了。完成图解的总体决策规则可以这样陈述：以当前实践的目标来要求与考虑图解的精确性、完整性与有用性。

5. 行动图可以被那些它们所指出的假设所证伪。

行动图是可被检验的一组假设，而且它们被设计成要在一个行动情境中接受检验。行动图中的推论被明白揭示并与容易被参与者观察与辨识的资料相联系，因而参与者是可以检验那些推论的。其中一个检验的方式是将图及建构出图的相关资料给参与者，积极主动地寻求不同的观点和否证的资料。另一种检验方式是对遵循图解逻辑上未来会发生的事进行预测。例如，我们可以预测在一个组织中的行动者将经历越来越多的束缚，而且他们对责任的距离感将增加。第三种检验方式是设计一个预计可以改变图中互动及后果的介入。若图是正确的，那么我们就应该能预测改变其中之一的面向对图中其他变量的影响。

6. 行动图具有一个可预期的情节轴线的内在逻辑。

主题可能改变，但图的基本情节轴线是一样的。通常，那些情节是由行动者所面对的初始条件开始的。然后，它们继续描述个体在这些条件下为了相互竞争而遵循的规则或一组规则。最后，行动图辨认出这些规则与条件对与行动相关变量的影响，包括了初始条件本身。用这种方式，行动图描述了互动中所涉及的目的与因果机制的同时，也描述了存在于这一因果性中的自我强化特性。

7. 行动图考虑到了人类头脑的局限性。

行动图所共有的特征是：行动图使个体能在行动的当下保存与回溯，从而使用它们生产或改变图中所代表的行动。第一点，他们抽象与概化的程度足以包括一定范畴的事件与行为，所以它们可以简易地被行动者储存于脑中，而不必被过于复杂的细节所淹没。第二点，虽然是抽象的，但是图很容易和图中所代表的行动资料相联结，而且它们可以经由具代表性的实例说明，其生动性足以使行动者在行动时回溯（参见 Tversky and Kahnemann，1973）。第三点，因为行动者在行动时看不见自己的行为，但可以辨认内在的情境线索（Jones and Nisbett，1972），初始条件明确了这些线索，使得行动者可以较容易辨认令他们陷入麻烦的情境。同时，通过对行动规则的描述，行动图可以使观察者在面对那些并未觉察到自己使用特定策略的行动者时，辨认并将其指出来。这一种可辨认的线索与规则相结合的特征，允许我们为了"反映"的目标打断人们的行动。有了行动图的协助，一位行动者能够较容易地在他使用规则时回溯发生了什么，而且对规则所导致的后果进行反映。假若选择这么做，她可能会重新思考她是如何建构眼前的情境（她面对的条件）的，而且她可能构思另一个可取而代之的规则，实验这个新规则，看会得到什么结果。这样，行动图便不只是用于描述现实与预测，而是催化了行动者对其所描述的情境与替代性实验方案进行反映。

三、假设检证：发现行动中的错误

对效度检验的保证而言，行动情境是一个高度困难的范畴。行动情境的特征就是具有大量无法孤立而同时又被操弄的多重互动着的变量。为了调节这些变量，个体的日常生活遵循了一套为了了解与在世界中行动而设定的规则，也正是这套规则影响了人们推论的正确性和有效检查的设计。例如，当个人在处理资料时，倾向于回溯起具有偏见的示例（Tversky and kahnemann，1973），只去看情境因素而不去看自己的行为（Jones and Nisbett，1972），忽略大量构成其推论的行动资料（Carlston，1980）及应用不对等的标准支持或反对证据（Lord，Ross and Lepper，1979）。在进行推论时，他们倾向于以一种自我保护的倾向曲解自己的推理（Langer，1976），后果越严重，所做的认定或归因就更防御（Harvey，Harris and Barnes，1975）。他们倾向于私下检查他们的观点（Argyris and Schön，1974），以及他们主要依赖寻求确认的策略（Mynatt，Doherty and Tweney，1978）。当他们行动时，他们基于自己假设为正确的未公开检查的理解而行动，因此产生了自我实现的预言却不自知。

在这些条件下，我们可能会对在行动情境中是否可能和参与者一起进行有效检验感到绝望。但是这个方程式的另外一面是对检验有利的，而且提供了规则确保了这种检验效度的某种基础。第一，即使行动情境是复杂的，它仍是一个进行检验和重复检验的理想场所。我们不需要在时间限制中，以一种一以贯之的姿态，去决定一个特定命题的状态。反之，我们有许多机会来建构一次又一次的检验，以消除相互竞争的假设。第二，当参与者遵循一组影响了效度的规则时，很少的案例显示他们希望自己这么做的。相反，一旦他们察觉到这些规则，他们通常对如何获得行动科学者提出的、在学习情境中探究它们的规范感兴趣。我们前面已经提出某些主要资料搜集与分析过程的规范，现在要考虑我们在行动情境中用来检验假设的其他规范(参看第三部分对参与者如何获得资料的搜集与分析规范的学习过程的描述)。

规则 1：将"倡议"与"探究"结合。

对行动科学而言，这或许是最重要的一项探究规则。因为它要求个体视他们自己的观点为批判与检验的主体，它要求行动者一旦公开了自己的观点便邀请其他人对之进行探究。是什么形成了一个探究，则要视之前被提出来的观点而定。一个人可能对某人做了一个特定的认定，并且试图和对方一起检验。或是，另外一种状况可能是，某个人可能表示一个特定的策略会导致某些特定后果，并试图得到他人的反应。这项规则本身并不足够，因为一个观点被提出来的方式及其他人的反应才决定了检验是否真实。这一项规则必须要伴随着下列规则同时实行才有效。

规则 2：以相关的、可直接观察的资料来说明你的推论。

这一项规则要求当事人在提出一个主张时，要提供作为该主张基础的资料，如果一项主张是以"约翰的做法不公平"的形式明确地被表达出来，那么就要求行动者(说此话的人)提供约翰的哪些言行资料让他做出这样的认定。同样，若某人说，"支持约翰可以使他更勇于表达他的观点"，也要求他们说明，通常可以借助角色扮演来说明，如何通过支持的动作协助约翰更为开放。以这种方式，其他参与者就有一种方法来自己判断这些说法的推理过程。他们可以看出有关约翰的资料是否真的反映了不公平。他们可能提出否证或确认这项主张的新资料或对资料有新的解释。他们也能够决定角色扮演是否如预期中的有效，即是否能帮助约翰更开放。

参与者发现当自己在行动时很难回溯发生了什么事情，但是因为所有的讨论都有录音，所以要回溯行动资料不会有很大的困难。更重要的是，我们发现个人可以经由练习发展出在行动时正确地回溯资料的技巧。当使用理论发生了改变和自我保护性推理减少时，回溯的能力会增加，也较为可信。在任何事件中，录音的资料均可让行动者进行持续地检查。

规则3：为了共同的一致性公开揭示你的推理，并对每一步的推理进行检验。

和前面两项规则一样，这一项规则加入了对不同意义的开放探测与协商，从而为公开检验创造了条件。这一规则要求参与者将他们由资料到做出结论的推理步骤明白地表达出来，然后公开地和他人一起针对每一步推论寻求共同点。这里的做法就是，当发生冲突时，便返回到行动资料和回溯推论步骤，以发现意义的认定是在哪里开始产生歧义的！在公开这些推理步骤中，参与者可能对发现他们和其他人可能的逻辑跳跃有较好的准备。他们更能确定正确了解了他人试图表达的意义。他们能看清楚他们是由哪里开始不同意别人的。而且他们能够返回与回溯自己的推论步骤，以实现相互的同意。

规则4：主动寻求否证资料与其他解释。

在日常推理中一个常见的推论错误是寻求与自己观点相一致的资料的策略（Mynatt，Doherty and Tweney，1978）。对抗这一策略的一个方式是遵循一项规则明白地询问否证（不同意自己观点）的资料与观点。但是通常这一个规则涉及要别人去说出他所潜在持有的负面信息，他们很可能会说行动者的策略让他们感到难以开口，或者他们的观点有可能是错误的。因此，这并不是一个容易实行的规则，因为要实行这一规则一定要有严肃对待资料与其他解释的意愿。所谓"严肃"的态度，我们指的是行动者必须主动地探究新的资料或解释，并设计方法来了解歧异与不一致，或是针对相竞争的观点来设计检验方式，或是重新检查由资料所做出的不同推论。无论如何，若只说"你有你的观点或资料，我也有我的"是绝对不够的。

260

规则 5：确认所犯的错误，为学习服务。

这一项规则的设计是为了创造条件以利于前述规则的实行。说明自己的观点，明白表达推论及寻求否证或不一致的资料，都使参与者处于一种发现他们是错误的危险中。当然，这也是实验的目标，问题是它激起了我们对失败感的防御。对抗这些防御的一个方式是视错误为学习的素材，是值得探索和有价值的。然而这里的困难是，参与者在社会化过程中对错误采取了另一种观点，他们视错误为应受处罚的罪行。毫不奇怪，这样一个对错误的框定对于这些规则的实行就是一项难以克服的阻碍。我们稍后会看到对这些规则的学习大部分都和对什么叫犯错的再框定以及从其中学到什么有关。

规则 6：主动探究你对学习脉络的影响。

与大多数的社会科学家不同，行动科学者希望影响当下进行的探究。例如，她希望在讨论之下，这些规则能被参与者视为规范，进而协助大家学习这些规则。在一个不同的情境中，行动科学者也可能犯了阻碍参与者学习的错误。例如，在第四章的被动实验中，乔治认为介入者的行动可能不经意地强化了他及学生的反应，而不是去改变他们。这一项规则要求那位行动科学者与参与者同样地探究这些可能性，并且去了解他们所具有的影响的本质：它是他们所意愿的吗？他们喜欢他们的介入所带来的结果吗？这一项规则认清了介入者不可能完全避免他不想去做的影响。行动科学的目标是为参与者的学习服务的，并且通过研究者的影响使参与者能有所改变。因此，这里的任务不是去避免介入者的影响，而是去探究他的影响是否是他所要达到的，以及是否是正确的影响力。当然，实践前述规则是这一探究所追寻的。

规则 7：设计持续的实验来检验相竞争的观点。

通常，不同参与者对发生了什么和什么应该发生的认定是不同的。在被动实验中，乔治认定介入者强化了被动性，所以他对如果介入者持续以相同方式行动会发生什么，表示了他的看法。同时，他认为有另一种较好的做法，而他也提出了他认为应该发生什么。在这两个事例中，介入者有一个不同的观点，但他并没有强迫别人接受自己的观点或视差异是不可协商的，他会设计检验差异观点的方法。在第一个示例中，他建议参与者把将发生的现象看作他的介入行动的一个结果：一种方法是检验它，看看我们后面的互动中会发生什么。在第二个例子中，他要求乔治以角色扮演来检查是否他所提的另一种做法有他所预估的影响，以及是否能带来促进学习的结果。

相似地，某些社会科学家曾质疑行动科学者用来检查个人所持有的第一型使用理论的模型。这一观点指出了一个重要议题，在这里，我们将先描述模型，检验它所引起的问题。注意所设计的检验，看看有关模型的负面观点是否被证实。被质疑的模型是 X 与 Y 的案例，X–Y 案例是我们所发展的一个用来检验参与者是否持有第一型使用理论的学习工具。（更细致的讨论请参看：Argyris，1982。）

在 X–Y 案例中，一位上司 Y 先生，他对他的部下 X 先生说：

1. "X 你的表现未达到要求。"

2. "你看起来好像别人欠你多少钱的样子。"

3. "我看它已经影响了你的表现。我从其他同事那听到他们对你表现的一些说法，如倦怠不堪、不投入或没兴致工作。"

4. "我们的资深专业工作者不可以有这样的特质。"

5. "让我们来讨论一下有关你的表现的感觉。"

6. "X，我知道你希望讨论有关过去这段时间，别人乱开你玩笑的不公平的感受。问题是，我对那些问题并不熟悉也不了解。我不要花时间讨论几年以前发生的事。讨论过去的事毫无建设性，它已成为我们的过去了。"

7. "我想谈的是今天的你和我们组织中你的未来。"

一旦参与者读了这个案例，介入者便要他们评估 Y 先生在协助 X 先生"发展"的任务上表现得如何。参与者一致认为 Y 是无效的；而且，他们这样评价时，介入者创造了参与者诊断的拼图并修正，直到所有参与者同意它代表了他们的观点。至此，介入者便指出存在于他们诊断中的因果理论："如果某人是愚钝、不敏感的，那么接受者将会感到被误解及防御，而且不太可能会发生学习。"介入者同时检查参与者是否共同认可这代表了他们的观点。他们一旦确认了这一点，介入者随即指出一个难题：如果参与者告诉 Y 他们的诊断，他们会像批评 Y 对 X 所做的一样对 Y。告诉某人他很愚钝又不敏感的行动本身就是愚钝和不敏感的，经由这一个因果理论，参与者的参与行动也预期会产生防御和抑制学习。

通常，参与者的反应是为他们的行动和推理过程作防御性反应，介入者视每一个反对意见为需验证的假设，鼓励参与者角色扮演他们会怎样对 Y 说。如此，他们发现，他们不是坚持己见就是使用了溜入的策略。但是，在任何一个案例中，他们发现，他们在沟通其诊断中所表达的看法的同时，却创造了条件使他们和 Y 一样地行动，即使那是他们想避免的。甚至当介入者预测这一情况会发生，参与者也知道这些预测，他们认为这些预测是错误的，因而参与者会尽力去否证这些预测，但最后仍发现其他参与者对他们行为的评价却是和介入者的预测一致。

X-Y 案例现在已在无数团体的上千名学习者中使用过（Argyris, 1982）。在每个案例中，参与者均如第一型理论所预测的那样行动，这表示在使用理论的层面上，人和人之间很少甚至是没有差异的。社会科学者对这一个结果持怀疑态度是可以理解的，这种高度的一致性招致一个问题——X-Y 案例是否是一个人表演出来的、一个人工制造的案例。依据这个观点，并不是每个人均已被第一型使用理论程序化，而是 X-Y 案例所诱引出的反应符合了第一型使用理论。总而言之，这一批评由下面各种主张组成：这个模型从一段对话中摘取了几个句子，而每个句子是从其上下文中孤立出来的。这个模型只给了对话中 Y 先生这方面的资料，这可能诱引人们对 Y 产生负向的反应。最后，Y 的言行方式具有"权威、控制与否定"的文化意义，使参与者进入了一个移情了解的状态（在 X 的位置上，他们应该如何感觉）。因为如此，参与者对 Y 感到愤怒，所以，他们的反应是这一情绪状态的后果而不是第一型使用理论的行动反应。我们对这些可能性的一种反应方式是指出支持我们理论的其他证据。例如，当个体写出他们曾涉入其中的案例情境时，他们流露出了相同的使用理论。同样，对组织中自发互动的观察或录音也可以发现相同的特点。研究者是很难对单独工作所产生的资料及从未在一个行动科学方案中的个体负责任。

既然如此，为了检验 X-Y 案例诱引出确认性资料的可能性，我们就发展了另一个模型，A-B 案例(参见展示栏 1)。与 X-Y 案例不同的是，A-B 案例提出了一个单一事件而不是一个对话中的摘录，提供了对话双方的观点而不只是一方。与 Y 不同，督导 B 企图表现出她的关怀与支持来改变 A 视她为权威、控制与否定别人的看法。但当 B 这么做时，她同时仍是一个权威者，她对 A 所做的不表示认同，而且当 A 表明没有问题后，B 并没有丢掉这个议题。某些社会科学者曾争论过，这个案例本身就创造了一个与生俱来的第一型的情境。在我们的观点中，它可能创造了一个与生俱来的控制情境，但不必然要以第一型方式处理。位居权威位置的人一定要找到某种方法来评估与处理下属可能发生的能力不足的问题。问题是，他们要如何履行这个责任，而他们在践行这个责任时要做出什么样的选择。

展示栏 1：A-B 案例

情境：B 是一个社区中心的督导，A 是一名义工咨询员，B 关心 A 的状态。A 曾是这一中心的求助个案，近来她开始再次寻求协助。B 阐明 A 个人的困难可能干扰了她作为咨询员的表现。B 决定与 A 谈谈，B 希望 A 会同意减少她的咨询工作。

B：看来现在是个时机来想一想你的角色——既是咨询员又是当事人，是否会是一个问题。

A：为什么它是一个问题？

B：我没有说它是，我猜我只是好奇想听听你对这件事的想法，它对你是不是一个困扰？我想它可能是。

A：没有，为什么它应该是？它不是我的困扰。

B：我没有要以任何方式攻击你，我只是提出一个问题，我们已经很久未曾讨论这一类的事了！

A：这很好，那我的回答就是，它并不是一个问题。

B：好啊，我由 C 听到说你在某个时候提过，你来这里是需要协助，但你感到挫折因为没有人有空帮你，于是你决定"也许我应该现在工作"，你真的觉得在你尽全力做好咨询工作的同时，你自己的问题可以先搁在一边吗？

265　　姑且不论 A–B 案例中的情境差异及 B 的溜入策略，结果却是和 X–Y 案例一样的。参与者对 B 给予负向评价，他们使用一个防御的微型因果理论(a microcausal theory of defense)来诊断案例，而且他们一旦采取行动时，不管他是溜入或是坚持己见，就违犯了那个理论。所有的资料都指出，他们的使用理论是第一型，而且在 X–Y 实验中所发现的不一致也都在这里同样发生。因此，我们并没有看到 A–B 案例像 X–Y 案例一样，需要对"引用确认资料"这件事负责任。

　　这一章视行动科学为社会实践的一种探究方式。行动科学的提问，所追求的事实及它所发现的解决方法，都是为了这种实践利益的知识生产而设计的。我们同时也说过，行动科学的目标是在实践社群中推进探究社群，而行动科学建立探究社群的方法是协助参与者认识到对行动负责任的信念与规范。这么做是要求行动科学者在前述真实生活情境中践行探究的规则，而这又回头来要求参与者也必须使用那些规则。目前，实践者言行所遵循的日常探究规则却是与行动科学的要求相冲突的，而且它们并未觉察到。所以，行动科学者一定要能协助实践者对他们目前使用的规则有所察觉，并教给他们一套替代性规则，实践者才可能有技巧地自己履行这些规则。行动科学者要如何做，则是本书后面几章要处理的问题。

（审校/张燕）

第三部分

Part Ⅲ

为有用的研究和有效地介入培养技巧

行动科学遭受的批评之一就是它不像一门科学，更像一种艺术。按照这种说法，掌握行动科学所需技巧的人，至今寥寥无几。而且，因为这些技巧只可意会不可言传，其中奥妙根本无从得知。如果确实如此，从好的方面说，行动科学顶多是一种仅有少数人能运用的科学形式；从坏的方面说，也许它就只能停留在抽象概念中，永远派不上用场。让我们来认真地审视这一可能性，单就它本身而言，它所提出的前提颇有分量。在行动科学的实践过程中，的确包含很多近乎艺术般的技巧，一种隐性的专业知识告诉实践者寻找什么？如何看待一种情景？如何转化他所观察到的东西。但是我们相信，在许多领域要达到胜任或专精的水平都必须如此。可以肯定地说，使用或实践任何一门科学都涉及要有能力将其中各种规则——包括清晰的明文规定与仅能心领神会的隐性规则运用自如，达到艺术的境界。不过同时，关于"获取行动科学的技巧在难度上非常独特，能力要求也不同于获取其他方法，以致能学习成功的人肯定凤毛麟角"，这一点我们也不愿急于下结论，完全排除这一可能性。

考虑到这一可能性，我们将"如何获取这些技巧"的整体过程作为探讨的目标，思考以下两个问题：行动科学最高明的技巧是什么？要想学会并传授这些技巧，该怎么做？回答第一个问题，我们可以从上一章已经陈述过的规则加以推论。其中一套必备的技巧大家都已经熟知，因为它们与实践其他科学方法所要求的条件并无二致。例如实验主义者（experimentalists）必须精通进行实验的基本逻辑，行动科学者也要展示出充分的能力，提出可以证伪的假说，以及设计出确实有效的方法，将可能出现的其他解释排除。好比人类学家应该擅长各种观察技巧，行动科学者也要证明自己有能力在面对庞杂繁多的资料时，不会惶然失措，而且可以系统地挖掘出资料中隐含着的推论。

不过，行动科学的另一套技巧则堪称绝无仅有，因为它们来自行动科学者参与研究的过程中。在一个行动科学计划的方案中，包括研究者所持研究方法背后的逻辑、配合这些方法而采取的行动，以及方法本身在内，不但是参与者之间的互动，同时也是被探讨的对象。举个例子：在被动实验（passivity experiment）中，参与者将实验探究的焦点转到介入者设计该实验的逻辑是否前后不一致的问题。介入者为实现预期而采取的行动可能就是一种自圆其说的设计（见第四章）。换言之，参与者将实验本身变成探讨的焦点。此时，介入者鼓励这种探究。他邀请其他参与者表达意见，自己以清晰明白的方式做推论，并要求大家对他所做的推论加以批评。这种情况表明参与者对整个探究的设计和方向，以及从资料中提出的推论拥有控制权。但最重要的是介入者为了直接帮助参与者的学习而设计了整个实验，为此主动地承担为他们解释一切的责任，他会寻找未能实现他意图的原因，向参与者求助解决之道。

综合上述种种特点，可以说明一个事实，在本质上参与者和研究者之间的角色关系有别于一般情形，这就需要一套全新的技巧。研究者必须心 ₂₆₉ 甘情愿地接受抨击与挑战，毫无保留地披露个人的推理方式与行动，听凭参与者予以严格的审视与批评，就如同之前他们自己对参与者的推理方式与行动所持的态度一样。他们的观点与行为往往是在一种无情的或毫无技巧、令人难堪的方式之下遭受质疑，而且这时他们需要保持镇静，克服内心想要自我防御的冲动，保持坦诚开放的态度。这一切还必须是在他们努力突破参与者与研究者双方都遭遇的困境之时，同时进行的。一方面，整个过程有意设计成由双方共同掌控，其中参与者的学习完全交由他们自己主导，但在另一方面，这一过程必然会在不公平（inequity）的情况下展开。开始时，多数参与者还未能察觉自己实际所持的理念，而且只是或只能模模糊糊地识别行动科学者所提出的思考模式。

因此，参与者在进入这个过程之初，事实上处于一种依赖介入者的状况。他们确实发现自己对本身所持实际理念的了解不如介入者了解的深入完整，对于这种内在的差距该如何弥补，他们完全茫然不知所措。我们不难理解，这样的自我发现往往会引发一连串沮丧与焦虑的经验。而且，这些经验所引起的反应不但会令当事者陷入困境，进而会阻碍解决困境的途径。当事者可能甚至自欺欺人地隐瞒自己行为不一致的状况，他们或许会在介入者发现这些状况时，对介入者解决这一问题提供的帮助或减少这种前后不一致的方法表现出抗拒的态度。他们或许也会将介入者的所作所为视为一种毫无必要的权力滥用而对彼此产生敌意。对于这些反应，行动科学者要有能力克服，不是采取自卫的反应，而是以一种"希望了解导致这些反应的原因，以便化解与超越它们"的诚挚探究态度。

因此现在的问题变成：在参与者与介入者必然要面对并克服困难的状况下，该怎样去学习并教授这些技巧？在一次横跨两学期、为时 9 个月的研习会中，我们获得研究这一问题的机会。在一所专业学校针对一群对研究与咨询工作有兴趣的研究所学生，开一门"行动科学"的课程教导行动科学的技巧，然后对此过程进行深入研究。在接下来的几章中我们将描述这一研究计划，这样可以让我们达到双重的目的。第一，这个计划可以让我们看到，在学习与传授行动科学技巧以及执行一项行动科学计划时会涉及哪些问题。第二，也同样重要的一点，它让我们得以描述行动科学者如何努力像执行小组一样扮演发问的过程。由于这个过程极其复杂，参与者与指导者双方都将不断展示新的行动，为此，我们在本篇引文中，先做一个计划的总览。在接下来的各章节中，我们将更深入地探讨这一学习过程中所要求和所涉及的种种问题。

（一）解冻阶段

在一个秋季的学期，大概有 60 名学员参加了一门每周一次的讲演课程，在最初的三周，这些学员都经历了我们所谓解冻的第一步过程。这个过程可以说是一个很典型的行动科学计划起步的方式。一方面，它在试图点破参与者对于本身所持使用理论不自觉的状态，同时，也对"使用理论属于第一类型理论模式"这一假说进行测试。这项所谓解冻的观念最早是由勒温（Lewin，1964）所提出，该立论的依据是在学习新的理念与技巧之前，必须设法先令旧有的种种理念、技巧——从不自觉的层面浮现到自觉的层面，并加以消除。为达成这一目的，介入者首先搜集一些参与者都认同、确属他们行为方式的一个例子。它所采取的方式即前一章所描述过的

X-Y案例。参与者要先将Y的问题进行诊断,之后用角色扮演的方式来表达他们应如何协助Y的方法。这部分的资料完成之后,介入者接着就一系列有关参与者使用理论的性质,参与者对结果的认可程度进行较浅显的公开检测(参见Argyris,1982,了解对这一阶段的详细描述)。

当参与者进入解冻过程后,他们第一次觉察到自己的使用理论是何种理念,这又引发多种不同的反应。在早先的研究中曾经发展出一个模式用来描述这个最初过程以及所呈现的反应。由于后来不断证明这一模式的确很能代表计划初期的过程,我们将该模式附于后面(如图3.0.1所示)。

如同模式所显示,起先,参与者经由他们自己的评鉴,发现自己在行为上确有矛盾与偏差,但是他们仍然不知道是什么导致他们如此(第一部分)。随着过程继续进行,他们的自信心开始降低,觉得无法自我控制,无法适应现实的恐惧日增(第二栏),这引发了内心脆弱易受伤害的感觉(第三栏)。处理这种脆弱感的方式因人而异,也和介入者的所作所为有关(第四栏)。有些参与者或许一方面表现出自我防御的姿态,一方面以开放的心态接受教导,譬如在反省自己的行为时,愿意面对介入者。一些参与者也许会出现不同的态度,做出一些行为以排斥学习、拒绝付出应尽的努力以检讨自己的错误,甚至将责任推诿于他人。从反馈循环的轨迹显示,那些能对自己行为积极探讨与反映的人,多半会惊喜地看到新行动所带来的希望之光,并感到自己能力的增强,体验到新的自信。相反,那些逃避采取行动、不愿面对错误的人,则倾向于加强他们现在的行动,而他们对自己使用理论浑然不觉的状态也会加剧。

完成起初三周的解冻过程后,参与者分散为几个10至15人的小组,分别展开课程讨论。期间仍继续参加大型的讲演课程。这时候活动重点略有变化。一旦自己体悟到以前没有意识到的使用理论,参与者立即集中精神将这种隐含的理念发掘出来,加以具体描绘。整个秋季学期剩下的时间,在不完全排除其他活动的情况下,绝大多数的学习时间是投入在帮助参与者发展各种反映的能力,借此加强他们对自己目前使用理论的洞察与自觉。为此而采用的媒介,大部分是一些由参与者制作的案例,以及有关

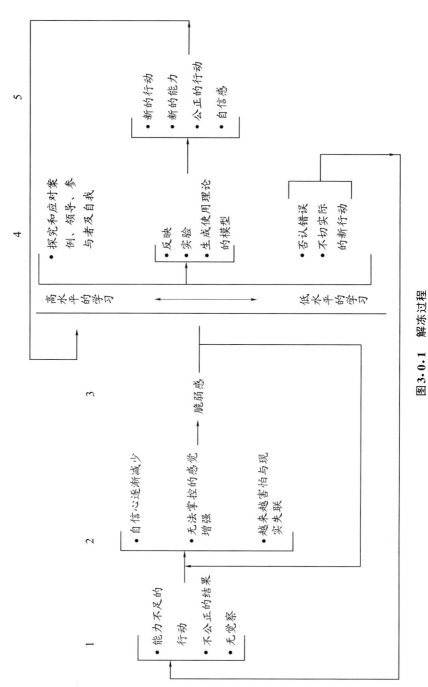

图 3·0·1 解冻过程

来源: Argyris, 1982.

研习会中种种互动状况的实录资料。这些案例通常就是我们所谓"按钮"个案(button-pushing)，即此种案例是在令人不安的敏感情境下很难书写的实际对话和未用语言表达的反应，很容易触动案例作者个人最本能的自发性反应。然后这些反应又成了小组讨论与大型讲演课所探讨的主题。参与者纷纷提出意见帮助案例作者思考他所面临的问题，并提出解决的各种可能。当参与者热情提供建议时，介入者会从咨询的角度对大家的意见加以评论，同时，也会对介入者建议他或她如何做得更好。可见，反映的素材是多样多元的，包括书面案例、参与者为帮助案例作者而投入的努力、介入者为帮助参与者而投入的努力以及参与者为帮助介入者所做的努力。我们不难想象，在如一面大镜厅般的行动计划中呈现出的各式各样反映来看，事情有时会是多么复杂而令人困惑！ 273

(二)学习新的实用理论

报名参加春季学期学习的学员相对较少。本次研讨会的筛选过程主要有两个步骤。第一，对本次研讨会感兴趣的学员将继续述说自己感兴趣的地方。第二，根据上一学期的成绩，排名在前 20 名的申请者获准参加。而这 20 名入选的学员中，共有 18 名完成全部春季学期课程。虽然第二学期所学的内容主要是以第一学期所学为基础，再加以延伸继续，但在一些方面，两学期之间的转换并不是完全连贯的。原先主持过大型讲演课但不会在分组讨论露面的首席介入者，现在成了这个规模相对较小的研讨会的主要指导者。参与者对这位主要指导者不像对先前他们的小组领导者那样熟悉，因此要重新与新的小组领导者建立关系。此外，现在这个小组的成员原先各自属于不同的分组，等于是让一群互不相识的参与者重新组合在一起。不过各种案例、记录稿以及反映性实验仍是学习的主要内容。

只是现在的标准提高了，参加者渐渐地将学习新的使用理论与培养独立处理学习过程的能力订为自己的目标。然而，参与者一开始就订下这些目标是不合适的，介入者首先会给予他们一些按部就班、循序渐进之类的忠告，因为参与者应先对其既有的理念具备充分自觉与反省的能力。不过在进入第二学期之前，对参与者来说越来越现实的是致力于制订不自相矛盾的新规则，并最终将它们有序地串联起来，成功地产生出新的结果。随 274

着成就感的提升，各种新的学习障碍和瓶颈就会陆续出现。早先种种关于学习新技巧、处理学习过程意味着什么以及要进行什么样付出的基本假设或架构开始更加显而易见。同时，一个必须重新框定学习过程的新阶段也逐渐开始展现。

随着时间的推进，无论是从他们的自我评估或指导者的客观评鉴中都可以看到：多数参与者证明了他们具备更大的运用新规则及掌控自己学习的能力。对于自己行为所产生的种种令人费解的事，参与者开始越来越感到好奇，想一探究竟，而不再像过去那样充满焦虑。同时，他们也显得更愿意去探讨自己或他人为什么会表现自我防御的行为。当在帮助他人时，他们会采取一种"既能诚恳批评对方，又能对其所经历的困境怀有深切同情"的立场。伴随这些情况的出现，经过介入者不断加以强化，参与者渐渐培养出关于第二型使用理论所包含规则与价值的概念框架及隐性理解。现在他们能够制订的规则范围更加广阔，对于在某些情况下应该采用何种规则的掌握能力也更强了。如果所使用的规则有问题或不妥当，他们比之前更能及时辨识出来，并迅速加以阻止。

后面的几章都是在描述这个为期一年的研习会以及期间所产生的学习行为。因为行动科学技巧必须包括能传授这些技巧，研习会提供了机会让这些技巧实际运作，同时也思考应该怎么做才能习得这些技巧。最重要的是，这就好比打开一扇窗，让我们可以看清行动科学全部的过程，包括它如何在实践社群中建构起探究的社群；面对疑难障碍，双方共同商榷的过程；指导者与参与者以何种方式同心协力，达成目的。在第九章，我们从指导者与参与者刚完成解冻阶段说起，我们描述的要点是，如果要让学习继续推进，指导者与参与者双方都将面临和克服的两难。第十章，我们继续讨论，鉴于第九章中所提及的困境，介入者是如何设法创建一种情境，以便展开下一步的反映实验。第十一章叙述的是个人在重新建构他的使用理论时，如何学习采用行动科学规则的过程。第十二章中，我们介绍介入者如何设法突破造成正在运行的实验无法进行的框架，以及他是如何帮助参与者尝试运用新的框架的。

第九章　展开学习过程

　　学习任何新技能的过程必然会遭遇许多困境，这要靠不断练习去克服。可是学习者无法练习还不懂或不会的技能。学习的用意是为了培养控制自如的能力，可是最初的阶段，学习者却不断面对失败。本来目标是要提高原有的技能，但是某些时候，这些原有的技能会对学习新的技能造成阻碍，反而需要中断。所以虽然目的是要使学习者的能力更强，然而一开始可能他会显得比本来更差：以前他可以迅速处理的，现在要慢下来；以前可以不假思索的，现在变得需要全神贯注；以前驾轻就熟的，现在变得笨手笨脚。

　　学会技巧性地制订行动科学的规则也不例外。而且，由于参与者缺乏自觉会使事情更加复杂。进入解冻过程时，他们自认自己持有某一套方法，而实际上他们用的是另一套，他们没有意识到其中的差距。等到他们觉察时，他们还是不知道怎么样去弥补，也不能体会他们原来的一套方法欠妥当。正如一个学生在反省时说（Higgins，1985）："刚参加这门课程时，我对学习所持的理论是：我只要念好指定的书，注意听每堂讲演课和分组讨论课，我就能学到许多技能，使我成为一个更好的行动者。说得简单明了一点，只要靠念书和听课，我就是学习了。这种观念导致我所表现的行为只限于读与听，而没有参与。本来我对这个学习策略觉得颇为得心应手，因为我用这个办法来应付许多需要学习的状况，效果都还不错——至少我自己是这么觉得。"要想学会行动科学的技巧，光是念书与听课是不够的，一定要有所行动，并且公开地对该行动进行反映，以便从中发现自己所使用的理论，进而尝试新的理论。然而这么做会面临风险与不自在的感觉。要求参与者设计学习实验，而且实验会产生意外的失败结果。当这种情形越来越明显时，麻烦就产生了。正如之前那位学生再次反映："我觉得很不舒服，而且很不愿意将那些为扩大与加深学习而设计的行为付诸实施，因为那意味着我必须走出自己清静自在的小天地，一头扎进充满没有自卫能力、没有安全感、时时自我怀疑的处境中。但是我也知道，不冒这种险，就不会有什么学习的收获。"如果参与者有心学好行动科学的规则，他就必须学习如何渡过这类学习困境。本章将叙述这种困境的本质，之所以导致困境产生的原因，以及它们如何通过学习或变得更强大了或得以重新调整。

第一节　对待学习的不同取向

在整个学习过程中，参与者会出现同时往两个不同方向采取行动的情形。一方面，他们想发掘自己实际的使用理论，以便更进一步学习。但是另一方面他们又想掩饰它，以免自己陷入学习必然要涉及的痛苦与自揭其短。这种情况并非唯独出现在我们所进行的工作中。这种情感矛盾似乎是成长与学习过程中天然存在的，它是形成自我的关键因素（Diamond，1983；Sullivan，1953）。然而我们发现，个人如何处理这种情感矛盾所用的方法非常关键。有些参与者采取自我保护的态度，他们在进入这个学习过程时，小心翼翼，恐怕自己犯错而表现出愚蠢的样子；他们逃避做另一种尝试，在面对反映时，态度封闭；他们怀恨那些学习有进展的人，并且将自己的失败归罪于他们。另外有些人采取不同的方法，他们一开始学习时，同样带着某些恐惧，不过他们同时也深信，解除这些恐惧的办法，就是参与进来，犯错，并积极反映；他们热衷于尝试，对于反映的种种可能性感到兴奋。他们对于同伴所做的贡献与所犯的错误，同样重视并且努力从中学习。

下面的图表就描述了这两种取向，以及他们对解决学习困境的意义。如图表所示（参见图9.1），我们将两种取向加以概念化，并做成一个具有连续性的排列组合，以此强调个体所选择的取向，其实两个层面都有。同时我们发现，在研习会的初期阶段，参与的个体更多地倾向于采取偏于保护性取向的理解方式与规则。一直等到他们察觉其中的限制之后，才会开始尝试那些比较有反映性特点的行动取向。这一点暗示我们，在学习过程中，个体对他们自己如何从事学习，也确实做了重新调整，从保护性取向的系列行动转向反映性取向的行动。关于指导者如何刺激个体产生转移所采取的行动，我们留待下一章交代。本章仅就详细描述形成两种取向其背后的理解方式与规则。

图 9.1 是从参与者所立足的起点开始：第一栏指出参与者投入学习过程之初，每一个人都必定面临的情况。第二栏与第三栏接着区分出两种不同取向的个体用以建构及经历这一过程的不同方式。第四、第五、第六栏描述了两种取向所引发的学习策略与学习困境，而第七栏则介绍了两种学习过程各自带来的结果。

一、初始环境（第一栏）

造成个体不确定与焦虑情绪的感受，主要来自我们害怕无法满足生活中完成各种任务的要求（Hirschhorn，1982）。这种任务越是复杂、新奇而意义不明，难度就越大，我们不知道能否完成的不确定感也就越强。任务的每一特性都指出必须学习另一套使用理论。

首先，这项任务的复杂性呈现在许多层面。个体想要学习的新理论包含许多规则，其中有些又存在于另一些之中，而且每一规则都有其各自的运用范围。一些规则也许互相冲突，但它们都是为了满足参与者包含多种目的的追求。此外，反映的过程本身就是反映的对象，而上述过程又再次成为反映的对象，以此类推下去，致使反映讨论的层面变得多重、复杂，有时甚至来回绕圈。最后，终于经由行动而揭示与反映所检验而织成的推论之网，其逻辑脉络之复杂精密，若要细加区别与追踪来龙去脉，实在极端困难。

其次，任务本身既新奇又模糊不清。既没有清晰的标准来界定正确与否，也没有一个确切的终结点。当上述情况本身就是既新奇又模糊的时

279

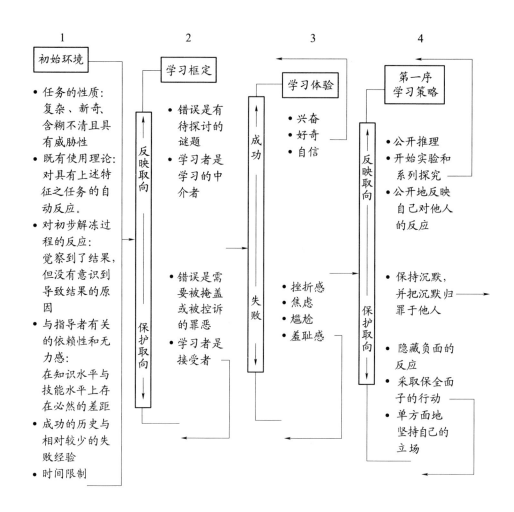

图9.1

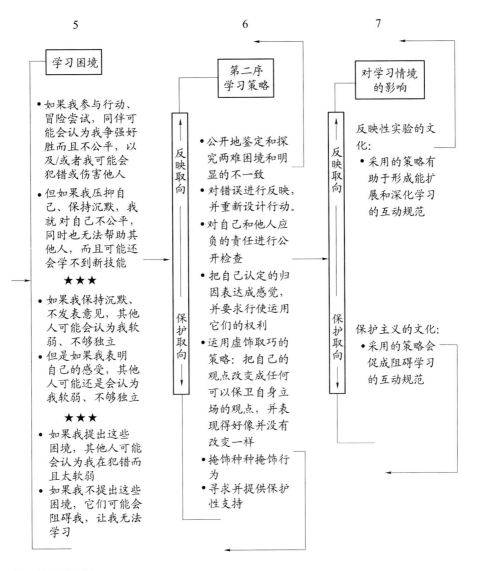

5   6   7

学习困境   第二序   对学习情境
                              学习策略   的影响

• 如果我参与行动、   • 公开地鉴定和探   反映性实验的文
  冒险尝试，同伴可   究两难困境和明   化：
  能会认为我争强好   显的不一致   • 采用的策略有
  胜而且不公平，以   • 对错误进行反映，   助于形成能扩
  及/或者我可能会   并重新设计行动。   展和深化学习
  犯错或伤害他人   • 对自己和他人应   的互动规范
• 但如果我压抑自   负的责任进行公
  己、保持沉默，我   开检查
  就对自己不公平，   • 把自己认定的归
  同时也无法帮助其   因表达成感觉，
  他人，而且可能还   并要求行使运用
  会学不到新技能   它们的权利
  ★★★   • 运用虚饰取巧的
• 如果我保持沉默、   策略：把自己的
  不发表意见，其他   观点改变成任何
  人可能会认为我软   可以保卫自身立   保护主义的文化：
  弱、不够独立   场的观点，并表   • 采用的策略会
• 但是如果我表明   现得好像并没有   促成阻碍学习
  自己的感受，其他   改变一样   的互动规范
  人可能还是会认为   • 掩饰种种掩饰行
  我软弱、不够独立   为
  ★★★   • 寻求并提供保护
• 如果我提出这些   性支持
  困境，其他人可能
  会认为我在犯错而
  且太软弱
• 如果我不提出这些
  困境，它们可能会
  阻碍我，让我无法
  学习

反映取向   保护取向   反映取向   保护取向

学习的两难困境

候，我们只能说它接近了新的价值观。没有几个个体能在行动中证明这些，并且这些也不能被人直接观察到，只能从行动中去推断，这个过程本身就是模糊不清的。不仅如此，而且也不存在单一或者明确的获得这些新价值观或新技巧的方法。发现和确认这些情况有多重路径和大量知识，但这些路径和知识还处于隐性状态。

这些与任务有关的特性会彼此互相强化，因此也增加了失败的风险，对个人自尊心造成了既明显又紧迫的威胁，从而带来以下种种防御行为，例如逃避任务、对一个人的表现加以曲解、归咎他人，等等。参与者因而发觉，他们必须对抗一个挑战性的任务，同时，还要抗衡自己心中将它破坏的倾向。令情况更复杂的是，他们刚完成初步的解冻过程，正处于意识混乱状态。一方面，他们开始能觉察自己的行动所造成的后果，且正致力重新设计新的行动方式；另一方面，他们仍然不知道是什么原因促使他们采取那些行动，而且还不能确定到底要不要把原因弄清楚。但是这种对后果能觉察而对原因不明白的混合状态进一步提高了压力的强度：个体现在不只对任务感到无法确定，连对他们自己都有难以捉摸的感觉。因此，他们将自己置于依赖介入者的境地，希望依靠他们认为介入者所具备的能力去准确预测出后果，提供对行动的解释并轻而易举地制定替代性的行动方案与控制结果。然而，在开始阶段，这样的专精能力是一个神秘的谜题，解决这个谜题是一件很费神的事。现在，参与者对自己推论判断的能力从内心深处产生了怀疑。

根据过去的记录，这个团体的参与者倒没有经历过这么大的失败压力，也没有感到对另一个人的依赖要到这样的程度。他们之中的大多数人都是学生时代有着优异成绩，而现在都已成功地开始专业发展。对他们来说，不常碰到发现自己的能力有缺陷而又无法自己弥补的情形。对有些人来说，失败是他们信心的来源，但是对另一些人，任务的陌生加上时间有限，不能让他们慢慢拿捏分寸、思考对策，使得问题变得更加困难，因为研习会前后只有9个月时间。参与者都知道，9个月之后，他们就必须依靠自己继续发展新学成的技能。

这些情况在早期都是难免的。每个人在刚开始展开学习过程时都会面对。这些情况往往是一系列相关的因素，彼此会相互强化，因此应慎重处理，不可轻视。它们都是学习问题"既定"的状况，所有参与者都必须想出某种对策来解决它们。

二、框定学习的问题(第二栏)①

即便如此，参与者根据状况提出的对策却与这些状况没有任何必然性。它涉及选择，而且是极其隐性的选择。从一开始决定如何框定他们将面对的情境时已经开始做选择。他们会选择注意某些事物，忽略某些事物，命名他们所见到的事实，以及如何将这种种因素组合为一个具有意义的模式(Schön，1983)。就现在这个例子来说，参与者必须先想清楚学习意味着什么和要付出什么。换句话说，他们必须对学习的问题进行框定。这样一来，他们就不是从头做起了。就如舍恩(1983)的著作中所提到的，他们从不熟悉的事物中发掘出熟悉的部分做起："当一名实践者搞明白一个他视为非常独特的情境时，可以说，他会看见原本就存在于他内在记忆之中的某种东西，熟悉的情境可以说就像一个引子，或者一个隐喻，或者借用库恩的说法：为处理一个不熟悉的情境提供了范本。"(Schön，1983，p.138)。

框定一经采用，就如模板一样开始发挥作用，我们将它"套进"情境，以便弄明白情境(参见 Kelly，1955，pp.8-9)。这些框架将有关系的事物包括进来，为我们的所见赋予意义，指示我们应如何采取行动。如舍恩所述："如果一个人视'此'情境如同'彼'情境，则他在此一情况中，可能也会'做出'和彼情境'相同'的举动。"(Schön，1983，p.139)舍恩(1979)用都市贫民区的问题说明了这个观点。人们对都市贫民区的框定不是称之为凋萎破败的地区，就是称之为自然社群。但是不同的框定会导致不同的行动。"凋萎"是一个疾病的隐喻，暗示其中包含病态的因素，应加以清除，

---

① 此栏目与图 9.1 栏目不同，原文如此。——编者注

以免波及周围健康的环境。相反，"自然社群"是一个田野生活方式的隐喻，它所表示的是，都市贫民区应予保留、保护或给予协助。

一般情况下，这类框定不太受注意，因为它们背后的意义早就不言而喻。不过我们发现，通过中断正在发生的互动，并且引导个体将注意力放在当时他们的所作所为、所思所感上，这些隐含的理论框定是有可能被人们意识到的（参见第八章）。通过这些资料，我们可以开始重新建构出当个体最初采取行动时，可能就是如此这般框定其所处情境的。

当研习会的参与者回想自己如何展开学习过程时，我们才开始有机会去了解他们是如何框定学习问题，包括犯错对他们而言的意义以及他们如何看待自己作为学习者的角色。这种框定固然会因人因时而异，但是经过一段持续时期的观察之后，可以发现一个趋势，参与者会有一种倾向，即"从自我保护的框定逐渐转移到比较能导致反映与实验的框定中"（参看第二栏）。

- 角色框定

我们已经知道，每个参与者都会遭遇在第一栏中所描述的那些最初必然存在的情况—— 一项复杂且模糊不清的任务、一套可能阻碍学习的既有使用理论、对指导者的依赖，等等。不过，参与者界定自己作为学习者的方式会导致他们看待和处理以上情况时截然不同。如图9.1所示，我们根据反映取向与保护取向的连续体对变量进行概念化，依据这些框架的范围去维持学习所必需的反映性探究。然而，这些都是连续的变化过程而不是有明确阶段的，大体而言，框定自己的角色为中介者的人，倾向于将既定的初始状况看作难以克服但又是可以改变的，并认为自己与同伴有责任设法解决。相反地，框定自己的角色为接受者的人，则倾向于认为最初状况超出了自己的控制能力，并将解决的责任推卸给他人。

我们可以从两位参与者（分别取名为李与卡罗尔）的个案中看到这个差异。他们两人在面对一模一样的最初状况时，却发现了全然不同的问题，建构了不同的解决方式。第一个片段描述了李对卡罗尔的愤怒情绪，这是当卡罗尔犯错后表示焦虑不安时，李做的反应。

实际的对话	言 外 之 意
李：卡罗尔，我想跟你谈谈。我对你前几周所讲的话一直感到不满，因为你在整个过程中是那么全心全意地投入，似乎别人都变得无关紧要。就因为你这么热切地想学，害得别人都失掉机会。我就觉得我的机会被人抢走，我很生气，也很嫉妒。虽然我什么也没说，可是这件事我已经想了两个礼拜。	我一直在生你的气。 因为你这么热心投入，害得别人都失掉学习的机会。 我仔细思考过这件事，但我选择什么都不说。

不久之后，李向整个小组继续描述自己的反应。

李：我确实很讨厌过分积极表现。我觉得在这门课开始的时候，大家都很有竞争意识，没有人去管别人说什么，每个人都争着表现；我不喜欢做这种事，所以我干脆就表示同意，这样我可以省得说话。	我讨厌过分的积极表现。 它妨碍了我讲话。

285

　　李的反应是一条线索，我们可以由此看出她是如何框定自己的角色和所面对的情境。她一开始就说看见她的同伴都具有竞争性、积极主动的表现：他们"争着表现"而且"不管别人说什么"。接着她认为自己的观察是事实，基于这个事实，她采取了下一步行动：她认定同学们过分积极的自我表现使她没有机会参与，甚至没有机会学习。当她这样框定了情境之后，接着便决定保持沉默两周，她认为别人应该为自己的不参与负责。为此，她对他们的不满也与日俱增。最后，当一名"太积极、爱表现"的参与者述说自己的脆弱性时，李将之视为一个表达自己反应的机会，并且也这样做了。

　　李建构这个情境的方式，包括她如何诠释与如何采取行动，让我们得以了解她为自己框定的角色是什么，以及她着手解决的后续问题是什么。当李初次看见同伴争相表现时，她面临一个选择的转折点：她本可以用很多方式试着去了解她所看见的情形，并让自己适应那些情形；她还可以认为他们的行为不对，挺身介入帮他们纠正；再不然，她也可以注意看清他们的行为是如何妨碍自己学习的，然后集中精力设计出一个行动去阻止他们。但是，因为李为自己框定的角色使她没有采取上述任何一种做法。这类做法必须是她先持一种"对自己的学习负责"的态度。然而李的行为与反应暗示她是属于把自己当成被动接受者的类型，一个自认"被别人排挤""被人抢走机会"的人。在这样的角色框定之下，李自然很容易做出她所表现出来的结果：首先退出，然后等到比较安全的时候，再现身介入，以期创造出她认为如果自己想学习就必然需要的某些状况。相反，她的这种做法令她自己和其他人的学习都变得更加困难。如果她个人对同伴做的私下归因正确，只要这种归因没有被公开，她的同伴就无法从中受益；如果归因是错的，她也无从发现。可是从李的行动来看，她似乎没有觉察到这些可能性。似乎每当她有所行动时，她的角色框定就会引导她把精力只集中在别人的哪些行动对她造成了限制，同时也令她无法看到自己也许正在某种程度上自我设限。

这并不是说李与其他人所遭遇的情境没有制造任何限制。她和她的同伴的确没有太多时间，大家的确都要争取自己的发言时间，尽量找机会占据一个发表意见的位置。但是就在同样的两周期间、面对同样的情境，由于卡罗尔看待和处理同样情境的方法不同，从而使得她的学习经验得到拓展和加深。面对要不要尝试一次角色扮演，她私下花了许多时间设计一项介入行动，然后决定主动争取机会让自己的想法接受彻底地检验。之后，正当她在公开反映自己的介入行动时，被另一个同学打断，她立刻表示自己还没有说完，捍卫自己"应有的发言时间"。又过了一阵子，她开始对同伴与介入者分别处理某一个个案时，其方式上的差异感到困惑，于是她把这种困惑表达出来，提出一连串的问题，而且都指向了贯穿介入者行动背后的隐性逻辑。

这一系列动作表明卡罗尔在面对相同的限制时，为自己框定了一个完全不同的问题与角色。如同李的情形一样，卡罗尔面对好几个选择的转折点：要不要尝试角色扮演？是否让出自己应有的发言权？以及是否应该放手，让指导者自己来解析蕴涵在他行动中的知识？卡罗尔是如何理解她所面临的情境的，我们无从得知。但是，与处理李的情况一样，我们可以通过卡罗尔的行动推断出她十分清楚自己正面临如下问题：怎样才能降低参加角色扮演的风险（她很用心地设计规划了自己在角色扮演中的每一个步骤）；怎样维护自己的发言权（她解释自己还没有说完）；以及怎样才能发现指导者的理论与参与者的理论之间存在的差异（她对指导者的推理进行了追根究底的探讨，试图了解参与者的行动是如何导致不同的结果的）。她提出的这些问题都指向了一个总的问题："我"要怎样创造学习的必要条件。这个问题设定表明，卡罗尔认为自己才是学习的主体，而且她应该自己承担学习的责任。

对参与者来说，在研讨会的早期便能做这种角色定位虽然并不罕见，但是这会造成一种冲突的情境。一方面，它让参与者处在一个更有利于学习的位置上：卡罗尔发现了以前不自知的错误，并且能厘清介入者行动背后的隐性逻辑。然而，另一方面，察觉错误可能会引起尴尬与焦虑。起初，参与者处理这种冲突的办法是在两种角色框架之间摇摆不定，随着学习的深入，他们能维持主体角色的时间会越来越长，也能在面对更大的困难时坚持主体角色的立场。不过，维持这种角色需要面对一个关键的障碍——对错误的框定，这是所有参与者在学习过程中多少都会面临的困难。

- **对错误的框定**

错误是所有学习过程都会用到的原始素材。耐人寻味的是，这个建议是所有参与者在观念上完全了解，并常常建议其他人应该遵守的，但在实际行动时，几乎每一个参与者都会将之放到一旁。当参与者发现错误时，他们的表现好像在说：认为自己不但错了，而且错在犯了这样的错误。我们可以从下面的谈话中看到这一点——当有人问是什么令他止步不前时，这位参与者不太情愿地参加了角色扮演，他的解释是：

实 际 对 话	言 外 之 意
参与者： 我知道我没有能力坚持到底，没有能力完成一个完整的介入过程。其实我也知道只要扮演好各自的角色就可以了，可是一想到我会遇到困难，不知为什么，我就不想参加角色扮演了。	我承认我在完成整个介入的过程中，肯定会犯错。 我知道这没什么关系。 可是，当我知道自己可能犯错时，我就不想行动了。

288　　卡罗尔在另一门课程中反映自己的退缩行为时，也表达了类似的意思：

卡罗尔： 我只是觉得既然要介入，就必须做到尽善尽美。在休息的时候，我会自己用心研究，并且会找其中一个指导者讨论，因为我想让整个介入足够完美，才不会让自己太尴尬。基本上，我只是不希望自己看起来是一副愚蠢的样子。	我希望自己在介入时不会出错。 如果中间出现太多的错误，那我会觉得丢脸！ 如果我犯错，我觉得自己会显得很愚蠢。

　　这种反应很典型。个体框定犯错的方式一开始基本上没什么不同；他们简单地认为犯错是不对、不应该的。在前面的对话中，我们可以把这种框定的使用看作参与者在试着理解自己的错误或可能会犯的错误。错误被认为是一种禁忌，而且只要存在一个犯错的可能性，就足以破坏全盘计划。在其他方面，同一种框定的运转方式表现为个体对其他人犯错的反应：不是对犯错的人发怒，就是替他们解围，省得他们归咎于自己。这个框定因此也变成了一个前提，它会导致这样一种结论：犯错应该被掩饰或者受到处罚。

　　另一种框定则把错误视为有待研究和解决的谜题，因而使它们变成了学习机会。一位研讨会的毕业生对自己在某一次与同事开会时所犯的错误进行了反映，并举例说明了构成这种框定的推理过程。

实 际 对 话	言 外 之 意
毕业生: 本来我觉得很沮丧，不过后来我忽然领悟到，这也是一个极好的学习机会，因为这个事件几乎就是对另一个我一直都没有真正解决的事件的精致重演。	事情最初很令人沮丧，但接着我认识到这是一个学习的机会。

紧接着，他继续解释了导致这种模式的前因后果，之后，他又描述了自己做出的如下反应：

毕业生: 颇具讽刺的是，我发现这一切充满了希望……因为我知道，迟早我还会碰到类似的处境，而且到时候我可以不用再按照以前的方式来框定它。这就是走出两难困境的一个办法。	我从错误中学到的东西带给我希望。 在重新框定这一情境时，我发现了解决困境的办法。

把自己的错误看作一种有待解决的难题，这种框定使得这位参与者能够刻苦钻研他所发现的模式，也使他能够进一步追究是什么促使他"重演"这样的模式，还使他能够以书面的形式尝试用几种不同的方法来解决他所遇到的困境。结果，他所学到的东西成功地将他最初的沮丧转变成了希望，因为他开始在判断困境根源的过程中体验到一种成功感，并且还发现了框定情境的新方法。

无论这种框定获得支持的机会有多频繁，在研讨会的初期，它们还是很少在实际行为中出现。造成这种现状的一个原因可能就是我们最早接触的学习模式先入为主地影响了我们，使我们以自我保护的心态来看待错误。正如沙利文（Sullivan，1953）提出的，我们在孩童时代的学习都是在各种与谴责和焦虑有关的方法下进行的。为了保护自己不受这类反应的干扰，我们慢慢发展出一套逃避策略，这样我们才能继续学习与成长（Diamond，1983）。进入成年之后，这些早年的学习经验转而开始发挥不良的作用：我们儿时发展起来的学习框定和学习策略开始损害设计之初它们本该保护的发展与学习。

在我们的研讨会中，参与者一开始都害怕犯错，为了逃避失败感，他们经常退缩，不敢冒险参加实验和反映。结果，这些行动强化了他们所面临的问题，使环境变得更为棘手：对指导者的依赖性没有减少反而增加；学习新理论的复杂性难以处理；他们原本希望能避免失败，可失败的可能性更大了。如果学习是为了迈向成功，那么，参与者都必须重新框定"犯错"意味着什么，以及为了学习，应该做些什么。

三、心理成功与心理挫折(第三栏)①

在早期有关期望水平的著作中，勒温等人(Lewin et al. , 1944)曾研究过个体设定目标的过程，以及这一过程对成功体验与失败体验的影响。如同阿吉里斯(Argyris，1970)所总结的，他们发现在下列情况下，个体通常会体验到成功感：

- 他能够界定自己的目标；
- 这些目标与他最主要的需求、能力以及价值观相关；
- 他可以明确地制订出实现这些目标的途径；
- 目标的达成意味着他的期望值是实际可行的。如果目标的完成代表了个体需要发展出尚未使用及尚未检验的能力来面对这样的挑战，这个目标就是适宜的。

此外，他们还发现，成功感促使个人积极面对任务，并逐步提高自己所设定的目标水平，失败感则会导致个体降低自己的目标，而反复的失败会导致自信心降低、防御性归因以及退出以逃避任务(Hoppe，1976；Lewin et al. ，1944)。同样，在我们的研究中，我们也发现，反复出现的失败感往往会引发对更多失败的恐惧，也会强化个体对错误和个人角色的保

---

① 此处栏目与图 9.1 栏目不同，原文如此。——编者注

护性框定，而且会增加当事者的自我怀疑、尴尬以及对他人的依赖。相反地，我们也发现成功感通常会点燃个体的兴趣与好奇心，激发个体的掌控感以及对学习可能引发的事件的兴奋感。所有这些经验会像引擎一样，或提供探究的推动力，或切断探究的动力。

如果情形确实如此，那么，"是什么在影响这些成功体验和失败体验"就成了问题的关键。根据勒温等人（Lewin et al.，1944）及霍普（Hoppe，1976）的报告，成功取决于个体设定的期望水平既有一定的高度但又没有超出"他们的能力范围"：如果期望水平太低，他们在超越它时将很难体验到掌控感或成就感；如果太高，他们又会遭遇反复的失败与挫折。但是，个体该如何确定这个范围呢？通常，他们会回顾自己以往的表现。然而，这恰恰是参与者最容易出问题的地方。他们对自我表现的认识很可能与他们的实际表现有相当大的出入。他们还不知道自己的理论是什么，不知道他们制造了什么样的结果，也不知道他们到底了解什么样的行动。因而，他们很容易认为自己已经具备了新技能，或者倾向于相信这些技能相对容易学习。结果，每当他们发现事实并非如此时，他们便尝到了失败的滋味。这种情况会继续下去，一直到他们设定出更加现实的目标为止。

如果事实确实如此，那么参与者该如何发现什么才是更加现实的目标？通常，解决这一问题的办法就是先行动，然后收集各方对行动表现的反馈，最后再根据反馈信息重新调整目标水平。然而，在这里，参与者还可能会遇上麻烦。当他们经历过失败之后，这些往往就是最难展开的行动——因为一次失败感引发了他们对可能会面临更多失败的恐惧，也触发了他们的羞辱感和防御性归因。在这种情况下，个体更不愿意引出必需的反馈来重新调整自己的期望水平，使之更加切实可行。

因此，参与者面临一个两难的困境。为了获得成功感，他们必须设定切合实际的期望水平，然而，只要他们为了避免失败感，不自觉地拒绝降低自己的眼光，那么，他们就不能这么做。解决这种困境的一个方法就是，我们再回头去研究参与者是如何框定错误的。在某种程度上，只要个体认为"犯错是不对的"，他们就会想方设法地避免犯错。正如一位参与者所说的，她希望自己的介入尽善尽美。在她看来，错误是失败的表现，应该避免，并且应该被掩饰起来，这样一来，她就不可能对自己的能力有一个实事求是的评估。但是，如果把发现错误看作成功的象征，又会发生什么呢？这个全新的诠释转变了成功和失败的概念，在某种意义上而言，它使参与者能够开始反映他们的错误。

292 　　这个分析结果表明，个体框定任务和框定经验的方式是有高度互动性的。对错误的"保护性框定"往往会使当事人难以设定适宜的期望水平，这反过来会导致失败的体验，进而又会强化对"错误"的保护性框定……如此层层因果循环下去。类似地，个体为了避免失败而采取的角色框定方式不可能创造出有助于他们获得心理成功的条件。也就是说，当个体以接受者的角色自居时，他们不会想到自己设定目标，也不会考虑达成那些目标有哪些途径，他们只会袖手一旁，等着别人替他们安排。因此，自相矛盾的是，参与者苦苦寻找的、用于保护自己免遭失败的方法，恰恰就是造成失败、使他们无法获得成功感的根源。作为个体的另一种选择，对框定进行更多的反映使个体能够对自己的能力做出更准确地反映与评估，因而增加了成功的经验。采用这些反映性的框定，他们能使自己的期望更加切合实际，也能获得日渐增长的能力来更准确地了解自己。

四、第一序学习策略（第四栏）

　　通过行动，我们才能研究、了解和改变既有的理论，然而，某些行动较其他行动更有利于开展这种探究。在这个基础上，我们在图 9.1 中对保护性行动策略与反映性行动策略进行了区分。第二个区分发生在第一序策略与第二序策略之间，这个区分是为了指出，一旦我们采取了行动，我们会利用备份策略来处理初始行动所引发的新情境。构成第一序策略和第二序策略的行动可能会有部分重叠，也可能会因人或因情况而改变。一个人的第二序策略可能会变成另一个人的第一序策略。重点不在于个别的行动，而在于策略所发挥的作用——第二序策略旨在让我们有机会去强化或反映我们的第一序策略及其产生的情境。

保护性策略源于对"错误"的保护性框定和把学习者看作接受者的角色框定，这两者都降低了行动者自揭弱点的机会，因此也阻碍了探究的途径。在此，我们集中探讨四种最常见的策略：(1)保持沉默，并把沉默的责任归咎于他人；(2)隐藏负面的反应；(3)采取保全面子的行动；(4)单方面地坚持自己的反应。

1. 保持沉默，并把沉默的责任归咎于他人。

采取这种策略常常是为了避免犯错和随之而来的尴尬。本章提到的那 293 位放弃角色扮演的参与者，以及第四章描述的在被动性实验中打退堂鼓的那批参与者，都说明了个体是如何退缩和保持缄默的，或者是如何静待其他人犯错，然后才肯自己冒险尝试。隐藏在这种策略背后的逻辑是，一个人可以通过沉默来避免犯错。可是，因为这种策略使实验和练习根本不可能发生，所以，它本身就是一种错误。它使个体无法体验到发现错误所带来的成就感，同时也使个体更容易曲解自己能做什么和不能做什么。行动者可能会暗自坚持：只要自己有机会参与，他们就不会犯像同伴那样的错误。正是这种想法造成他们的期望水平一直居高不下，不切实际；相应地，这又增加了产生失败感的可能性。同时，这种策略无法产生成就感。相反地，行动者会对自己违反了公开原则与希望学习的心愿而自怨自艾，内心的负罪感也会与日俱增。为了消除这种感觉，行动者很快地开始把自己的缄默归罪于他人，例如，我们在前面看到的李的举动。发展到此，可以说这个策略已经自断后路，最后，行动者也跟着它的逻辑一起走进了死胡同。执着于自己那无法达成的标准和错误禁忌，个体开始感到自己好像被什么限制住了，动弹不得，想不面对失败感或羞辱感都不可能。

2. 隐藏负面的反应。

通常，被隐藏的反应由负面感觉和防御性归因组成，它们具有使个体的行动合理化的作用，并具有"理所当然是正确的"性质——这种性质反过来又成为进一步推理、行动的基础。回想一下李的愤慨，以及她认为其他人的过度竞争使她无法参与研讨的这种归因。这种反应诉求一种与世无争的意识形态，并把她保持沉默的行为合理化，使之变得可以容忍。树立这些观念之后，她便开始根据它们来采取行动，好像这些观念都是真理，不必加以任何检验，也不必把它们提出来作为探讨的主题。

可以预见，那些保持沉默的人都采用了李的策略，而且很多更善于言语表达的人也会采用这种策略，他们都系统地删减了所有与自己、与他人有关的、负面的情绪反应或归因。在第四章的被动性实验中，我们发现沉默的参与者和滔滔不绝的参与者都删减了他们前一周的反应。结果，整个团体都没有机会去了解它的成员是如何看待、如何体验这个学习过程的，而且他们再也不能获得有关人们所面临的种种困难的知识了。

3. 采取保全面子的行动。

由于参与者把错误视为禁忌，所以他们经常预测，如果他们指出某人的错误，就会使对方尴尬或心烦意乱。他们也因此会设法做一些替他人保留面子的行动，希望能够缓和因指出他人的错误而给对方造成的冲击（Goffman，1967；Brown and Levinson，1978）。这类行动中的一种就是在批评他人的同时，也要做自我批评。他们想借此来传达一个信息，即虽然他们在其他人的行动中发现了错误，但是他们自己也好不到哪儿去。这么做的目的就是为了避免抬高一方，令另一方难堪。问题是这种方法会导致接受者在心中暗想："那他为什么还要讲出来？他自己也有同样的问题！"——当然，接受者也不会说出这种想法，因为他也要顾全对方的面子。

还有一种保全面子的做法——在表达批评的时候，多用模棱两可的词语来保护对方，或悄悄地、逐步地表达批评。一个行动者可能会说："我只是觉得有点好奇，但我想我们之间可能彼此有点误会——不过当然，也可能只是我自己搞错了。"在这个片段中，说话的行动者其实不同意另一方的观点，但他用了许多修饰语，如"我只是好奇""彼此有点误会"以及"可能只是我搞错了"，这些修饰语使他的话变得非常模棱两可，意义不明。正如戈夫曼对使用这种策略的行动者所做的描述："他喜欢兜圈子，使用障眼法，回答问题时总是小心翼翼地使用模棱两可的措辞，虽然这么做是保全了对方的面子，但实际上却损害了对方的利益。"（Goffman，1967， pp. 16–17)

　　正如这些例子所显示的，保全面子的做法包含多重信息。因为他们在表达时都遵守了礼貌谈话的规则，因为这是共享的规则，还因为我们知道这些规则是共享的，而且每一个人都了解这一点，所以它也传递了这样的信息：我们希望对方不要心烦意乱，他也遵守了同样的礼貌规则，以及他会是一个豁达大度的人，因此他会帮忙避免出现令人难堪的场面，等等。这个多重信息使接受者陷入了困境。一方面，他可能希望自己大度，看得开；另一方面，他可能会被批评搞得茫然不知所措，甚至会认为那是不正确、不公平的，可是如果要让他说出这种想法，他又会觉得自己违背了礼貌规则。为了解决这种困境，他自己也可能会使用同样的保全面子策略，这就使得他更难发现最初是什么原因导致自己受到了批评。还有一个信息隐藏在规则的目的上。因为保全面子之举是为了缓和批评的冲击力，而且这种意图众所皆知，所以，它可能在传达这样一个信息：错误是不好的，或者接受者很脆弱、经不起打击，因此我们必须小心处理自己的批评。虽然制定规则的本意是为了支持接受者，但是这个规则最终可能会变成向接受者的伤口撒盐，而且会使接受者更难理解自己的错误。

　　4. 单方面地坚持自己的立场。

　　这种策略是指在公开表达意见时，采用一种能把一个人的弱点最小化的方式，通常是用推测程度很高的语言来陈述它们，同时却又表现得好像自己讲的内容非常具体、明显一样。为了解释这一点，我们在下面提供了一份对话，这是一位名叫保罗的参与者对一位刚刚带着个案到课堂上寻求帮助的顾问之间的对话。

　　　　　"我发现你的方法让我感觉很挫败。"
　　　　　"我觉得那是在贬低她。"
　　　　　"你传递出的信息是'她需要安抚'。"
　　　　　"是你引导她说出最初的那些叙述的。"（复述她的陈述）
　　　　　"我对她所说的反应非常强烈。"

第九章 展开学习过程 | 255

"你在引导这件事的发展。"

"这件事是你--手导演出来的。"

与我们之前描述过的看法完全不同，保罗的意见是公开而直接的。但是，其中的个人推测成分很高，譬如，他所做的归因："那是在贬低她"以及"是你一手导演出来的"。他的所有陈述都没有包含这位顾问实际做过什么的资料，所以她也不可能为自己的行动提出一个替代性的解释，或者她也不可能指出他推论中的漏洞。而且，在表达这些看法时，他让你觉得他所说的都是很明显、很具体的事实，而不只是他个人的推断。他表现得似乎他已经确定那些都是事实。他也没有要求对这些看法进行任何探究，而且他把它们当作自己介入行动和自身感受的根本依据，例如说他自己"感到很挫败"以及"反应非常强烈"等。正是在这个意义上，我们认为这是一种保护性策略。他把自己的看法当事实来表达，而且没有给其他人留出探究的余地，从而降低了自己受到批评的可能性。然而，可以肯定地说，保罗的这种策略比保持沉默和自我审查的策略更容易让他受到批评。至少我们知道他的反应，那只是一个开始。我们可以由此着手，要求他举例说明自己的看法；我们可以指出其他人可能会从不同的角度来看待这种情境；我们也可以仔细探究是什么导致他对别人的错误感到很挫败。但保护性策略越被动，要启动这种学习过程就越困难。

总而言之，保护性策略，尤其是更加被动的保护性策略，会反过来强化参与者所面对的初始环境。首先，参与者所做的推理越是不容易受到批评，他们就越不可能有机会认识和重新设计自己现有的使用理论；其次，这种情况愈久，缩短指导者与参与者在技能与掌控力上的差距所需的时间就愈久。类似地，这种策略也会强化保护性的错误和学习者角色的框定。首先，出现错误的实验与经验越少，个体重新框定错误的含义的可能性也就越小；其次，一个人越是不肯承担责任，越是不采取主动，他对整个学习过程的责任感与投入就越低；最后，这种策略会使个体不可能有机会修正自己的期望值，或体验到成功感。因此，避免失败是以体验不到成功为代价的。随着时间的流逝，做事的压力在慢慢增加，错误一直不纠正，目标仍然遥不可及，而时间却越来越紧迫。最终，所有为了避免失败感而付出的努力反而制造出更加强烈的失败感，人们也慢慢感到自己陷入无法动弹的胶着状态，内心充满绝望。

相反，反映性策略起源于把学习者的角色定位为主体。它们的特点是高度的主动性伴随着高度的脆弱性(易受伤害)，因此具有比保护性策略更大的风险。让我们先来看三个这样的策略：(1)公开进行推理；(2)启动实验和探究的程序；(3)公开地反映自己对他人的反应。

1. 公开进行推理。

这个策略指公开个人的看法，同时确认并清楚地阐明导致他(她)形成这些看法的推理步骤。虽然这个推理可能有漏洞、有前后不一致的情况，但这个策略让参与者能更好地发现和探究它们。举个例子，当一位名叫文斯的参与者认为介入者打断了某人时，他挺身而出，首先叙述曾经发生过什么事，然后说，这种情形让他"推断"介入者的行为已经"阻挠"她完成任务。与其他保护性更强的策略不同，这些行动使文斯更容易遭受批评。他提出了自己推论所依据的基础资料，他这么做不仅是公开了自己的看法，而且同时也使自己的看法更容易被驳斥。他一开始就坦言自己的结论只是一个推测，还不是事实，他也承认并表示：他可能会弄错，其他人的看法可能能更好地解释原始资料，或者资料本身可能并不完整。事情后来的发展证明，介入者引用了一些被文斯忽略掉的资料，他还主动提供了一个替代性的解释来说明这些新资料。但是，正是因为文斯阐明了自己的看法，整个团体才能发现文斯在框定情境时忽略了某些资料。一旦发现了这一点，整个团体接下来便能进一步地探讨文斯的遗漏是不是一种系统化的反应。大家第一次做了一个假设：文斯及其他人可能会先倾向于以一种特殊的角度来框定权威人士的行动，然后再选择性地处理那些符合那个框定的资料。

刚结束解冻过程的参与者经常会采用这种公开个人推理的策略。因为那时，他们意识到，正是他们的使用理论导致他们做出的推论非常抽象，导致他们切断了这些推论与事实资料的关联，也正是因为他们擅长这两点，所以他们看不见这个过程的推论本质，把自己的看法当作事实，并据此开展行动或建立进一步的推论。一旦意识到这些，他们中的很多人就会设法放慢脚步，开始区分事实与推论的差别，并开始收集导致他们形成那些看法的资料。但是，这样的过程并不是一个纯粹的认知过程。只是放慢步伐，回顾步骤，以及找回资料，这还远远不够。在观念层面上，大多数的参与者都意识到应该立刻公开自己的推论，但要能熟练地、始终如一地做到这点，通常会花费比较长的时间。之所以如此，其中一个原因是，要中断已经高度自动化的行为并使它慢下来是一件很困难的事。但另一个原因是，这个策略让参与者意识到认识世界与采取行动两者之间存在巨大的差距。虽然这种发现提供了学习的机会，但是它们也打击了参与者对自身能力的信心，让他们开始怀疑自己是否真的能够取得成功。文斯的策略不但使他在这个特定的案例中发现了自己所犯的错误，而且，也让他发现了导致他容易出现这种错误的原因———一种对权威人士的框定。因此可以说，这种策略需要的不仅仅是回溯推论步骤、演绎相关资料的认知技能，而且它还需要参与者敢于出错。

2. 启动实验和探究的程序。

前面我们在讨论参与者建构的两种角色框定时，曾经描述过其中一种角色框定是如何强调要承担设计的责任，要为学习创造机会(第二栏)。现在，让我们看一看根据这种框定推演出的一个行动策略：启动实验和探究的程序。为了说明这个策略，我们举一个即兴实验的例子，这是几位参与者为了帮助他们的同伴担当更多的责任而共同发起的实验。事情的开始是：几个参与者对自己在研讨会上体验到的物理空间和心理空间感到不甚满意，他们认为造成这种情形的责任在于他人。正如其中一个所说，她觉得整个团体正在"排斥她们"。为了回应这个问题，大家提出了四种方法或策略作为解决之道，而且每一种方法都被试验过，然后都变成了反映的对象。

第一个方法是保罗提议的。他指出他看得出有些人有这种被排斥的感觉，但是他相信他们自己有能力解决这个问题。他"邀请"他们参与进来，争取表达的机会。我们可以把这种策略称为"肯定他人的反应，但敦促他们为自己负责"。因此，这个策略要求参与者采取不同的行动方式（自行负担起更多的责任），但是对他们的被动表示同情，而非对立指责。

参与者李对这种方法的回应是复述她在前面已经表达过的看法：同伴的竞争性使她无法参与研讨。于是，指导者提出了另一个不同于保罗的策略：通过指出她这种被动行为的不良后果，直接处理该学员的被动性问题。在尝试这个策略时，指导者首先指出：李的想法是未经检验的，其他人可能不会认可它们。然后他补充说，如果她总是等着别人给她提供所需要的空间，那么，她在生活中肯定会遇到麻烦。最后，他很技巧地说了一段话："如果我参加每一个研讨会的时候，都在琢磨他们会怎么看我，那么，我想我恐怕也会和李一样，觉得自己受到了限制。"听了这番话，几个人都退缩了；李说她感觉自己一下呆住了。

基于这些反应，另一名参与者乔治预测指导者的方法可能会产生事与愿违的后果。他认为这种方式可能会让人们因为害怕被奚落而更加不愿开口。因此，他提出了第三种策略："处理被动的行动，但不指名道姓针对任何一个个体。"然后，他以角色扮演的方式对自己的建议进行了彻底的检验，"如果我担心每个人会说什么，自己就会被限制得动弹不得"。这个新办法引导指导者对导致自己刚才采取介入行动的推理过程进行了反映。随后，保罗马上提出了第四种方法：如果指导者在采取介入行动的过程中，同时说明他刚才所做的公开推理，会不会更有用呢？

现在，摆在我们面前的有四种不同的方法。或者，根据学生们的框定，我们有三种方法来替代针对李的、被整个团体称为指导者的"速战速决"法。这项探究在这里带来了一些自相矛盾的发现。一方面，很多人用退缩和感觉到"忐忑不安"来回应指导者的这个做法；但另一方面，同样是这些人，他们又表示他们想马上回去重放录音带，再仔细听一遍这段过程的对话，并花上一些时间来思考一下——也要把指导者说过的话再揣摩揣摩。其他方法虽然更加温和，甚至在某种意义上更加准确，但是，它们既没有激起同样的防御反应，也没有为进一步的探究带来同样的推动力。

毫无疑问，这种实验与实验室实验的控制标准和精确度相差很远。但这么做的真正目的是为了维持一种过程，让人们可以深入探究不同的可能性，并仔细考虑它们的后果，还可以通过提出下列问题来开辟一片新天地——"如果我们这么做，将会怎样?""那样怎么样?"——然后，他们可以再回过头来想想他们已经获得了什么以及这些会导致什么结果? 在本实验中，参与者团体提出了这些问题："我们得到了什么?""这就是我们想要的吗?""我们喜欢这样的成果吗?"正如舍恩(Schön，1983)所解释的，也正如我们在前面已经提到的，这种实验涉及检验各种不同的行动，并根据它们所产生的结果对它们进行取舍。同等重要的是，这个实验是由参与者设计的，所有的探讨都是围绕参与者认为重要的目标进行的。如果他们没有积极主动地设计这些检验，那么，学习就会被限制在按照某个主张替代性方案的人的意见来检测它。因此，正是这些启动实验的策略扩展了探究的领域，并使它朝着由指导者与参与者共同确定的方向前进。

这种策略的第二个变型包括启动探究不同行动的方法，并梳理出蕴含其中的推理网络。前面我们曾描述过卡罗尔是如何做到这一点的：通过提出一系列的问题，帮助人们发现影响指导者行动的隐性推理。在其他地方，参与者也在相互探查对方的行动，设法根据相同的线索——即他们观察到的行动——来解读同样的奥秘。无论是哪一个案例，这种策略都帮助他们了解了行动者认识问题情境的方式，也帮助他们了解了行动者所遵循的规则以及他们想要追求的目的。

3. 公开地反映自己对他人的反应。

我们在前面已经了解了保护性策略是如何抑制个体的反应，或是如何导致个体单方面地坚持自己的单边认定；相比之下，一个反映性的策略则会通过回观资料的特定方式，公开个人的推理过程。可是，虽然很多人很早就掌握了后面这种策略，但是他们还不能贯彻始终地坚持它，尤其是当他们感到心烦意乱时。参与者可能会因此而简单地决定保持沉默。然而，替代退缩行为的最好办法就是公开自己的反应，也将它们视为自己的学习机会，由此把它们变成探究的对象，并邀请其他人一起来帮忙解决"一开始是什么引发了这种反应"的难题。

实际对话	言外之意
乔 治：当感觉到自己被客户控制时，我十分生气，我想探讨一下我的这种愤怒反应，同时也想看看其他人是否也有这种被控制的感觉，如果有，他们是不是也会觉得生气。	我想研究一下自己的反应：其他人对这种情形的看法与我一样吗？ 如果与我一样，那么，他们也有和我一样的情绪反应吗？
（稍后）首先，我对玛丽生气，后来戴夫和保罗又插进来。可是，我为什么生玛丽的气？	我发现自己也生其他人的气。怎么会这样呢？

　　一名参与者乔治采取了这个策略——当时，他在和另一个参与者（玛丽）进行角色扮演，玛丽扮演他的客户。当他们两人的行动处于胶着状态时，他的两名同伴介入了活动，乔治为此很生气。乔治本来就对自己的愤怒困惑不解，于是他大声地说出了自己的反应。

　　这时，他的同伴们开始帮忙。当他们对已经发生的事情进行了仔细地检查之后，他们发现：其他人也会认为他的"客户"控制欲很强，可是，并不是每一个人都像乔治那样会对她生气。在某种程度上，正是这个观察结果使团体得出一项假设：导致乔治出现愤怒反应的关键也许不在客户的防御行为，而是在于他自己没有能力处理。如果他能更有效地解决她的防御行为，那么他可能就不会那么生气了。换句话说，她的防御行为暴露了他在能力上的欠缺，这个事实引发了他自己的防御反应。

　　乔治试图对自己的反应进行反映，这把他推到了当事人的角色上，因此他的种种反应也成了有待解释的资料。这一点与我们之前看到的由保罗和李采用的、保护性更强的策略颇为不同，后者简单地认为他们自己的反应可以让我们更了解其他人而非他们自己。这并不是说乔治的反应对于帮

302

助我们了解他的客户没什么用处。他的客户可以从中学到：其他人可能会对她的防御行为采取两种反应——生气并且懊恼，或者是避开她，不再说什么。但是，在这里，乔治也是一个当事人，而且他不愿意采取这种方式来应对其他人的防御行为——因为他认识到这种反应会限制他的能力，使他无法处理客户的防御行为。当乔治看清这一点时，他的学习就变成了其他人的一个范例。其他参与者从他的特殊案例中发现了一项他们也可以使用的可泛化的经验知识：一个人的愤怒可能不只是针对其他人的能力不足，同样也可能是针对自己的无能。因此，首先要检查愤怒的原因。

概括地说，反映性策略使行动者容易自揭其短，强调他应该自己对事件负责任，还要求他积极主动地发起、促成和维持团体的学习。虽然它们并不要求从根本上另寻新的使用理论，但是，这种策略通过强化有助于学习的条件，以及排除阻碍学习的不利条件，已经让参与者处在一个更有利于学习的位置上。参与者越是肯投入实验，越是愿意公开他们的推理，就越能觉察到在解冻过程中，是哪些因果因素导致了意料之外的、常常也令自己感到迷惑的结果。同样，复杂的事物也变得越来越容易解决了，因为这种策略通过对行动的反映，推断出能解释行动的规则，为行动者提供了能不断解构复杂事物的方法。最后，当整个团体探索了更多的领域，试验过更多的替代性方法之后，他们开始发展出一种我们称为"复合体"的能力：它可以通过结合现有理论与新理论的特征，引导行动者逐步远离现有理论，接近新理论，因此也缩短了指导者与参与者之间的能力差距。

这些策略也帮助整个团体摆脱了会阻断学习动力的框架，同时强化了那些能推动学习的框架。通过公开错误，该策略检验了对"错误"的两种对立性的框定。在这个意义上，这些实验生成了更多的学习而不是羞辱感，它们开始打破"犯错是不对的"的错误框定，并开始肯定地把错误视为进一步探究的基础的框定。而且，通过影响探究的方向，这些策略强化了参与者对学习过程的投入感、掌控感及责任感，并由此创造出了有助于激发成功感的条件。

五、学习困境（第五栏）

参与者一开始用实际行动来参与学习过程，困难就会接踵而至。请用片刻时间想象一下，有一个好意的学习者，从他采取行动开始，便立刻招来了一连串的质问：是什么导致你这么做？可以告诉我们是什么因素阻止你那样做吗？你有什么感受或你在想什么？他发现从一开始，自己的行动就产生了一系列的难题和令人惊奇的事：自己制造的结果却不是自己想要的；本来自己一心一意想要避免的事，结果偏偏发生了；他认为其他人不应该做的事，他自己竟然做了；甚至最后，就在他尽自己的最大努力想帮上一点忙的时候，一名具有相同使用理论的同伴却采取了防御姿态，责怪他动机龌龊，还数落他不但没有帮上忙，还做了不公平且伤害他人的事。通过行动以及对行动的反映，他很快就认识到自己之前对现实的掌握和理解是多么的贫乏、站不住脚。

无数的两难困境就是在这个时刻出现的。下面描述的是一位善于言语表达且个性直率的参与者遇到的困境。

"如果我积极主动、直言不讳，那些沉默寡言的同伴就会认为我爱竞争、只顾自己、做事不公平。"

"但是，如果我压抑自己，开始采取被动的做法，我对自己就不公平，而且也许我会失去学习的机会。"

一名不太说话的参与者经历了另一种不同、但同样也充满了问题的困境。

"如果我保持沉默、不表示意见，其他人会认为我个性软弱、依赖性强。"

"但如果我把自己的感觉表达出来，他们可能还是会认为我个性软弱、依赖性强。"

此外，曾经有一个时期，几乎人人都感觉自己陷入了下面的困境。

"如果我参与其中，也许做不出什么贡献，我很容易出错，而且 *304*

甚至还可能会伤害其他人，毕竟我的技能还不够熟练。"

"但是，如果我保持或变得沉默寡言，我还是不能做出什么贡献，这本身就是一种错误，我不会帮助同伴，而且我也永远不可能具备熟练的技能。"

使这些情况更加恶化的是，每个参与者都认为自己处于困境中。

"如果我提出这些困境，我便会触发别人的闲话，说我提这些于事无补，这么做本身就不对，而且这么做还会占用宝贵的时间。"

"但是，如果我不提出这些困境，它们又会限制我，所以我还是不能做出什么贡献，而且我也不能从中有所学习。"

参与者是根据他们现有的使用理论及其蕴含的概念框架来框定这些困境的。正是他们对错误和自揭其短的本能反应导致他们把困境框定成：无论他们是否表态，他们都会受到严厉地批评。甚至那些把自己的角色框定为学习主体的人，在他们选择更积极主动的立场时，也可能会害怕冒险所带来的风险。因为他们必定会犯错，也因为他们将犯错视为禁忌，所以，他们被卡住了。正如上面最后一段陈述所说，如果这些困境一直处于未被公开的状态而且得不到解决，那么它们就会陷入僵局，失去行动的活力。然而，也正如上文所述，当把如何处理两难困境的问题留给参与者时，大家也很难接受它们，这与提出这种困境时所面临的情形是一样的。因此，下面我们就将重点转向处理两难困境的各种策略。

六、第二序学习策略(第六栏)

正如前面所述，第二序学习策略的作用是帮助我们处理由自身初始行动所创造的情境。这意味着被描述成第一序策略的所有策略都可以被用作第二序策略，反之亦然。当遇到问题时，某个以前曾经公开过自己的推理过程的人可能会想："以前，我都是有什么说什么，结果却碰了一鼻子灰。

也许我还是少说两句为好。"相反，某个原本一直都很沉默的人可能开始认为这么做①不对，于是决定公开反映自己的退缩行为。在策划这些第二序策略时，我们继续在图表上区分出了保护性策略与反映性策略两个类型：前者会强化第一序行动，而阻碍学习过程，后者则会重新检查第一序行动，并保持反映过程的进展。(请参见阿吉里斯在 1982 年所述 A 型防御行为与 B 型防御行为的比较。)

第二序的保护性策略会降低行动者受到批评的概率，并因此会减少对行动加以反映的可能性。其中最典型的四种策略就是：(1)把自己认定的归因描述成自己的感受，并要求他人认可；(2)运用虚饰取巧的手法，即把自己的观点改变为任何能够保护自身立场的观点，并表现出好像并没有改变看法的样子；(3)掩饰种种掩饰行为；(4)寻求并提供保护性的支持。

1. 把自己认定的归因描述成自己的感受，并要求他人认可。

在我们的文化中，个人的情绪就像是不容他人侵犯的圣牛。质疑某个人的情绪感受就如同触犯了天条。当然，如果哪一天我们发现这头圣牛闯进了自家的后院，我们可能就会对这条不成文的法则感到懊恼了。下面这段对话正是这么一个例子。这是一个咨询师小组给玛丽提供的一些反馈。

实 际 对 话	言 外 之 意
凯伦：我觉得你(玛丽)好像并没有真正地投入到这个团体中。我感觉你一只脚踏进来了，另一只脚却还留在门外。而且，我觉得你并没有让大家了解你。	凯伦表达了一系列归因。 她把这些归因表述成感受。
珍：我不同意。我觉得玛丽在这个团体中已经做了很多辛苦的尝试。	珍提出了不同的归因。她也把它诠释成一种感受。
凯伦：好吧，可是你不能否认我的感觉吧！	凯伦拿出不成文的规则来为自己的观点辩护。
珍：好吧！我知道那是你的感受。我只是说我和你的感觉不一样。	珍承认这个规则，也拿它来为自己的观点辩护。

---

① 即保持沉默。——译者注

　　玛丽该怎么办呢？两头圣牛(指两个人)在她的院子里，相持不下，谁也不肯让步半寸。凯伦和珍都把她们的归因描述成感受，宣称自己有运用它们的权利，并且还诉诸一个不成文规则，使她们自己免受任何质疑或否定。由于对彼此的分歧找到一个一致的立场，凯伦和珍都认为自己是文明的、善解人意的。毕竟，她们都遵守了同样一个规定：尊重彼此有不同感受的权利。可是，玛丽却不明白为什么一个人对她的看法与另一个人对她的看法，会有南辕北辙的差异。在凯伦的意见中带有一种含蓄的评价，她认为玛丽不够投入，希望她改变一下。如果这个分析准确，那么，玛丽就很有必要去学习它。如果这个分析不准确，那么，它对凯伦来说便很重要，她必须尽快注意到这种错误，因为她可能误解了玛丽的行动，并还没有意识到这一点。可是，从凯伦和珍看待自己的反应的方式来看，她们将无法发现这个问题。她们的反应形成了一种障碍，让其他人无法发现是什么原因导致了她们的这种反应，因为这么做就有冒犯他人感受的嫌疑，让对方产生了"你怎么能质问我的感受？我'就是'有这种感觉！我有什么感觉是我的权利，那是不容置疑的！"当然，怎么反应是每个个体的权利，但问题是，隐藏在这些反应中的推论是不是对其他人的准确描述，以及个体是否有权利强行认定那些推论是准确的？在这个案例中，我们不知道凯伦和珍的反应究竟是让我们更多地认识了玛丽，还是更多地了解了凯伦和珍，而且，她们的策略也彻底地妨碍了我们查明真相。至于玛丽，由于不能对凯伦和珍的反馈置之不理，因此，她陷入了一种困惑，也没有办法来解决这种困惑。

　　其实，表达个人的反应并不一定要生成这样的困境。事实上，我们认为表达自己的反应与探究自己的反应是学习的必备能力。不过，在表达的时候，我们必须采用一种能够启动而非阻塞探究过程的方式。先前乔治描述了自己对客户的反应并请大家一起做探讨，那就是一个最好的例子。这种做法表明，他认为自己的感受是一个重要线索，它们可能间接地揭示了"他是如何理解和经验自己所面临情境"的探究过程。

　　2. 运用虚饰取巧的手法(耍花招)，也就是说，把自己的观点改变成任何能够保护自身立场的观点，但是却表现得好像自己的看法并没有改变一样。

这是穆罕默德·阿里(Muhammed Ali)拳击的行动策略。当某个个体对 307一个观点进行探究时，持该观点的行动者改变了原有的说法；当个体确定就此深入探讨时，第三种立场又出现了，有时候它甚至与行动者的第一种观点自相矛盾；等等，以此类推。为了说明这一点，我们来看一个例子：保罗表达了自己对全班的忧虑，他认为大家在探讨问题时过多地把自己限制在认知方法上，他还认为大家应该开拓思路，关注更加直观的方法。其他人表示，他们愿意看到保罗提出他认为会有帮助的任何方法，但他们需要他能拿出一个实例。保罗同意用角色扮演的方式提供一个如何在案例中面对"案主"的例子，而且他还描述了他所创造的方法具有"帮助她更清楚地了解自己的感受，从而降低她对失去控制的恐惧感"的作用。

当保罗进行角色扮演时，他采用了一种渐入的策略。他向案主提出了一系列的问题，目的是要帮她了解自己害怕失去控制。他的客户的反应是：简单扼要地回答他的问题，但是并没有表达出自己的任何感受，也没有表示自己害怕失去控制。后来，他的"客户"说，刚开始时，她感觉他有所保留，可是不久之后，她渐渐有了一种想法，她认为他完全糊涂了，而且别人随便说说就可以把他吓倒。这两种反应都表明，他没有能力获得案主的充分信任，因此他也无法让案主体验或表达出他认为她需要承认的感觉。当然，我们也没有任何资料显示她已经降低了她对失控的恐惧，或者她更加清楚自己的内心感受。因此，我们可以得出结论，保罗所试验的方法就其是否达成预期结果而言，是无效的。然而，当他的案主和其他人指出这一点时，保罗辩称："你们怎么知道我的方法不起作用？我并没有说它会马上见效。就这一点来说，我们没有确凿的证据可以证明，她因为我的方法而变得更有效率或更没有效率了。也许要过两个星期才知道，也许要过半年才知道。"于是，当其他人指出这使他的方法没办法被检验时，他争辩道，归根到底，检验这种方法几乎是不可能的，因为你不能像设计保龄球实验那样，去设计一个以人为对象的实验，而且你也不能掌握所有变量，也许其中有些变量要在 6 个月后才出现。

　　当他的同伴就此发表意见时，保罗立刻更换了自己的立场。他不再提倡限制性更少的直观方法；恰恰相反，为了保护自己的立场，他现在开始呼吁运用现有的、限制性条件最多的认知方法——传统的实验法。因此，他以最严格的检验标准为名，使自己的方法变得无法检验，而他希望保护的却是松散的直观式的认知。

　　这个案例也说明在反映性策略与保护性策略之间摇摆也是一种可能的策略。当保罗开始他的介入行动时，他曾公开地质疑本课程的规则，并且设计了一个实验来考验一个替代性的方法。正如我们在前面看到的，这种策略打开了新的探究领域；而且，正因为如此，我们才称之为反映性策略。但是，一旦这些初始行动受到质问和对峙，保罗就采取了一种可以减少其自揭弱点的第二序保护性策略。他用自己反对的观点来保护自己支持的观点，前者使他的方法无法检验，而他却表现得好像事情并非如此。既然他不能收到他想要的"确凿证据"，他的观点就会无懈可击，他的方法也可以受到保护，谁也奈何不了他。

　　3. 掩饰种种掩饰行为。

　　前面我们描述过两个有关掩饰个人反应的第一序策略：保持沉默以及隐藏个人的反应。设计这两种策略的目的都是为了使错误最小化，两者也都是产生于对错误的保护性框定、不切实际的期望值以及对失败和羞辱感的恐惧。随着学习过程的展开以及个体对自身策略的反映，他们开始认识到，这些策略本身就是一种错误，也就是说，这种保护性的行动限制了他们自己和其他人的学习。对一部分人而言，这种认识给他们带来了改变的动力，因此他们开始公开自己的反应。可是，对另一些人而言，这种认识反而使问题更加复杂。这种策略本身成了令他们尴尬的、必须加以隐藏的错误。这就好像一位参与者所推理的："起先，我是因为害怕自己会给人留下愚蠢的印象，所以保持沉默。现在，我当然更不能对别人说'我是因为害怕给人留下愚蠢的印象而沉默的'。要是我现在坦白自己，那恐怕比一开始就开口说一些愚蠢的话还要显得奇笨无比！"这一点表明，认识到保持沉默是一种错误的做法，可能仍然不足以改变这种行为。如果行动者继续视犯错为禁忌，那么，这种体认也许只能造成更大的恐惧和生成想掩饰先前的掩饰行为的冲动。这里的两难困境在于，这种策略将突破错误框定的可能性完全予以否定，因为它从一开始就妨碍了"参与者在尝试着检验事实上，是否有可能从不同的角度来看待错误"的尝试。

4. 寻求并提供保护性的支持。

与第一序策略中保全面子的策略相似，第二序策略包括寻求并提供在某种程度上能强化保护性反应的支持。通过保全面子的行为，我们了解了个体是如何吸引其他人加入他的阵线的，也了解了个体是如何轻易地跟着具有排除不同意见或批判性反馈作用的规则走的。依靠这种策略，不论是沉默的参与者，还是活跃的参与者，他们都能在处理由他们程度不同的参与度所导致的两难困境中，以及在处理由它们触发的失败与罪恶感中合作无间。不过，我们首先重温一下两种困境：活跃的参与者担心被人看成争强斗胜，有失公平，但又因为害怕失去学习的机会而不愿保持沉默；同时，沉默的参与者害怕别人认为自己软弱胆小，但又因为害怕显得更软弱而不肯表达。如我们前面所看到的，沉默的参与者处理这种困境的一个办法就是自己私下推论："只要我想，我也可以参与；可是谁愿意把自己贬低到他们那种水平，那么争强好胜。"或者是："如果其他人不这么爱竞争，不把我的机会都切断，我会多表达一些意见。"

于是，当更沉默的参与者公开表达他们的归因时，他们的表达在某种程度上隐含了下列要求：其他人应该为我保留一点空间，确定我能参与，而且不用我说，他们就应该能够预见我什么时候需要他们慢一点。可是，其他那些更积极主动的同伴原本就因为自己的积极参与而有罪恶感，并且害怕疏离了其他同伴，自然非常乐于表示合作。很多时候根本无须明说，同伴采取的沉默策略足以说明这一点。他们非常愿意挺身而出，将活动的进展控制住，以确保同伴"得到"他们声称是自己应得的"机会"。有些人会想办法设计一些结构，让每个人都能自动地获得发言的机会。其他一些人会严密地监控对话的过程，不时地插进一些话，譬如，"你没有回到她提出的问题上"和"让我们给 X 一个说话的机会吧"。有人甚至开始像交警一样，静静地给那些看上去似乎想加入讨论的人打个手势，告诉他们可以进行发言。

然而，最后这个方法却让沉默的参与者变得相当愤怒，因为他们认为这个人的举动有贬损他人、屈尊俯就、控制他人的意味。这就好比他们会认为："得了吧！我们又不是小孩子！用不着你来告诉我们什么时候可以加入。"相比之下，用言语表达的方式通常比较受欢迎。大家认为这是比较妥当的支持，也是替人着想的方法。那么，为何有这样的区别呢？有一种可能是，用言语表达的方式比另一种更巧妙。那个"交警"的方法在提供支持的同时，还附带了相当明显的侮辱性。它在传递一个信息——"交警"认为他的同伴不能自立，需要他人的帮助，而且它并没有试图去缓解用来控制同伴交流的指令性。然而，使用言语的方法遵守了礼貌规则，它减轻了指令中可能存在的侮辱性意味，并使它们不那么明显，难以让人觉察（Garfinkel，1967；Brown and Levinson，1978）。但是，这两种方法的目的和意义是一样的。使用这两种方法的人都想表示支持，都想控制参与的机会，也都认为自己应该承担创造参与机会的责任。因此，两者必然要假设他们的同伴没有能力做这些事。而且，两者也都没有帮助同伴依靠自己的力量来发展这种能力。无论是巧妙的，还是直接的，这两种监控行动最终都强化了同伴的依赖性、对保护的需求以及害怕表现出软弱的一面，这些都是在创造更容易导致失败感而非成功感的条件。实际上，自相矛盾的是，比较巧妙的方法可能不仅与比较直接的方法一样问题重重，甚至还可能更加难以处理：你怎么能因为对方支持你而批评或指责他（她）呢？

在这种特殊的学习文化中，若想这么做，更是难上加难。咨询师与顾问共有一种关于支持的观念，它本身是牢不可破的。用最简单的说法来描述，大概就是：

- 人在面对错误时，会产生一种脆弱感，这种脆弱性又会引发阻碍学习的自我保护性反应；

- 因此，为了创造有助于学习的条件，我们必须创造安全且彼此信任的环境；

- 为了创造安全且彼此信任的环境，我们应该互相"支持"；

- 为了表示支持，我们应该强调积极的一面，把批评最小化，单方面地认为对方的需求获得了满足。

这种观念的问题在于如果你质疑或批评它，你就违背了它，因为它要求不加批判地全面接受。当然，这并不是说这种观念没有优点。事实上，我们自己的研究肯定了蕴含其中的三个命题：在面对错误时，人们的确会感到脆弱；这些感觉会引发保护性反应；安全且彼此信任的环境有助于学习。但我们的研究对如下两个问题给出了不同的答案：什么条件可以创造出安全且彼此互相信任的环境，以及由什么构成的支持性环境可以产生这些条件？我们的理论与资料显示，以强调表扬、尽量减少批评为核心的支持性观念实际上会破坏彼此的信任。为了说明这种看似矛盾的道理，我们采用了一种滑稽的模仿方式，想象有一个人对大家说："为了在这个团队中营造出互相信任与安全的氛围，我建议我们应该采取下列办法：保留我们对其他人的负面反应，并且要表现得好像我们并没有保留一样。而且，要放大我们对其他人的正面反应，并表现得好像我们并没有夸大的样子。"

如果真的有人这么做了，这种策略铁定会火上浇油，产生事与愿违的后果。因为他已经明确地说明，大家接受的反馈都是经过歪曲的，因此根本不值得信任。当然，没有人会这么直接、毫不隐瞒地说出游戏的规则。但这种意识形态或观念只有在我们都了解其中的规则，而且都知道我们了解它们的时候，才能行得通。因此结果是一样的，即使没有人明示这些规则：你也不能完全信任接收到的意见。在第十二章中，我们设计了一个实验来考察有关参与者对这种支持形式的反应的资料，同时，我们想出了一个替代性的方式，想要在创造信任的同时不会引起不信任。

总结起来，这些第二序策略的设计都是为了使学习过程中出现的两难困境更加有价值：支持性移动（Supportive moves，指做出支持性的行动）能减轻比较活跃的参与者的罪恶感，也能使不太活跃的参与者感觉安心，因为他们并没有被人看成软弱无能的；对掩饰行为的掩饰隐藏了保持沉默的错误；无论是感觉策略还是虚饰取巧的说辞，都能让活跃的参与者躲过对自身错误的检查。与此同时，这些策略却加剧了他们原本应该要缓和的困境。使用这些策略的人会继续按照"犯错是不对的"假设去行动，而不会去检验这种假设是否正确。因此，他们无法创造机会去犯错和对错误进行反映，也无法了解犯错意味着什么。结果，参与者的期望值仍然保持在一种不切实际的水平上，他们对失败的恐惧仍然很强烈。如此一来，他们起初打算用来使生活变得更加有价值的策略，最后却使他们的生活更加不舒适。

第二序的反映性策略包含对个体的行动和反应进行检测，以便获得对个人的使用理论的完整了解，并努力"重新设计个人的使用理论"。与第一序策略相对应的部分一样，第二序策略的特征也是富有责任感，采取积极主动的方式以及坚持自揭弱点的立场。下面叙述的就是三种这样的策略：(1)公开地确定两难困境和明显的不一致性，并对它们进行探究；(2)对行动进行反映，并重新设计行动；(3)公开地检验自己和其他人对行动及其结果所应承担的责任。

1. 公开地确定两难困境和明显的不一致性，并对它们进行探究。

现在，读者应该已经很清楚：学习要求参与者积极主动地投入，并且要把他们的反应公之于众。这些反应是学习过程的原始素材，没有这些素材，学习过程就会停止。可是，当参与者都变得积极主动并将自己的推理公开的时候，他们的行动遭到批评，他们的推理被人追问，他们的错误也受到了毫无保留的检验。他们经常把这些反应理解为矛盾；这就好像他们会想："嘿！是你要我把话说出来的，所以我才说的。可是我说了，你又说我不对，所以我就闭口不再多说。现在，你又告诉我不说话是不对的。你到底想让我做什么？"正是这种推理造成了前面我们曾经讨论过的两难困境：如果个体表明自己的看法，就会受到批评；但如果他们保持沉默，他们也会受到严厉的批评。为了解决这种困境，一些参与者开始公开自己所面临的这种困境，并开始评价他们在其中发现的矛盾。文斯经历过一段

"参与，还是沉默"的摇摆之后，决定把自己发现的问题公开。读者不妨回顾一下我们在前面曾描述过文斯是如何批评介入者，以及他和其他人是如何因此而发现他们对权威人士的某种框定导致他们曲解了这种人的行动。这件事告一段落后，文斯沉默了一会儿，然后开始私下检讨自己对介入者的反应，努力纠正这种曲解。

然而，几堂课之后，介入者对保持沉默的人发出批评，他强调他们必须"有所行动，必须犯错或与我对峙"。这个建议令文斯迷惑不解。他认为自己刚刚做了介入者建议他要做的事，结果竟是又被指责。他解释道，正是因为这个发现，他才决定"与其按自己的反应采取行动，不如等到收集了更多的资料再说"。现在他却被告知这样做也不对。在这个时刻，文斯面临一个选择。他可以采取一个更具保护性的策略，并掩饰这些反应，用这种迷惑使自己的沉默合理化。他还可以这样想："他这么自相矛盾，他说他想要大家跟他对质，可是你如果真的与他对质了，他又说你不对。我可不想再冒险跟他对质了。"相反，文斯没有这么做。他公开地指出了他所发现的矛盾，以及他认为这种矛盾所造成的困境，同时还描述了他是如何理解介入者的两种反应的。

由于文斯公开了他的困境，介入者便能帮助他重新框定问题，并指导他该如何表达自己的观点，进而继续参与学习。介入者的做法是：首先重新阐述了参与的目的，不是为了确定你是对的，而是为了创造学习的机会。接着，他提出了一个以这种新阐述为基础的策略：通过各种能表明自己已经准备就绪、可以随时接受学习的方式来与其他人对质。这种全新的阐述既包含了新的行动，又说明了评估这些新行动的新标准。在这种全新的阐述的引导下，造成文斯困境的逻辑就不再成立了。

2. 对行动进行反映，并重新设计行动。

无论参与者采取什么样的策略，他们都会依据他们想要改变的、现有的使用理论行事。如果个体把自己的行动和自己的防御行为当作反映的素材，并把这种反映看作重新设计的基础，那么，这种困境便能转化成学习 的契机。要实现这种转化的一个方法是向该团体引入一个"按钮"个案，另一个方法是打断现场自然发生的小冲突。前者的优势是让大家与某个具有威胁性的问题保持适当的距离，后者则是凸显个体反应更直接的管道，而且它常常是学习过程中最生动、也是最关键的事件。

为了说明以上两种方法，我们可以回顾卡罗尔向全班同学展示一个案例的情形——这个案例涉及她与一名案主之间的互动，而这名客户碰巧是一个政治组织的负责人。因为这个案例保留了她们双方实际对话的图文资料，所以可以让全班同学一起反映卡罗尔使用了什么策略，以及这些策略对她的案主以及对她们两人之间互动具有什么影响。当全体同学检查她的做法时，他们渐渐整理出了一张诊断图表，这张图表显示：有人使用了一连串转移他人注意力的行动，以避开针对她所犯错误的直接对质，同时还要避开针对某个潜在的、具有爆炸性的政治议题的直接质问。在他们整理的过程中，卡罗尔又故技重施，就像在那个案例中转移批评一样，不去面对批评意见。为了更好地去了解和化解她的防御行为，全班同学首先描述了她的行动，随后又仔细地查看了什么条件可能会引发这些防御行为，他们探讨了她当前的反应以及她与客户互动的情形，希望从中找到蛛丝马迹。这种调查所采用的形式通常是要求卡罗尔反映：如果当初她的做法与那些防御行为相反，可能会出现什么样的情形。大家可以从这里更加深入地了解这种防御行为背后的逻辑。最后，全体同学对于如果卡罗尔想重新设计自己的行动，她必须做出哪些改变有了全盘的概念。

这些举动都不需要使用第二型的技巧，但对发展第二型技能来说却十分关键。这个案例让大家有时间放慢反映的步伐，也让卡罗尔有机会与自己的反应保持适当的距离，双方因而能够开始整理其中所显现的防御策略。此外，那些现场的反应使学习活动变得更加生动、更具吸引力；卡罗尔也发现自己又采取了和以前一样的行动方式，又体验到以前与客户面对面时才会产生的感觉。同时，这种方式能最直接地呈现她的种种反应，并让同伴有机会练习该如何获得这种数据，及设身处地地考虑该如何处理一个相当麻烦的客户。

3. 公开地检验自己和其他人对行动及其结果所应承担的责任。

我们曾经描述过，当一个人在隐藏自己对事物的归因时，他通常都会认为应该由其他人或其他外在因素对他自己的行动或结果负责。换句话说，这种被隐藏起来的归因使行动者疏远了他们自己的因果责任。现在，这个策略要求行动者不仅要检查其他人的责任，而且也要检讨自己的责任，还要以公开的方式来推进这种检查过程。我们可以在第四章找到这种策略的代表案例——乔治在被动性实验之后，是如何反映他对介入者的反应的。在实验时，乔治认为介入者应该对他的行为方式负责，引用他自己说的话："我只是照介入者要求的去做。"但是，当他回过头重听一次录音时，他认识到自己在实验的早些时候并没有表现出坦率，以致给自己"设置了一个陷阱"。同时，他对介入者的行动也有了另一种看法；他还指出，虽然介入者的推论可能是正确的，但是他的行动并没有给他充分的机会来探讨它们，而他认为这对他自己的学习很有必要。

七、对学习情境的影响（第七栏）

到目前为止，我们已经描述了两种学习取向，它们的主要区别在于它们维持实验过程的能力与它们支持对行动进行反映的能力究竟有多高。一开始，大多数参与者都对学习采取了保护性的取向。他们对过程的框定方式不仅引发了焦虑和失败的经验，而且暗示着会阻碍反映过程的策略，还造成了停滞不前的困境。如图 9.1 所示，这些过程正在自我强化，最终，它们将创造一种自我保护主义的文化（第七栏）。保护性策略变成了彼此互动的规范。我们之前描述过的关于支持的概念，以及学习者和教师的保护性角色，都变成了占主导地位的观念模式。而团体成员的情感体验就像踩在蛋壳上，大家都小心翼翼，唯恐伤害了其他人。在这种条件下，对行动的反映大部分都是私下进行的，而且都被限制在不会违反主流的规范、意识形态和防御反应的范围之内。

只要这种文化以及维持此种文化的过程继续存在，未被打断，参与者所探寻的学习就会受到显著地限制。他们的使用理论会维持原封不动，他们也永远无法获得新的使用理论。但是，正如我们将会在下面几章中提到的，经过一段时间后，当介入者设计实验来帮助参与者了解限制他们学习的因素时，参与者开始越来越倾向于更具反映性的取向。渐渐地，他们开始将自己的错误视为有待解决的谜题；在面对困境时，他们也更加倾向于承认它们的存在，并努力去探究可能解决困境的不一致性。同时，他们把自己的推理和行动变成了探究的对象。因此，他们可能会发现他们以前在不经意间给自己制造了哪些限制和困境。

当越来越多的参与者在研讨会中采取这种学习取向时，整个团体的互动文化便慢慢地开始发生改变。更有益于反省和实验的策略开始变成规范，取代了原有的保护主义策略。新的意识形态出现了，而且它们本身也成了探究的对象。参与者投入实验的自发性更大，而且他们都能带着激情和好奇心去体验它们。接着，反映过程开始更加深入地去了解参与者的使用理论和学习新使用理论的过程。慢慢地，大多数参与者开始见证结合了现有理论与新理论双重特点的复合理论。反映的技巧更加复杂成熟，参与者独立处理学习过程的能力也日渐提高。因此，他们对自己的使用理论有了更深刻的认识，开始尝试新的使用理论，并获得了继续开展独立学习所必不可少的反应能力和实验能力。

第二节　看不见的反应

图9.1所描述的行动一直都在发生，而且随处可见——在家庭中、在学校里，也在工作场所中。然而，虽然这些反应似乎无处不在，但是，它们往往都是肉眼不可见的具体行动。它们包含我们的社会行动的深层结构，而且这种结构本身的运作机制使我们无法觉察它的存在。正如图9.1所显示的，个体的行动方式使他们看不见自己的行动结果，却对其他人的行动结果一清二楚。他们集中考察了其他人造成的限制，却完全忽略自己对自己的限制。大家在互动中融合了一种隐性契约——"如果你同意对我的不一致性视而不见，我也会忽略你自相矛盾的地方"。因此，他们都没

有意识到，自己究竟在多大程度上了解他们所采取的行动产生了自己都认为是无法接受的结果。换句话说，他们不知道自己是被自己设计的困境困住了。正如一名参与者在逐渐对此有所领悟时所描述的（Higgins，1985）："我被（图9.1所描述的）学习困境震惊了：'如果我保持缄默，不发表意见，其他人可能会认为我软弱、不够独立。'我从来不认为别人会这样看我，即使我为了能进行学习而真的依赖别人。我一点儿也不喜欢这种想法。"

很多人都像他一样，刚开始时完全不知道自身的困境，也不知道这些困境是如何限制他们的学习的。因此，第一步就是要让他们看清楚他们"被困住了"的现实，以及让他们了解他们必须为此负责。

为了帮助他们做到这一点，介入者会为参与者设计一些情境，让他们有机会尽快行动并陷入困境，如此一来，他们便可以反映这种"困局"以及引起它的前因后果。通过采用行动科学的规则，他使参与者有能力看清一度隐藏在行动背后的东西：贯穿这种行动始终的逻辑，以及这些行动所产生的后果，它们是怎么发生作用的。在这么做的过程中，行动科学的规则会发挥电子显微镜般的功能，对隐藏在行动背后的深层结构进行聚焦观察。起先，参与者会抗拒这种检查，设法把责任推卸给介入者。正如前面被引述过的那位参与者继续反映："（起初）我认为自己没能学会，责任在于介入者。我认为他没有做好本职工作。他没有告诉我答案……我完全没有想过，如果要确保我学有所成，我应该自己承担其中的一部分责任。"

当介入者继续设计实验，继续发起对实验的反映时，参与者越来越能 *318* 清楚地了解前述那位参与者所说的"我现在的学习行为所带来的潜在结果，可能没有一样是我想要得到的"。因此，正如她所说的，自己就是这样"被推动"着，"闭上眼睛往前一跃，不管三七二十一，先试试看再说吧！"这个发现和实验的过程究竟如何，就是本书其余篇章将要叙述的内容。

（审校/高敏丽）

第十章　促进反映与实验

在贯穿整个学习过程的不同阶段，参与者都会提到自己"被困住"了。可是，"被困住了"意味着什么呢？参与者认为，它意味着纵然他们满腹经纶，有潜力创造可接受的结果，却也无从施展。他们无法向前推进，而且他们也意识到自己无法继续前行。然而，我们认为，个体由始至终一直处在这种"被困住了"的状态中，只不过他们有妙招掩饰罢了。为了识破这层伪装，介入者创设了一种情境，他们首先会把参与者困在其中，然后再引导参与者反映这种"被困住"的情形，而且不能把责任推给其他人。在整个实验过程中，参与者将会重复地经历采取行动、失败、被困住以及设法脱困等环节，与此同时，他们还要与同伴们一起反映所付出的种种努力。这种反映性实验的过程揭示了在其他的情境中有可能会被隐蔽的事实，而且它使参与者有机会尝试可能有助于他们摆脱困境的新方法。

本章主要介绍介入者在创设情境时所采用的三种方法：第一，建立规
范，允许参与者"被困住"，并让他们有机会体认这种困境，同时还要能保持探究活动的继续进行。第二，表明姿态，鼓励参与者表述和反映自己的实践经验，以使他们能够重新建构自身的经验。第三，传授概念，参与者可以运用这些概念来理解和重新设计使他们陷入困境的行动。

第一节　建立探究的规范

从学习过程一开始，介入者便着手将行动科学的规则作为探究的规范（参见第八章）。在这么做的过程中，他将面临一个问题。正如前一章所述，

参与者还不懂得运用这些规则。行动科学的规则要求个体反观自己的推论，并把它们公之于众。可是，参与者的规则却使他们直接跳转到抽象笼统的结论，而且还忽略了如何得出结论的中间步骤。再如，行动研究的规则要求参与者设计证据确凿、合乎逻辑的检验，而他们自己的规则却使他们私下自行检验，结果导致了自我封闭的过程。行动科学的规则还要求参与者探究他们自己的错误，而他们自己的规则却告诉他们要掩饰那些错误。如果规范的具体化脱离了正在进行的活动，正如霍曼斯（Homans，1950）所说，然后保持它们的原状，那么，参与者很有可能就会建立起图 9.1 所描述的保护主义式的规范，而不是具有行动科学特征的反映性实验规范。这意味着，在学习的起始阶段，介入者应该为建立后一种规范承担起更多的责任。

在这种情况下，介入者还必须考虑规范在行动中的内化方式和使用方式。作为社会控制的一种形态，规范可能会被用作内化的道德准则，或是外在的强制力（Ross，1910；Sumner，1904，1982；Durkheim，1953，1982；Mead，1934，1982；Piaget，1951，1982）。前者会导致迪尔凯姆所谓"存在于我们内心的社会"，后者则演变成皮亚杰所说的可以被告知的真理概念，"个体的心智撇开自己想要肯定的事物或观念，无条件地附和其周遭的观点"。而所谓的真理，就是与位高权重者的意见保持一致的观点（［1951］，1982，p. 101）。根据皮亚杰的观点，规范被采纳的方式取决于创设这些规范的互动关系的性质。从这一观点来看，规范就是"集体产物"，而且，这些规范是否会被个体内化，还取决于这种互动关系或"集体"的性质。集体中的专利或单边控制将造成道德行为的外在法则，并最终导致因循守旧的真理概念。而合作关系与共同控制则会促成"规则的内化"，它来自公开的批判，并将产生一种不受权威人士影响的真理判断方式。后面这个过程最终将产生自由而开放的探究，自皮尔士以来的哲学家都把这种自由而开放的探究看作在科学家社群中生产有效知识的基础。当然，它也是行动科学者希望在实践社群中采用的行动方式（参见第二章）。

正如这一区分所揭示的，介入者要致力于通过批判性反映的过程来建立规范，这个过程应与皮亚杰的公开批判理论相类似，否则，参与者将会被迫接受介入者的现实观念，接着，这种强制性将会抹杀他所希望建立的真正规范。问题在于：这个过程不是参与者仅靠自己的力量就可以展开或维持下去的。起初，他们也许会犹豫着要不要与介入者对质，旋即又打消念头，放弃对介入者所持规范的质疑。因此，介入者必须在绝对不施加单向强制性的前提下，设法启动这个公开批判的过程。为了实现这一点，他必须既要提倡和采用这些规范，又要敦促大家对这些规范和他自己的行动进行探究。为了举例说明，我们将从春季研讨会的第一堂课中节选一些片段，其中第一个片段是后续进一步探究的基础。

322

介入者：我当然不喜欢做一个负责安排互动的人，我也意识到我必须随时保持警惕，在做安排时不要做得太过，也要请大家随时提醒我保持这种态度，而且我真的恳求你们提醒我，也真的欢迎你们这么做。唯有如此，所产生的互动才是有效的。另外，我也会时不时地向各位提出建议，并且要听听你们的意见，以便了解我提出的建议是否对你们有帮助。我必须找到一些适当的平衡点。如果你们发现我介入得不是时候，或者介入得过多或不足，请你们务必帮助我，让我知道这种情形。

错误总是难免的，我恳请大家不要觉得不好意思。比方说，如果你们发现不妥之处，不必客气，马上对我提出批评，或者你们可以提出要求"请慢一点，不要这么快"或者"我们为什么要这么做？"等。

鼓励参与者一起分担安排学习过程的责任。

邀请参与者在他们认为他正在犯错的时候，与他对质。
说明他会在他认为适当的时候介入，并宣称他会询问参与者的意见，以了解自己的介入是否有帮助。

再一次邀请参与者针对他的错误提出批评。

表达"错误没什么可害怕"的信息。

鼓励参与者对他的错误加以批评，并举例描述参与者可以提出什么样的要求或问题。

介入者深知，一方面，他在管理学习过程的时候可能会犯错；但另一方面，参与者也许会"不好意思"指出这些错误。在这种情况下，批评很容易变成单方面的，由介入者操控全局的情况就会持续下去。因此，在研讨会一开始，他便首先陈述了他的观点：错误在所难免，他自己也可能会犯错。因此，他需要参与者帮忙指出自己的错误，这样，他才有机会学习。通过预见错误发生的可能性，以及陈述投入学习的意愿，他鼓励参与者突破"不好意思"的心理，以便他们可以共同控制整个学习过程。同时，他也很清楚自己有责任"保持警觉"，不要过多地干预参与者的学习过程，请注意，他特别提到了他会不断地与参与者核对实情，以了解自己的所作所为是否对参与者有帮助。因此，他从一开始就在描述和鼓励相互责任与公开批判，这些都为实现自由的选择与内化的规范奠定坚实的基础。不过，介入者也把规范本身提交给参与者来评论。

| 介入者： | 我对能促进个体能力提升的洞察力很感兴趣。因此，当你想帮助某个人，想提供自己的见解供他参考时，我要求你首先考虑两个问题：我的这个见解对于提高他或她的能力有什么影响？我可以用什么方法把它们衔接起来？就这个理论而言，如果要帮助一个人，只是指出他在生气是不够的。我知道还有其他理论认为那样做很对；如果你们也是那么认为的，那么，我们可以做个实验，马上看看它到底对不对。我希望我在任何可能的问题上都经得起批评。 | 提倡"以能力为重点"的规范。 323 |
| | | 承认存在其他竞争性的规范，并邀请参与者把它们提出来。 鼓励参与者开展公开检验，支持他们驳斥"洞察力应该与能力结合"的看法，由此便启动了对过程规范的探究之旅。 |

在这个片段中，介入者毫不避讳地表明了自己所持的规范立场。在提出"只有洞察力还不够"以及"参与者的重点应该放在能力提升上"等观点的

过程中，他明确地阐述了自己的兴趣和评判标准。但是，他也承认其他的竞争理论对此持有不同的评判标准，因此，他提出：自己的观点应该受到质疑，参与者也可以考虑其他的观点。通过这种方式，他不但把探究的方向导向了价值与规范，而且也对准了策略：他提倡一种规范，呼吁其他人遵循同样的规范，同时也建议参与者提出其他的竞争性价值标准来做实验和反映。当然，从参与者的着眼点来看，当他们接受介入者的建议，开始按照介入者提倡的那样与他对质时，立见分晓的检验方法便出现了。通常，他们会在上第一堂课时这么做——表明他们对这种邀请他们提出批评的话是很认真的。下面摘录的片段描述了当文斯批评他"阻挠"卡罗尔完成她的介入时，介入者是如何针对文斯提出的这种批评做出反应的。

介入者：	你这样做很有帮助，因为我的观点是：我是在对她的意见作详细的阐述，而不是要转变主题。	欢迎质问（"你这样做很有帮助"），同时通过明确自己的推理（相关章节此处未摘录）来为自己的观点辩护。

接着，他继续叙述导致他介入行动的推理过程。

介入者：	我所要做的就是着手处理介入过程中的普遍问题——程度问题、你怎么知道你什么时候是在帮助其他人、介入的性质是什么，等等。我希望我最终能够减少自己现在所做的这些事。如果大家认为我应该提早减少这么做，我可以照办，不成问题。不过，我认为当时我打断她是为了增加她的介入内容，而不是要剥夺她介入的权利。是什么让你认为我不允许她介入了？	明确地解释他知道自己正在做什么。 继续鼓励大家分担责任，一起处理他所遇到的复杂情况。 为自己的观点辩护，要求对方提供可能会推翻他的观点的资料和推理，并以此鼓励大家进一步探讨自己的观点。

从行动科学的观点来看，仅仅是鼓励参与者与介入者对质是不够的。一旦面临诘责，介入者还必须保持开放的心态。正如第八章所述，在行动科学的规则指导下，这种举动并不意味着放弃要求，而是要陈述个人的观点，以便大家可以对它进行评判和驳斥，同时也是在邀请其他人如此行动。在此，介入者按照一系列的步骤遵循了这一规则。首先，他肯定了最325初的对质。他说他认为这样做很有帮助，"因为"这让他有机会离开自己的观点，因此，他也鼓励参与者继续提出不同的意见。然后，他明确地阐述了隐藏在自己介入行动背后的推理。他描述了为自己界定的角色（着手处理介入过程中的普遍问题），也表示他希望有一天能够重新界定和削弱这种角色的作用。而且，如果大家愿意，他乐意提早这么做。同时，他还提出了自己对这个特例的观点，并探究了文斯的观点。介入者认为，他是在为卡罗尔的介入行动"增添"内容，进而询问文斯是什么原因让他认为他正在"剥夺"她的行动。

按照这个顺序，介入者对他自己的行动、对他为自己界定的角色都进行了探究。读者也许还记得舍恩（Schön，1983）曾描述过一位城市规划者的故事，他为自己建构的角色会生成一个令人迷惑的困境（参见第七章）。这位规划者为自己设定的角色取决于这个角色需要保密，这导致他一直都没有觉察到这种定位给他自己和其他人带来的困境。相反，介入者则利用质问规划者的行动而将他的角色公开化，进而检验这种角色定位是否制造了他所没有觉察到的限制。

介入者正是采用这种方式使自己的行动与自身倡导的规范保持一致，一方面将所有规范公开化；另一方面又鼓励参与者来评判规范本身和他运用规范的方式。这就让参与者有机会可以自由选择和取舍，例如，这些规范是否合情合理，根据证据确凿的批评选择是采纳它们，还是摒弃它们。和皮亚杰一样，我们也发现，在这种情况下选择采纳规范的人会把规范内化，不过在刚开始的时候，他们只是将这些规范当作评价他们自己和介入者的标准。虽然这种内化是建立规范的必要条件，但是只有它，还远远不够，因为参与者尚未具备使他们能够持续制订这类规范的技能。在这个意义上，我们可以认为这些规范是个体努力想要达成的目标，只不过它们暂时还在"他们的能力范围之外"。

当个体试图建立规范时，这种观点会将规范的另一个特点凸显出来。

作为一种目标，"只有当这个规范与人们在日常生活能够达成的目标水平相接近时，它才有可能成为被锁定的目标。如果它遥不可及……人们便会放弃这种规范，转而支持其他更有可能达成的规范"（Homans，1950，p. 126）。根据这个描述，规范的运作方式与勒温描述的期望水平类似（参见第九章）。只要期望水平具有挑战性而且处在可以达成的范围之内，个体就会留守在岗位上，继续努力；然而，如果个体反反复复地达不成目标，他就会体验到一种失败感，从而降低眼界，最后也许会完全放弃任务。因此，规范与期望水平之间的这层关系也暗示着一种两难困境。如果介入者期望参与者遵循"他们能力范围"之外的规范，他可能会给参与者带来失败感，最终有可能会导致参与者退出学习过程。但是，假如他不要求他们遵循这些规范继续努力，他们就会回到老路上，采取保护主义的规范作为行事准则。

解决这种困境的方法之一，就是当参与者试图达成仅凭自己的力量暂时还达不到的规范时，先为他们"搭建一个脚手架"，帮他们支撑一下。在这种情况下，介入者通常都会在参与者陷入被困住的状况时，设法助他一臂之力，使他仍能继续探究活动。为了说明问题，让我们转到研讨会中的一个环节，在这个环节中，介入者试图运用规范帮助参与者通过几个问题框定和实验的反复循环。开始是一个团体成员发现他们正在讨论的个案存在一个问题。确切地说，是他们发现有一位当事人不再接受咨询顾问的观点，这个发现提出了一个普遍问题：如何确保与当事人保持切实的沟通？或者，按照团体成员最初赋予这个问题的框定：如何才能证实当事人接受了你的指导？

随后展开的是一连串的即兴实验，首先是一位名叫皮尔斯的参与者建议采用以下的方式来解决问题：向当事人求证一下，看他是不是真的理解了。这个方法听起来相当有道理；可是，按照公开检验的规范，必须先把它视为一个有待证实的假设。于是，介入者帮助皮尔斯把提议送审。首先，介入者问皮尔斯，他实际上会怎么开口问当事人这件事，皮尔斯接着以角色扮演的方式问道："史密斯先生，你能明白我的表述吗？"就这样，介入者引出参与者团体的反应，并从中发现了一些与直觉判断相反的结果。他的同伴们表示，他们觉得如果这个时候说不懂，那会令自己很尴尬，而且他们不希望自己看起来像个"笨蛋"。因此，起先看上去像是显然可以解决问题的方法，现在好像也变成问题的一部分。然而，如果当初没有要求皮尔斯检验他的方法，整个团体也许还会以为这样做就能解决问题了，殊不知这个结论言之过早。

在第一个实验的基础上，一个新的、更加复杂的问题又出现了。正如一位参与者所说：你要怎么做才能在不让当事人感到出丑的情况下，弄清楚他是不是听懂了你的话？随着这个问题构想的出现，一个解决问题的新假设随之而生：帮助当事人提出问题，同时又不让他们感觉自己的表现很愚蠢。与第一个建议"向你的当事人求证一下"相比，这个新的提议详细列举了它希望避免的结果，也就是前面那种介入方法造成的结果。在这种抽象层面上，新的介入行动听起来也很有成功的希望。然而，问题就在于它是不是既能创造期望的结果，同时又不会导致不想要的结果。在这个案例中，参与者以角色扮演的方式来一探究竟，他对"当事人"说："这种东西一开始很难理解。我想你一定会碰到问题。当你不明白的时候，请示意我停下来。"这段话引起的反应五花八门。有些最初的反应是表示赞同但又带着不太确切的语气，譬如："不错"和"我喜欢这样"。不过，紧接着，另一位参与者从当事人的立场出发，通过角色扮演说出了他的反应："你为什么要用那些让我费解的语言呢？"

最后这个反应提出了一个问题，即双方之间的良好沟通，应该由谁负责？到目前为止，团体成员对问题的规划主要集中在当事人有责任让他们了解他们什么时候没有达成沟通的目的。没有人关注咨询顾问也有责任要用最容易达成沟通的方式来表达他的意见。当要求这么做的建议接受检验之后，他们发现在他们的问题框定中存在一个漏洞，以目前这个个案来说，这个漏洞揭示了一种必须重新设计使用理论的情境，必须同时考虑的规则与规范太多了，一不留心就会用错，或者很容易在运用时发生顾此失彼的情况。事实上，为了确保彼此的沟通顺畅，咨询顾问一直在努力地与他的当事人建立规范：共同承担责任（当你不明白的时候，请告诉我）以及肯定犯错没有关系（这种东西很难理解）。可是，在运用这些规范时，他把更多的责任推给了当事人，他自己只负担了很少一部分责任。这就好像他认为在处理资料方面，当事人应该承担比他更多的责任。因为这个理由，我们可以说，这位咨询顾问的责任分担有欠均衡，因而，他在"使提问变得比较容易"这方面所付出的努力也是值得怀疑的。他的当事人可能会认为提问本身不是问题，但是会因为咨询顾问的不透明性而对必须提问这件事感到愤怒。咨询顾问也许并不认为他的当事人发问是件愚蠢的事，但当事人却可能会认为正是咨询顾问的能力不足使他陷入了不得不提问的处境。

在这名参与者扮演完愤愤不平的当事人之后，现场爆发了一阵骚动，好几个人同时抢着要发言，都想尝试一下可能会避免这类结果的不同办法。但是，因为仍然没有人提出要探讨有关当事人与咨询顾问的责任分配不均衡的问题，所以，各种新的尝试都未能解决责任分配不均的问题。这时，第三位参与者以角色扮演的形式发言了，"我会尽量用最简单的语言和你能明白的方式来表达我的意图，不过，如果出现了你不懂的地方，请随时发问"。正如介入者对这种新尝试的评论——它"非常委婉、有风度"——可是，这个优点也可能会让问题更加复杂化。当事人也许会想，"她说她会尽量用最简单明了的语言来做说明，那我怎么还能再告诉她这样还是不行，或者我还是不懂。"在角色扮演中还出现了当事人可能给出的第二个反应，那就是："高科技人士都有一个毛病，他们专门讲那些让你听不懂的东西。如果这玩意儿这么糊弄人，我就会非常怀疑它。"但是，还有第三种可能是，当事人可能会觉得如果他连"最简单的话"都听不懂，那么他一定是笨得无可救药，当然，他也不可能再"随时发问"。

这些实验的结果让参与者开始察觉到他们自己被困住了。他们可以用来激发提问的唯一方法，不是突出他们的缺点，就是强调他们的良苦用心。然而，无论采取哪一种方法，他们的当事人都可能会在不经意间失去信心，不想提出问题，也不想表达自己的批评意见。一旦参与者认识到这一点，就会有人开始重新框定他们的责任，他会建议"他们应该考虑如何展开这份责任，从而避免过度的技术化操作"。可是没有人能确定应该怎样去做。这时，介入者提出了一个命题，这个命题以下面的重新框定为基础：传递想法，以便当事人能够轻而易举地意识到它们，同时还要提高他们批判和探究这些想法的动力。为了说明这一点，他列举了参与者都经历过的初始解冻过程。他详细地叙述了他当初是如何根据他们自己的行动来提供资料并从中提炼出一个简短的推论链的。他的这一系列动作导致了一个难题，并最终引发了参与者对他的想法展开强烈地批判和深入地探究。这种新的问题规划及其解决方案对参与者很有意义。他们回顾了自己对这个过程的种种反应，并肯定那确实激发了他们去挑战与探究的动机。

刚刚讨论过的即兴实验是从对一个特殊问题的探索开始的。然后，接踵而来的探究涉及三个不同的问题框定与实验，而且，它们各自又生发出新的问题并导致了新的行动实验。在这个过程的常规发展中，一旦参与者把自己的想法"投入生产"，他们便面临着"想法"与"行动实际产生的结果"存在差距的现实。介入者则是通过帮助参与者遵循这些规范，进而得以帮助他们了解自己的困境，同时还能保持对这种困境的探究继续深入下去。

现在让我们来考虑一下，迄今为止我们所做的探讨具有什么意义。一方面，个体有一个持续的机会来质疑和探究研讨会的规范，而其中的大部分参与者都在努力地学习如何制订这些规范。另一方面，在刚开始的时候，他们没有能力靠自己来提出这些规范，因此他们不得不在指导者的帮助下去遵循这些规范。接下来的实验过程就是他们将来会继续参与的形态。参与者提出他们的想法，然后，在介入者的帮助下，对这些想法进行彻底地实地检验。当他们的同伴报告自己的反应并对它们进行反映时，他们开始明白他们的实验产生了计划之外的结果。他们持续不断地想要打通理论与行动之间的桥梁，却一次又一次地失败了。在这个过程的早期，这种结果引发了失败感的上升趋势——参与者认识到因为介入者一直在调查他自己和其他人对这些结果的影响，所以他们不能让介入者或其他人对这些失败负责。于是，他们开始回头反省自己的责任，结果发现他们的困境是由他们自己造成的。渐渐地，他们的失败感越来越强，常常使他们陷入焦虑、挫折与无助的情绪中。正如一名参与者所说的，他们能够感觉到："我们都像一个个在原地打转的轮子。这里有没有谁跟我一样，觉得教室里好像有静电？"

如果这些体验在学习的初期就开始堆积，那么参与者自揭弱点的勇气就会愈来愈难坚持。一旦受挫，他们便会采取自我防御行为——设法使注意力偏离自己受困的事实。于是，他们开始逼问："正确的答案到底是什么？""把正确的方法做给我们看看。"这类要求带有多重含义：第一层含义是参与者现在已经意识到了差距的存在，但是，他们可能认为（只要他们得到正确的答案）这个差距相对来说，比较容易弥补。第二层含义是参与者希望可以避免去反映自己使用理论中尚未被揭露的差距。第三层含义则是，参与者渴望知道还存在一个替代性的问题解决方案，也就是说，事实上应该还有某种方法可以把原地打转的轮子再安装好，以恢复正常。

如果把这三种含义都考虑进去，那么，一个本来看似单纯的问题就会变得相当复杂。当然，介入者应该为参与者举例说明一种替代性的选择方案。但是，如果参与者一发现自己被困，介入者就立刻告诉他对应的答案，那么，介入者可能就是在制造一种最终将会导致失望的希望。介入者这时想要传达的信息可能就变成了"对他来说是很容易的事，也应该能被轻松地复制"，可我们发现事实并非如此。当参与者试图回避反映，或试图只限于对策略做重新设计时，我们发现他们最后会把"正确的"技术动作当作一种惯用的伎俩。也就是说，他们采用的策略会继续满足同样的使用理论，因而总是会导致相同的结果。所以，他们现在可能会举例说明自己的推论，但是他们之所以这样做是为了揭发别人。他们也许会探究，但是他们开展探究的方式就好像是"律师在办案子"一样。不久之后，参与者开始意识到他们仍然没有摆脱困境，于是，失望和焦虑不但重新浮出水面，而且还会变得愈加强烈。套用第九章的行动导图来说，介入者的行动最后可能会演变成巩固了不切实际的期望水平，如此一来，他不但没有减少反而是增加了参与者的失败体验。

介入者在介入之初更喜欢不去强调"正确的答案"，而是利用失败和矛盾所产生的不和谐，来促使参与者密切注意是什么原因导致了这种不协调。在这个早期阶段，需要强调的问题不在于"参与者应该如何采取不同的行动"，而在"他们在做什么？是什么导致了他们会这么做？是什么阻碍了他们采取不同的行动方式？以及，如果他们要自己去解答这些问题，需要哪些技能？"但是，如果参与者故意回避，不去思考这些问题，他们就很难维持反映，也很难持续反映过程，而这种反映的过程正是解答那些问题的必要条件。这种转移注意力的行为表明，与他们其他的防御行为一样，他们可能希望避免正视自己的使用理论以及由他们制造的这些矛盾。这些矛盾所造成的不和谐如此强烈，以至于它可能会迫使参与者从原有的注意模式转向保护模式。因此，介入者必须帮助参与者在面对反复出现的失败与阻碍时，仍然愿意将自己的弱点暴露出来。

第二节　支持反映性实验

针对参与者的经验，介入者应该秉持的态度是鼓励他们表达、反映以及重新框定自己的经验。在某种程度上，当他这么做时，他就是在彻彻底底地、毫无保留地自揭弱点。他会一再地告诉参与者："这就是我的看法。我认为它是正确的，不过我可能会犯错。所以，让我们来研究一下。"通过传递这种学习的意愿，介入者鼓励了对方诉说的意愿。与此同时，他也意识到这种做法存在一定的风险，所以，他会积极主动地探究参与者的反应，并邀请参与者对他自己的观点提出评判，而且他还在设法减少会对参与者构成威胁的任何状况。

要做到这一点，办法之一就是认真地对待参与者所表达的任何意见。

因为从焦虑到愤怒，再到激动的种种反应经常会被表达出来，所以，介入者对这一切要提前做好心理准备，不要被它们搅乱。但是，由于每一个参与者的经验各有千秋，与其对各种反应做好心理准备，不如深入地了解"在某个特殊的个案中，参与者正在经历什么"更为重要。因此，介入者一方面要肯定参与者所表达的感觉；另一方面也要对这些感觉进行探究，如告诉参与者"这很重要，我们来研究一下"。或者"这是我以前从来没有想到的。其他人是不是也有类似的感觉?"这种反应会鼓励参与者把自己的困难表达出来，因为它传递给参与者一条信息：我们可以从你经历的事情中学到很多东西。

参与者的反应一旦被表达出来，一方面会大大推进探究过程的进展；另一方面则会呈现出新的障碍。当一名参与者大叫："我发现这实在太让人沮丧了! 如果要一直这样继续下去，那我宁可退出，因为我觉得我快要精神崩溃了!"她把大家的注意力引到她当时的经验上，可是语气中却带有威胁的意味：其他人最好和她的意见保持一致。因此，她的做法使她一方面有可能减轻自身的挫折感；另一方面又阻碍了其他人帮助她减轻挫折感的过程。经由自身经验的表达，她已经踏上一个起点。可是，考虑到她对经验框定的方式，她又阻碍了其他人对自身经验的深入探究。她所表述的素材原本是推进探究和学习过程的最重要的资料，结果却阻碍了过程的展开。

这样一来，介入者就面临着一个显然是相互冲突的双重任务。他必须鼓励她继续表达她对自身处境的感受，同时又要对她的这种框定方式提出质疑。这些要求必然会使局面紧张。一方面，质疑她框定自身处境的方式可能会使她更加混乱，且导致她退缩、闭口不再透露自己的反应。另一方面，如果她的观点被先验地接受，她可能就会索性退出，离开团体，而其他人也可能会撇下她，不再关心她的问题。

为了保证对这类反应的表达与探究过程都能持续下去，介入者应该对参与者的经验采取如下立场：考虑他们是如何框定他们所看见的事物的，而不是视之为理所当然的。为了说明这一点，我们来看三个案例，在其中，我们可以看到当参与者表达他们的反应并试图帮助其他人时，介入者对他们给出了什么样的反应。

第一个片段是介入者对一名表达害怕犯错的参与者所做的反应。

参与者：	（我很害怕）因为我不想出错。我不要被困住，我也不想上台。	表达她的恐惧。
介入者：	好！这很重要！我不想忽略这一点，因为我完全能够理解那些感受：没有人愿意出错。 同时，如果我们希望这是一个有助于我们学习的团体，那么，有一点很重要，就是大家要觉得犯错没有关系。	认真对待参与者表达的意见。表示理解。让她知道她的感受是普遍的。 提出另一个观点，其中包含了一个在她计划之外的结果：即使是出错，它本身也还是应该去做的正确的事。
	我很想帮忙的是：我有没有做出什么举动让大家觉得不敢提出可能会错的意见？	提供一个选择机会（"如果我们希望……"）。 探究那些可能使大家不能理解他的观点的障碍；从关注他自己的责任入手。

在第二个案例中，介入者指出一名参与者提出的建议产生了意料之外的效果，他说："我相信你是在设法表示支持；可惜自相矛盾的是，这可能已经造成了相反的效果。"而在第三个案例中，当一名参与者说她感觉每个人都在原地打转、兜圈子时，介入者回应她说，他能够体会她那种受困的感觉，但是他对此有不同的看法。在他看来，眼前所发生的一切都是有价值的；大家都在采用能够促进学习的方式来捍卫自己的观点，而且他们也第一次发现自己的使用理论是什么。

334

在上述三个案例中，介入者每一次都会顾及参与者的感受或意图，并对他们的经验表示感同身受。但是，接着他会以自己的观点和理论为立足点，重新框定他们所面临的情境。有些读者也许会认为，既然那涉及从自己的观点来看另一个人的观点，就根本谈不上是设身处地地为当事人着想。但我们的看法是，这是一种既保持了客观距离又相当细心体贴的做法。介入者并不只是将参与者的经验照单全收，而是在他们面前重新框定了情境，以便他们有机会用不同的方式去体验它。说得更确切些，他采用一种能让眼前的探究过程，以一种持续发展的方式来框定情境。在第一个节选片段中，介入者将重点放在参与者不想出错的事实上。在操作过程中，他首先承认这种经历是普遍的，但是他重新框定"犯错"的意义，并强调犯错是应该去做的正确的事。同样，支持性的举动也许会间接地伤害对方，而原地打转则可能意味着很重要的发现即将出现。这些框定行动为参与者提供了一个似非而是的透镜，让他们能够从不同的视角看待自己的处境。介入者并没有说："你认为犯错不对，其实这真的没关系。"他说的是："如果你把犯错当作一件应该发生的事，那么，不想出错是可能的；在造成负效应的同时计划获得良好的效果，是可能的；而且，原地打转预示着重要的改进，反复的失败表示成功即将来临，这些都是有可能的。"简而言之，他认可他们的经验，同时又对情境进行了重新框定，他的这种方式使参与者能够更好地承受由反映和实验带来的风险。

这种换位思考的方式既考虑到参与者的经验，又没有低估它的价值。

335 这种同理心如何才能表达得真诚，也让听的人感到很真实呢？我们认为必须做到以下三点：第一，介入者必须能够准确地、有效地理解参与者的经验（Rogers，1951；Schafer，1959，1983）。因此，他必须在头脑中预先存档一些参与者的经验模型或经验表征，这些将会对他们很有帮助。第九章图9.1所介绍的模型就属于这一类，它描述参与者是如何参与学习过程的。

- 它就是谢弗（Schafer，1983）所说的在参与者察觉之前"领先一步"，因此它可以帮助参与者更清楚、更有效地了解自己的经验，如此他们才能提升到新的境界。

- 它的描述很准确，并且能够对一系列的反应做出大致的预期，因此，介入者可以在有准备的情况下，更加快捷地处理困难、痛苦与反抗的表达。

- 它把参与者的行动与反应框定为虽然出乎意料，但是有意义并且是必要的，它还说明参与者所面临的环境和受反映影响的使用理论，因此可以使他们感到足够的安全，从而减少介入者与参与者之间可能出现的对立，也维持了对参与者的"善意"与双方的"合作"（参见Schafer，1983）。

这些模型固然有助于介入者了解参与者的经验，而且也让介入者能够预期参与者的反应，但是它们终究还是模型，因而难免会有错误，而且肯定不够完整。所以，介入者必须与参与者通力合作，找出这些模型的错误或不足。这种合作本身就要求介入者必须采取一种自揭弱点的立场，包括要与参与者共同控制探究的过程——涉及"资料的收集整理"与"推论的形成"两部分——只有这样，才能不断地修正模型并使之更臻完整。

第二个要求是介入者采取要能维持探究的一个立场。我们认为，这种立场应该是指在框定错误、困难和抗拒时，他所采取的行动方式"既允许介入者和参与者双方都能去探查这些现象，又不引发可能会导致参与者退缩的保护性反应"。以下三个命题能够促成有助于参与者挑战自身弱点、*336*
承担风险的环境：

- 参与者一律都会犯错；
- 他们的行动所产生的结果是必然的，但却是他们计划之外的；
- 错误就像谜题，需要大家动脑筋解答。

第一个命题来自于一项发现——参与者的使用理论普遍适用于大众群体，而且它可以证明个体在社会化过程的共享经验中，相当成功地适应了他们所生活的世界。这一命题倾向于让个体使用理论的发现之旅没那么多风险。就像一名参与者所说的："如果这个理论是对的，人人都会犯错，那么我们都是坐在同一条船上。"

第二个命题说明个体的行动会产生负面的结果是必然的，但这种结果不在使用理论的计划之内。这个命题允许介入者集中研究行动的负效应，同时又对行动者的善意保持同理心。这使前面的那个移情反应——"我相信你是在设法表示支持，可惜自相矛盾的是，这可能已经造成了相反的效果。"——成为一种可能。

第三个命题向前迈进了一大步。错误不仅是可以接受的，而且是学习的必需素材；没有"错误"，探究使用理论的过程就会慢慢地停顿下来。正是因为有第三个命题的存在，介入者才能自信满满地说："犯错才是对的。"但是，要使这个命题生效，这似是而非的举动必须出自介入者自己的信念，即错误、困难与阻力都是反映源泉，只要参与者愿意去面对它们，它们便能转化成确保探究过程持续发展的推动力。假如缺少这个命题，我们则可以预言：一名介入者在长期面对参与者的防御反应的过程中，不可能会始终如一地保持正确的技术动作。在某些时刻，介入者的表现可能会让人觉得他自相矛盾，不够诚恳，或者两者兼而有之。可是，如果能正确地运用这个命题，参与者很可能会有如下这种反应："这是一种很奇怪的悖论……我们知道自己不够能干。因此，当有人说'你错了'的时候，就会激起我们的防御心理。但自相矛盾的是，这种行动本身还蕴含着一些让人愿意一探究竟的东西。"我们可能还要再加一句：愿意继续表达、继续反映他们正在经历的究竟是什么事。而我们想要在此解决的问题就是对这个"重要事物"做更进一步的解释说明。

到目前为止，我们已经研究了介入者是如何利用有助于反映性实验的规范，他所采取的手段是使个体按照能够支持反映性实验持续发展的方式行动。我们还看见了他是如何对他们在这一过程中的经验产生同理心，同时又帮助他们重新框定对这些经验的理解，以便他们能更好地承受其中的风险。但是，我们现有的一切讨论还不足以帮助个体获得反映与重新设计

337

行动的能力。还要依靠另外一些方法才能让他们真正地了解自己的所作所为，以及真正地弄懂设计一个替代性的行动方案究竟是什么意思。因此，学习情境的第三个要素属于认知领域，它涉及能被用来理解和重新设计行动的概念辨识。

第三节　理解和重新设计行动

从学习过程一开始，参与者只要发现自己无法有效地处理当事人的咨询问题，他们就会立即设法重新设计他们的行动。当溜入行不通时，他们就会试着来个单刀直入；或者，他们会尝试不同方式的溜入；又或者，他们会在溜入与直入这两种方法之间来回游走。当参与者发现他们不能有效地重新设计自己的策略时，解冻过程便势在必行。用我们的话说，问题不在于他们使用的特定策略，而在于第一型使用理论影响了他们对特定策略的设计。正是这个发现——他们不能纠正自己的错误——让参与者感觉到脆弱、失去控制和绝望。

举例来说，在某个团体的第一轮角色扮演中，参与者认识到他们的行动效果不佳。于是，他们又尝试了一次，结果还是重复了相同的错误。在刚开始进行角色扮演时，他们信心十足地认为自己能够设计出更加有效的介入行动。但是，随着角色扮演的继续深入，他们开始因为自己在重犯相同的错误而灰心丧气，甚至还因为自己不明白问题到底出在哪里而感到气馁。有一个参与者说："我现在所能看清楚的，与我刚踏进这里时所看到的完全一样，一点也没有进步。"另一位说，她一直在努力寻找改善的方法，可是她发觉自己"拿不出什么新鲜的点子"。第三个参与者补充说，他实在想不出还有什么与众不同的办法。他继续说道："我发现自己总是在这个节骨眼上挣扎，拼命想弄清楚问题出在哪里，什么地方出了毛病。我不知其他人的感觉怎么样，但是，我现在需要一些反馈，要不然我简直不想再试了。"

这些反应并不在意料之外。如果听凭他们自己去设计，参与者将无法重新设计第一型的倾向，而那正是导致重复犯错的源头。随后，为了不再继续感到受挫与失望，他们可能会认定塑造第二型的行动是根本不可能的，并会因此而为自己的退缩行为做辩解；或者，他们可能会判定某些第一型策略的效果与预期的一样好，于是也就不再关注它们的负面效应。换言之，这种防御行为使人们一直都无法认清自己在第一型世界中的使用理论，而且它们会重复地坚持自己的主张。

介入者的任务就是帮助参与者真正地开始重新设计他们的使用理论。在着手处理这项任务的过程中，他可以从参与者的谈话中得到一个启示：即参与者不明白"哪里出了问题"。但凡以第一型使用理论为行动准则的人，通常都不了解如果他们希望新的设计获得成功，他们必须集中研究哪些互动特征。第一步要做的就是提供概念，让参与者能够意识到他们以前一直都没有觉察到的某种模式。当他们开始有能力诊断自己的错误时，他们就不会那么强烈地感觉自己毫无控制能力。他们将会逐步地培养自己认识失败的能力，并从中获得一些满足感。同时，如果被教授的模式与第二型行动的设计密切相关，那么，参与者就是在为将来重新设计行动与发展他们自己的专业技能奠定基础。

339　　　认知心理学告诉我们，概念的运用是专业技能的核心。在某个领域被称为专家的人都谙熟与那种领域相关的模式所使用的特定语言，他们知道这些模式提到的动作可能会造成什么影响，而且他们具有一套自己所发现的能够引导他们设计行动的方法。举例来说，研究人员曾经组织过针对下象棋者的研究，旨在测定哪些认知策略构成了专家与新手之间的差别（Simon，1969；Glass，Holyoak and Santa，1979）。如果将一盘下了一半的棋局出示给专家和新手，让他们看几秒钟之后收走，专家随后几乎可以回忆起整盘棋的布局，而新手则办不到。但是，如果拿给专家和新手看的是一盘随意摆上棋子的棋局（也就是说，那些布局不是从实际对垒中产生的），两者的复盘则不存在差异。似乎这些专家的头脑中储存了大量的模式语言，并且他们已经把这些模式语言编成一组一组容易理解的符号代码。要想成为象棋专家，从某个方面来说，就是要学会这些模式语言。

专家的高招也可以说就是做出正确的行动。这意味着象棋专家拥有一套知识网，他们深知不同模式的不同蕴含。有些这样的知识是以试探法的形式出现的，譬如"控制棋盘的中间"。专家把一个棋子的位置看成是一组相互关联的、有针对性的模式，它可能会影响后面的走法，于是他会运用一套试探法来决定哪种走法最值得考虑。例如，奈瑟尔（Neisser）讲过一个关于卡帕布兰卡（Capablancn，前任国际象棋世界冠军）的故事。曾经有人问卡帕布兰卡一个问题：在面对一盘相当棘手的棋局时，他通常会考虑多少种走法。他回答道："一种，不过是正确的那一种。"（Goleman，1983，p.56）

在我们的研讨会中，参与者都已经是日常生活中的行动设计专家，但难点在于他们的专业技能是以第一型为原型的。他们解读社会互动的模式语言，他们赋予这些模式的意义，以及引导他们设计行动的启示，三者结合在一起便抑制了双路径学习。不仅如此，他们还没有意识到自己制造了这些结果。因此，下面这一节我们将会介绍几种概念工具，我们通常会用它们帮助参与者解除第一型的心理定式（psychological set），同时也会利用 340 它们来帮助参与者设计和执行第二型的行动。一旦学会如何使用这些概念工具，参与者不但可以获得专业技能，而且还可以帮助其他人来达成同样的目标。

第四节　学习与行动的概念

我们曾提到过，行动科学理论中的概念具有双重功能：（1）描述和认识现实；（2）使个体能够采取行动。我们在研讨会上所采用的工具，其设计宗旨就是为了帮助个体了解他们的行为，也是为了帮助个体改变自己的行为——如果他们希望如此。例如，在采用 X—Y 案例的形式时，我们会发给个体一张两栏表格，然后要求他们在右边的空栏中记录情节（即实际对话），而在左边的空栏中写下他们在现场没有说出来的所有感受和想法，并不要求他们具体说明自己原因。

这个要求起源于行动科学方法中的几个关键概念。第一，个体的使用理论只能通过行为数据(如对话)来推断。系统的因果推理是在行动者的使用理论的指导下得出的,对话则又是系统的因果推理的产物。在行动科学的方法中,对话不是一种随意偶发的数据,而是一种系统化的产物,它提供了一种手段,可以帮助我们了解行动者所认为的、存在于情境中的因果关系,也可以帮助我们认识他们用来作为行动根据的因果关系。第二,个体会自动地删除自己用于构建因果关系图的重要的想法和感觉,前提是:他们认为表达这些想法和感觉会令其他人不悦,并因此导致他们要对引起其他人的防御性负责。根据观察,这些判断都是自动地、悄无声息地完成的,个体通常也没有察觉他们正在这么做。所以,左边这一栏为我们打开了一扇了解这个自我审查过程(self-censoring process)的窗户。反过来,这个过程又相当于打开了另一扇窗户,可以帮助我们了解个体认定什么因素会威胁到自己或其他人。

个体一旦了解了这两个空栏的概念基础,就可以利用它来推进学习。例如,如果他们不能确定某个人真正的感受或想法是什么——因为他们怀疑对方在压抑自己的感受和想法,那么他们可以用这种方式来问他:"请问,你的左边那一栏写的是什么?"这个问题能够鼓励对方公开自我审查过程,但又没有点明这一点。这是一种保持适度距离的方法,或者说,它制造了一块我们所说的"屏幕",个体可以在上面展示他在其他场合中可能不愿意泄露的信息,或不自觉地加以扭曲的信息。

参与者发现有六个概念很有用。第一个是"推论的阶梯",这个概念说明了在试图了解、设计和执行行动的过程中,人类的心智是如何进行推理的。第二个是"原型或范例"的概念,它集中探讨了有些概念在处理经验方面特别有效,进而可以被泛化的事实。第三个是"困惑介入"(puzzle intervention),这是关于如何启动自我检视(self-examination)过程和行为改变过程的概念。第四个是使用理论的命题,这一概念的研究重点是在可泛化的命题中如何界定个体在行动时所使用的规则。第五个是"意义—发明—制作—评价"(meaning-invention-production-evaluation),这一概念分析了学习过程的本质,这让我们有机会在需要仔细考察某一细节时,可以随时慢下来。第六个是"复合体"概念，这个概念有助于提醒参与者：早期的学习会产生复合式对话，它包含了第一型与第二型两种特征。

这些概念一旦被掌握，有几个可以一起运用，但是，根据我们的经验，不能把它们同时教给参与者。所以，个体可以通过援引原型的方式来推断某些对话的含义。然后，他们可以设计一个介入行动，公开凸显一个矛盾，这意味着要创设一个困惑介入。在设计这个介入行动时，他们可以找出一条用来制造这种介入的规则。

我们每次都尝试着把学习问题分解成一个或两个概念，但将来大家都会看见，我们所列举的任何片段都包含两个以上的概念。随着学习的进步，参与者将能轻而易举地同时考察和运用好几个概念。

一、推论的阶梯

行动科学方法所依据的一个根本假说是，每当个体在努力地判断情况及采取行动时，他们都会运用推理过程。我们的假设是，这些推理过程在步骤上是可以泛化的，如果个体希望自己的理解或行动是有效的，那么他们的思维必须按部就班地完成这一系列的步骤。推论的阶梯就是一个描述了这些过程可能是什么的概念（参见第二章及第八章）。推论阶梯的第一阶是可以直接观察到的资料，例如，某人所说的一句话。第二阶是那句话的文化意义，也就是指，相关语言社群中的任何一个人都能理解的意义。第三阶及更高阶则是某些特定的个体赋予这种文化意义的含义。

一旦学生学会了推论的阶梯，他们就可以利用它来认识自己所做的推论属于哪一类、这些推论之间有什么关联或缺乏哪些关联、它们所依据的资料是什么以及它们最后导致了什么结论。推论阶梯的概念可以被用来了解哪些模式阻碍个体的推理和行动，也可以被用来设计一套替代性的模式。

例如，在研讨会的早期发生了一个小插曲，一名参与者想展示一个第二型的介入行动，为此，她做了如下尝试。

实际对话	评　　语
桑德拉：那一次莱恩说："你怎么知道（安感觉自己处于防御状态）？"我忘了当时你（贝丝）是怎么回答的。	从试着回忆可以直接观察的资料着手：贝丝所说的话就是桑德拉想做的介入行动的依据。
贝　丝：我说我一直在竭尽全力地拉她来和大家一起讨论这个问题，可她就是不肯开口。她一直在说："没有问题，没有问题。"	贝丝将当时的状况重复了一遍。
桑德拉：那么，当你说："看来现在也许是时候该考虑一下，是不是你所扮演的角色——包括提供咨询服务和听取意见的咨询对象两种，都出了点问题。"你认为你是在鼓励她回应你。	从这个案例中引述一句话。
	陈述她所理解的贝丝对自己在这个案例中的行为的归因是什么（因此，就是检验意义）。
贝　丝：没错。	

343

　　行动者（桑德拉）在好几个方面都运用了推论阶梯。首先，她记住了自己应该从可以直接观察的资料着手，进而展开她的推理过程。由于她自己想不起来贝丝当时说了什么，所以她请贝丝重述一遍。然后，桑德拉引用了一句话，并推断出她所理解的贝丝对这个案例的归因是什么意义，也就是对那个意义的正确性进行了检验。桑德拉可以利用她的使用理论的特性来继续阐述她自己的意思。这能让她设计出任何她想要的行动，很可能也是处理问题的另一种方法。

　　推论阶梯也是一种行动策略。如果是采用这个策略，个体会先收集可以直接观察的资料，把推论和资料联系起来，然后再明确阐述这些推论，最后要对这些推论进行检验。当行动者试图帮助其他人时，这张心智运作图就变成了他应该按部就班地运作的思维导图。

　　我们在下面会举第二个案例来展示在设计一个更加完整的第二型介入行动的过程中，推论阶梯是如何发挥作用的。与上一个案例一样，这个案例节选自某一个案的一次讨论。在这个个案中，督导贝丝正在设法帮助咨询师安。参与者已经在帮助贝丝介入，同时，指导者正在为其中一名参与者解释一个第二型的介入设计。

实际对话	注　释
指导者：琼，当你说："那么，你认为现在那种状况会不会对你的有效处理构成障碍呢?"我推测你想告诉贝丝的是："贝丝，你的前后矛盾使你徒劳无功。"这个理解正确吗?	叙述资料（第一阶）。 陈述自己推测出的文化意义（第二阶）；征询对方的肯定或否定。
琼：对，很正确。	
指导者：不过，我也注意到你的介入采用的是问问题的形式，这就意味着如果贝丝正确地作答，那么她自己就会把你所暗示的评价说出来。这么理解讲得通吧?	叙述另一种推测的意义。 征询对方的肯定或否定。
琼：是，讲得通。	
指导者：很好。这就是我们所说的"溜入"。这种策略就是：在你问问题的时候，如果对方正确地回答了问题，他们就会明白你没有直接说出来的话。使用溜入法有一个困难，即接受者可能会察觉到这种策略，并因此知道你在做一个负向的评价，而且你因为害怕他会采取防御措施，所以没有直截了当地讲出来。那么，接受者可能会认为你在施加单向控制，进而可能会做出推论：他有充分的理由采取防御行动。 你的反应是什么呢?	根据前面的意义阐述理论意义（溜入）。 指出这个理论所预计的负面结果。 鼓励对方探究。

344

简言之，指导者提供了一项包含三个步骤的介入行动：从可以直接观察的资料开始，然后顺着推论阶梯一步一步地陈述他的推论，每一步都停顿一下，检验当事人的反应。他选择了检验通向"溜入"概念的推论，并且也陈述了按照他的理论，并预计了会产生什么样的负面结果。

二、原型

社会互动中的模式并没有得到很精确的定义，它们之间的界线常常是模糊不清的。然而，模糊正是日常语言的特征。在日常语言中，大部分的概念都可以归属于某一种原型，只是它们所含的元素略有出入。例如，知更鸟是一种典型的鸟，企鹅则不是。有些物体，观察者一眼就能看出它们是桌子（它们有长方形的平面和四只脚），但是，若问一个回收再利用的电缆线盘算不算桌子，恐怕很多人都会认为不算（Glass，Holyoak and Santa，1979，pp. 337-353）。

看来，人类似乎是根据原型来加工处理和贮存信息的。例如，很多实验显示，当被试仔细察看一组属于同一个原型的不同图片之后，再让他们看另一组图片，并要求他们指认出那些他们感觉熟悉的图片，结果，他们都认为原型图片比较熟悉——尽管他们在此之前并没有见过它（Glass，Holyoak and Santa，1979）。如果人们曾经接触过某一类别的一个典型代表，他们便可以更快地确认目标物体是否属于该类别。他们也能更加迅速地把那些看上去接近原型特征的事物划分为同一个类别。

我们认为，类似的思考也可以应用到社会认知上。人们通常会认为一种特殊的情境与某种情境一致，然后会根据后者设计相应的行动。这个辨识过程可能是把这种特殊的情境与记忆中存储的原型进行对比，而后者代表了各种不同情境所具有的集中趋势（Forgas，1982）。因此，在教导人们认识他们原本不曾觉察到的互动模式时，如果能给他们展示相关的原型范例，似乎能够帮助他们更快的进步。实际上，我们在这一节选用的所有例子都是已经被确定为原型的个案。

原型的概念不仅与学习认识各种情境有关，而且也与学习拟定新的行动策略相关。要解释这是怎样的一种实际状况，我们可以回到前面关于"推论阶梯有助于行动"这个概念。推论阶梯可以建议行动者要求举例说明、检验某一行为的意义，或者解释说明归因的结果会如何。在这些策略中，无论行动者选择了哪一个，都必须是为这种特殊情境中的某些独特细节而量身定做的。

在某次活动的进行期间，一名参与者对指导者说："我认为你对她的想法嗤之以鼻。"推论的阶梯可以帮助参与者认识到："嗤之以鼻"是一种推论程度比较高的归因，也可以帮助参与者想到：他们应该要求这名参与者提供可以直接观察的资料来说明得出这个归因的依据是什么。事实上，针对这种情况，我们有一条规则可以用来设计一个第二型的介入行动：如果归因没有举例说明，那么要求对方提供可以直接观察到的资料。但是，行动者实际上应该说什么呢？这个规则，就像所有的规则一样，是十分抽象的。设计一个能实践这个规则的具体句子可不是件小事。

我们认为，学习者如果想要设计出与第二型规则一致的句子，那么他们必须关注一个很重要的方法，即回想介入者之前说过哪些话。但是，可以实践某一特定规则的句子不胜枚举。我们可以把这些句子想象成都是属于同一个原型的不同的表达方式。例如，要实践我们在前文中提过的规则，也许可以采用一个原型的句子："你看见我做了什么或听见我说了什么，让你觉得我对她的想法嗤之以鼻？"学生们可以先记住这句话，以后遇见这种没有说明归因的情况时，就可以对这句话进行修饰，使它适合特定情境的具体细节。

这些概念提供了一个路径，让我们有机会了解介入者是怎样胜任介入工作的。介入者可以通过当事人的说话内容来确认他们的典型互动模式，再围绕这个互动原型来组织介入行动。行动的基础是介入者已经习得的行动导图和原型——介入者希望把这些行动导图和原型传递给参与者，使他们也能按第二型的方式来行动。稍后，我们会看到学生已经习得的规则和原型可能存在哪些冲突或可能会怎样被误用，以及探究这些错误和冲突，考察它们是如何阐释并构成了专业行动基础的推理。

下面介绍的这段插曲则说明了在课堂互动期间，可以怎样呈现原型。故事的缘由是这样的：参与者正在角色扮演玛莉莲与她的一位职员进行互动，玛莉莲的身份是某咨询机构的主任。在旁观了这个角色扮演活动几分钟后，一名参与者开口说话。

> 道　格：我可以插句话吗？我觉得你们两个都在钻牛角尖。玛莉莲，我想知道我们是不是可以从"钻牛角尖"的角度来谈谈发生了什么事？也许只是讨论一下，我们或许就能找出一个不会让这种事情再发生的办法。
>
> 介入者：如果我指出"只是讨论一下，或许我们就可以找出一个办法"就等于"只要你肯沟通一下"（笑声）。你同意吗？你希望她做些什么？
>
> 道　格：我想让她知道：我不打算在与她对质的时候，触动她的心理按钮，进而导致她采取防御。
>
> 玛莉莲：做出来让我瞧瞧！（笑声）
>
> 介入者：你是不是在现场看见了什么事情，所以才想插手介入？我的感觉是——不知道我这么归因对不对——你刚才只是在旁边看着，然后就说："喔！喔！他们两个都开始自我防御了。"
>
> 道　格：我是看见了这种情形。
>
> 介入者：你打断了他们，说"你们两个都在钻牛角尖"。现在，你可以反映一下这种介入行动所依据的理论是什么吗？
>
> 道　格：我看到的好像是，你们两个人都没有注意听对方在说什么。你们只是为了坚持自己的理论而争论不休。
>
> 介入者：如果你换一种说法，这么说"你们俩都在很认真地听自己说了什么，而且还非常仔细地挑选了你们想要听到的内容"。而不是像你刚刚说的"你们两个人都没有"，你觉得结果会怎么样？——因为我认为他们其实真的在听（笑声）。只是他们注意听的目的是为了区分你我。

> 道　格：是的！我喜欢这个说法。
>
> 汤　姆：把这一点记下来。

介入者的建议就是我们所说的"重新框定"。道格对问题的框定是："你们两个人都没有在听。"介入者的重新框定则是："你们俩都在很认真地听，……而且还非常仔细地在选择。"这种阐述问题的方式比道格的方式多了几个优点：第一，它更加准确。第二，它肯定了双方都有意采取负责的行动。第三，它提供了一个了解问题原因的途径：互动双方选择对什么做出反应的方式。

看上去，这个重新框定的本质像是在洞察人们可能同时持有却互相矛盾的意图。玛莉莲和那位职员可能同时在听对方说了什么，却又同时设法证明他或她自己的观点是正确的。两个人可能都关心自己会暴露弱点，也关心自己可能会犯的错误会对对方造成什么影响。通俗心理学认为人们每次只有一种意图，这种假设可能把事情看得太过简单化，结果导致观察者在看见不合格的行为时，不是归因为"没有注意听"，就是归因为"没有采取负责的行动"。介入者的框架则是以一种更复杂的人性观为基础的。这种复杂性很有裨益：一方面是因为它能够被公开陈述，而又不会造成更多的防御性；另一方面是因为它把焦点更加鲜明地对准了问题的原因。

请注意：参与者立刻意识到介入者的建议很不错。汤姆的评语——"把这一点记下来！"——表明，参与者把这些话当作了一个潜在的原型，值得保留以备将来所需。这个介入生动而鲜明，它令人回想起与我们刚才讨论过的重新框定问题相关的推理之网，而且它又是可以泛化的。它提到的具体问题——人们好像都没有在听对方所说的话——本身是相当常见的；而它也可以作为对其他问题情境进行重新框定的典型案例。当某人在情境中把问题归咎于别人"不肯帮忙""不负责""不关心"或其他令人讨厌的动机时，这个例子可以为他们提供一个有助于重新框定情境的方法，能够帮助他们从另一个角度看待问题。

这个小插曲的另一个特点也可以概化为普遍法则。参与者非常努力地想设计出具有成效的介入，却发现他们自己重复着同样的困局。这时，介入者帮助他们公开分析自己的推理，并且能以他们的推理为基础，设计出参与者认为比较高明的介入行动。参与者的感情投入、他们逐渐增加的挫折感以及随后当他们看见问题如何获得解决时的豁然开朗，所有这些因素综合在一起，使这个介入行动更有可能成为他们日后处理问题的概念原型。

三、困惑介入

困惑介入是一种指出行动者的推理过程、信奉理论、使用理论以及行为之间可能存在不一致的方式。根据社会心理学的观念，人们痛恨不一致性。这也阐明了困惑介入的价值。如果当事人发现自己前后不一致，他们一定会大为震惊。他们可能会为自己辩护，而且/或者会设法重新设计他们的行为。介入行动把它所遭遇的这些行为特征展现得淋漓尽致。它还有助于打断自动行为，并破解参与者的无意识状态。当然，这种介入也有引起具有抑制作用的防御行为的风险。不过，如果设计得当，我们能够避免或减少这种风险。

我们的第一个练习——X—Y 案例，就是一个典型的"困惑介入"。介入者请当事人评估 Y 的表现，并从中推断出一个分析原因的理论：如果有人表现出 Y 那样的行为，那么其他人就会感觉自己被误解、被臆断了，这样一来，学习就很难发生。当事人很快就同意这正是他们的看法。然后，介入者指出了令人困惑的地方：如果当事人把他们判断认为的问题透露给 Y，那么，他们所做的正好是他们批评 Y 对 X 所实施的理论。告诉 Y 说他既鲁莽，又不会替人着想，这本身就是相当鲁莽、不会替人着想的表现。

这个例子说明，要圆满地完成"困惑介入"，必须关注三个重要的特征。

1. 开始时，先说明或检验一两个当事人肯定会认可的推论。例如，你所判定的问题包含一个分析原因的理论，那就是，如果有人表现出 Y 那样的行为，那么接受者会感觉自己被误解、被臆断了，自然也就很难会有什么学习进展。

2. 使用一个简短的推论把直接可以观察的资料（observed data）与

你的推论结果联系起来。

3. 证明该怎样用前面两个步骤的结果来解释当事人的所作所为恰恰就是他自己认为不能被接受的行为。

第三个步骤结束之后，通常接着就是鼓励当事人探究介入者的推理或当事人自己的推理。例如，介入者可以说："是什么导致你设计出你自己都会批判的行动？"

下面就是选自我们研讨会的一个"困惑介入"的范例。

介入者：	当你说："我想我被你搞糊涂了，你好像在暗示你认为存在一个问题，而且你引用了一些证据来证明它确实存在，可是你又不想告诉她实际上存在问题。"我推测你的意思是"你有所保留"而且"你的行动前后不一致"。	引述可以直接观察到的资料。 陈述文化意义。
	这些都是负向评价和负向归因。你没有把它们直接表达出来，而是引用资料让其他人从中推论出（你心里在想什么）。可是，这不正是你批评对方做得不对的事吗？你在暗示你认为存在的一个问题，而且引用了证据来证明它的存在，但是你并没有告诉贝丝实际上存在问题。	陈述理论意义。 指出参与者的策略。 指出这正是参与者批评贝丝不应该使用的策略（用参与者的话来造成困惑）。
	我表达清楚了吗？	鼓励探究。

351

由于困惑介入很容易制造问题，因此介入者必须具备足够的能力才能把第二型使用理论贯彻到底。例如，如果介入行动引起了似乎具有抑制作用的防御反应，那么，介入者应该首先声明他个人应该承担的因果责任（"如果我让你感到心烦，我向你致歉；我说的什么话让你觉得很痛苦？"）

也有可能是介入者所做的介入无法与第二型的规范保持一致。

四、使用理论的命题

回顾一下，我们把使用理论想象成由许多命题组成的系统。我们把参与者的使用理论归纳为一个普遍的模型——第一型。我们要求参与者反映他们自己的使用理论，以便能够更加详细地说明具有他们实际行动特色的模式。但是，要完全厘清一个使用理论是不可能的，因为它们实在太复杂了。我们推荐参与者首先设法确定在自己的使用理论中包含哪些命题。

为了说明使用理论的命题具有哪些特征，我们以"溜入"这个使用理论的特征为例：提出问题，如果对方能正确作答，他就会发现你藏而不露的用意。这就是一个行动策略的一个特征，是行动理论示意图中的三大元素之一。

主导价值——→行动策略——→结果

"溜入"的使用理论显示，与行动策略有关的主导价值和结果都是隐性的。这些都很容易确定。预期结果是要让其他人看见行动者所看见的事物，同时还要避免造成对方的防御性。主导价值是要单边地确定目标，并设法达成它，争取胜利（就其他人看见的意义而言），并将负面情绪的产生最小化。我们也可以明确地指出什么是非意图（unintended）的结果，例如，造成防御性行为。

除了主导价值、行动策略和结果，还有第四个通常也很重要的元素，即脉络线索。脉络线索具有在某种情境中引发某种特定的行动策略的特征。毕竟没有人会从头到尾总在使用"溜入"策略。更确切地说，只有当行动者对其他人做出一个负向评价，并且他断定如果他直接表达这种评价，其他人也许会采取防御行为时，他才可能会想到"溜入"。

一个使用理论命题的惯用格式是：

如果……（脉络线索），那么我就……（行动策略）。

例如，一个学生认为下面的两种介入具有她经常使用的一个策略的共同特征：

 1. "Y，我很担心你会问我对你和 X 的会面有什么想法。"
 2. "Z，我发现自己一直都在这么做——提出事先设计好的问题，引出一个特定的回答。也许在这个个案中，你也是这么做的。"

经过几个小时的反映，加上指导者的从旁协助，她逐渐推出了下面这一使用理论的命题："如果我打算怪罪某人，我首先会自责。"请注意这个命题包含一个脉络线索（"如果我打算怪罪某人"）以及一个行动策略（"我首先会自责"）。相关的结果与主导价值依然是隐性的。当然，也可以对它们进行详细的说明，实际上，那会跟"溜入"策略的情况差不多。其实"自责"的策略本身似乎也是一种"溜入"。

在学习初期，我们鼓励学生明确指出行动结果和主导价值，因为我们想让他们从这种练习中获得相应的技能。但是，在多数个案中，我们都先保留对结果和价值的陈述，因为简要的陈述有助于让使用理论命题的获取更加容易。实际上，既然确定使用理论命题的目的是为了帮助行动者了解自己的行动模式，以便他们能够开始改变它们，那么，使命题本身易于被记住就显得非常重要。它们应该是简洁明了、生动鲜明的。"怪罪"的重复使用——这个词本身就异乎寻常——或许增加了这个命题的可提取性（retrievability），也因而提高了这个命题的效用。

要评判一个使用理论命题的好坏，还有另一组标准，即这个命题是否具有足够的普遍性，能被广泛地应用到一类重要的行动中。如果提出的命题只能运用到行动者一年才可能使用一次的单个策略中，那么，确定命题就毫无价值可言。同样，如果命题太过抽象，几乎可以用在任何事物上，

353

那也一样毫无意义。

第三组标准是帮助行动者打破对行动理论重要性的无意识状态。因此，我们设计的命题往往会以"当(线索出现)时，做(行动)并表现得好像没有做(行动)一样"这类形式出现。这是为了凸显掩饰与自我审查，它们具有第一型世界中的许多策略的特点，而且也是行动者经常会视而不见的环节。换言之，我们把第一型当作一种模板，用以帮助我们确定使用理论命题的关键特征。结果，使用理论命题果然是行动者以为自己在实际交往中不会使用的策略的特征。策略本身很容易识别，但会以一种与行动者的信奉理论相矛盾的方式来呈现。溜入策略的使用理论特征就是其中一例。不熟悉行动理论的行动者一般都会把这个策略描述成"帮助当事人探索"或"帮助他换个角度来看待问题"。因此，使用理论的特征往往会令行动者感到意外，这或许也是一个令人印象深刻的特征。

无论是归因于自己，还是归因于他人，提出一个使用理论的命题便等同于提出一种假设。它是解释行动者的行为的一种方法，主要通过假定一种因果机制——一种熟悉行动设计的心理程式来诠释行动。它也是一种预测，当相似的情形再次出现时(也就是，引发该命题的脉络线索)，行动者会像命题中陈述的那样展开行动。我们和当事人就他的个案进行研讨时，我们可能会做出我们从个案资料中推断出的使用理论命题。我们鼓励当事人在检验这个命题的效度时，想想自己未来的行为是否会验证它的描述。

一旦当事人检验完假设的效度，证实自己确实是根据某一既定的使用理论命题来行动的，他就可能会做出决定：这正是他希望改变的东西。这一点也可以通过下列做法来实现：设计一个修正命题，然后利用设定了这种修正命题的介入方案做实验。例如，持有"怪罪自己"命题的当事人可能会设计出如下的修正命题："当我打算怪罪某个人时，我会首先陈述我做评价所依据的资料，然后鼓励对方去探究。"这是当事人必须反复去演练的。

五、意义—发明—制作—评价的学习模式

我们发现，还有一个概念对参与者重新设计行动非常有帮助，它以先前描述过的学习过程——发现—发明—制作—评价为基础。我们利用这个概念来放慢经常会在重新设计行动的过程中发生的动作。在做这个练习时，参与者首先要写下他们从一个目标语句（target sentence）推论出的意义。其次，他们要记下他们所体认的句中意义的独特构想或个人策略。再次，将构想具体化，写出他们可能会对当事人说的话。这一整套程序能够引导参与者从容不迫地去思考正常情况下在大脑中转瞬即逝的推论步骤。它也减少了由参与者的竞争性和对失败的恐惧心理所带来的抑制作用，因为他们现在只是私下做书面记录，之后，他们可以选择是否要透露他们所写的内容。

在下面的范例中，乔伊斯（Joyce）显然是在试图模仿指导者所示范的一次介入行动（在本章前面部分描述过）。这种模仿练习并非毫无意义。乔伊斯的语言与指导者的示范之间存在一些差距，正是这些差别指出了参与者在哪些技能上有待进一步琢磨改进。

目标语句是琼（Joan）的一句陈述："那么，你是不是认为眼前出现的 355那种情况可能已经对你构成障碍，让你无法有效地处理她所意识到的问题？"

意　义：琼正在用溜入的策略。她正在提出问题，并试图让贝丝自己得出结论，而不是直接给出一个负向评价。	确定推论阶梯第三阶与第四阶的意义（"负向评价""溜入"）。跳过第二阶的文化意义。
发　明：陈述资料（即琼所说的话）；提出我的推论；并提问她对这个推论的感受。	这个构想符合第二型的启发法：陈述资料、提出推论、检验、陈述结果。然而，在陈述完结果之后没有鼓励对

如果她同意，则继续向她解释溜入策略的反效应。	方继续探究。
制　作：琼，当你问"那么，你是不是认为眼前出现的那种情况……"的问题时，你好像是想用溜入的策略——提出问题，而非陈述贝丝的方法有多么无效。这一点你有什么意见？	从直接资料着手。 骤然跳转到第四阶推论(渐入)。 鼓励质疑。
但是，溜入可能会引起防御性。比如，它会让一个人怀疑你正在隐瞒信息。	陈述负面结果，但是并没有用明确的推理来解释结果，也没有鼓励质疑。

　　读者可能希望把乔伊斯的做法与指导者的示范做一个比对。我们把其中的差别记在右边栏里。乔伊斯没有从直接资料和文化意义着手，然后一步一步地沿着推论阶梯前进。如果当事人并不是早已了解溜入策略，乔伊斯恐怕会碰到一些困难。我们可以推测她之所以越过这些中间步骤是因为它们看上去似乎是显而易见、不必说的。然而，接受者可能并不明白某个特定的句子被确定为溜入策略的一系列推论究竟是怎么发生的。乔伊斯之所以省略中间步骤的另一个解释是她欠缺这么做的技能。

　　不过，乔伊斯也确实遵守几个属于第二型行动的规则。她引述直接资料，提出她的推论，询问对方的反应，并描述一个负面结果。在制作这项介入行动的过程中，乔伊斯试验了她所理解的指导者的示范，并且她得到了确认：这些的确都是第二型行动的重要特征。因此，她在重新设计的过程中体验到一些成功。她也认识到自己在哪些方面的理解是不完整的，以及为了制作一个更好的介入，她下一次应该做些什么。

　　这个片段举例说明了学习过程的重新设计策略的几个特征。首先，借助于意义—发明—制作的练习，参与者放慢她的推论速度，因而能够设计出一项与她以常规速度设计的介入行动迥然不同的介入方案。其次，在设计介入行动时，她运用推论阶梯的概念，并把她从指导者那里听来的某些内容当作原型。再次，她同时经历失败与成功；也就是说，她的介入是一种复合体。

六、复合体

正如我们曾经指出的，学生们往往会在制作第二型介入时遇到困难，因为他们的期望水平太高，不切实际。这种不切实际的期望水平可能会使他们看不清自己正在逐渐进步。例如，他们也许会以为进步就是制作出纯粹包含第二型特征的方法。因此，当他们制作出一个同时包含第一型与第二型模式的混合行为时，他们就不认为自己正在进步。

当学生的介入包含第一型与第二型模式时，我们会运用复合体的概念来帮助他们体认他们已经在进步中。使用这个概念允许他们检查自己的行为记录，并查看哪些方面正在进步，哪些还必须继续改进。 357

承认复合体的价值也可以帮助学生更容易地接受介入行动中出现的某些不匹配。而且，可能存在一些介入，只有在同时包含第一型和第二型两种特征时，它们才能发挥效力。

接下来，我们会描述三个复合体的例子。让我们先从琳达试图设计的一项介入行动谈起，那是我们前面提过的关于贝丝的个案。贝丝正在犹豫是否要告诉安她存在一个问题，因为她不希望使安心烦。琳达想要让她知道是计划之外的结果使安产生了防御性。

| 琳　达：你既不肯定也不否定问题的存在，这可能就是造成安的防御性的部分原因。它听起来像是在操纵别人，也有点旁敲侧击的味道，结论其实老早就已经预定了。 | 单方面地支持某种说法；负向评价（"你造成了安的防御性"）；没有质疑。 |
| 我推测你可能还隐藏了一个计划。 | 没有举例说明归因。 |

正如右边栏中的评价，琳达生产出来的是典型的第一型模式。有趣的是，琳达认为自己所遵循的是第二型模式的规则。她认为自己在公开地检验她的推论。她确实直截了当地陈述她对事情的归因和评价，可是她完全没有鼓励对方开展质疑。而且，即使她当时问了"你的反应是什么？"她还是没有创造出公开检验的条件，因为她没有说明自己的归因，也没有解释清楚她的推理步骤。

但是，琳达直截了当地陈述她的观点——这个事实本身就代表着一种进步。照她惯用的策略，她会认为贝丝在操纵他人，在旁敲侧击，等等，同时她还会小心谨慎地避免告诉贝丝她的实际想法。换言之，琳达的惯用策略也许是"溜入"。我们可以把她的观点理解为：她认为她只要指出"她打算保留自己的观点"这一事实，便是在做"公开检验"，因为如果她不说出自己的观点，其他人就没有机会否定。至少借着直言其事，她让其他人有了回应的机会。

琳达的直率并非第二型；而且，她的介入行动的确可能会比她惯用的溜入策略造成更多的抑制性防御反应。不过，就当时情况来说，她的直率是往前迈进一步，因为她把自己的推论公之于众。如果人们继续隐藏自己的推理过程，要帮助他们重新设计自己的推理是非常困难的。例如，在本案中，琳达的直率为其他人制造了一个机会，让他们能够帮她看清自己没有察觉到的推理漏洞。琳达提出她制作的"介入"之后，指导者又请其他参与者提出他们的意见。从他们的回答可以看出：有几个人已经开始能辨识出互动的第一型特征。比如，一位参与者建议琳达在说完第一句话之后最好停顿一下，问问贝丝的反应，看她是否同意自己的观点。可见，这位参与者注意到琳达没有鼓励质疑。另一位参与者又提到，琳达说的第一句话没有提供直接的资料，因此它是一个没有举例说明的归因。他建议琳达对贝丝说："当你说，'我不是说存在什么问题。我只是说我们已经很久没有讨论这个职员的事了。'你既没有肯定，也没有反驳……"显然，他是在建议琳达引述资料和文化意义。还有一位参与者则指出，琳达后半部分的介入包含过多的推测成分，却又没有举例说明的归因。

因此，琳达的"介入"显然是为班上的其他人提供一个机会，让他们能够体验到从她的话语中识别出第一型模式特征的成就感。然而，琳达却对自己的失败感到很挫折。

琳　达：看来要表达一点意见好像需要很多人讲很多话才行。（笑声）	表达挫折感。
指导者：这一点儿我有同感。（更多笑声）	表示感同身受。 359
琳　达：从我们所处的社会来说，我们的倾听和倾听技能——我不知道。我对它、对它的实际效用感到很失望。表达竟然要花费这么大的力气。	继续阐述自己的挫折感。 对第二型的实用性表示质疑。
指导者：是啊，我可以理解这一点。尤其是当你正在努力学习，正在与你常用的做事方式奋战斗争，然后还要设法遵循所有这些规则的时候，它们一定会花费你很多时间。	表示感同身受。 肯定学习要花时间，但是把它框定为学习初期的一个特点。
我的经验是，一旦你把它练熟，你就不需要花那么多的时间了。事实上，那确实会比以前省很多时间。因为如果你告诉贝丝"你说的话让人感觉好像是在操纵和旁敲侧击"，我想你可能会激起贝丝的防御性，因为那是没有举例说明理由的归因。而且，那样会导致大家在互动中发生争执，那可是很耗时间的。	说明一旦技术熟练，第二型的运用会比第一型更节省时间。 举例说明琳达的第一型介入耗费时间的特点。

琳达表达了自己的挫折感，并对第二型模型是否有用提出了质疑。指导者对她的挫折感表示同情，并肯定设计第二型行动起初是会多花一些时间。但是，他把这个问题重新框定为：那是所有学习在起步阶段都会出现的特点，而不是第二型的一般特征。他还指出了琳达的第一型介入为什么 360 也会耗费时间的缘由，并以此来支持他对这个问题的重新框定。

指导者也在试图调节参与者不切合实际的期望水平。如果他们的目标是在现实情境中，及时地制作出圆满的第二型介入，他们必定会失败。但是，如果参与者充分体认阻断第一型使用理论的困难，并且有意识地去设计第二型介入行动，他们就会更加耐心地面对自己必须一次又一次地设计和重新设计的现实。更加实事求是的期望水平有助于减少参与者的挫折感。

指导者也会帮助参与者了解他们重新设计的实验具有哪些值得肯定的特征。必须在确认负面特征的同时，找到参与者已经取得的进步，只有这样，参与者才能发展出判断问题的能力。

指导者：	你认为你在检验自己的归因。而且，你也确实是在陈述自己的归因，因此，对方至少知道你在说什么。可是，你没有进一步说明理由，因此很难检验你的归因；而且你也没有鼓励其他人质疑你。我认为你在这里表现得非常坦率。这是一大进步。因为你把你的归因摆在桌面上，让我们有机会一起研究其中的推理过程。	对琳达认为自己在做公开检验的观点予以肯定。 指出阻碍真正的检验的问题点。 确认坦率是学习过程中值得肯定的一步。

第二个案例是描述一名咨询顾问正在处理某咨询机构主任玛莉莲与她的职员之间的关系陷入困境的问题。经过一段时间热身，当研讨会的参与者对这个案例发表完各自的感想之后，乔治开始介入该咨询顾问的行动。

361	**乔　治**：我想把我的评价分享给大家：如果当初你让玛莉莲把她的意图阐述得更清楚些，然后，你再来介入，效果可能会好得多。 她非常矛盾，她甚至还被威胁要辞职（引用资料）。而且已经有人向她提交了在我看来是非常具有威胁性的信息（引用资料）。根据这些情况，我可以想象，她有大把的理由不想再回来。	公开陈述评价。 没有说明效果好坏的标准。 引用资料证明推论：玛莉莲可能不会再出现。

因此，我想知道：你是否认为如果先让她通过某种方式澄清自己的意图，介入可能就会发生作用？如果你同意我的看法，我有个建议……我会问："你愿意来参加下一次的讨论会吗？"

提出探究，但没有明确说明他为什么相信澄清意图会对介入有帮助。用直接可观察的语言建议采用另一种方案。

乔治的介入是一种复合体，兼具第一型和第二型的特征。首先，请思考一下这个介入的哪些特点导致乔治认为他设计的是一个第二型的介入。他公开陈述自己的评价，没有隐瞒。他引用资料来证明他认为玛莉莲可能不会再来的推论，因此他既解释了他的一部分推理，也清楚明白地阐述了它们。他问个案作者是否同意他的评价，因此，他可能认为自己既提倡了某种看法，又鼓励了质疑。他也针对案例作者应该说什么的问题，提出了一个替代性的方案，因此，他集中研究了如何提升能力。然而，乔治并没有明确说明究竟是什么推理使他相信他所提倡的方法会有所帮助。因此，他没有给接受方提供用来评价他的观点是否有效的依据。他提出主张，也鼓励质疑，但是，他在陈述他所提倡的观点时，并没有采用会使他的质疑有可能产生有效资料的方式。他的提倡和质疑只停留在"我相信 X 会好起来的，你说呢？"的层次。

第三个案例也是一个复合式介入，它展示了对第二型技能的深化理解和日渐增多的运用。这段插曲发生在春季学期的第一堂课上：当时介入者正在要求参与者针对某一参与者撰写的案例提出自己的看法。一位名叫拉里的参与者发表言论，说了很多话，他提出了几个针对案例作者的、未经阐释的行为归因，之后又继续针对个案中牵涉的其他人员进行了种种归因。他被另一位参与者——卡罗尔打断，卡罗尔对他说：

我想先回到前面——你讲了很多——不过，你说的第一句话是她（指作者）不自重。我不知道这句话有什么作用，因为你没有给她任何证据，是她自己说了什么还是你从什么地方推出了这个结论，你都没有讲清楚。之后，你又继续说了一大堆事，可是，我只想要求你先把第一句话解释清楚。

卡罗尔的介入包含两个重要的特征。首先，这是第一次由一位参与者出面介入另一位参与者——前者认为后者的介入有误。这个行动很重要，因为它有助于参与者建立一个对抗错误、探究错误的规范。其次，卡罗尔的介入表明：她能够察觉到拉里提出了一个未经阐释的归因，而且这会降低拉里的介入效能。而且，我们也能从中看出：她在干预拉里的介入时，有能力提出一些可以直接观察的资料(你说"作者"不自重)。汤姆接着说：

363　　　　拉里发表意见的时候，我有几个反应。第一，他犯了很多错，做了很多归因判定。也许是他讲得太多了。我自己也不知道该如何告诉他关于他犯的错。我不知道如何介入。当卡罗尔站起来说话时，我觉得总算有一个开始了。

参与者的内心似乎在挣扎，不知道该如何处理这些困惑。一方面，他们知道，从信奉理论的水平出发，他们应该公开地质疑错误，而且，他们有大量的证据——从介入者在研讨会一开始的发言，到他们自己在秋季学期收获的经验——可以证明指导者会对对抗错误的举动给予肯定的评价。然而，另一方面，在他们内心深处又藏有一种本能反应，那是长期以来被第一型世界社会化的结果。这些反应告诉他们，对抗错误是危险的，因为他们本身可能会犯错，或者因为接受者可能会有负面的反应。

就在同一堂课的晚些时候，拉里说，他希望和汤姆做一次介入，因为汤姆刚才怀疑他以介入者的身份提出的一些想法是错的。拉里说："关于你和介入者的对话，我注意到一件事，那就是你们没有讨论到感受。我想知道的是，你的感受是什么？"汤姆回答说，他不认为他们的对话没有讨论到感受，并解释了他是如何体验的。随后，其他参与者又介入了拉里的行动。

实际谈话	评　语
保　罗：你说你打算尝试一个介入，而且你询问了他的感受。这种做法是怎么帮助他了解自己的感受的？	引用拉里说的话；要求拉里公开地反映他的推理。重点放在拉里的介入对当事人（汤姆）的能力有什么影响。
拉　里：（我认为对话的重点没有放在感觉上。）问题的核心似乎是感受，既然没有把注意力放在感受上，那就是在逃避问题的核心。	
道　格：你有什么资料可以证明感受就是这个问题的核心？	要求拉里举例说明他的归因。
拉　里：这是一个归因判断。	
道　格：它的根据是什么？	同上。
拉　里：根据我的印象（笑声）。这样不可以吗？	
罗　宾：在这堂课上不可以。	笑声暗示了一个规范：归因不应该被简单地解释成"印象"或"感觉"。要求拉里公开反映他的推理。
拉　里：我认为存在某种压抑的愤怒。	
吉　姆：你为什么刚才没有把这话说出来？	
拉　里：我想，在这两种选择当中，我宁愿选择问他们到底怎么回事，也不愿直接判定他们在生气。我觉得如果我那么做，他们会比较容易把愤怒的情绪说出来。我宁可让他自己来表达。	重点放在自我审查。
玛　丽：但是，除非你要求他，让他否定你认为他在生气这个判断。否则，他就会陷入困境，并且对"你认为他在压抑自己的感受"这个假定一点办法也没有。如果他不能驳斥那个假定，你可能会继续坚持那个假定。	指出拉里的策略造成了计划之外的负面结果。重点放在自我封闭的性质。

364

365

正如我们在评语中所标示的，参与者好像已经在针对拉里的介入中应用了许多第二型模式的概念。我们可以预期这个插曲将强化几个有利于学习的规范，其中包括要求我们：

- 对质并探究错误；
- 公开反映介入背后的推理；
- 集中研究介入对当事人的能力的影响；
- 用可以直接观察的资料对归因结果进行说明；
- 探究自我审查；
- 确定非意图的负面结果；
- 关注互动的自我封闭性质。

这些都是设计第二型介入的启发性原则。前文描述的几个案例可以帮助参与者把它们转化为团体互动的规范，也就是说，参与者开始有理由去相信团体成员都会赞成依照这些原则设计的介入。如果我们认为这类行动有助于学习的看法是正确的，而且，如果参与者设计这类行动的能力确实在逐渐加强，那么，参与者在管理学习环境方面将有能力担负更多的责任。

不过，针对拉里的介入有几个特征可以表明参与者的技能仍然存在一定的局限性。例如，虽然他们探究了拉里的推理，并提出了他们自己的观点，但是他们却没有鼓励拉里挑战他们的观点。实际上，他们告诉拉里："你应该告诉汤姆，你认为他压抑了内心的愤怒。"他们没有加上一句："是什么让你认为这个更加直接的方法效果更差呢？"拉里可能会觉得他们在硬性要求他应该怎么做，而不会认为整个团体对专业行为的标准是以开放的态度接纳探究和检验的。

366　　对每一个个体而言，学习初期最关键的一步就是他或她的第一型行动空间的广度和深度。人们在这里所讨论的概念也都能推动自我探究和图解的进程。例如，一些人渐渐发现"溜入"这个概念的普遍性。他们看见自己是如何利用它来理解其他人的行动、来设计自己的行动，以及是如何借着它来监控行动的有效性的。"溜入"在这里变成了一个原型，这意味着它把他们的注意力吸引到如何控制行动策略的倾向性上，使他们能够达成预期的效能。它也使他们能够觉察到其他个体在日常生活中使用的策略存在相同的倾向。这是一种极其普遍的行动方式——这一事实可以帮助个体创设一个投影大屏幕（为什么我们这么多人都在使用"溜入"），以便他们最终能够检验自己的使用理论。

发现—发明—制作—评价的周期循环为行动者提供了一条途径，让他们能够放慢事情的进展速度，进而能够对它进行更为系统的研究。通过放慢行动的速度，会使他们较有能力来控制复杂事物，有助于减少失败，也有助于缓解个体的恐惧心理，使他们不再害怕自己会在尝试制作第二型行动的过程中失去控制。

复合体的概念可以帮助个体设定切合实际的期望水平，同时也能帮助个体及时发现自己取得的进步。反过来，这又能减少挫折感以及提高成功的可能性。

一旦学会这些概念，行动者就能获得多重帮助。它们有助于行动者理解现实或在现实中展开行动，它们能促进行动者设计自己的行动，它们还能提供设计行动的规则，也能提供监控行动效果的规则。这就是行动科学最大的一个特点：行动科学的概念本身就包含着能够推动理解、设计和行动的力量。

我们是为了帮助个体习得一种新的使用理论，才设计了专门的研讨会。所以，这些概念是在研讨会中培养出来的这一点并不奇怪。回顾生产每个概念的讨论过程，我们都可以看到诱发因子就是设法以能够帮助参与者的方式来弄懂到底发生了什么。我们在前面的句子中强调：如果一个概 ³⁶⁷念可以解释发生了什么事，我们从来都不会因为找到了一个可以解释"发生了什么事"的概念就心满意足，除非这个概念拥有帮助个体重新设计及实施新行动的力量。每一次讨论，我们都会不断地问一个问题：为了促进问题诊断、推进行动，应该如何运用一个特定的概念？也不意外的是，这些要求明确表明了"理解"（understanding）的意义是将行动包含在内的。当有人问我，你通常会在什么时候知道你已经认识某一事物呢？我的答复是：当我们能够把我们所说的转化为行动的时候。

（审校/赵艳萍）

第十一章 扩大与深化学习

我们可以将学习新的行动与新的使用理论看成一个解除以前习得的一套规则并代之以另一套规则的过程。在前面几章，我们已经指出第二型模式行动的许多规则。譬如，"如果当听见没有证据的归因方式，就要求对方引用可以直接观察的资料。"创造这类在实际状况中可以带来良好效果的规则颇为困难，如同我们在讨论复合体行为时曾指出，参与者可能在采用某些第二型模式的规则之后，结果发现他们因而违背了另一些第二型规则。发生这种困难的原因之一是，一般人的注意力一次只能够放在几件事情上。当一个人刻意将重点放在某一个第二型模式的规则上时，对同一情境中其他方面的事，他可能就会不知不觉又使用原本所擅长的第一型模式规则去处理。还有一个更有趣的问题是，使用甲规则和使用乙规则两者有时候是互相矛盾的，不过这种前后不一的要求只是暂时的。这个现象会发生，主要是因为个体尚未学会充分掌握什么时候该用什么规则，以及如何将不同规则制造成行动。以后我们就会明白，这些前后不一的要求自有其合理的结构，关键在于当使用第二型模式规则时，有时候必须去做某些必需的决定与交换。

本章将讨论几个很重要的学习机会，这些机会出现在当引用的规则互 相冲突或将先前学来的规则运用到介入行动，结果证明错了的时候。正如所料，这类状况确实频频发生。参与者所学的规则是被高度简化的，他们不会把运用规则所需的条件都一一阐述；这样做是必需的，因为如果仔细说明相关条件，哪怕只是其中少数几个，可能就会令学生听得傻眼，根本不知道该怎么去运用这么复杂的规则。学生会发现这些条件的存在都是在规则运作发生冲突时开始去探究后产生的结果。这类探究会挖掘出提高行动能力所需的更深刻的推理过程。当规则运用不当的时候，或者当不知道如何同时运用几个规则的时候，我们就可以通过反观来培养更高水准的专业能力。

第一节　让思考往前走

下面的场景是参与者进行的一次角色扮演，所扮演的分别是一名咨询机构的主任玛莉莲，以及她的一位下属。这位下属述说玛莉莲如何表现出不许别人批评她的情况。玛莉莲称她的所有言行举止都是由于下属们对待她的方式所造成的结果。有人问起玛莉莲的表现究竟有什么问题，该下属说了一件事，并且说玛丽莲的所作所为"让我觉得她非常独断专行"。这样进行了几分钟之后，介入者开始插话。

> **介入者**：还有另外一个办法可以处理这个问题，用不着继续说"记得怎样怎样"。（下属可以做的）另外一个办法是告诉玛莉莲，"我想我已经说了太多只有相反效果、对你毫无帮助的话。这次我们就到此为止吧！现在我想要做的，不是拼命去回想以前种种，而是往前去想，看看我是不是能在这一次结论或者下一次讨论的时候，找到一个让大家能各得其所的对待方式。你认为这个想法怎么样？"
>
> **玛莉莲**：很好。

一些参与者对介入者的建议提出了反对。

370　　　**保　罗**：我觉得这个建议不妥，听起来好像你在帮人看病，又好像是想让大家脱离困境，可是这没有解决问题——下次大家可能会变得比较好，大家都抱着希望，可是使用理论还是一样，观念根本没有变。

卡罗尔：你是不是想让玛莉莲觉得有人站在她这一边？否则你的介入行动的目的是什么？

介入者：我站出来讲话的时候，脑子里所想的是，如果她真的是那样，她很混蛋；如果她不是那样，她也很混蛋；他如果是那样，他很混蛋；他如果不是那样，他也很混蛋。我们可以一直坐在这谈上一整晚，因为从之前的谈话来看，总是她泼他们一些脏水，他们再泼回来。后来他(下属)评论说："我觉得你很自以为是。"这种话属于"推论阶梯的顶层"，是带个人推测意味很强的叙述，而且对她毫无帮助。我相信一个理论：谁受到无端指责，你就该帮谁。

介入者继续解释道，他评估互动行为的准则是根据他自己的有关沟通必须有所助益的理论，无论是谁违反这个准则，他都会明白指出。这样做可能会导致有时他是"站在某一参与者这一边"，有时又变成"站在另一参与者那一边"。能指出每个参与者所犯的错误，这一点很重要。这样才能避免被误认为介入者持有偏见。习惯于第一型世界的人会对介入者在帮甲方或乙方的迹象非常敏感。因此，碰到同时有好几个介入行动都值得做时，根据经验，就要选择对获得较多支持的一方提出批评的介入行动。譬如介入者一连对下属进行了许多批评之后，为了保持平衡，他会做对上司提出批评的介入；反之亦然。

使用这样的策略有一个先决条件，即介入者必须能体谅每一个参与者的心情。研习会成员出现的困难之一就是，他们发现要体谅部属的所作所为比较容易，但要体谅玛莉莲的举止就有困难，大多数的讨论都把焦点集中在玛莉莲犯的错误上。因此卡罗尔才问"你是不是要让玛莉莲觉得有人站在她这一边"这样的问题。

然后介入者之后回到保罗所做的批评，问他所说的"脱离困境"是什么意思。

保罗：你的介入只是把输赢的冲击缓和一点。当时双方对峙已经很尖锐，两边都表现出一种很强烈的不肯输给对方的情绪。

　　介入者：好的。这一点我的看法是，我的介入是在引起他们的责任感，主动去想办法找下一次机会。我不认为这叫脱离困境，理由是，我想在一两个小时之后，事情就会有新的发展。我最不想要的是回去翻旧账，因为他们双方都有错。（在此介入者列举说明了两方都犯的错误，并说这些话随时可以被一方引用来证明另一方不对。）这样我们就会陷入一个恶性循环，永远没完没了。

　　请注意，参与者提问题的根据是，介入者的各种建议和他们所了解的第二型模式方法不一致。举例来说，第二型理论不鼓励人做保留面子或缓和冲突的行为，这大概就是"脱离困境"的意思。同样，支持甲方或乙方这种行为也和第二型模式强调找出有效资料的特点互相矛盾。参与者的质疑让介入者有机会反映他的推理，也因而让他借机会指出他对玛莉莲所做的介入和第二型模式的主导变量以及该情境有关的几个特点之间的连贯性。

　　另一名参与者提出的问题更加尖锐地指出：参与者的行为规则与介入者的行为所遵循规则之间是相互冲突的。

　　玛　丽：我有个问题，如果咨询人员一直在旁观察，那么就到了拿出行动的时候了。我们都知道提出直接可以观察的资料很有用，这是我们一直在学的，所以我们必须重提旧事，把以前说过的话找出来讨论。我想我们之中很多人之所以会牵涉到你所指出的自我封闭的过程，原因是我们要提出直接可观察的资料。所以我才会想：我以为我们应该要利用明确具体的事件。现在我却听见我们应该强调未来，这下我完全迷糊了。

　　介入者：很好。保罗，你想不想回应一下？

　　保　罗：我觉得对我有帮助的是你所说的关于引发责任感的话。我所重视的是引出确实的资料，以及另外两件事——自由选择和真心投入，这些也很重要。

这个事件片段说明了几件事：第一，引导学习的规则有时候也可能阻碍学习。参与者已经知道当某人对一件事做出一个归因，如"你表现出不容许被批评的态度"时，他们应该问："她说了什么话或做了什么事让你这样认为？"但是在这个个案中，对归因证据的要求会强化玛莉莲和她的下属已经陷入的、不断恶化的输赢情绪。

第二，这一事件说明探讨互相冲突的行为规则可以让运用不同规则的能力背后所根据的推理得到澄清的机会。在本案中，介入者就是因此得以指出，在当时情况下，一些相关的特点显示，把重心放在未来会比要求说明过去的事实更有效。

第三，这个片段说明一般人通常会各自将注意力集中在行为技巧所根据的推论网络的不同层面。举例来说，保罗注意的是自由选择与真心投入以及有效资料的重要性。像这种我们在此做了部分说明的场景，其中包含的意义非常丰富，学生无法同时兼顾他们所注意的各个层面，事实上只是他们学习之路中的一项功能。通过参与许多类似这样的学习事件，学生就会慢慢了解行动所依据的整个复杂的推理网络。

第二节　个案研究小组成员与掌权的当事人

在这一节，我们要描述几个用来扩大与深化学习的方式，其中包括介绍学生使用个案小组，带领他们接触真实客户所遇问题的个案，以及个案中包含某些掌权者的情形。就我们的经验来看，这些因素对学生所产生的介入行动的质量具有重要的影响。

当学生将成为某个必须采取共同行动的个案研究小组的成员时，他们开始遇到如何组合自己的有效团体的问题。此外，通过引入包含当事人真正所需的真实个案，我们扩大了因素的范围，学生不再只是就他们自己所选择的问题来学习第二型模式的技巧。我们特意引入的个案，其中的当事人都是公立、私立的大机构中掌握相当权力的人士。我们的目的就是要创造条件，刺激参与者面对权势的偏见与恐惧。

我们的指导人员先请参与者研究一份关于一个个案工作小组在所属的一家咨询公司举行会议时的记录资料，这份资料事先经过整理，而且该个案的前后经过分析已经在其他地方刊载过（Argyris，1982，pp. 121 - 142）。事情大致是这样：负责监督这个工作小组的副总裁要求五位组员和他开个会，就小组的工作效率与提供客户服务这两项要点作反映。这个五人小组其中两个是能力很强的咨询专员，三个是经验丰富的经理，而且这五个人先前在这家客户的另一公司部门刚完成一项类似的方案，绩效极佳。副总裁很想知道为什么这一次没有能够如公司与客户的预期，拿出高品质的工作成果。

会议开始时，副总裁所做的开场白是，他想留到最后再来发表意见，因为他不希望影响大家。他鼓励大家有话直说，并向大家保证他也会实话实说。当每位组员发表了意见之后，有一件事实变得很明朗，那就是，计划展开不久，大家都发觉这个小组有问题，因为副总裁一直显得不想多插手这个个案。每个组员都只管专心做自己那部分的工作，而且也有部分原因是每个人都有很大的时间压力，虽然担心不知道整个小组的进展如何，可是谁也没有公开把这个问题提出来。直到案子接近尾声的时候，副总裁和其中一名经理觉察到那份小组报告很不妥当，于是他们干脆自己重写一次。在那次会议中，有组员将这些问题和个案的其他几点做了一番讨论之后，大家都一致认为，最主要的问题是出现了"主子太多，兵丁不足"的局面。

我们的指导人员请参与者把自己当成咨询人员，而这个个案小组就是他们要服务的对象。他们将与副总裁进行会商，任务是帮助客户建立一个更有效率的个案工作小组。副总裁的角色由一位资深指导人员扮演。这位副总裁表现得很合作。他也相信将咨询人员提出的建议先加以多方面严格的检测是很重要的，这样他才能决定是否让咨询人员加入他自己以及他的工作伙伴原本已经紧张忙碌的生活。

我们的工作人员请参与者自行组成四人或五人的小组展开活动。前后将以三节课完成这个个案；期间四个工作小组轮流和副总裁进行角色扮演。另外每个工作小组需多次碰头，讨论如何采取介入行动。我们从第一组对副总裁的咨询开始介绍。

道　格：我们这个咨询小组觉得有证据显示你的小组全体工作人员都一致认为这个方案办得不怎么有效。

副总裁（由我们的一名工作人员扮演）：对，我想那没错，不过我觉得我老早就看出来了，毕竟我是领导者。而且我也看到有些组员还是挺合作的。不过在我们开会的时候，大家的确都有这个共识，觉得这个计划没有达到应该有的绩效，特别是我们所聘用的都是高薪资、高水平的咨询专家。

道　格：不知道你是不是同意这个看法，就是说，我们开会的主要目的是在探讨为什么这个方案欠缺绩效？

副总裁：喔！我认为那是非常重要的。不错，当然还有另外一个目的是找出可以改进的办法。这一点我非常想知道你们有什么看法。

接着道格提出一些看来已经相当明显的推论，询问角色扮演副总裁的介入者是否同意。大家不太明白为什么道格要从这些问题开始。扮演副总裁的介入者稍后就做了如下的表示："我的感觉是，似乎你在为某种观点搜集证据，而且到底是什么观点你不肯告诉我，要等到你把证据收集齐全之后才说。"

道　格：我们整个咨询小组觉得，在我们看到的一些较大的问题 375 之中，有一个是每次你们的工作人员开会的时候，大家一直没办法让自己提出的想法得到检验。

副总裁：这我不大了解。检验？你的意思是什么？

道　格：嗯！我们觉得，你以副总裁的身份，把自己摆在一个立场上。在会议最初你就声明你不想影响大家的意见，后来要总结时，你自顾自将案子进行了概述。你这些处理方式造成大家在需要检验观点时，得不到你的意见，无法发挥小组运作的意义。

副总裁：我可以理解你会讲出这些话，但我认为你没有真正了解这个工作小组，以及我和他们的关系。这个小组每个成员实力都相当强，我也确确实实因为他们能力很强才在一开始告诉他们，"我希望由你们起头，自由发挥，最后我再来收尾"。因此我有点怀疑——如果是他们没有检验，我不认为这和他们没有检验自己的观点有什么太大的关系。

道　格：嗯，我想我们主要是认为最后把个案重点总结的时候，有一件事情，就是你身为副总裁，关于这个计划本身你所持的一些看法，你对这方面从来没有公开和大家讨论检验一下。

副总裁：不，他们说出他们的意见，我说出我的。我不明白这怎么会妨碍他们在我提出总结之前做任何检验。

道格先说有一个主要的问题是工作小组无法检验他们的观点，当副总裁要求他做解释时，他开始说一些他认为副总裁做得不对的地方。因此情况似乎是，道格认为问题就出在副总裁身上，但是他没有直说，一直到对方催他解释，才透露这个意见。这显示道格采取的是"溜入"的进攻策略，这种策略可能会导致副总裁对他不信任。介入者稍后表示，站在副总裁的立场，他一直努力隐藏自己的感受，尽量表示合作，可是他心里很生气，他想，"看吧，我这么努力积极地采取行动，结果第一个被数落不是的就是我！"

到目前为止，道格一直在充当整个小组的发言人。其他的组员后来说，道格没有把大家合作设计的介入计划透过角色扮演正确地表达出来。一位名叫拉尔夫的组员说，他们本来的想法是要和副总裁沟通意见，帮他看清个案小组的工作发展是如何在他的作风影响下，形成单路径而非双路径的学习过程。另一名组员乔治将大家一致认可的介入计划读了出来，第一句话是："你是不是也认为这个会议主要的目的是要探讨为什么个案小组的工作绩效欠佳？"介入者指出，这和道格一开始的做法很类似，同样也给人一种试图以"溜入"的策略来着手处理个案。他要乔治回想一下当初设计这句问话背后所根据的推理是什么。乔治答道：

> 我们的推理是，一开始就把我们对这个案子的分析按部就班地展开。好。我们大家共同认定的事实是什么？第一，这些人认为他们表现得不太好对不对？那我们就先查证，确定一下这一点。第二，我们咨询人员觉得他们的会议不是很有效率，包括他们对之前为什么效率欠佳进行的探讨也不太有效率。所以，我们提出这一点，确定一下这是他们的目的。还有，我认为就达成目标而言，这个会议本身就不大有效率。我可以看出会议的欠缺效率和个案工作小组的欠缺效率，两者之间有几个类似的地方。我想提供一些例子来支持这个结论，并且看看你是否也同意。

从乔治所做的解说可以看出，咨询小组有意识地遵循第二型模式的要领，设计他们的介入计划。他们有意让所做的推理清楚明确，而且这些对当事者所做的推理过程每一步都加以验证。虽然他们用心良苦，结果最后的介入计划还是变成了属于第一型模式的策略。在乔治所作推理的第二步骤已经显示出一种可能是一般人出于自然反应的"设计个案"的倾向：因为他认为会议欠缺效率，因此他决定先向副总裁查证一下，看他是否同意开会的目的就是在此。如果确实如此，乔治就可以接下去表示会议就达到这个目的而言，一直欠缺效率。这就是说，他一方面在设计一个方案，一方面不透露问题的要点，以此保护自己，直到副总裁自己开口说出这个事实。

介入者接着以角色扮演提出设计介入的另一种方式，也就是先陈述小组所得出的三种归因，如果副总裁表示同意，立刻展开下个步骤。乔治觉得这个建议很有帮助。

> 这个办法不错。我认为它替我们解决了一个难题，即两种都是原

则，但又彼此冲突。一个是尽量提前列出计划，避免给副总裁一种被人设计的感觉。另一个原则是你对所说的每一句话都要提出证据，以免这些没有事实依据的归因害你遭受责难。而这两者往往是互相冲突的。如果他不同意(你的归因)，你所做的是把你下一步准备怎么做让对方了解，而且是以一种显然一定会有事实资料的方式。

这是另一个案例可以说明先前我们所讨论的关于原则间的互相冲突。在这个案例中，乔治和其他组员都清楚地看到两种意图之间的冲突，即在较高层次进行推论，还是从基层开始一步一步进行检证推理；介入者能够设计出解决这种冲突的行动方式。当参与者对介入者的做法和他们自己的做法之间的差异进行反映时，会对第二型模式的推理有更深入地理解。请注意乔治从介入者的行动设计推出一个新的原则："让对方了解你下一步准备怎么做，如果他不同意你就摆出证据。"这个介入行动也因此成了一个原型。

378　　　乔治能够公开反映设计行动的困境，这种能力本身就是一种正在进步的表现。类似的插曲发生在研习会上的频率越来越高。例如，汤姆发现一个问题，即诸如"以直接可以观察的资料来说明"这样的第二型模式的规则，该如何用于处理输—赢对峙的紧张状态：

　　　　我发现很容易出现一种倾向，那就是，为了让自己的论证更强有力，你会收集一大堆可以用来轰炸对方的资料。如果他们同意你的看法，最好你就到此为止，不要再提这些资料。换句话说，资料很重要，但你要超越资料本身，弄清楚资料的意义是为当事人提供帮助。另外还有一点也很重要：如果对方不同意你的观点，你可以心平气和地倾听他的反对意见，不一定要急着把一堆资料丢到他们面前。

我们已经讨论过道格所做的第一部分介入行动背后所遵循的推理过程。在第二部分介入行动中，道格说副总裁告诉大家他将留到最后再发言，这种做法不对。这也是出自咨询小组的共同设计。如果分析导致这种设计背后的推理过程，我们会发现参与者有一种将情境设计为"副总裁即被告"的倾向。

乔　治：（我们计划把重点放在）当副总裁一开始就告诉大家他不想影响组员的观点，因而要留到最后再发言，这种做法对会议所造成的影响。（我们觉得）这是了解副总裁如何看待自己在这个团体中所扮演角色的重要线索。也就是说，如果他觉得表达意见会影响他人，这就暗示他自认为在整个团体中居于一个高人一等的地位。通过一开始就提出这一点，他实际上已经摆明自己地位高于别人，他的意见也自然有另一种特殊的分量。

介入者：（作为副总裁）我的反应是这样：我确实比他们的地位高。我是副总裁。我拿的薪水比他们多。如果我不接受这种高出他们的地位，我就是个不负责的人。

乔　治：我们认为这一点和本案其他方面的关系是，副总裁主持这个会议的表现是不公开他的意见，要留到最后才说出来。在此个案中，他保留了很多看法没有说（例如，他对组员的能力的怀疑，还有他认为组员都来找他相互抱怨，却没有人将个案看成一个整体，担负起责任）。他希望他们能够怎么做，自己却没有身先士卒，做一个表率。因此我们在会议中看到上述两种情况同时在进行，他保留自己的意见，不提出来让大家检验，事实上这也就是他领导或者说没有领导这个小组的办法，譬如不指出他所看见的问题，等等。这就是我们推理的逻辑。

乔治的逻辑有一个颇有趣的特点，而且显然是根据参与者先前在研习会上学会的观念原型为基础。例如，在 X-Y 案例中暗示了一种怪现象，也就是参与者批评 Y 对待 X 的行为方式，自己却在以这种行为方式对待 Y。企图化解这种行为的介入行动通常会采取"你正在做的恰恰就是你所批评的事"这种形式。这类介入试图否定当事者认为已经竭尽所能的假想，而且往往会让当事者觉得自己应对问题负更多责任。乔治观察到副总裁"希望大家做什么，自己却没有以行动做表率"，其背后遵循的模式似乎就在于此。

就如介入者所指出的，乔治认为副总裁摆明自己地位高人一等，这种批评之中有个漏洞。事实上，副总裁的地位确实是高过其他人，否认这一点反而是不负责的表现。其他与乔治同组的成员努力通过角色扮演来处理这个反对意见。

> **保　罗**：你希望他们要负责，对不对？
>
> **副总裁**：我希望他们要负责，也要求自己要负责。
>
> **保　罗**：可是，不管是在案子中还是会议中，你所表现的都是匆匆跑过来处理一下个案，或者匆匆跑过来告诉他们哪里真正出毛病了。如果你一直都这么做，那就一直没有要他们负责。
>
> **副总裁**：那我当初该怎么做才对？（沉默）
>
> **道　格**：你可以站在副总裁的立场，将你对个案的想法提出来，问问顾问是否确实同意你的看法，这其实就是我(之前)一直想要提醒你的事情。
>
> **副总裁**：可是你难道没有看见，在这个个案里，很多资料显示，他们情愿向头头敬礼请示？我就是这个大头头。所以，我想给他们提供最好的条件，这样大家也许可以开诚布公。于是我坦诚了主要的问题："这回领导要走在最后面。"现在，我想你要告诉我的是，这么一说反而更强调我是头头。我说你的分析没错，可是我实在变得左右为难。你告诉我后果，我承认。可是我还没有听见谁告诉我该怎么脱离这种进退两难的困境。

请注意，在此保罗提到一个我们前面说过的怪现象模式的另一版本：你希望他们负责，可是你做事的方式却令他们不必负责。这个诊断相当中

380

肯，因为他点出副总裁是怎么制造出问题的。不过这个观点还有两个难题：第一，它暗示副总裁不是那个左右为难的被困的人，反而是制造问题的被告。第二，它没有提供建议帮助副总裁脱困。保罗提不出一个可行的办法。

倒是道格提出一个建议，不过有点老套：要副总裁一开始就提出他的意见，并征询大家的反应。这个建议似乎是根据较早提过的一种启发式的学习方式：将探究和倡议结合起来。但是这忽略了真正促使副总裁采取本来他那种方式的症结所在：如果他先说，他可能会影响他人的意见。包括道格和其他人在内，似乎都还不了解或不能体谅副总裁所面临的问题。

为了引导这个寻求更佳解决方案的过程，介入者再度扮演副总裁的角色，指出副总裁认为自己所遭遇的两难困境。小组中另一名组员听出这个暗示，把话接下去。

381

赖　夫：现在我听见你说你有点同意我们的看法，认为你正陷入两难。我想我还听到你表示不想再这样下去。

副总裁：首先，我要弄清楚一点，我认为那并不是你们的看法。我认为你们的看法是我有错。而且没有人看出来我正陷入这种两难的困境。你们只是看到事情的一面而已。

赖　夫：好吧!

介入者：我必须先指出一件事，因为这是那种综合征的一部分，我想说的是，你们之中很多人对于手中握有权力的人常常会自动表现出某种盲点。现在，我们言归正传(回到角色扮演的事)。

赖　夫：我明白你的难处。我想如果你坦承自己所经历的这种左右为难的困扰，对于你和整个小组都会很有帮助。也许就以那个重点展开讨论。单刀直入。

副总裁：那我该怎么说?

赖　夫：我认为你今天所说的已经很好了，你说，"我们接下这个案子开始合作之后，我所经历的就是这种左右为难的状况。我担心如果我用这种方法开始我们的会议，结果会有那种影响。如果用那种方式，结果又会有这种影响。这就是一直让我很困扰的难题。"

有好几个参与者都发现这段讨论很能帮助他们整理学习内容。举个例子，汤姆提出他的心得：

这里的重点就是对你的当事人保持体谅的态度这个问题。尤其碰到如果你的当事人是副总裁这样有身份有地位的人，你更是要真正去体谅他的处境。我很清楚自己在这个方面的成长。从起先带有敌意的阶段，到后来变成，我可以对他说出"我知道不是你的错，是体制的问题"这样的话。可是我还不能拿出那种体谅的态度，从两难之境这个角度，从头来看整个事情以及对方所面对的状况。听了你们的讨论，我觉得对我很有帮助。我一直在注意听你们提到"左右为难"这个字眼，我觉得这个字给了我一个不同的思考方向。

请注意，介入者并没有直接劝告大家要多体谅，让大家达到共情的境地。他所做的是帮助他们在角色扮演中看清自己的所作所为，对他们的推论进行反映，再重新角色扮演。当参与者越来越能理解副总裁的情况，也越来越知道如何处理，他们也就开始比较能体谅及同情他。同时，他们会觉得自己条理变得更加清晰，心里更有安全感，相对地也不会觉得受到副总裁的压力。

要注意的是，"把关注的重点转移到困境上"的这种改变，从另一个方面可以说明"可根据之前的学习去发现介入行动中不妥当之处，进而有所领悟与成长"的例子。例如，咨询小组先判断副总裁的行为恰好助长了他想要改变的行为，这就是问题的症结。这项诊断是根据他们之前学过的 X–Y 怪现象模式：参与者对待 Y 的方式，正是他们批评 Y 对待 X 的方式。在一连几次重复角色扮演与反映之后，参与者发现，虽然基本上这项诊断是正确的，但显然还有不足。他们遗漏了情境中的几个特点，也就是副总裁不得不进行管理，不得不采取他的那些行为。他们后来所采取的取向并没有撇开原先那些由怪现象而发现的矛盾问题，而是让他们再多加一层了解，看清这些矛盾也是副总裁所面临的部分困境。

随着视野的扩大，参与者开始懂得对他们的当事人要采取体谅态度的重要性，以及自己应格外当心，避免容易对那些大权在握的人不会设身处地体谅的倾向。在这一个案结束之后，参与者所写的反映报告，也显示他们将这些关于共情与指责的问题，与此前他们在研习会中的经历联系起来。他们想起当他人指出他们能力不足时自己产生的防御心理。有时由于383挫败感与罪恶感的作祟，他们变得不愿意再尝试再学习。他们记起介入者帮助他们处理这些感受的方法是，点醒他们虽然要对自己的行为负责，但却不必对"社会化过程中习得的使用理论及其造成的行为后果"负责。介入者当时还指出，虽然他们的行为必然导致不公正与反效果，但这并不是他们的初衷。总而言之，参与者重温了当初自己处于当事人（副总裁）立场时所体验的关于处理学习情境这种介入技巧的重要性，并且开始把这个他们新学得的技巧运用到今天自己要面对当事人的情况中。他们开始学着明确当事人对所犯错误应负责任的同时，也对当事人的处境有了更深的了解与体谅。这使他们能够帮助当事人疏导在解冻过程之后随之而产生的挫败感和脆弱感。

学成这种能力很不容易，更不可能在短时间内就达到这种层次。从下一节就会看到，和副总裁进行角色扮演的第二个小组能够在某种程度上根据第一组的经验让个案有一些进展，可是在过程中，仍然重复地犯了与第一组一样的错误，只不过是以不同的形态呈现出来。

一、对副总裁提出咨询的第二小组

参与者对第一组所采用的方法提出的批评之一是，这个方法无助于副总裁了解究竟是什么导致个案小组不能自行监控。有人建议应该设法帮副总裁认清问题的症结是小组组员的——包括副总裁自己的——使用理论。这就是第二组在角色扮演时所选择采用的方法。

角色扮演活动一开始，佛瑞德就交给副总裁一张纸，上面写了他们对副总裁及工作小组分别所持的信奉理论与使用理论的诊断。据他们诊断，副总裁的信奉理论是要坦率，要和大家合作一起研究，以及当他们工作表现欠佳时要去和他们多接触，然而他的使用理论则导致他无法检讨组员所表现的争强好胜与背后中伤别人，而且最后还替组员将报告重新改写，掩饰小组的错误。副总裁说他认为"背后中伤"这个字过于强烈，而且他也不觉得自己在替大家"掩饰"。不过，他倒是对这份诊断大体上表示同意。佛瑞德的小组对个案小组的使用理论所做的诊断是让每个组员各行其是，而且拒绝提出小组整体性的问题。这些理论带来的结果是互相较劲、缺乏人际互动以及不纠正错误等。副总裁说这份诊断他觉得颇有道理，并问下一步该怎么做。在此，佛瑞德陷入了困境。

佛瑞德：我们接下来想要讨论的是，如果我们已经建立共识，看看有什么可能解决问题的方法。你也看到，我们认为问题是在一种互为因果的状态之下发生的，所以我们希望解决的方法也是以类似的形态出现。这样就是大家共同对所发生的问题负起责任。我们也觉得解决问题的办法应该包含让这个团体能掌握彼此工作状况的信息——基本上我们希望请你和小组一起坐下来，大家一起讨论，订出一套新的使用理论。而且大家同心协力去实践。

副总裁：我觉得这个主意不错。你有什么具体的想法吗？

佛瑞德：好的，我想你可采用一种办法是——这一点我们还可以讨论，这是其中一种——也许要达到这个目的有很多不同的方法。我们的一个方法是，你可以和小组一起坐下来，提出类似我们这样的诊断报告，然后开始和他们讨论大家该用什么方法做到能够自行监控、自我纠正，还能互相批评、指出错误，把重点放在工作的整体性上面。换句话说，召开一个像我们现在正在进行的这种会议，带着高度坦诚来仔细探讨研究每个要点。

佛瑞德特别注意强调问题的责任要大家共同来担负，这种警觉可能是在他观察第一小组所犯的指责副总裁是罪魁祸首这个错误之后产生的心得。可是佛瑞德的建议最大的特点就是它过于模糊。他提议副总裁从"和他们讨论他们该如何找出"解决问题的方法着手。但是如果佛瑞德对副总裁所持的使用理论判断正确，那么副总裁可能会依照他那种会阻挠解决问题的使用理论来主持这样的讨论。 385

虽然大多数的当事人都会觉察到佛瑞德说得不够清楚，但很少人能看出他提出的建议违背了他自己所做的问题诊断。在介入者看来，这个矛盾相当明显，于是她决定采取角色扮演副总裁的方式指出这件事：

副总裁：如果对这个诊断我所了解的没有错，你是在要求我去做某种我应该没有能力做到的事情。

佛瑞德：这是一种对自己的行动加以干预或介入的行动过程。

副总裁：你想表达的是什么？

佛瑞德：思考几种你能够将这一点传达给大家的方法，用一种尽可能避免在你的使用理论影响下你会采用的做事方式。

副总裁：对，那我明白。可是能不能给我几个实际的例子？这就是我花钱请你们来的目的。

佛瑞德：好的。在你召集会议之前，我们可以先进行一次角色扮演，事实上，那时候你就可以提出几个构想，然后让我们就这些构想提供我们的意见。不过有一件你可以试试看的事情，比如说，如果你开始开那个会，心里也明白自己那套使用理论，你把你的问题诊断结果向大家提出来，你觉得你可能会遭遇到什么样的问题？你觉得会有什么样的问题是针对你的？

佛瑞德还是继续用不太明确的方式作答。当他最后被逼拿出实例来解 386 释时，他在说到一半时采取了一种以当事人为中心的策略："你认为会有哪些问题是针对你的？"

佛瑞德这个以当事人为中心的方法将思索"如何进行整个过程"的责任放在了当事人身上。当参与者对佛瑞德所做的角色扮演做出反应，有些人表示他们认为他完全知道自己希望副总裁能采取什么行动，但是却用一种提出问题、渐进的方式遮掩他自己的观点。另一些人则认为佛瑞德根本拿不出什么建议，只是一味掩饰而已。

这两种诠释也许都各有其正确性。也许除了建议副总裁首先呈现他对于问题的判断，然后和他的小组"开始研究"解决之道以外，佛瑞德就没有其他的主意可以提供了。他没有意识到自己一开始对问题的诊断就意味副总裁没有能力有效地完成这一任务；这说明他还没有把问题思考得非常透彻。同时，佛瑞德对于咨询工作所持的信奉理论可能是：副总裁能够做什么这方面他根本不必去想太多，也许他相信，一旦他帮助当事人对事情有了正确的洞察，适当的行动策略就会自然而然呈现。也许他也相信这些主意应该出自当事人，而他应该让当事人自己负责想出办法。这些信奉理论可以帮助他用模糊的答案和不断提出问题来掩饰自己能力不足的事实，因为这些信奉理论对那些策略做了冠冕堂皇的解释。

和他同组的另一位组员凯茜接着又以角色扮演的方式，提出一个更直接的策略。她借用第一组的经验建议副总裁将他的一些困境告诉全体组员。她劝副总裁告诉大家他对解决这些困境的具体建议。举个例子，也许他可以告诉他们应对彼此的工作提出批评意见，而不是跑来找他抱怨、打小报告。凯茜所提的建议有优点也有缺点。她没有掌握好副总裁的尴尬处境，而且她建议副总裁使用的说法——"不要来找我，应该彼此私下谈谈，交换意见"，说不定反而把小组讨论问题的可能性降得更低，因为这么做一点也不能增加组员自己集合讨论问题的能力。不过，凯茜所提出的方法比起前面其他的方法有一个改善的地方，那就是她没有采用会制造当事人的不信任的掩盖策略。她把自己的想法摆明放在大家面前，让他们自行研究改进的方法。

凯茜的角色扮演完成之后，佛瑞德就他所使用的非直接方法背后的推论过程做出了反映：

我有一种非常强烈的感觉，也就是现在我要做检讨的地方，我个人有个信条，如果你教别人该怎么做，到头来会变成一种背后操纵，而且也造成对方的依赖性。我觉得依赖性百分之百是一种负面的行为。这是我很难接受的事，只要一碰到这一点，我会立刻反弹。

这段话引出一个主题，大家开始讨论在哪些情况下，依赖性也可能有助于个人的成长进步。举例来说，凯茜的方法是提出一系列副总裁有能力去实行的行动（陈述面临的困境，请大家提供意见，等等），这对他和他的工作小组的学习有帮助。因此她是在提供一种包含能脱离依赖方法的依赖。还有一点也很重要，即这一较直接的方法让当事人可以选择是接受建议或提出反对。如果咨询人员提供一些主意及其结果，而且也就当事人所提的建议分析其后果，这样当事人就能根据信息的指引做出选择，也因而慢慢减少其依赖性。

具有反讽意味的是，佛瑞德那种非直接的方法事实上比起直接的方法更可能导致背后操纵及依赖。我们现在先假定佛瑞德并不是在掩饰自己能力不足，那么他的提问策略的目的就是在促使副总裁自己找出该怎么做的办法，这样副总裁也许就能发自内心地肯定这些想法。但是这会造成佛瑞德处在隐瞒他知道"副总裁可以怎么做最好"这个事实的一种立场。副总裁可能会觉得他必须弄明白佛瑞德正在隐瞒什么，这种情况令他更难否决佛瑞德的意见，也造成他更处在高度依赖的位置。而且佛瑞德不明说这是他的策略，因此他已经在进行一种幕后操纵的行为。

二、重复制造个案小组的问题

佛瑞德与凯茜的分歧在角色扮演之前就存在，在他们内部的小组会议上不但没有得到解决，而且该小组还选择了事后证明是两者之中效果较差的佛瑞德的方法来代表小组的想法。虽然在前一周的讨论提及困境的问题，但该小组并没有要求佛瑞德在介入行动中提出这些想法。是什么导致该小组做出这些决定？

关于小组合作过程的问题，我们打算通过讨论第三小组成员所做的角色扮演来介绍我们对这方面所做的讨论。当佛瑞德在他的提问策略碰到麻烦的时候，吉姆在凯茜还没有叙述她的方法之前插手进来干预。当时的对话如下所示。

副总裁：这件事你有什么建议提供给我去做？还是……你认为我应该怎么办？

吉　姆：我觉得你对小组出了问题这件事本来也是心里有数，但你没有把问题向大家提出来。

副总裁：对。你说得没错。然后呢？

吉　姆：我想知道你这样做原因何在。

副总裁：我非常忙碌，工作一大堆。我最不希望做的就是花一大堆时间来处理这些事情。那很可能把他们弄得四分五裂。

吉　姆：我不明白为什么那样会让他们四分五裂。

副总裁：如果我开始就某个问题批评他们，接着他们又互相批评，我最害怕整个小组最后会各做各的，大家各奔东西，尤其是如果你的分析正确的话。

吉姆没有看出副总裁的困境，是因为他对副总裁害怕（一旦批评小组合作过程的问题会造成负面效果）的这件事感到不以为然。就我们早先注意到的，吉姆和佛瑞德自己所提出对问题的诊断就已经显示这是一种可能发生的后果。个案小组的成员，包括副总裁在内，可能都会依照一种会阻碍对问题进行正面讨论的使用理论来行动。

389　　"吉姆对副总裁的害怕表示不以为然"这一点之所以值得注意，还有另外一个理由：佛瑞德和吉姆所属的小组本身就遇到了副总裁所害怕的会发生的一样的问题。当介入者说站在副总裁的立场，他觉得他会把与他咨询的小组弄得四分五裂，接下来进行讨论时，前面我们所谓"小组也遇到了同样问题"就变得很明显了。小组成员解释，他们组里对于以何种方式进行角色扮演一直意见不一。佛瑞德执意要从使用理论出问题这个诊断着手，然后运用他那套以当事人为中心的方法。凯茜不想用那种问题诊断。她想直接告诉副总裁该怎么做，也就是让他把面临的为难之处说出来，也请组员说出他们的难题，然后讨论解决之道。佛瑞德和凯茜之间的分歧没有获得解决，但是他们不是没有试着讨论过。事实上一名组员就说："我觉得我们开的会有百分之九十九点九都是在让你们之间的争执愈演愈烈，而不是把注意放在介入行动上。"事情似乎是佛瑞德和凯茜两个人意见越来越分歧，而其他组员只能愣在一旁，对他们的争执不知如何是好。这使葆拉(先前我们引用过她所说的话，也是另一名组员)说道：

> 看吧！这就是我对把事情摊开来谈这种做法的疑问。我怀疑就算把意见都摆明，真的能找到解决的方法吗？还是又有别的状况发生？要摆明态度，大家都很行，没有人受到阻拦。可是然后又怎么样？你要怎么获得一个意见一致的个案小组呢？

这和副总裁对批评组员合作过程问题时，内心的顾忌完全一样，而这也是吉姆对当事人不以为然的心理。当一个小组的成员只采用第一型模式的使用理论，如果大家让意见不合的真相浮上台面，最后可能会造成非要分出一个输赢的意气之争，令相左的意见更加两极化。在咨询小组对副总裁的个案所做的问题诊断里，这种结果就已经包含在其中了。

另外，该小组决定采用佛瑞德的方法的整个进行过程也颇有教育性。当他们的会议在佛瑞德与凯茜的意见仍处分歧的状态下结束之后，该组就一直没有再开会讨论；到研习会的一个小时之前，他们再度集合时，吉姆和葆拉很意外地发现，佛瑞德和凯茜似乎已经私下达成协议，由佛瑞德开始做介入的角色扮演。吉姆和葆拉虽然感到迷惑，但是都没有问起他们是如何达成这个协议的，因为他们怕在即将展开该组的角色扮演之前，小组又陷入意见不合的状况。后来佛瑞德和吉姆在角色扮演之间陆续遭遇困难之后，凯茜并没有介入，因为她认为如果提出另一种方法，可能会让他们

390

那一组在副总裁眼里显得散漫、没有组织。

凯茜的解释是，佛瑞德和她在小组会议之后曾经私下谈过，佛瑞德告诉她，"我想（介入者）会把你收拾得片甲不留，如果你提出你的做法"。凯茜继续说："我脑中突然灵光一闪，心想，'他会把你收拾得片甲不留！'我也不知道到底要不要让你上去任他宰割！"当然，这一切都是到角色扮演结束之后才被拿出来讨论。凯茜表现出好像自己同意由佛瑞德去发挥他的方法。而其他组员则认为她并没有真正同意，大概只是先让佛瑞德表现，之后再出面提出自己的方法。不过表面上大家都不说什么，这个小组就以这种假装团结一致的姿态出现在副总裁面前，后来结果是什么，我们刚才都看到了。

读者会注意到，尽管参与者已经有过我们在前面几章描述过的那些学习经验，但他们仍然会一直犯很多错误。这可以用来说明一个关于学习过程的特性：参与者不断重复着解冻、反映、重新设计、发现新的错误以及再次解冻的循环。的确，所有向新的学习境界迈进的行动，都是经常从一个人不断发现自己的各种第一型行动开始的。

在副总裁的个案小组饱受一些问题的困扰之后，重蹈覆辙的不仅是第二小组。例如，第一组选择让道格担任发言人的过程之中，也有类似的情况。道格提倡的方法和小组不同，但是他又很想担任发言人。其他组员虽然担心道格会不照小组所设计的介入行动，但却听由道格代表小组发言。从道格这方面来看，他并不太考虑小组的设计，但是却说他会忠实地表达小组的意见。在前面一节所述道格和副总裁做完角色扮演之后，小组开会讨论他们合作过程的问题，结果发现组员们对他人的认同水平及小组的设计行动大多持负面评价。但是这些事前都没有人提出来讨论。

参与者所写的反映报告显示他们认为重复个案小组的过程问题（process problems）具有重要意义。几名参与者对自己如何加重了问题进行了反映。例如，第一组的一名组员拉尔夫写道：

在我们小组第二次会议开到一半的时候，我发现自己被困在了一个矫正命题上，而那是我在几周之前（尤其因为上了这门课而产生念头）给自己定的命题。这个矫正命题是：

当觉得课程或会议进行的过程或方向没有什么正面的效果时，反映为什么自己会这样觉得，但是只有在你能提出另一种办法时才能将你的推论公之于众，并请大家一起探讨这个办法的可行性。

我开始发现自己无法采取行动，因为，虽然我感到我们的个案小组经常效率低下、我们的合作过程没什么效果，但我却先把自己采取行动的可能性排除了，因为我发现自己无法想出一个我认为会有用或有效的更佳方法或介入行动。在我们小组的介入行动结束之后的一次会议上，我把这个进退两难的困境提出来，结果得到一些建议，并因此导出下面这个就前述的矫正命题再改进一次的矫正命题：

当觉得课程或会议的过程或方向没有正面效果的时候，反映自己为什么有这种想法，而且无论你是否可以提出另一个确实的办法或坦承自己没有更好的办法，都要将你的推论提出来，介入讨论过程，并请大家帮忙或一起来做新的探究。

392

请注意，拉尔夫叙说的学习过程再次说明了我们之前讨论过的反复的、辩证式的特点：发现在他的使用理论之中有一项错误之后，他发展出一个经过矫正的命题来改进。当他后来依照这个新的命题采取行动时，他又发现这样还是会制造错误，于是他再次修订这个命题。他第一次设法将"自己还没有想好取代的办法，就说出他的想法"这种有推卸责任嫌疑的错误加以改正，之后又发现他变成压抑自己内心的负面评价，这整个过程可以说是辩证式的。这也是参与者经历的一大困境的一面：一方面他们努力费尽心思设计清晰成熟的介入行动，而另一方面他们又认为自己应该坦率、要多尝试，而且不怕犯错。

参与者发现他们的小组合作过程的问题和研习会上他们正在学习的课题有直接关系。他们一直无法建立一个能自我监督的小组，因为他们所持的使用理论会促使他们在研习会上采取种种方法行动，这些方法都会抑制他们创造一种可以自我监督的学习环境的能力。有两名参与者在所写的报告中提到，他们认为合作过程的问题显示，单是以提倡自己的观点作为第一优先的行为原则是不够的，"倾听他人的意见，澄清各方意见的差别，并加以探究"，这也应放在第一位优先考虑，是同样重要的合作之道。还有另一名参与者也表示了同样的看法，他写道，团队合作"涉及在沟通过程中应将考虑他人的反应视为与自己表达意见同样重要"。

这些看起来都不是什么新鲜的想法或观点，尤其对于一群已经受雇担任心理咨询的专家而言。但是在某种意义上，它们代表了新的学习，那就是，参与者对他们隐含的第一型模式使用理论做了更深入的探究。他们一向都提倡开放、共情与主动倾听他人的表达，但是现在他们领悟到他们的探讨往往是在掩饰他们单方面自以为是的主张。一旦他们开始能单纯提出主张而不执意改变对方，他们就明白探讨问题以及设身处地为他人着想的确是很重要的。简而言之，就是学习让他们的使用理论与他们的信奉理论表里一致。

这一个案小组练习似乎在三方面帮助参与者加深他们的学习。第一，他们变得越来越能够跳出赢—输的框架。对人们所面临的困境更能感同身受，即使当对方是掌权者。第二，他们变得更加能察觉见解与行动之间的差距，开始不再掩饰自己无法弥补这种差距的不足。第三，他们越来越能觉察自己对团队合作过程问题所应负的责任，并开始培养监督团队合作过程的能力。在这些方面，参与者开始有所领悟，并且尝试重新设计那些需要由一位介入者来处理学习环境的行为特点。他们开始在技巧上达到某种程度的成熟，有能力自己掌控学习的过程。他们开始变成既是问题的制造者，也是问题的解决者了。

（审校/林玲）

第十二章　发展新的参考框架

在某种程度上，参与者在行动科学的研讨会中必须依靠自己的努力。他们必须能够设计自己的实验，必须能够与其他人一起回顾和反映他们的所见所闻，并且还要能支持对所发现的困惑和意外进行探究的过程。然而，在这些过程中产生的障碍并不是行动科学独有的；它们同样也会影响更传统的研究。正如坎贝尔和斯坦利（Campbell and Stanley，1963）所言："对于那些通常怀有强烈动机的研究者而言，无法证明自己钟爱的假设是一件相当痛苦的事……实验者所遵循的学习定律会导致他把这种痛苦与实验过程（experimental process）本身联系起来，然而，更确切地说，虽然这比'真正的'挫折之源更为生动、更为直接，但其实它是一个不适当的理论。（既然）对科学中错误的反应比正确的反应更为常见，那么，我们可以预测大部分的实验都会令人失望。因此，我们必须设法预防那些年轻的实验者对抗这种效应。"（Campbell and Stanley，1963，p.3）

坎贝尔和斯坦利继续建议：作为实验者，我们应该放低眼光——也就是说，拓宽我们的时间视角（time perspective），停止在解决对立理论（opposing theories）问题的过程中期待能收获明确而清晰的结果，而应该期待一种混合的结果，等等。总而言之，我们应该把誓言中"学生知识贫乏的含义扩展至包括实验结果的贫乏"（Campbell and Stanley，1963，p.2）。我们已经尝试阐明"用某种方式"来打消在面临实验失败时的防御立场。在某种意义上，这种做法可以被称为"放低眼光"，因为它养成了对混合结果的期待、对歧义和悖论的认知、对假设失败的预期（即便这些假设有多么令人不舍），等等。但是，从我们的观点来看，这些现象也正是科学经验之所以变得丰富的原因。一个意想不到的失败假设是令人愉快还是令人烦恼，取决于研究者看待它的方式。混合结果所呈现出来的困惑可能才是最吸引人的地方。例如，爱因斯坦（Einstein）的晚年都在深入钻研和尝试调和量子物理学和牛顿物理学之间的矛盾。

究竟是什么让我们把自己的行为看作实践方式，而导致我们看不到这些可能性？当然，也存在一些会促成这些反应的结构限制与专业限制。专业规范已经变成了"通过证明你的预感来发展"。但是，在这些限制之中，我们仍然可以选择。我们可以不考虑意料之外的失败，或者把它看作一个违反直觉、但仍然值得进一步研究的结果。我们可能会对相互冲突的理论越来越生气、越来越失去耐心，也可能会对总是无法达成一个前后一致的范式而感到绝望。或者，我们可以把这些冲突看作通往社会世界本质的线索，并因此把它们看作值得研究的问题，而不是把它们当作一个自我标识和保护专业领域的战场。我们相信，这种实验立场不仅对行动科学，而且对所有研究都是可能且必需的。

如果上述所言为真，那么，最好的嫁接可能就在于发展出一种针对实验的反映性路径。但是，怎样才能实现这一点呢？到目前为止，我们看到的都是介入者在参与者尝试实验时采取这样的立场。尽管第十一章提到过参与者自身的一些能力限制会阻碍他们，但是，一旦独立之后，参与者就必须能够主动地采取这种立场。接下来，本章将依次介绍三个框定实验，研究者设计它们的目的是为了促进一个重新再框定的过程，即重新框定实验的意义，以及在面对失败、歧义和相互冲突的结果时应该尝试着做些什么。每一个框定实验都揭露了参与者的推论和情绪反应，而这些反应又共同构成了参与者看待实验及其结果的方式；每一个框定实验都把明显难以理解的现象设计成动作；并且每一个实验都以前一个实验为基础，同时又激发出新的行动，然后这个新行动反过来又揭示了新的悖论。我们会按照这些实验的发展顺序来讲述它们的故事。我们打算通过这些故事来描述行动科学者和参与者是如何开展实验以及如何在行动中进行反映的，在某种意义上，这又让参与者有机会去重新协商或者重新框定参与反映性实验的意义。

第一节　退缩：设计"自己的不公正"

在研讨会第二期刚开始的时候，介入者注意到参与者存在一种互动模式，它显示参与者正在逃避实验的风险。下面这则事件特别凸显了这种互动模式所暗示的悖论。一位特别积极投入讨论咨询案例的参与者也抓住了第一个机会——提出一个替代性方案，并对它进行实验。但在实验前，他想核对一下是否有其他人愿意开个头。在主动开始之前，他等待了一会儿，然后，他明确地询问是否有人想要开始。一阵沉默之后，他环顾四周，又等了一会儿，最后自己开始做这个替代性实验的角色游戏。介入者对此深感困惑——当参与者察觉到所剩时间不多时，是什么因素会使他们放弃自己"应得的一份"发言时间呢？

为了回答这个问题，介入者发起了第一个实验，而且，他的实验方式是把他对参与者的行动的困惑凸显出来，以便他们可以一起来探究导致这些行动的可能原因。用这个团体的语言来说，就是参与者逐渐了解了什么是被动性实验（参见第四章），并且我们也从中看到了一个以前发生在我们个案研究实验中的片段。在本节中，我们将回到这个实验，并把它视为一个打破框架的实验。

一、阶段一：产生不和谐感

特别引起介入者注意的模式却被参与者们视若无睹。构成这个模式的反应是参与者的一些本能行为，而且，团体成员想当然地认为其他人（而非他们自己）应该为他们缺乏参与的行为负责。于是，介入者启动了一个框定参与者行动的实验，他所采用的实验方式使被参与者视为理所当然的行为显得自相矛盾。

介入者： 好，我想做另一个实验。如果可能的话，我想先做两个关于这个班级的归因测试，而且我会在此对这两个归因进行彻底的检验。	介入者说他打算提出一些有待检验的归因。

第一个归因是，既然我们的时间是有限的，那么就存在一个公平的问题。你们中的大多数人都认为，你们不应该占用过多的时间，因为每个人应得的学习时间应当是平等的。有人不同意这个归因吗？

另一个归因是关于保罗的。当保罗开始发言时，你们中的很多人都觉得他的发言还算是公平，尽管你们不一定同意他开始的方式。

介入者提出了两个关于团体信念的归因，并对它们进行了检验：第一，这个团体认为发言时间是一个公平问题；团体也认为个人占用的时间不应该比他（她）应得的时间更多。第二，参与者保罗已经使用了他应得的时间。

班级成员肯定了这些推论，其中一个人说，他认为保罗占用了比他应分得的更多的时间。于是，介入者继续说。

介入者：然后我接着说："谁想第一个发言？"一阵沉默。（保罗）看着我；我也看着他。我环顾了周围三四遍。保罗也四处观望了一下。最后，他接下来开始发言。

我想知道：为什么会这样？一个人已经发过言，（在课堂上）占用了他应得的那份时间的人，现在却又在某种动力的推动下，占用了更多的时间——这其中的动力是什么？

他接着引用了一段来自最后一堂课的资料。资料显示：在这堂课上，是大家让保罗第一个开始的。

他探究了为什么这个人已经使用了他应得的时间——用参与者自己的评估来说——现在又会被要求去占用更多的时间。

在这个第一阶段里，介入者做出了一连串的低层次推论，这些推论一旦被证实，就产生了一个困惑。参与者认为那些在心理学上不一致的结论都是同样真实的，正是这种看法使他们看上去像是在设计自己的不公平。一方面，他们认为发言时间是一个涉及公平的问题，保罗已经占用了他应得的那份时间，甚至更多。但另一方面，他们又表现得好像是他们认为保

398

罗应该占用更多的时间。面对这两个自相矛盾的信念，个体通常一开始会体验到一种不适的感觉，随后，他们会通过采取花里胡哨的"高招"或是让其他人为他们的信念负责的方式（参见第九章），来减少这种不适的感觉。同样，费斯廷格尔和卡尔史密斯（Festinger and Carlsmith，1959）也发现，为了减少这种不和谐，个体会引进第三种观点，试图说服自己前两种都是不真实的。米尔格拉姆（Milgram，1974）发现，人们在违反自己的价值观时，容易归咎于外在因素或是会指责那些位高权重的人。拉坦纳和达利（Latané and Darley，1970）也在无辜旁观者的研究中发现，个体倾向于认为其他人（而非自己）更应该为他们的价值观与行动保持一致而负责。

　　因此，介入者在设计他的介入时采用了一种特别的方式，使参与者不太可能有机会让其他人为自己自相矛盾的行为负责。他一开始便公开检验了他对参与者信念的推论，并且让参与者能够控制给自身的行动赋予什么样的意义。这一举措立刻使参与者对所发生的一切达成了一致，也使他们在没有产生更多分歧之前，很难宣称这些意义不再是真的。他以参与者负责生成的资料作为推论的基础。这些资料并非是一场恶作剧的结果，因而在它们被揭露之后，也无法减轻参与者的错误。与许多心理实验中的被试不同，这里的参与者并不需要应付下列事情：由于提出自己的意见而产生的尴尬，被欺骗、不知不觉地暴露了他们的矛盾，以及用不着为了使自己在资助者面前看上去值得信任而烦恼。也就是说，他们的行动是真正由他们自己设计的，而并非是实验者的设计结果。所以，他们更倾向于在设法解释这种矛盾的过程中注意他们自己做了什么，一场针对他们的行动的探究也因此展开了。

　　这个第一阶段旨在创造一种理想的不和谐状态，它会鼓励参与者去开展一项自我保护程度最低的探究活动。介入者通过帮助参与者了解他们的行动正在违反自己的公平观点，进而打断了他们的退缩行动。与此同时，这种打断也会发生在一种情境中，即参与者在其中创造的资料与肯定的推论会引发他们的不和谐感，并且会激励他们首先厘清是什么原因导致了他们的不一致。这种不和谐可以充当催化剂，它能刺激参与者去检视他们自己的行动。

二、阶段二：生成丰富的描述

第一阶段的结果是：介入者打开了一个针对退缩行为的反映过程。但是，它仍然无法保证这个团体最后会对引发退缩行为的条件进行充分完整的描述。这种充分而完整的描述要求参与者和介入者共同重建参与者是如何理解和体验令他们退缩的情境的：他们看到发生了什么事（他们选择的资料）、他们如何理解发生了什么（他们从这些有关自己与他人的资料中得到的推论）、他们在理解这个情境的同时对它的感受如何（他们的情感体验），以及他们采取了什么行动和他们觉得不能采取什么行动。然而，当个体解释自己的行动原因时，通常很难直接提出这些资料（Nisbett and Wilson，1977；Scott and Lyman，1968）。相反，正如以下引文所解释的，参与者常常会用高度推论性的分类来描述他们的体验，从而用似是而非的理论和隐喻来解释所发生的一切。

实际陈述	评　　论
我觉得（介入者做的某些事）让我大吃一惊。	以隐喻的方式描述他的反应；没有说明他的实际感受。
我感觉自己处在困境之中，就如同我在破冰。	
（在我听了这盒录音带之后）我觉得我应该说一些比较高明的话，否则介入者（可能）会攻击我。	提出一个针对介入者的推论；但没有报告是什么资料导致他（她）得出这个推论。
我觉得我躲在了外面，但在慢慢地溜入，正如我在上学期开始所做的那样。	提出一个针对他自己的推论；没有说明是什么资料导致他得出这个推论。

实际陈述	评　论
我在等某个人犯错，然后看介入者会做什么处理。	提出一个针对他自己的推论；没有说明是什么资料导致他得出这个推论。
我觉得我的介入必须是完美的，但是我不知道怎样才是完美的。	报告了一个他在当时做出的推论，但没有说出是什么导致这个推论。
我感觉我马上就要出丑了。	报告了当时的一种感觉。
我不想显得很愚蠢。	报告当时的一种感受，这种感受以一个推论（她如果犯错，就会显得很愚蠢）为基础。

　　大部分参与者都是以感受的方式来表达对这些推论的想法，但是，它们包括了从隐喻到有关自己与他人的因果归因，再到偶发的情感表达的全部范围。毫无疑问，所有这些资料都是至关重要的。它们使参与者能够弄懂自己的体验，而且它们可以发挥线索的作用，直接引导我们去探究参与者是如何建构一个令他们产生退缩行为的情境的。但是，仅仅依靠它们是不够的。这些隐喻的意义是如此丰富，以至于我们可以轻易地从中获取许多预料之外的意义："处在困境之中"的意思是"对错误感到焦虑"，还是"对毫无根据的详细审查感到愤愤不平"，或者两者皆是？同样，有关自己与他人的归因也让我们左右为难，不知道是什么导致他们得出了这样的归因，也不知道这些归因是否准确：介入者是否攻击了行动者？行动者是否夸大了介入者的行动？抑或两者皆有？这些描述引起了这样的问题，而这些问题对行动的探究过程又至关重要。不同的回答显然会对未来的行动产生明显不同的影响：介入者应该改变他的行动吗？参与者应该改变他们提出推论、保持推论的方式吗？或者介入者和参与者是否应该一起做一些事？

按照现有的情况，团体成员在这个时候并没有足够的资料继续采取下一步。他们需要发展另一组额外资料。他们需要重新建构发生了什么，也要重新建构他们对所发生事件的想法与感觉，只有这样，他们才能找出如何超越妨碍学习的反应并推进探究的方法。

这意味着介入者必须从之前引用过的描述中挖掘出这些资料，并且开始采用一种能引发更多的反映性移动的方式来组织这些资料。在这个阶段中，这种过程首先探究了用做说明的描述，它们会对情境、对参与者对情境的体验提供丰富的说明。因此，介入者要求一位参与者——"这份录音中的什么内容让你认为我是在攻击？"——去探究他的责任，并且还要求对方提供资料来检验"他的行动已经构成了一项攻击"的看法。同样，他询问了提出"大吃一惊"说法的参与者，在那一刻他正是怎么思考与怎样感受的，并以隐喻的方式来支持他的推论。

一旦这些资料开始出现，介入者便开始设法去发现参与者的推论和体验在多大程度上是可以分享的。于是，他不仅会问"处在困境之中"是什么意义，而且也会问其他人是否有相同的感受，如果有，那么，它对他们来说又意味着什么。当介入者发现有一位参与者感觉自己被介入者的行动羞辱时，他马上查问他是否也对其他人造成了相同的影响。这种询问不仅可以厘清意义，而且可以发现在采用其他方法时可能会忽视的差异性和相似性。这些资料一旦生成，介入者就可以从个体层面扩展到团体层面，并创建出一个足以体现团体参与者集体经验的拼图。再者，当他采取这些步骤时，他也和参与者一起检验了他所发现的联系与模式是否正确。因此，这个拼图的建构过程就是一个公开的协作过程——介入者在前进的过程中说出他的反映，并由参与者来填补介入者的认知不足。

为了保持这个过程的持续进行，并且不会激发防御性反应，介入者继续采取先前描述过的自揭弱点的立场。他通过不断地探究自己的影响和承认自己的错误，坚持表示他愿意对所发生的事承担他应该承担的责任。举例来说，一位参与者与介入者当面对质，他认为介入者的言论具有严重的性别歧视。听到这个信息之后，介入者同意地说："对极了。这是性别歧视，我为此道歉，因为我认为你是正确的。"这些反映也增加了彼此的信任，因为参与者逐渐了解介入者并不只是在设法抓参与者的小辫子。相反，他表示，如果团体想继续往前发展，他可能就是那个需要做出改变的人。与图 9.1 所描述的以保护为取向的信任与安全的观念（参见第九章）不同，介入者在创造信任与安全时所采用的办法，并非是将负面因素最小化并强调正面因素，而是证明自己愿意对正确性与学习承担相应的义务。

三、阶段三：制造框架冲突

体现参与者集体经验的拼图一旦形成，探究参与者叙述的方法就会逐渐转变，并且，当团体对"参与者是如何建构和体验他们面前的情境"的问题有了更深入了解后，新的探究就会跟着出现。当介入者开始把在前一个阶段产生的资料组织成新的困惑时，有关这一阶段的第一个暗示便出现了。正当他对一个参与者"害怕自己看上去显得很愚蠢的现象"进行探究时，他做出了一个这样的转变——他当时提问说："我不知道对你来说，回答这个问题有多容易。在你看来，保罗显得很愚蠢吗？（几个人说不会。）他犯了一大堆的错误。是什么原因让你认为自己会显得很愚蠢呢？"这个追问不仅引出了新的资料，而且它还指出了一个新的矛盾。当一个人使用两种不同的标准来对同一类问题做评价时，矛盾就产生了，而当一个人的做法明显对自己不利时，就会令人困惑不解。

然而，用参与者自己的定义来说，这正是他们自己应该在做的事。请注意：这种矛盾是在参与者试图解决前一个矛盾的过程中发现的。他们正在设法解释他们之所以违背自己的公平性观点，是因为他们害怕自己的表现看上去好像很愚蠢；但是，这种解释并没有解决第一个矛盾，最终它反而是停在不仅很矛盾，而且对参与者也十分不利的位置上。他们只想到自己如果犯错就会显得很愚蠢，但完全没有考虑其他人的情况。如此一来，在他们制造新的矛盾的同时，他们试图达成一致的努力也失败了，他们又开始怀疑自己感知这个世界的方式。

要更完整地描述这个过程，就让我们转向探讨介入者与李的互动——李是我们在前面描述过的一位参与者，她坚持只有当其他人创造出她认为是她需要的学习条件之后，她才会参与学习过程（参见第九章）。我们在那里看到了她的退缩；她在私底下把这种退缩归咎于其他人；而且，当她最终表述完她所经历的一切时，她又把这种描述当作一个工具，以谋求其他人顺从她的观点。她的这种推理和行动具有一个很重要的逻辑特点——我们之前曾证明过这个逻辑隐藏在把一个人的角色框定为接受者（而非学习过程的主体）的过程中。李并不认为她自己需要与其他人共同承担设计学习的责任，而且她也一直没有假装自己会这么认为。同样，她和其他人都表现得好像错误是一种禁忌一样。他们因实验风险而畏缩不前，他们害怕犯错或指出错误，而且他们还觉得错误是使人尴尬或丢脸的事。这些反应也包含一个必然的逻辑——这个逻辑隐藏在一个框架中，即犯错是一种错

404 误，没有犯任何错误才叫成功。这些框架最突出的特征就是：它们促使个体一直在运用他们自己都认为是不合逻辑的、与他们意识到的意图和信念相矛盾的方式在行动。在这个事例中，这种逻辑使团体成员退缩，即使因此而违背他们自己的信念并设计了他们自己的不公平，他们却依然选择了退缩。

在与李互动的过程中，介入者揭示了这个逻辑，所以大家都可以看见其中同时存在的"不合逻辑"。在这个过程开始的时候，李说介入者当面质疑了她的一个错误，这种当面质疑让她感觉自己被介入者羞辱了；她还说她害怕她自己已经羞辱了她的一位同伴——梅琳达。在梅琳达说她并没有被羞辱的感觉以后，李详细叙述了她之前对介入者及梅琳达所做的反应。这时，介入者做了两个有技巧的引导，这让他有机会可以利用李和梅琳达提供的、有关羞辱的资料，并且有机会第一次系统地阐明参与者是如何建构与体验他们面前的学习情境的。

李：	有好几个重复的事例可以证明你正在袒护梅琳达。那时我在想："又来了，他在保护她，而且他并没有真的听懂了我在说什么。"	李做出了一些令他人心烦意乱的重复推论：在她看来，介入者对她很不公平。但在当时，她把这些想法和感受放在了心里。
介入者：	那么，是什么阻碍你把这些话说出来的？	介入者在追问阻碍李公开这个反应的原因。
李：	没有啊，我之后想过，这是不正确的。	李认为把这些反应表述出来是错误的，但是她并没有回答是什么使她这样想。
介入者：	对接受者来说，这是否是一种羞辱？	介入者检验了一种假设，李表示同意。
李：	是的。	李肯定了介入者的假设。

在这个片段中，我们又看到了另一个实例：一位行动者正在漫不经心地与其他人共谋一个她认为对她自己不公平的情境。在这个例子中，李认为介入者的行动是不公平的，然而，她并没有说出来，而且也没有解释是什么促成了她所认为的不公平。介入者在这里有一个选择点。他可以像他在前一个阶段那样直接介入，引出一些资料来检验她的推论，也可以问："你可以说一说我做的什么事是在保护梅琳达，攻击你，而且没有听到你说的话吗？"但是，他改变了探究的方向，转而调查另一种资料：是什么阻止了参与者在行动时采取能确保他们都能被公平地对待，并能确保他们都能得以学习的方式。带着这个新的探究焦点，他继续提出了一个假设，这个假设以李对自己犯错的羞辱感以及她对自己羞辱了其他人的担心为基础。他断定李持有一套关于"羞辱"的个人命题，正是

这套命题导致她没有说出心底的话，因为她预期那样是在羞辱自己或其他人。一旦她肯定了这个看法，他就能把这些资料组合成一种模式，其具体阐述如下。

介入者： 所以，我有一个问题：你们中的那些轻易就能感觉自己受到羞辱的人，在设计你们的介入方案时，也会努力确保它们不会羞辱其他人。但是，你们所认为的羞辱对接受者来说，却有可能并不是什么恼人的事。

(所以)我们都处于一个有趣的困境中：我不能犯错(或是做了带有错误性质的事)而没有一点羞辱感。而且，当李害怕她会羞辱我时，她是不会告诉我她的真实感觉的。

介入者开始组织他目前所能搜集到的所有资料：容易被羞辱的人也会假定其他人的感觉与他(她)相同，但有时他们是错误的：梅琳达就不觉得被羞辱了。

之后，他通过确认一种困境的方式，对这些资料进行了建构：如果他犯了一个错，他就会出丑。但是，他无法认识到这一点，因为其他人害怕指出他的错误，会让他丢脸。

(最后)如果人们的行为都是退缩性的，我不知道该如何创造第二型的环境。

然后，他据此指出了这对学习情境的可能影响：如果人们退缩，他就不能创造出有建设性的学习情境。

通过把新的资料与来自前一个阶段的资料相结合，介入者重构与图解了退缩的问题。他从诱发退缩行为的假设条件开始：人们感受到羞辱，并预测其他人也会有同样的体验，假设这是真的，那么，他们便会在设计行

| 行动科学：探究与介入的概念、方法与技能

动时尽量避免羞辱自己或其他人。请注意，我们现在拥有一系列关于感受（羞辱）、关于推论的形成（提出关于其他人的预测并假设这些假设是真的）以及关于意图（避免羞辱自己与其他人）的资料，这是介入者最初一直在寻找的资料，因为他的参与者模型认为这一系列关系对了解行动相当重要。接下来，介入者把这一系列关系与参与者的退缩倾向、指责其他人的倾向连接起来。李认为他犯了羞辱她的错误，但是她并没有告诉他实情，反而是采取了退缩的行为。最后，介入者把这些行动与针对他们两个人和针对学习过程的一连串结果结合在一起：她的行动使他们陷入困境，他们假定其他人被羞辱了——实则不然，他们阻碍了介入者从错误中学习的机会，最后他们还因此破坏了学习的必要条件。我们将这些因果关系以图解的方式呈现在图 12.1 中。

这些资料提出了一个框架，它可以说明学习先前的参与者行动导图（参见第九章）有什么意义，以及为了认识它，我们应该采取什么行动。正是通过这些反映性实验的过程，我们开始生成这些资料与这些见解，最终它们都将被编成更加完整、更容易理解的体验导图。从参与者认识框架的特点来看，学习表示"犯错或暴露错误是令人羞辱的事"（即犯错是一种错误），而且它也要求他们"推己及人"，避免发生这种羞辱的情况（个体的角色是学习的接受者）。通过挖掘这种行动中的逻辑（logic-in-action）的结构，通过指出这种逻辑所带来的结果，介入者开始解构参与者的框架，他实际上在说："你们的框架正在产生事与愿违的后果，这导致你们破坏了促使 408你们来到这里的真正的信念、环境与价值观。"他识别出被他们忽略了的因素（人们可能并没有被羞辱），并且介绍了他们的框架尚未涉及新因素（他们为自己创设了限制），并因此进一步质疑了这些框架的实用性和准确性（参见 Kelly，1955）。这种动作对评判一个理论是相当重要的。介入者不仅借此揭示了这种矛盾，而且还发现了运用参与者的理论所无法说明的不合理现象，进而从根本上颠覆了那些在逻辑上应该是根据它们（即前面提到的矛盾和不合理现象）而推导出的预测。

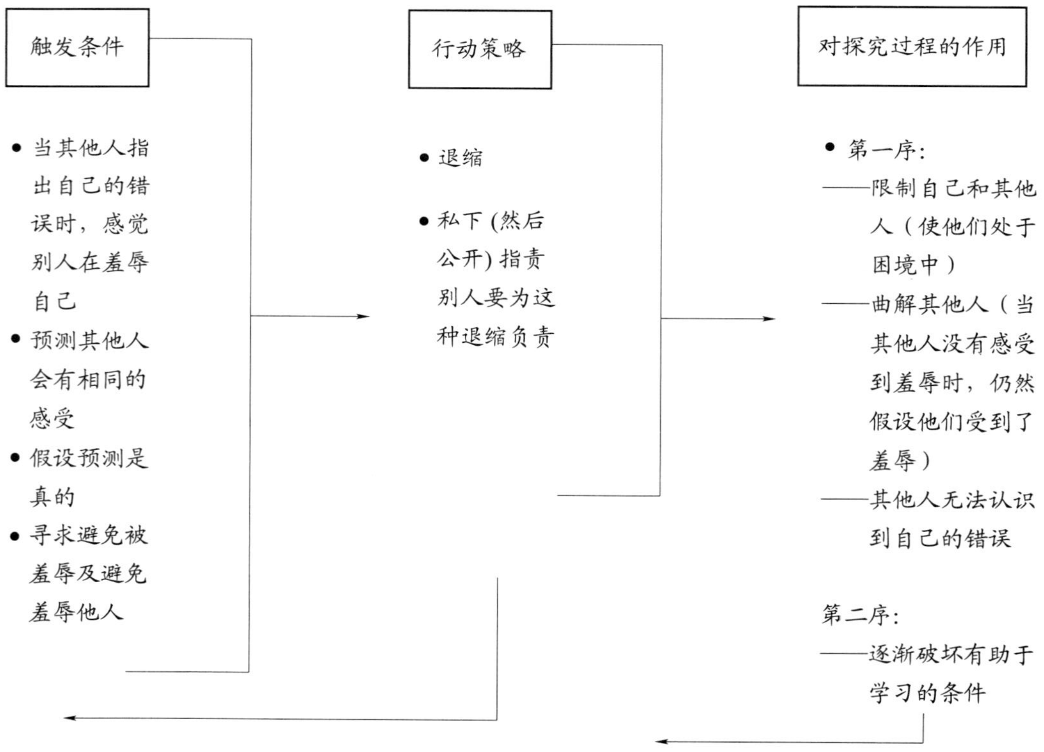

触发条件

- 当其他人指出自己的错误时，感觉别人在羞辱自己
- 预测其他人会有相同的感受
- 假设预测是真的
- 寻求避免被羞辱及避免羞辱他人

行动策略

- 退缩
- 私下（然后公开）指责别人要为这种退缩负责

对探究过程的作用

- 第一序：
  - 限制自己和其他人（使他们处于困境中）
  - 曲解其他人（当其他人没有感受到羞辱时，仍然假设他们们受到了羞辱）
  - 其他人无法认识到自己的错误

第二序：
- 逐渐破坏有助于学习的条件

图12.1 退缩的循环

所有的这一切对参与者来说都是相当费解的，当然也完全是他们料想不到的。由于介入者的再框定是以解决前一个困惑的资料为基础的，因此，参与者的不和谐感相对地提高了而非降低了。然后，介入者又根据这个尚未解决的不和谐感，提出了一个替代性方案："你必须尝试着去犯错，或者要设法与我对质。"对读者来说，听到这个指令有些奇怪——"尝试着去犯错"，因为长久以来，我们大多数人都在非常努力地避免犯错或是掩饰错误。但在这个情境中，错误却是支持我们探究行动的素材。如果没有乐于犯错和乐于反映错误的意愿，这个探究过程便不可能发生。所以，从介入者的角度来看，参与者行动所产生的错误反而是成功学习不可或缺的要素。

　　当一个现有的框架因这种质疑而发生松动时，对错误的重新框定则显得更加合乎情理，但它仍然可能是不可信的。参与者可能会怀疑他们自己的框架，但仍然会继续退缩，而不愿去检验一个替代性的框架。正如凯利（Kelly，1955）所述："一个人之所以会对实验犹疑不决，是因为他对结果有所畏惧。他可能害怕实验的结果会使他处在一个不确定的位置上，届时他将不再能够控制与预测局面。他不想被自己建构的概念困住。"（Kelly，1955，p. 14）其实，要对介入者的建议进行检验，参与者就必须突破作为接受者的角色，也必须改变"犯错是一种错误"的框定。虽然这对参与者的意义会逐渐增加，但是他们仍然处于被束缚的状态。他们应该怎样做，才能从一个不再为他们提供坚实基础的框架迅速转换到另一个他们完全无法想象（或完全无法确信它是否存在）的框架中？一位参与者这样说："我之所以参加这个课程，是因为它强调不保护，强调对真实世界的反映。我从来都没有置身于这样一种环境，我居然在其中被推到了一个没有勇气的位置上！对我来说，问题是：既然我们已经走到了这里，那么，我们该怎样摆脱那种状态？我们又该如何把这变成一个学习的机会，从而使我们可以互相推动着超越自己已经到达的境界？"这类问题是在阶段三产生的，为了回答这类问题，参与者和介入者接下来将会有所转变。

　　在对阶段三做总结时，我们可能特别提到过：介入者开始转变探究的方向。他以早已获得的资料为基础，进一步探索了现在可以被用来引发改变的新资料。受自身参与者模型（参见第九章图 9.1）的影响，他把这些资料组成了对参与者退缩行为的再框定，帮助参与者认识了其中蕴含的逻辑，并指出了未曾预料到的结果。如此一来，他便揭露了在他们的行动中、在那些行动所依据的前提中存在新的矛盾。这样，参与者的框架也被摆到了桌面上，并受到了质疑，参与者也开始重新考虑自己的框架是什么。然后，参与者提出了一个替代性方案，但这需要参与者突破他们现有的框架，也就是说，他们现在处于一个比较有利的学习位置，但他们却对该如何去做茫然不知所措。

四、阶段四：解决两难困境

在这个时候，参与者努力降低自身不和谐感的尝试已经宣告失败，而他们对自己框定学习过程的方式的质疑却在逐渐增加。然而，与此同时，他们仍然犹豫不定，不太相信下一步的行动。这些质疑的出现与表达，说明参与者的视角已经发生了一个质的改变，实验也因此进入了另一个新阶段。这些质疑表明参与者不再抗拒，而是愿意思考他们目前可以怎样实现这种重新框定的过程，以及准备如何处理这一过程中的障碍。换句话说，410 这种质疑表达了一种良性的抗拒，一位参与者甚至对介入者说："别忘了，我可能是在质疑我自己的逻辑，但是，我也不太确定你的逻辑。所以，在我尝试你的逻辑之前，我会先让你对它进行解释和考察，也要让它接受仔细而周密的检查，正同我们刚才仔细检查我的逻辑一样。"

介入者把这种姿态看作一种进步和一种合作的机会，而不是一种旨在抵制自己或破坏学习过程的阻力。因此，介入者协助参与者启动了一个反复循环的过程，其中包含：确定质疑和两难困境，设计摆脱困境的出路，引起新的质疑与两难困境，设计新的摆脱困境的出路……如此循环往复。每一次循环都越来越有助于检验一个替代性的框架，同时也在逐步地推动参与者朝着重新框定学习过程的方向前进。为了描述最后这个阶段，让我们跟着介入者和参与者一起体验一下这个过程的两个循环，我们从介入者对一位参与者的反应开始——这位参与者早些时候曾经表达了他对"他们该如何往前推进"问题的关心。

介入者(重新提及一个早些时候的描述)：

那是一个我没有察觉到的部分。对我来说，就像你和罗伊曾说过的类似的话：

当我进入这个情境，我便卷入了一段快速的、本能的内部对话："喔！我的天啊！我是要这样做吗？这样是不是不好呀？天啊！这太可怕了。"

你是对的。我也有点神经质；那样的对话会使我停滞不前。

有一件事是我们可以做的，如果你们任何人对那段对话有同样的感受，请你们举手发言，直接谈论一下你的感受是怎样的，而不要讨论答案。

介入者与他们产生了共鸣，并且认真对待了他们的质疑：他表示他现在已经知道要采纳他的建议时会遇到什么障碍——他们对错误的畏惧会让他们停滞不前。

他提出一个替代性方案，允许参与者可以就感受的层面采取行动。

411

正如我们之前所看到的，介入者对两难困境的反应是认真对待，而非视其为理所当然。他从参与者的内部对话中学到了很多东西，也与之产生了共鸣，然而同时，他也指出那样会使他们停滞不前。在这种情况下，他还继续提出了一个摆脱这种两难困境的办法，即建议参与者把这段内部对话公开。这个建议会降低他们的期望水平，因为它意味着过渡步骤(如把个人的反应摆到台面上)很重要。如果大家都这么做，那么这种步骤就会促使他们更加接近一个更具反映性框架的目标。他们的内部对话可能充满了保护性推理，但是，一旦他们公开了自己的内部对话，他们就可以站在一个比较好的位置上来考察和超越这个推理。

但是，从参与者的视角来看，这个建议本身却又制造了一个新的两难困境。参与者隐藏了他们的内部对话，因为他们预测揭示自己的内部对话会导致负面结果。实际上，介入者要求：即使他们有其他的想法，但是，也要表现得好像他们相信这样就会产生正面结果一样。这并不令人惊奇，参与者是多疑的。在某个人的意识中，她已经经历过这种检验了。如果人们真的按照介入者的建议去做，他们就会被质疑并被告知他们已经占用了太多的时间，这在某种意义上又表示他们做错了。对这位参与者来说，新的两难困境出现了。介入者说："跳进去，并且大声地说出你的想法。"但是，当人们真的这样做时，他们又被质疑并被告知他们是错的。这便引发了一个很重要的问题。一方面，介入者并不想说参与者不会犯错或参与者不会出错。事实上，假如实验成功，他们就可能会犯大量的错误，而他和其他人也会指出那些错误，并会针对那些错误进行反映。另一方面，这并不表示人们犯错是错误的，或者他们应该停止犯错。但是，因为介入者和参与者双方用于这个实验的框架相互冲突，所以，介入者提出的替代性方案出现了问题，结果，介入者与参与者对结果的预期南辕北辙。参与者的推理是："如果我受到质疑，这不仅说明我做错了，而且也表示我犯错是不对的。既然我知道如果我跳进去并且大声地说出我的想法，我就会犯错，那么，这种建议便只会带来负面的结果。"介入者试图反驳这个逻辑，并因此提出了一个可以解决问题的建议。

| 介入者： | 让我们尝试用各种不同的方法来设计我们的介入方式，包括如果事情突然发生并且真的很紧急，你对班上说："我需要几分钟；它将会占用很长时间。"

但是，占用长时间是可以的。假如班级以冗长乏味、轮流讨论的方式展开谈话，却又表现得好像谈话方式并不冗长乏味，也没有遵循轮流规则（那才真是有问题）。 | 介入者鼓励尝试用不同的方式去介入。

他提出：一个实验可以包含爽快地承认当你介入时你正在做什么事。

他表示犯错是可以接受的，但是掩饰犯错才有问题。 |

在这个片段中，介入者重新框定了问题：时间的长短和轮流发言都不是错误，有问题的是人们表现得好像这些错误并没有发生。这给参与者提

供了一个非常有助于学习的启发性原则：承认你正在做什么，而不是掩饰它。

或者，介入者可以重新框定参与者的认知方式，帮助他们重新理解他们摆脱自身退缩行为的新尝试带来了什么结果。从参与者的角度来看，他们的新行动存在冲突便意味着他们的实验已经失败，并且这样的尝试应该被放弃。然而，从介入者的视角来看，这种冲突意味着新学习的发生，也意味着他们的尝试应该继续。为了传递这种关于实验风险的新观点，介入者可以肯定实验会揭露错误，并且这些都会在反映过程中得到确认。但是，他接着可以补充说明这意味着他们的实验是富有成效的：它正在生产有可能会推进他们自己和其他人的学习的重要结果。考虑到这一点，他们的实验即使是揭露了新行动的不足，也仍然是成功的。

又历经了好几个反复循环的过程，每一位参与者都对介入者的框架进行了调查，考察它是否值得进行检验，还找到了他认为可以用来反驳它的资料。在每一个实例中，参与者都会说出类似这样的话："我们做了你所建议的事，但我们不喜欢这个结果。所以你的框架并没有用。"如此一来，这个两难困境就会被两个看起来同样不可靠的框架卡住，形成拉扯。为了解决这种两难困境，介入者重新诠释了这些结果的意义，并重新框定了参与者处理这些结果的解决方案。此外，他还建议他们可以采用一种方法来解决他们所引发的每一个两难困境：参与进去，而且直接说出你的感受是什么；承认你正在做什么，不要掩饰；然后，在这里公开地对自己的反应进行反映，而不要把它私下带回家。这里的每一种方法都可能会促使他们更接近学习导向的框架与行动。介入者自始至终都在重申他关于自揭弱点的观点，并鼓励他们自暴弱点——因为犯错不仅是被允许的，而且是学习的必要先决条件。

五、结果

在这次讨论及随后几周的课堂上，参与者开始越来越多地对这些新步骤进行彻底的检验。他们挑战课程的规范，提出备选方案来取代介入者的替代性方案，也更加频繁地互相对质和挑战介入者，甚至还开始生成新的行动——这些行动就是学习地图(参见第九章图 9.1)所描绘的反映性行动的典型实例。这也引导越来越多的参与者敢于公开地犯错，并为他们提供了一些探究错误及探究犯错对他们有什么意义的机会。然而，在这个实验过程中，如果参与者继续采用会强化(或会诱发)保护性框架的方式来对彼此的错误做反应，新的障碍仍然会发生。但即使如此，这些反应也提供了

新的机会，让参与者可以去探究这些框架所凸显的保护性推理。我们接下来要转到这个部分即这个团体如何对他们将同伴从仔细检查错误中拯救出来的倾向进行反映。

第二节　拯救策略：削弱同伴的学习

一旦参与者开始加入讨论，开始承认自己的所作所为，并且开始公开地讨论自己的反应，他们便更为投入，敢于公开地犯更多的错，也更能发现与指出其他人的错误。总而言之，他们生成了大量的错误，足以激发和推动一个反映的过程。但是，这是一个进两步退一步的递增过程。由于他们的框架处在不断地变动中，所以他们在回应其他人的错误时，有时仍然会自动地采取会激发和强化保护性框架的方式，而这些保护性框架正是他们设法想要改变的。

介入者把这种反应看作进一步打破框架和重新框定的大好机会，但是现在，他为自己与参与者的关系设定了一个不同以往的角色。早些时候，因为很多参与者都在退缩，所以他必须担负起维持探究过程的主要职责，同时还要负责推动大部分的探索、对质、换位思考等行动步骤的发生。然而，到这个时候，由第一个实验所激发的活动已经引导其他人参与进来，并逐步担负起更多的角色，所以，介入者现在可以开始退出中心舞台，放弃主要行动者的角色，并承担起协作指导者的角色，帮助其他人执行那些对他们来说尚不熟悉的角色与脚本。由于角色的这种重新协商，介入者与参与者之间又发生了一轮新的、公开的对话——他们一起评论和反映了参

与者的表现以及介入者对一个替代性脚本的周期性演示。

与发生在竞争性框架或假设之间的所有对话一样，介入者与参与者之间的这一轮协商时常充满了冲突，即使是面对同一种表现，两者所赋予它的意义也不尽相同。逐步解决好这些相互冲突的意义与影响它们的框架，415便成为进一步学习与重新框定框架的关键。

随后的这个实验发生在学习过程的这个过渡时期。当介入者开始看到连锁脚本(interlocking scripts)呈现出下列模式时，实验就自然而然地发生了：一位参与者，卡罗尔，她既会在现场犯错，也会在班上犯错；她的同伴会帮助她了解这个错误。

之后，她变得焦躁不安，而且告诉大家她很无助，需要他人的帮助（或者她对自己太苛刻了）；其他人就会沿着这些线索，介入使她焦躁不安的过程，或者会把她的错误最小化；然后，她又会再犯另一个错误；某个人又会接着指出她的错误……后续事件会再发生一次。早些时候，我们曾描述过这种支持的双刃性(double-edged nature)（参见第九章）。这种支持的初衷是好的，但是却由于侵占了当事人对错误的反映过程的控制权，并/或回避了对错误的反映，最终反而破坏了其他人的学习。因此，它是在肯定其他人是一个无助的接受者，并且强化了"犯错是不对的"这个框定。在这个实例中，介入者便运用这个拯救流程来进一步打破框架，引导参与者对该流程有所觉察，并对这些行动所蕴含的支持观(notion of support)进行解冻。在他这样做的同时，他还演示了一个以不同的期待为基础的支持性行动流程，并重新诠释了犯错的意义，也重新框定了支持那些因犯错而沮丧的人意味着什么。

一、阶段一：中断进行中的拯救行动

当参与者团体找卡罗尔商议她的一个案例时，实验开始了。在卡罗尔的这个案例中，一名当事人质疑卡罗尔误用了一个具有政治敏锐性的措辞。当事人强调卡罗尔并不愚钝，所以他一直在询问卡罗尔她为什么要用那个不当的词，然而，卡罗尔这个时候一直在逃避他的提问，并且试图通过下列回应来把错误最小化："我只是忘了""它只是突然闪过我脑海的一个词而已"。然而，她内心却变得越来越混乱，她对团体详细讲述了她当时的感受：

"天啊，我真是愚蠢！这并不像我只是犯了一个错；它是巨大的一击！"(用手猛拍桌面，以解释这一打击的力道)同样，当卡罗尔的同伴试图在课堂上指出她的逃避可能会强化当事人对她的不信任时，卡罗尔开始发现自己越来越难跟进他们说的话，最后她告诉他们她大脑已经一片空白！这种对审查自己错误的反应——既发生在案例中，也发生在课堂上——与我们之前看到的情况一致。

在被要求检查自身错误的压力下，参与者可能会越来越心烦意乱，甚至会像卡罗尔那样，出现大脑一片空白的情况。但与此同时，我们也有证据证明新的框架正在涌现，那就是卡罗尔流露了她的内部对话，这表示她萌发出了尝试犯错的新意愿。

然而，在这个案例中，卡罗尔刚表露出对自己犯错的忧虑，她的同伴就迫不及待地行动了！好像他们错误地把卡罗尔的反应当作一种呼救的信号了。在课堂中，当卡罗尔说自己大脑一片空白时，他们马上问是不是他们说得太快了，是不是他们一下子给了太多的信息，等等。在这种情况下，他们还建议卡罗尔告诉她的当事人——正如她刚才告诉他们的那样，她对自己的错误感觉很糟糕。这些行动都表明：参与者正在学习承担更多的责任(他们开始帮助卡罗尔)，并且正在学习公开他们的反应(他们建议卡罗尔把自己的感受告诉当事人)。但是，卡罗尔的同伴应用这种学习的方式往往可能会强化卡罗尔的忧虑和她在体验到大脑一片空白时的无助感。通过以特定的方式回应卡罗尔并主导课堂进程，他们实施了一种支持与责任的形式：(1)他们并没有帮助卡罗尔解决令她心烦意乱的源头，而是回避了她的反应，实际上，他们所传递的信息是"我们会改变我们的行为，以避免你继续产生同样的感觉"。(2)这表明卡罗尔事实上是无助的。(3)这因此会怂恿卡罗尔以一种只会强化自身无助感的方式来放弃自己的控制。他们建议卡罗尔对当事人表露自己的真实感受，这是与当事人开诚布公的一种形式，容易诱导当事人采用与他们同样的方式来"拯救"卡罗尔。可以说，一旦卡罗尔的当事人意识到她正在遭受打击，他就可能因为害怕自己的言论只会使卡罗尔的自我惩罚（self-punishment）逐渐升级，而不再要求她审视自己的错误。

　　介入者注意到了这一系列互动的发展，直到卡罗尔说她无法采纳他们的建议去向当事人表达她对犯错的感觉，因为她"已经站在地上透不过气来"。但是，介入者把这句话理解为寻求支持的第三个线索，并用它制造 417 了一个同时针对卡罗尔及其同伴的双刃介入。

介入者：	好，极其重要的一点是：不要被你们的反应引入歧途……因为如果我被引诱，我就会被你们的按钮式防御反应（button-pushing defense）控制。	介入者把卡罗尔的反应阐述为一种防御反应。
	刚开始时，在课堂上发生了什么事？有些人感同身受地说："我们是不是做得太快呢？""这种结构是不是太复杂呢？"。	介入者描述参与者与卡罗尔产生共情的方式。
	这里存在一个有效性问题：我们做得太快了，反而切断了彼此的沟通。所以，并不是我们选错了变量。但是，正如我所倾听到的，她有可能会发现这一点并回应说："你们是太快了。"	他确认了一点：他们的反应是有效的，但同时他们也忽略了她有监控过程的能力。
	所以，我觉得整个班级帮助别人的意识和能力正在增强，但那也正是他们可能会遇到按钮式防御反应的地方。	他指出了一个悖论：他们的支持形式可能会陷入她的防御反应中，并可能会因此而破坏她的学习。

在这个片段中，介入者中断了参与者精心调整的拯救策略。当每个人都默许伺机实施一系列拯救行动时，介入者突然在同一时机插入，但实施的却是一个截然不同的脚本，它关注（而非回避）卡罗尔对自身错误的反应，并且有系统地指出卡罗尔的反应是能够使其他人"上钩"的防御行为。介入者在这么做的同时，还暗示了某些似是而非的状况：参与者的支持可能在贬抑卡罗尔的同时也降低了他们自己的协助能力，因为它忽视了卡罗尔监控过程的能力，而且也因为他们尝试协助的努力陷入了她的防御中。因此，介入者立即中断了他们的行动，引导他们认识这些因素，并把他们的注意力转向了卡罗尔的反应。与此相结合的是，这些行动的基础是介入者早先为了促进成长而运用的共情法（参见第十章）。在最早的几个阶段中，他认真考虑了参与者的反应，而不是视他们的反应为理所当然的现象。现在，通过要求参与者注意卡罗尔的反应而不要被它们控制，他建议参与者应该采取和他相同的立场。

但是，正如介入者自己所指出的那样，参与者已经"上钩"了。他们所采取的立场，其性质与介入者建议的完全不同——像卡罗尔那样，参与者关注的是那些可能会导致无助感的因素（整个过程的速度），同时，他们也和卡罗尔一样，忽视了那些最后可能会孕育出掌控感或效能感的因素（卡罗尔有责任放慢整个过程的速度）。与我们对同理心的讨论相一致的是，参与者的行动表示他们准确地理解了卡罗尔的感受（他们承认她所看到的那些因素），但是，参与者也像她一样遗漏了这一场景中的同一类特征，因而强化了一种使她感到无助与痛苦的情境观。问题就在于：他们与卡罗尔的认识相同。所以，他们认为她的反应是理所当然的，也不觉得需要质疑卡罗尔的反应，因为他们也共享了这些反应。加芬克尔（Garfinkel，1967）在鼓励舒茨时也描述了一种类似的共识："这个人假设另一个人也如此假设，而且他认为，就像他这样假设另一个人一样，那个人也在如此假设他。"（Garfinkel，1967，p.50）

在这个实例中，卡罗尔和她的同伴对"正在发生什么"以及"怎么做才是最佳的处理方法"均持有一套连锁假设（interlocking assumption）。他们共享了有关学习是什么以及需要做什么的相同假设；他们对情境的理解与卡罗尔一样(卡罗尔的错误是令人沮丧的，而卡罗尔是无助的)；因此，他们在采取行动时也期望其他人能像他们一样对卡罗尔感同身受(他们拯救因错误而感到痛苦的、无助的接受者)；最后，他们肯定了卡罗尔的观点并维持了这一循环次序。然而，具有讽刺意味的是，这种相似性可能是一种不具关怀作用的相似性。它让卡罗尔的同伴被她的防御反应欺骗了，它导致他们增加了她的无助感，它还排除了生成同理心所必需的最佳距离，而这种同理心能够帮助卡罗尔超越她目前的状态(参见 Schafer，1959；Minuchin，1974；Umbarger，1983；参见其对纠缠关系之功能失调特征的讨论)。

419

然而，虽然事实如此，但是没有一个人想让事情发展到这种地步。参与者的意图是支持卡罗尔的学习。问题是他们所秉承的支持观以两个假设为基础：其一，犯错是不对的；其二，个体只是痛苦的接受者而非主体。根据这种框定，所谓支持，就是将"受害者"从他们的痛苦和错误中拯救出来。如果要继续一个重新框定的过程，介入者就必须持续不断地使参与者关注到这个推理，正如他开始在这里做的那样。他的行动中断了参与者预期的拯救流程，而他对问题的框定则指出了参与者在这个场景中所忽略的关键特征。

二、阶段二：执行替代性的支持观

只要框架在不断地变化，参与者就会在他们试图协助彼此学习时陷入这种困难。介入者处理这种困难的一种方法是实施早些时候描述过的解冻行动，也就是，协助参与者认识那些素来都被他们忽略掉的因素。另一种方法是执行一个替代性的支持观。这种方法具有两种同步效应。它示范了如何运用不一样的方式来处理参与者的保护性反应，它还揭露了经常被参与者隐藏在行动背后的设计特征，从而进一步解冻了这些反应。下面我们将用一个实例片段做说明，当卡罗尔在说："天啊，我真是愚蠢！这并不像我只是犯了一个错。它是巨大的一击！"时，介入者是如何回应的。

介入者： 这里存在一个难以理解的悖论。中心主任在批评你时说："你并没有这么笨。"但你却在说："不，我很笨！"所以，你在采用一种蛊惑人的方式打击自己。这是有待说明的事，我们随后就来寻找佐证的资料。

介入者确定了一个悖论：主任在质疑卡罗尔时说她不笨，但卡罗尔却在解决问题时说自己很笨。

这就是一个实例，它说明每个人的头脑中都存在一个程序，而这个程序又使她对自己的程序毫无意识。因为如果你一直对自己说："就是我，我很笨，我是笨蛋"——那么，当其他人在说与你有关的事时，你可以大脑一片空白，"听不到"其他人的说法。

这个悖论使他假设，她的反应是一个旨在回避听到自己错误的程序：当她以这一方式回应时，她就大脑一片空白。

所以，卡罗尔的本能反应——"呀，我真是笨"——在某种意义上具有一定的有效性；但它可能是一个非常精明的举动，那就是现在我要引用的。

他承认她的感觉具有有效性——她很笨，因为实际上她确实也犯了一个错误。

(除了要把它看作精明的表现之外)，你接下来可能得认真地想一想：在这个案例中，是什么使你如此盲目，既不理解你传递给他的信息，也看不见你是如何讨论它的。

他明确地陈述了把她的反应框定为"精明"的含义：你必须认真思考是什么导致了你的盲目。

追溯这个介入的各个步骤，我们可以看到它所依据的逻辑。首先，案例中一个令人费解的特征吸引了介入者的注意力。当事人说卡罗尔并不笨，并且他在试图探查是什么导致卡罗尔犯了这样的错，然而卡罗尔却在往相反的方向行进，她表示自己很笨，同时还转移了他想去了解她犯错原因的尝试。根据这一困惑，卡罗尔所描绘的"锤子"开始呈现出一个新的作用：它现在变成了一个线索，并暗示我们：她可能是在设计保护自己不用去审查自己的错误。所以，当当事人（即主任）意识到卡罗尔的反应——"她很笨"（卡罗尔确实犯了错）——具有一定的有效性之后，他开始以为她所叙述的"我真笨"是极度痛苦的一种表达；这种痛苦的表达可能会阻挡了其他人对她的错误进行审视。要使卡罗尔把她的错误当作聪明之举而不是笨，她必须着眼于隐藏在她行动中的潜意识。这里所指的是，介入者对卡罗尔反应的解读方式与参与者的截然不同。她不像看上去那么无助或痛苦，甚至可以说，她是在设计保护自己。当然，这并不是说卡罗尔没有体验到痛苦，而是说她使用的锤子可能比她的当事人（主任）的更硬、更安全：更硬是因为她运用它（"我真笨"）来惩罚她自己，更安全则是因为她也用它来转移其他人调查她的错误的尝试。

在用这种方式框定卡罗尔的反应的过程中，介入者所关注的情境特征与参与者选择的不同。他首先注意到卡罗尔和当事人对她的错误的反应非常不一致，其根据是两者认知的准确性及双方处理错误的方式。在这么做的过程中，他发现卡罗尔的反应存在一定的有效性，但他并不认为这是卡罗尔在这个情境中的必要反应。因此，介入者认为，在某种意义上，断定自己很笨的行动者（卡罗尔）在处理自己的错误时做得比她的当事人还要少，而后者以为前者并不笨。这个悖论引出了下列假设：她之所以会选择"重击"自己，可能是为了保护自己，以免她觉察到自己其实知道该如何去处理危险情境。这一假设产生于这个特定的困惑，并体现了介入者的保护理论，它提出了一个观点：卡罗尔的反应是她事先设计好的。如果真是这样，那么卡罗尔既不笨也不无助，而是非常聪明，是一个转移问题的高手。

通过指出这一情境中的这些特点，并像上面那样框定它们，介入者建构了一个本质上完全不同的场景来支持卡罗尔的学习。在这个场景中，最大的问题就在于：卡罗尔正在设计她自己的痛苦和盲目性。集中研究并帮助她超越现状，这是整个情节中最关键的一部分。确切地说，这里开给卡罗尔的处方不是让她对她的当事人表达她对自己的错误有多么沮丧，因为这可能会暗示他要远离她的错误；而是让她去审视这种反应在维持她的盲目性与无助感上究竟扮演了什么角色。对情境的这一框定揭示了卡罗尔是如何设计自己的学习，并如何使同伴的框架被埋没的以及她对错误与失败的本能反应。结果，这个察看过程的结果，是使原本在她觉察与控制之外的事物或观点，逐渐进入其觉察与控制中，因为她和其他人现在已经看到这些行为阻挡了她的自觉，而不再认为是这些行为将她从错误中转移或拯救出来；这个过程协助卡罗尔对自己不经意阻挡别人协助自己学习的行为，变得有所觉察。

三、阶段三：引发框架冲突

框架的弹性出人意料。从概念上讲，对参与者而言，介入者对他们所处场景的重构是有意的。参与者因而得以认识其他人对自己行为的描述，并能看到这种描述的实用性。但是，打破框架与重新框定构成了一个反复循环的过程，其中涉及重复实验的问题——参与者必定会在重复实验的过程中不断地经历自身框架的失败，然后在他人的协助下，设计新的方法来检验新的框架。在这个阶段，参与者们回到了表演舞台，重新开始扮演咨询顾问的角色，他们要以刚才所学的知识为基础，实验用新的方法来帮助卡罗尔。接下来，一个有趣的混合体出现了。一位参与者——戴维，以先前的学习为基础，试图协助卡罗尔处理她的反应，以便他们能够取得更多的进展。他的做法展现了参与者支持观的新特征，也为进一步的解冻提供了一个机会。我们从戴维建议卡罗尔如何控制自身反应的对话进入下一段的讨论。

戴　维：	我有另一个你可以依循的规则：不要假设你有错或你没有能力。	戴维提出了一项规则：不要假设你已经犯错或你是无能的。
423 **介入者：**	但是，资料显示她就是犯了错啊！	介入者用已有资料来说明这一规则在这里并不适用：她的确是犯了一个错误。

戴　维：不，我不这么认为。	戴维坚持说他不同意，但并未说明缘由。
介入者：你为什么不同意？	介入者探究他的推理。
戴　维：我不同意。	戴维重申他的观点，但仍然没有说明是什么原因使他如此确定。
介入者：好，暂停一分钟：你会对一位大脑空白的女士做什么？你认为那样适当吗？	介入者质疑戴维：他在课堂上指出他认为是不适当的行动，并要求戴维回答他是否认为它们是适当的。
戴　维：不，我说的是发生在她的按钮被触动之前的事。	戴维引用了（案例中）一个不同的情境。
介入者：这个家伙（文斯）并没有对她生气；他（文斯）并没有对她大声喊叫啊！	介入者跟着他改变了方向，指向那个情境中的事实。
戴　维：但他指出她犯了错。	戴维认为文斯（而非卡罗尔）要对她（卡罗尔）的行动负责。
介入者：那是对的（回忆起文斯做了什么）。他已经尽力了，在我看来，他并不是要去惩罚她。现在你又说那不是卡罗尔的错，这样反而会对她造成极大的伤害。	介入者肯定了这些资料，但是并不同意通过资料可以推论出卡罗尔并未犯错。 介入者接着以这一点为基础，把戴维的支持重新框定为是对卡罗尔的伤害。

戴维试图支持卡罗尔的努力撞上一个始料未及的暗礁，这段对话解释了参与者是如何在先前所学的基础上建构和检验新的规则的。戴维在这里设计的规则——"不要假设你有错或你没有能力"——既改变了他们帮助卡罗尔的方向，又提出了一个新规则来替代"假设你的推论是事实"的规则。这两个特征表明，戴维正在设法超越一个使用理论——回避对本能反应的审视，并提出未经检验的假设。然而，如果我们仔细查看他规则中的两个特征，我们就会发现这个向前迈进的动作具有一些局限性。首先，他的规则忽略了在这个实例中卡罗尔确实犯了一个错误；所以，这个规则在这里被误用了，而这种误用本身表明参与者对错误的不适感继续存在，而且他还在设法回避它们。其次，没有一个人会轻易地假设自己有错，但是，仅仅提出一个相反的规则会破坏另一个参与者也在设法学习的规则：关注个体的个人责任。鉴于这些特征的结合，可以说戴维的规则是一种混合体，他利用了新使用理论的知识，但与他现有使用理论的参数关系更为密切。更精确地说，它保留了一个保护性框架（犯错意味着什么）的特征。

意识到这一点之后，介入者重新开始他的破框（frame-breaking）动作。他指出戴维的规则之所以无法运转的论证资料，还确认了戴维的规则实际上可能会产生事与愿违的结果。正如我们之前已经看到的，介入者的这些动作对行动者的逻辑产生了怀疑——它们在引导参与者质疑自己的行动逻辑。但与他先前的反应不同的是，戴维以更积极主动的对质与质疑回应了介入者，这进一步地说明参与者正在向前迈进，也使戴维和介入者能够就他们相互冲突的框架和规则进行协商与探究。这个过程产生了一个两难困境，它进一步向我们揭示了什么样的因果推理在引导参与者执行他们现在这种支持性行动。随后，戴维第一次确认了这种两难困境，介入者则继续指出戴维推理中出现的新漏洞。

戴　维：我无法理解那一点。如果你假设自己能力不足，那么，你要怎么做才能让自己进入任意一个咨询关系，而不会陷入第一型行为并把事情弄糟呢？你必须有自信，不是吗？

戴维开始明确地表达他的因果推理：如果你假设自己无能，就会导致你行动的无能。因此，你必须有信心。戴维的隐含观点是信心与否取决于不犯错。 *425*

介入者：当一个人获得了有关某个错误的经验资料，并得到了一种错误升级的模式时，他就会明白正是这个东西导致了无能的发生。

介入者重新框定是什么导致了无能：如果你犯了一个错误，而这些错误又在逐步升级，那么，这将导致你行动无能。

稍后，介入者对戴维的方法进行了概念化。

介入者：我认为你在设法表示支持，你说："卡罗尔，如果你不要有其他的感觉，如果你自我感觉良好的话。"
那我认为她会这样想："那很好啊。我也愿意自我感觉良好，但我要怎样才能做到那一点呢？"夸张一点地说，如果她一直在制造那种错误，我不知道有什么方法能让她做到感觉良好！

介入者引用了戴维的善意：戴维在设法支持卡罗尔。

他指出戴维的推理存在一些漏洞：考虑到她已经犯了这些错，她就不可能会采纳他的建议，做到自我感觉良好。

戴　维：好了，我知道你在说什么。我正在强化她。

戴维开始意识到他的行动可能反而强化了卡罗尔。

介入者：嗯，它就是一种格言式的做法。它说："积极正面地思考吧！"但她没有这样想，她的本能反应是惩罚她自己。

介入者认为戴维的方法虽然是针对卡罗尔的本能反应的，但是它并不重视它们。 *426*

戴　维：嗯，我的确相信那种做法有它的道理。如果你认为你无能，那么在我看来，可能会发生的事更像是你在设计一个自我强化的循环，然后还要把它变成一个自我实现的预言。

戴维在放弃他的框架时确认了一个两难困境：如果你认为你将会出错，你可能会创造一个自我实现的预言。

　　一旦介入者指出戴维的方法存在一些漏洞，戴维便遇到了一个两难困境。一方面，介入者言之有理：卡罗尔的确犯了一个错误，而他可能是在以忽略错误的方式强化卡罗尔。但另一方面，如果他按介入者的建议去关注卡罗尔的错误，那么，他就会削弱她的信心，实际上也可能会创造更多的无能感。这种两难源自下列因果推理：关注错误会减少信心，相应地又会导致更强烈的无能感。这一推理与我们对错误的保护性框架的描述很相似(参见第九章的学习过程图解)。如果个体假设犯错是不对的，并试图逃避错误，甚至执意要继续前进，他们就会体验到失败感与信心的丧失，而这往往会导致他们在行动时采用给自己带来更多麻烦的方式。所以，从我们的观点来看，戴维的因果知识具有颇高的描述效度。但是，由它而来的处方(解决之道)不应该是逃避审视错误，也不应该是对错误感觉良好。更确切地说，应该是学习如何从错误中学习，同时又不会因为气馁或恐惧而不敢承认错误！毫无疑问，戴维的处方是要求我们掩饰错误以维持自信的感觉，因而它简化了如何发展能力的问题。依据他的理论，一个人不必去思考该如何发展出更好的能力来面对错误或信心瓦解的问题。但是，戴维的理论砍掉了这个问题中相当重要的一部分：它忽视了能力的一个必要条件，即持续不断地发现错误、修正错误。因此，他的理论最多只能创造出一种有能力的感觉，而在最糟糕的情况下，它会制造一种与行动者的实际能力水平不断脱节的、不真实的"能力感"。

　　当介入者指出戴维推理中的这些漏洞时，戴维开始了解他的方法可能无法使用。他对这一点的认识越清楚，就越深刻地体验到我们之前所发现的问题：陷入两难困境——被卡在了两种看起来好像同样可疑但却同样真实的逻辑之间。他注意到他正在强化卡罗尔框定问题的方法，但他找不到摆脱这种困境的方法。为了跨越这种框架冲突，他需要用一种替代性的方法来支持卡罗尔，而为了提供这种替代性的方法，介入者转向了下一步。

四、阶段四：通过两难困境

卡罗尔在观察这个过程的同时，开始推断戴维的言谈中存在一个有关错误的隐性框架。在反映其他人的逻辑时，她能够看到这种框架的局限性，并且重新阐述了她是如何理解自己的错误的。他们不再表示她很悲惨；他们只是认为：在某些情境中，她的反应的灵活性比在其他情境中差一些。介入者在这个全新阐述的基础上，建议大家用另一种方式来思考卡罗尔的错误，他认为这种方式或许能帮助戴维和其他人走出他们所面临的两难困境。

介入者：	现在，在我看来，你正在接近事情的答案。你刚才所说的等同于我们曾经使用的无能的隐喻。这就相当于卡罗尔是一个相当好的网球选手，她说："你知道什么东西会按下我的按钮，是反手击球。你知道这里有许多其他的东西，但我们今天玩反手击球。"这并不是说她是一个非常糟糕的网球选手；而是说，她把反手击球确定为她想花力气处理的事情。	介入者以卡罗尔所说的话为基础，并把它与一个隐喻连接起来。这个隐喻把卡罗尔描述成是一个摇摆不定的网球选手。 这里没有将她描述成一个糟糕的网球选手；而是聚焦于她需要学习的一项技能上。

428

介入者的隐喻是在学习一项技能的脉络中框定错误；错误在这里变成了有待努力解决的事情。它强调选手的表现有什么特点，而不是强调一个空泛评估。依据这一思路，我们应该努力改善选手的表现，给他们提供丰富的学习机会和练习机会，并且要对练习的结果进行反映。类似地，对任何人而言，因为一位网球选手犯了一个错就认为她动机不良，或是认为她是故意要丢掉一个球，是非常罕见甚至是很奇怪的事。因而，我们更愿意假设一位选手的失误之所以发生在某个特定的时间点上，是因为她能力有限。这种假设截然不同于那些隐藏在虽然未被言明，但却占主导地位的隐喻中的假设——这些隐喻早已成为"参与者如何框定学习"中的一部分。对参与者而言，潜在的隐喻是指"错误即犯罪、受害人比比皆是、整顿违规行为和给予惩罚"。在这个框架中，首要规则变成了一个不合法的错误，所有的违规行为必须被掩饰或是被检举告发。正是这个隐喻支撑着卡罗尔的行动，使她严厉地指责自己犯了错，也正是这个隐喻构成了戴维的行动基础，催促他去寻找另一种方法。在他们两人所共享的框架脉络中，戴维知道卡罗尔在面对自己的错误时，不可能没有罪恶感，也不可能不焦虑。但是，他并没有去质疑这个框架，他与卡罗尔的假设相同，于是，在实际操作过程中，他建议他们忽视违规行为，不要去惩罚它——这是在这个框架内仅有的两个选择。

429 通过利用一个隐喻来做重新框定，介入者提供了一个很容易被提取的、重构过程的方法。致力于研究众所周知很难掌握的反手击球的网球选手的图像，比一系列抽象的、与学习有关的命题更生动，也更易于想象。这个新隐喻所包含的假设不仅经得起对行动的反映，而且还要求行动者进行反映。行动中的网球选手不可能看到自己正在犯错，必须依靠其他人来观察她的表现状况，并协助她来发现是什么导致了她的失误。如果参与者能够检索到这个隐喻，它便能引导戴维和其他人不再把自己的支持性角色界定为违规者的检举人或赦免人，而是定义为支持者或指导者——他们能够协助卡罗尔了解仅凭她个人之力所无法认清的事实。因此，在这个隐喻的脉络中，支持呈现出一种完全不同的形式，并且它可以解决当我们专注于其他人的错误时所容易引发的两难困境。

第三节　因错误而愤怒

有时，参与者会像对待自己一样重击他人。被错误惹怒之后，他们应对其他人的方式就不是设法去拯救犯错者，而是采取几个疏远动作。有些人可能会因为自己面对的困难而指责和惩罚其他人；其他人可能会在心理上把自己抽离出他们认为自身无力控制的挫折情境，从不觉得自己要对此负责；还有一些人，他们可能会控制住自己的愤怒，表现得好像很平静，却又会释放出他们其实并不平静的信号。然而，不管他们采取哪一种行动，每一个人最初都是被针对他人错误的愤怒所驱使着的，而且经常发生的情况是，他们每一个人最后都会表示犯错者应该掩饰或用类似的方法去反击。

还有一点值得探索，这种针对错误的愤怒会阻碍打破框架与重新框定的过程——因为它所激发的行动肯定属于对学习的保护性反应。保护自己不与那些使自己无懈可击或无法处理他们自身（或其他人）的易错性的人接触。因此，当参与者继续实验该如何摆脱现有框架的束缚和继续承担失败 *430* 的风险时，他们可能会发现自己现有的框架是有根据的；也就是说，他们的错误事实上的确应当被视为该受到谴责和惩罚的违规行为。正因为这种愤怒的情绪在现实世界中时有发生，所以参与者必须学会如何处理自己的愤怒，以及如何帮助其他人解决这种愤怒的情绪。与"重新框定"遭遇到的其他障碍一样，因错误而愤怒既是对学习的一种限制，又是参与者和介入者彻底检验如何探索与超越这种限制的一个机会。

因错误而生气是一种很普遍但仍然令人困惑的反应。如果我们认为错误是任何学习过程的必然产物，并将其定性为计划之外的行为，那么，个体理直气壮地认为他们同伴的错误是应该受到处罚的违规行为（特别是当他们自己也会犯相同的错误时），不是一件难以理解的事吗？然而，这种事情时有发生。参与者断定 Y 是一个武断的、封闭的并且喜欢控制人的人，因而经常对 Y 的这些行动方式表示出深刻的不满。但只要参与者想当然地认为这个诊断是正确的，那么，他们自己的行动方式也是武断的、封闭的，并且也是喜欢控制他人的——不管他们多么努力地设法采用其他的行动方式，也无法改变这种结果。我们可以认为，如果他们发现自己的行动方式与 Y 一样，也许有助于他们换位思考。但这种换位思考实际上可能包含一种相似性——为了感到宽慰而变得太过相似，同时招来了轻蔑的态度，这又导致个体既不了解自己其实并不可靠的事实，也不清楚其他人的易错性，或者会导致个体远离上述两种事实均已暴露的情境。

下面这个实验的目的是，通过协助参与者以全新的方式来看待被讨论的情境，进而发现探索与解决这些生气反应的方法。它探究了三个实验中最令人困惑的领域，并引导介入者扮演了被谢弗（Schafer，1983）称之为"如及时雨般的协同探索者"（a seasoned co-explorer）的角色：一个对探索方法了如指掌，而非掌握全局的人。除此之外，参与者逐渐开始负责启动新的探究程序，负责描述眼前的问题，并负责设计解决问题的方法。如此一来，介入者与参与者将继续就彼此的关系进行重新协商，两者之间的关系也将由参与者依赖介入者的状态向双方通力合作的方向转变，介入者的控制更弱，而参与者对探究过程的掌控则更多。

一、阶段一：打断连锁反应

这个实验起源于参与者对发生在介入者提早离开后的一系列互动的反应。这个偶然事件让我们发现，即使在学习过程相对后期的阶段中，参与者在课堂规范的实施以及在对彼此采取有助于探究的立场方面仍然需要协助。缺少了介入者的协助，参与者立刻变得很茫然，他们的表现好像先前他们已了解的那些令自己困惑的人，同时又在一味地重复已经说过并且已经说得非常清楚的事。这种情况一直持续到葆拉开始发言——葆拉威胁说，如果这个过程再持续下去，她就要离开了。在这个实验里，参与者对他们自己及对其他人所犯错误的反应变成了探究的对象。我们将看到的是，一旦葆拉表达了她的挫折，它就引爆了一个"生气"的连锁反应。我们选用下面这段对话摘要来做说明。

葆　拉：我发现这真的很令人失望。你们说的话都没有什么不同，我觉得我们正在浪费大量的时间。如果还一直这样继续下去，我宁愿离开，因为每个人都在说相同的事，我快要精神崩溃了！

葆拉表达了她的挫折，她认为这个过程是在浪费时间。她表达了她的焦虑，以及如果事态一直如此，她就有离开的打算。

肯　恩：嗯，我对你刚才说的感觉有点困扰。你说："你们这些家伙在做我不喜欢的事情，而且，如果还这样的话，我就要离开了。"

肯恩表现得似乎很平静：他用限定词来缓和自己的反应及自己所听到的话。他陈述了他所听到的意思，但是并没有说出他们难以解决的问题是什么。

葆　拉：不是。我所说的是（停顿），好啦，在某种意义上——

肯　恩：那就是我所听到的！

葆拉先是抗拒他所赋予的意思，但随即又肯定了它们。肯恩为他的反应进行辩护，他表示他所说的就是他所听到的。

432

葆　拉：因为我感觉大家都在说相同的事。当弗兰克说了某些事并要求反馈时，事情就开始循环，循环，一直反复循环。

葆拉重述其他人做了什么导致她如此反应的事。

肯　恩：是的。你的确做了解释。但我所听到的是"因为我不喜欢这个情境，所以我要离开"。

肯恩承认了这段描述，但又不认可这种结果的必然性。

玛　丽：（以不耐烦的语气说）那你的问题是什么？

玛丽要求肯恩陈述他的问题。

葆　拉：是啊，你的问题是什么？因为我感觉……

葆拉插话进入，也提出相似的要求。

肯　恩：问题是你的发言听起来像是这样……

肯恩开始解释。

葆　拉：我不是说你们不应该继续，我	葆拉打断肯恩的话，重申
只是说我不想继续这样，所以	她的立场；她通过这种方
我宁愿离开。	式否定了肯恩暗示的、对
	她高压姿态的批判。

这个片段记录了一小串回荡在整个团体中的生气的连锁反应，为我们了解针对生气的连锁反应提供了一个具有代表性的样本。它由葆拉开始——葆拉把这个过程框定为浪费时间，表现得好像她自己在这个过程中没有担任任何角色似的，并且她变得焦虑与挫折，语带威胁地说，如果那些该负责的人不把让她焦虑的源头去除的话，她就要离开。

这个威胁的接受者——肯恩接着做出了回应：他重述了他所听到的、葆拉想要表达的意义，他一方面在缓和自己的生气反应，另一方面又在暗指葆拉的行动具有胁迫性，但他没有直接表明这一点。葆拉稍微抗拒了一下，便做出让步，承认肯恩正确地解读了她的话语，肯恩再度把握这个机会重述了他所听到的内容，但只是继续暗示问题就在其中。这个时候，另一个参与者，玛丽也生起气来，并要求肯恩公布他所指的问题是什么，这刺激葆拉也采取了同样的行动。最后，当肯恩开始描述问题时，葆拉又打断了他的解释，以防御肯恩对自己的批判，她表示自己自始至终都坚持：团体应当是相当自由的，不论它想要做什么都可以。

当我们在接下来的一周进行回顾时，之前对话中所包含的丰富的潜台词都被参与者准确地解读出来了。首先，肯恩报告说，在葆拉介入时，"他反应非常强烈"，感觉自己受到了威胁，并且陷入困境，束手无策。那时，当他试图隐瞒这一点并表现得自己好像很平静时，他仍然释放出了事实并非如此的暗示。通过缓和自己的反应，通过只暗示一项评判并策略性地重述他所听到的内容，而不直接陈述其中存在的问题是什么，肯恩表示，他正在设法把一些负面反应最小化，而这种行动本身则表明：这里的确存在一个有待最小化的负面反应。玛丽准确无误地解读到了肯恩虽然已经提及，但是却未明说的信息：他其实已经心烦意乱，而且在非常努力地不要表露出这种情绪。接着，这种缺乏真实性的行动触及了玛丽的按钮；她后来描述自己对肯恩这种不够直截了当的方式是非常生气的。难以理解的是，她随后对待肯恩的方式也与肯恩对待葆拉的方式相同。玛丽也隐藏了她自己的生气，并且也只是在她不耐烦的要求中暗示了她对肯恩的批评。

介入者的离开是一个偶发事件，但它揭示了实现独立所要面临的一个重大障碍。犯错是可以预期的；但如果参与者想从中有所学习，他们就必 434 须发展出一种能力，使自己能够在前进中发现这些错误，并能对它们进行反映。这里所说的针对错误的反应揭露了一个发展这种能力的重大障碍。带着这种认识，一位见习介入者——她虽然一直在团体中，但却始终没有在讨论中扮演积极的角色——这时决定打断这个连锁反应，唤起参与者互相协助的责任感。

见习介入者： 如果我们把你（葆拉）看作这个团体的咨询顾问，那么你做的一件正确的事情就是，你揭示了这个团体所存在的一个问题，你说："我们在绕圈子，而且我并不认为这样会有任何进展。"你说的有道理，而且我认为你在非常隐晦地说明：我们正在绕圈子，这里的任何一个人都会很快意识到这一点是事实。

介入者提出咨询顾问的角色，并用它作为评价葆拉所作所为的一个框架。

从这一视角出发，她指出葆拉的行动可以帮助团体：葆拉准确地辨认出了一个问题。

可是，作为团体的咨询顾问，你也说："我现在打算借离开团体来解决这个问题。"这种做法使这个团体陷入了一个进退维谷的困境，因为一方面，我们不想创造出——我想这就是你所表达的——迫使你离开这个团体的条件。但另一方面，我们还不清楚

同时，介入者也描述了葆拉解决问题的办法是怎样为团体制造了一个问题：她把团体放到了一个进退维谷的困境中。

435

为了改变让你想要离开的条
件，我们能够做哪些不一样
的事。

葆　拉：我认为团体的这种情况会继　　一开始，葆拉试图引用
续下去，而我对此的归因　　她当时的归因来证明她
是：有人有兴趣讨论这种情　　的反应是合理的。
境。但我认为我们应该继续
下去并讨论另一个角色扮演
（暂停）。嗯，我的意思是，　　然后，她停顿下来，承
我应该建议我宁愿讨论另一　　认她可能应该做一些事
个角色扮演。　　来改变令她受挫的情境。

见习介入者对葆拉的反应塑造了一种替代性的介入方法，它可以帮助
我们中断连锁反应。这种方法包含了许多与肯恩的意思相同的意义。像肯
恩一样，她(见习介入者)承认葆拉所引用的资料，并且她还确定了无助和
高压姿态的问题。但是，她的反应也包含肯恩的反应未涉及的其他意义：
它肯定了葆拉公开指出问题的行动，同时又明确地说明她的解决方案不仅
无济于事，而且实际上是想让整个团体服从她的反应。然而，这个介入行
动本身所特有的明确性又遗漏了肯恩的介入行动中维持连锁反应的一些意
义。见习介入者在这里并未试图平息评判中的负向评价。因此，她的介入
更严格，因为它明确而详细地说明了葆拉的问题；而且，她的介入也不太
可能会引起防御性和生气，因为它显示见习介入者并不担忧她所描述
的事。

与此同时，介入者要求参与者用一种全新的眼光来看待他们的介入。
葆拉之前一直扮演无辜旁观者的角色，好像她对团体的作为没有任何责任
一样；于是，正如她后来所说的，当她介入时，她并没有设法协助团体的
意图。葆拉着手要解决的问题是怎样摆脱她认为自己没有责任去创造或改
变的情境。因此，她在心理上退缩了，然而，当这种退缩不再可能时，她
436　便威胁要离开。通过把她的角色重新框定为咨询顾问，介入者揭露了葆拉
认识问题的方式是不适当的：在这个团体中，它还不足以构成一个可以操

作的诊断结果。结果，葆拉开始意识到并且承认：她其实也可以采用不同的行动来改变这种情境。但是依然有一个双重问题未被察觉：是什么妨碍了葆拉首先协助他人的原动力，又是什么阻碍了肯恩在发现葆拉的错误时发挥自己的能力？这便是削弱他们独立学习能力的最大障碍，因此，在回答这个双重问题的同时，大家进入了下一个阶段。

二、阶段二：启动一个探索过程

接下来的一周，介入者带着前一周的录音转录资料回到班上，这份资料给参与者提供了反映自身行动所必需的资料和距离。在阅读转录资料的过程中，每一位参与者都可以轻易地看到他或她的行动，而不再感觉自己被卷入当时的情绪反应中。当然，仅仅这样还不能保证个体会把转录资料用作深入探究发生了什么的一个工具。事实上，当参与者开始对转录资料进行反映时，葆拉打断说："在大家开始达成共识认为那无效之前，我不是不同意。我只是不想花时间去讨论它是多么无效，因为我知道它并不是有效的。"她说她希望能集中讨论"我如何才能有不同的说法与做法"。

葆拉在这里将问题界定为"我可以怎样说得不一样"，好像这只是一个纯粹的技术问题。但这个动作排除了一点：葆拉当时对团体非常失望，以至于她觉得自己快要精神崩溃了。因此，介入者重新引导团体把注意力转移到另一个有些不太相同的问题上。

介入者：我的问题是：我认为事情是由你造成的，你当时的感觉是什么？受挫折？还是对他们生气？	介入者重新引导大家注意葆拉当时的感受。
葆　拉：我不是对人们的个人品质生气，而是对讨论的内容感到生气。	她回答说，她是对讨论感到生气而非针对人。
介入者：是对他们当时的行为吗？	介入者重新阐述这一点，指出她是对同伴的行动感到生气。

437

葆　拉：是的。

介入者：那么，我知道这里没有障眼法，你无法隐藏那种感觉。如果那正是你当时的感觉，那么它可能是你首先需要去正视的。

如果你的感觉是，"老天，他们正在把事情弄得一团糟!"我希望没有任何方式能让你将这个感觉掩盖住。

考虑到这一点，介入者在鉴定问题的同时也主动提供了一个替代性的行动方向：如果你感觉到生气，那么你需要表达出来。

倘若这一点成立的话，那么我们应该专注的问题就在这里，而不是另外去寻找。

介入者认为，如果不考虑下面这些问题(这些问题在转录资料中并没有得到充分的反映)，他们寻找替代性方案的急切行动可能会导致事与愿违的结果：他们当时有什么感觉，以及是什么使他们产生了这种感觉。于是，介入者通过框定问题，中断了这个尚未成熟的寻找替代性方案的急切行动，当然他并不是把问题框定为人们说了什么，而是框定为他们感觉到了什么。并且，他还将参与者的探究方向重新引导至这些反应，具体详见下面对话。

介入者：但是，你现在必须回答下面的问题：我怎么会有这种感觉？周围这些没有进取心的人是否知道他们正在犯错？你为什么会生他们的气？

在集中探讨她的反应的过程中，介入者框定问题的方式听起来很令人震惊：是什么导致你对那些并非故意犯错的人感到生气？

葆　拉：当我发现大家虽然已经承认了这种循环，它仍然在继续发生时，我确实感到非常挫折。但是，我不知道自己的生气是不是与挫折一样多。

葆拉压制住自己的怒火，并声称：她的同伴虽然看到了这个问题，但却没对它采取任何措施。

438

介入者：那么，让我们假设他们目前需要　　　　　介入者以葆拉的话为基
　　　　　协助。你怎么能对一个无助的团　　　　础，重构了问题：是什
　　　　　体生气呢？　　　　　　　　　　　　　么导致你因一个无助的
　　　　　　　　　　　　　　　　　　　　　　　团体而愤怒？

　　介入者语出惊人地提问，要使葆拉做出现有的举动，她必须要有怎样的假设。他首先问了一个问题，一旦这个问题得到回答，就将引导葆拉进入一个她自己的推理困境："周围这些没有进取心的人（知道）他们正在犯错吗?"如果她回答"是"，她就在冒险伤害自己的同伴，并且她还在冒险违反原有的逻辑观念——因为她说虽然按照定义，人们不可能故意犯错，但实际上错误是可以有意为之的。然而，如果她回答"不是"，她就会违背她自己对公平游戏的认识：面对那些正在犯错而不自知的人，要将自己的愤怒合理化是很困难的。葆拉试图通过拒绝存在于其问题中的前提来挣脱这个困境。她表示她没有生气，只是很受挫，而且，她的同伴虽然可能并不知道自己正在犯错，但是他们肯定知道自己在绕圈子。介入者没有要求葆拉解释她的观点，而是接受了她的新前提，因为它们也会步入同一个困境。如果葆拉是对的，且参与者的确知道他们自己在原地绕圈，那他们一定很无助，因为没有哪个团体会自知如此，还在一直绕圈子转个不停，除非他们没有能力停止。

　　发现这个困境本身便是令人震惊的。葆拉的这种反应也给了参与者一种被一棒子打死的感觉。因为参与者首先认为自己是不应该出现的错误的无辜接受者，所以当葆拉这么说时，他们的生气反应当然会随之而起。为了突破这种推理，介入者必须为参与者提供重新衡量这些反应的动力。正如我们之前所见的，介入者解决这个问题①的方式是：使参与者不再接受他们以前为了使自己的反应得到认可而采用的逻辑。

　　结果，参与者停止了"我们的感觉其实是这种情境下的必然结果"的假　　*439*
设，并开始思考是什么因素引发了他们的感觉。

―――――――――――

　　① 即为参与者提供动力。——译者注

三、阶段三：生成丰富的描述

带着一组新的问题，团体开始钻研一个不同的问题：在人们生气的时候，发生了什么？在第一个实验中，当我们开始描述参与者的退缩行为时，曾经问过这个问题。然而，之后主要是靠介入者在独自推进这一探究，在某个时刻，他会探索参与者怎么描述他们实际看到的、感觉到的与考虑到的问题；到了另一个时刻，他又会检查他们的发现在多大程度上得到了共享；自始至终，介入者一直在检验他是否理解了他们正在说的内容。现在，参与者自己接过了这个任务——依据他们自己的直觉，启动自己的探究之路。经过这一过程之后，团体描述了三种针对他人错误的生气反应模式。

1. 指责、惩罚和胁迫其他人。在这个阶段以及更早的阶段中，团体发现，当葆拉开始生气时，她就不再觉得自己是团体的一部分，她不但把循环问题界定为团体的过错，而且还无法分清是什么导致了循环，也不知道如何去中断它。此外，当她介入团体说话时，她并未觉察到要设法协助团体，所以她着手解决的问题都是涉及她自己的反应和涉及造成她如此反应的其他参与者的问题。因此，她把造成循环困局的责任及其对自己情绪的影响都归咎于团体（"因为每个人都在说相同的事，我快要精神崩溃了"），接着，她提出了一个兼具惩罚性和胁迫性特征的解决方案（"如果还一直这样继续下去，我宁愿离开"）。

2. 压制个人的生气。在探寻肯恩的叙述时，团体提出了一个相同主题的变体。当葆拉介入时，肯恩把她的行动看作没有任何帮助的威胁，而且还使团体陷入了进退两难的困境。他描述了自己对葆拉的言行有"非常强烈的反应"，但同时他又说他不知道该如何表达这些反应，才不会引起葆拉的防御性。因此，他在介入时设计了一个折中的方法来解决涉及葆拉和他自己的反应的双重问题：他压抑了他的愤怒，缓和他的反应，并且表现得好像自己很镇定。同样，玛丽承认她觉得肯恩的表现并不真诚。她没有觉察到他陷入了"该如何表达自己的反应"的两难，并且也开始对肯恩的不真诚感到生气。紧接着，玛丽复制了肯恩的做法——她也压制了自己内心的真实感觉。

3. 使自己从情境中抽离。第三种反应就像葆拉的做法，但这种反应在很大程度上是心理退缩，因此，正如他们所定义的，它本身足以解决这个问题。这个反应是由凯伦描述的，可是，她说虽然她觉得她的同伴表现得很无能，但她却没有新方法可以建议。正如她所描述的，她并没有生气，她"只是罢工"而已。然而，在她这么做的同时，她又在反反复复地与葆拉窃窃私语，悄悄地说，"哦，太无聊了"，等等，但没对团体说任何事。因此，与葆拉一样，她不再觉得自己是团体的一部分，她把这个问题界定为是团体的问题，好像她不是团体的一员似的，而且她觉得自己不能改变她所看见的状况。

四、阶段四：图解行动领域

一旦展开，上面这些描述便会提出一些共同的主题。第一，每个人都把注意力集中在其他人的错误上，却表现得好像他们没有觉察到这些人所受的束缚或限制一样。第二，每个人都描述说他（她）自己陷入了困境或他（她）自己的能力有限。第三，虽然他们各自的策略不同，但是每个人都感受到了强烈的愤怒，所以每个人都在试图使自己抽离这种体验：葆拉不再觉得自己应该对所发生的事负责，凯伦和其他人已经在心理上撤离了团体，而剩下的参与者则通过压抑自己的愤怒来使自己远离真实的感觉。

这时，介入者自己也被难倒了，他无法理解是什么导致了这些反应。因此，他开始描述自己所面对的两难困境。

介入者: 有一件令人难以理解的事。首先，这里所发生的每一件事都是如此真实而频繁，但若要采用我希望的方式去了解它，我却觉得很无助。	介入者把眼前的情境框定为既真实而又难以理解。
让我告诉你们我看到了什么：你们都感觉自己情绪强烈，然而，你们都只对其他人的无能感觉强烈。	他表示他感觉自己无力了解这个情境，虽然他很愿意去了解。
那就是我所面临的两难困境。如果其他人的行动不适当，那么这与你的失望有什么关系呢？	他继续协助团体来帮助他自己：他首先描述了他迄今为止所看到的现象，然后描述他仍然不理解的问题。

正如上面所看到的，介入者自己的能力有限，无法理解眼前的情境。虽然他承认团体描述的有效性，也详述了他所看到的现象，并且还描述了自己在什么地方遇到了困难，但是，他却不能进一步地解释他所描述的现象。换句话说，他仍然不知道该如何根据目前已有的描述片段来生成能将这些片段连接起来，并能对它们进行说明的解释，在某种意义上，这种解释也可以被用来超越现有的描述片段。所以，介入者面临着一个与参与者在早些时候所面临的相似的情境，这个情境使他处在一种两难困境中，也让他感到自身能力的有限。然而，介入者却不认为这种情境对他构成了威胁或是挫折。他确实感到了困惑，并且也表达了他的困惑；他觉得自己需要帮助，就说出来了；他需要协助，所以他求助团体，希望团体能提供他所需要的帮助。

一旦他采取了这些措施，参与者就承担起帮助他规划问题的任务：他们提出了一系列的假设，每一个假设都来自他们自己的反应，并且能够与已形成的描述连接起来。

文　斯：我知道我感受到了威胁，也觉得很生气。当葆拉说话时，她传递给我的信息就是"你是无能的"。而且，当有人说我无能时，我的第一个反应是变得非常防御与沮丧。因此，我不是因为葆拉的无能而对她生气；我是因为我自己的无能而生气。

文斯从描述他的生气开始；接着，他开始回溯他认为是什么引发了他的生气（或应该为他的生气负责）：他听到她说他无能，而且他当时一定是默许了她的界定，所以才会变得如此沮丧与防御。因此，他不是对她而是对自己的无能感到生气。

乔　治：我有一个想法，这种生气可以分成两个部分。一部分是肯恩，或者是在这个案例中的我，因为我原本也会有相同的反应；我本来也会生气，因为我觉得受到了胁迫。但是我之所以生气，并不是因为看到有人企图胁迫我，而是因为我害怕自己实际上容易被人强迫。

乔治追寻出这种生气有双重来源：首先，他本来会觉得受到了胁迫。再者，他害怕自己容易被人强迫。因此，他的生气不是针对她，而是针对自己容易被强迫而生气。

南　希：我觉得有一点生气，因为如果有人刚好离开团体，我就不能与他们面对面地解决问题。我不是因（团体的错误）而生气，因为我有责任制止它的错误。但是，葆拉如果离开了，我就没有办法再理解她了。

南希回溯她的反应。首先，如果有人离开，我就不可能再与他们相处了。再者，这使我处在一种无依无靠的位置上。因此，我开始生气。

　　早些时候，参与者都认为应该由其他人为他们的反应负主要责任。他们每个人都把自己愤怒的原因归咎到其他人的错误上，并且认为这种因果关系合情合理。但是，当介入者指出他们的反应存在一些漏洞后，曾经显而易见的归因与推理开始显得很奇怪；他们越是试图让自己的反应变得能被人接受，就越发现自己陷入了一个自己设计的、也是他们自己不能接受

442

443

的困境。在这些结果的影响下，参与者放弃了他们原来的假设，并开始建构强调他们自身责任的假设。虽然尚未接受检验，但是，这些新的假设既可以与他们先前的描述连接起来，也可以被用作设计发展方法的基础。例如，当下一次他们发现自己开始对其他人的错误感到生气时，他们可以借用介入者刚才的做法。与其让其他人为自己的反应负责，不如描述一下他们自己体验到了什么，以及他们需要什么样的帮助才能克服自己遇到的困难。

这种责任上的移转在他们的行动中也表现得很明显。与他们在前两个实验中的行为相反，在这里，参与者承担起形成一种描述的大部分责任，然后，他们又列举了一系列可以被规划成图的假设，如图 12.2 所示。

虽然这个团体并未采取真正图解这些结果的步骤，但实施这些步骤所必需的要素已经存在，可以随时利用。

参与者在反映自身行动的过程中，已经发展出了一个关于推论、意图、情感与行动的丰富描述，这足以组成任何行动的图解。由此，他们把潜藏在自己行动里的设计摆到了桌面上，所以他们可以对这些行动进行更多的认识与控制。

五、阶段五：自动反应的逐渐转化

参与者越是清楚地看到他们对这些反应理应承担的责任，就越是希望能改变它们。但是，如何做到这一点则是一个比较困难的问题。一位当事人就曾愤慨地问道："你怎么控制一个本能反应呢？"一位参与者则这样说："如果你认为生气象征着某些（应该会）令你产生求知欲的事，你不会用它来指责或攻击团体，那么，我认为这是对生气的一种建设性使用。"

然而，在实施的层面上，这种建议却可能认为有必要设法达成一件特殊的事：与个人的反应保持最适宜的距离。换句话说，如果一位参与者已经拥有了采用这个建议所必需的距离，那么，他可能也不需要这种建议。就像玛丽所说："我不知道如何与自己保持距离。我是说，一旦我觉得生气，就很难和自己保持距离。到那时，我几乎很难记住人们在说什么。"然而，

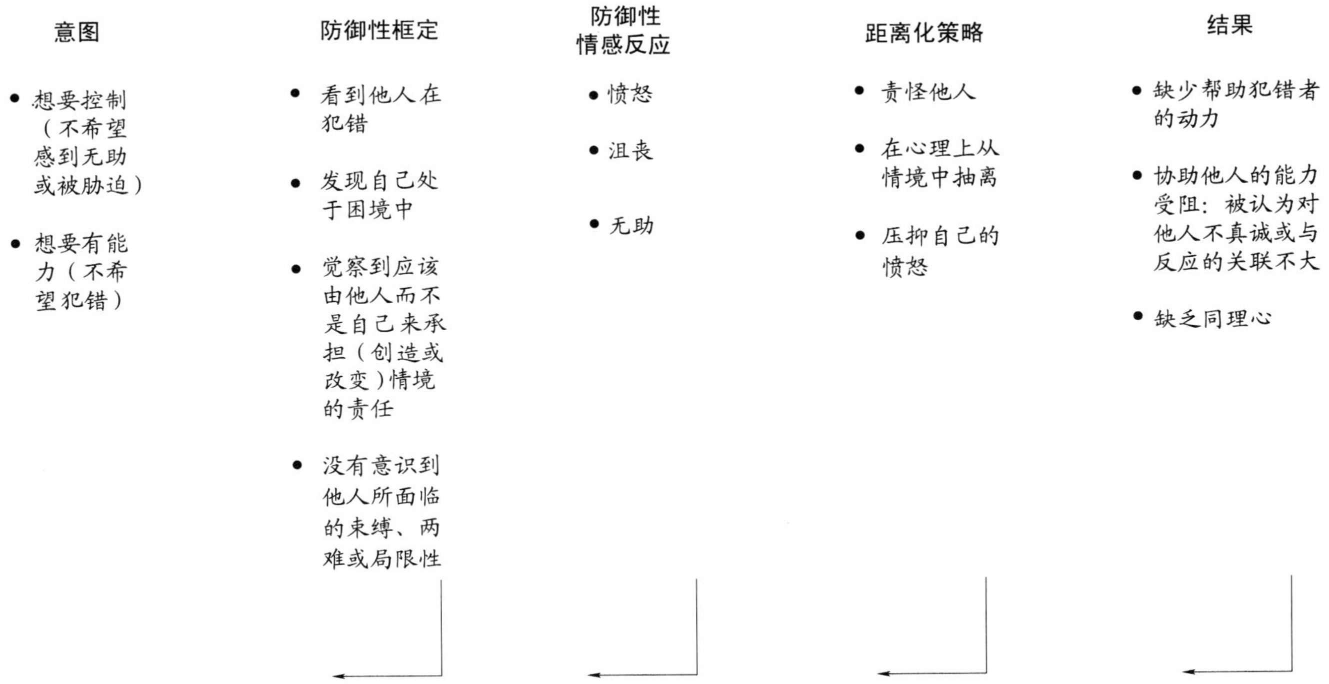

意图
- 想要控制（不希望感到无助或被胁迫）
- 想要有能力（不希望犯错）

防御性框定
- 看到他人在犯错
- 发现自己处于困境中
- 觉察到应该由他人而不是自己来承担（创造或改变）情境的责任
- 没有意识到他人所面临的束缚、两难或局限性

防御性情感反应
- 愤怒
- 沮丧
- 无助

距离化策略
- 责怪他人
- 在心理上从情境中抽离
- 压抑自己的愤怒

结果
- 缺少帮助犯错者的动力
- 协助他人的能力受阻：被认为对他人不真诚或反应与对方的关系不大
- 缺乏同理心

图 12.2 对他人错误的反应

这个建议对玛丽是有效的。只要个体认为他们自己的反应是奇妙且值得探究的，而不是其他人犯错的证据，他们便倾向于学到更多的东西。但是，仍然有一个问题尚未得到解决，即如何做到与一个人的自动反应保持必要的距离。

介入者曾描述过一种可能性："在这里，我们可以尽全力地表达(我们的生气反应)，也可以竭尽全力地去审视它们。但第一个问题是，为什么你一开始就感觉到了敌意？让我们表达出自己的负面感觉，并找出为什么我们会有这些感觉；第二个问题是：面对生命，我们应该采取什么样的姿态，才可以降低我们产生那种感觉的可能性？"因此，这个建议由两个部分组成：表达所发生的反应，并探究是什么导致了它们的发生。然而，前者只要求个体有公开自身反应的意愿，后者则要求，一旦公开了，就必须对这些反应进行深入的探究。就此而言，这种建议被设计成以参与者开始的地方为起点，着眼于最终发展出"一种面对生命的姿态——降低我们会产生那种感觉的可能性"。心中带着这种替代性方案，参与者现在可以开始设计他们自己的实验——一种旨在提出建议，然后再看它会带来什么结果的实验。在这么做的过程中，他们发展出处理问题情绪反应的专业技能，同时又敞开了这些反应供大家探究，因而也增加了学习的可能性。这样一来，他们就像第九章图 9.1 所描述的那样晋升了——由一个防御性更强的方向向一个反映性更强的方向前进了。

第四节　结　　论

从一开始，介入者便创造了一个脉络，这个脉络允许参与者发现自身行动所带来的后果。一个实验接着一个实验，面对面地带给他们出乎意料的结果：在他们认为一切显而易见的地方，他们发现了难以理解的困惑，在他们自认为很熟练的地方却出现了阻碍，而在他们曾经体验到成功的地方却"收获"了失败感。参与者和介入者面对这些体验采取了不同的姿态。介入者力求让各种困惑鲜活地存在着，并努力协助参与者加快行动的速度，尽快遭遇困难，再创造可以持续产生失败的机会，与此同时还在一直鼓励和帮助参与者对他们的体验进行反映。从介入者的着眼点来看，创造这些体验并对它们进行反映是查明这个学习过程的意义及了解成功通过这个学习过程需要采取哪些措施的本质。参与者则采取了一个完全不同的观点。他们在争取快速地解决困惑，尽可能地使自己转动的车轮脱离泥泞的坑洼地段，而且为了避免失败，他们害怕对这些体验进行审视和反映。从他们的着眼点来看，把这些体验最小化或回避这些体验，是了解学习过程的意义以及弄懂成功通过这个学习过程需要采取哪些措施的本质。实际上，介入者与参与者之间的区别并不像我们刚才描述得那么明显，但是它们的确凸显了学习过程的本质特点：介入者与参与者框定这个过程的方式完全不同。

　　本章的框定实验向我们展示了一个旨在促进破框和再框定过程的反复循环尝试，因此，参与者可以采用崭新的方式来看待他们的角色与他们所面对的情境。虽然这些实验之间存在差异，但是它们也有一些共同的特征，都可以帮助我们理解应该如何帮助个体重新框定对他们的自我意识具有重要影响的体验。下面我们将描述一个抽象的、构成实验过程结构的步骤流程。

　　在早期的阶段中，这个过程是由介入者发动的，介入者会辨别出能给参与者带来他们似乎无法觉察到的困境的循环模式。通过退缩，他们最终反而设计了自己的不公正。按照他们对支持的界定，他们支持自己的同伴，结果却破坏了同伴的学习。而且，他们会因为错误而生气，这表明他们对自己的局限性和他人的局限性视而不见。这些模式吸引了介入者的注意，并使介入者卷入其中。它们令介入者迷惑不解。但是，生成这些互动模式的参与者却认为它们的存在是理所当然的事，因而也没能注意到它 447 们。于是，令介入者大伤脑筋的困惑，在参与者看来，却是显而易见的。

　　介入者努力争取把被参与者视为理所当然的事转换成一个不可抗拒的困惑。接着，被参与者忽略的资料得以显明：卡罗尔的确犯了一个错误，所以戴维的规则并不适用，团体并不是故意或有意在原地转圈，因此，葆拉的愤怒不同寻常，等等。这些资料所揭露出的矛盾使这些互动令人费解。

介入者揭露了这些矛盾，在某种意义上，他不需要对这些矛盾的产生承担责任：因为这些资料都是参与者的资料，介入者从中提炼出来的推论也都得到了参与者的一致认可。意识到这种悖论并开始承担自己的相应责任之后，参与者体验到了一种最适度的不和谐感；这才激发他们去探究自己的行动，以便能对它们进行解释，同时也能降低自己的不和谐感。

在他们这么做的时候，参与者提出了对自身行动的解释，试图调和它们中的矛盾。他们举例说自己害怕给人很笨的感觉或害怕被人攻击；他们提出了支持理论；或者，他们提出了解释，试图为自己针对同伴的愤怒作辩解。

接着，介入者在这些解释中寻找新的资料，试图揭露隐藏在参与者行动中的逻辑。在这么做时，他采用了一个双管齐下的方法。一方面，他协助参与者生成了一个丰富的描述，并对他们的理解方式、感觉方式和行动（或放弃行动的）方式进行了归类、整合。另一方面，他对这些新的资料进行了组织、反映和探究，并建构出能够揭示参与者推理中存在的新漏洞和新矛盾的行动。结果，介入者既保证了探究困惑的活动继续开展，又进一步增加了参与者的不和谐感。

参与者试图使人们接受原本不能接受的事的努力付诸东流。渐渐地，根据他们看待社会世界的方式，同时也根据他们在其中的互动方式，他们开始质疑自己建构社会世界的方式。葆拉发现她自己处在一个自己设计的困局中；戴维发现他关于创造能力的理论同时也会创造出无能的条件；李则明白了她的羞辱理论会产生出更多失败与羞辱的条件。

这时，参与者承认他们在世界上的理解方式与行动方式都需要接受审视和改变。但他们受到了阻碍，他们不了解替代性的行动方案（或不知道该如何去做）。卡罗尔问她怎样才能学会采用一种更有勇气的姿态，戴维问一个人如何能够在不打击他人信心和创造无能感的前提下检查错误，玛丽问当她无法回溯正在讨论什么话题时，该怎样使自己与自己的感觉保持距离。就像当事人所问：“你怎么控制自己的自动反应？”这却被参与者理解成是一个反驳，让他感觉自己陷入了困境。他们的框架还不够充分，但他们要怎样做才能超越它们呢？

当这种阻碍展现出自己的真面貌时，介入者对参与者的体验采取了这样一种姿态：他不顾他们被困的现状，继续推进探究的进程。他鼓励参与者去表达那些他们觉得难以表达的体验，而且，尽管他也与参与者的体验产生了共鸣，但是，他坚持继续质疑他们框定自身体验的方式。

与此同时，他提出了替代性的做法，并且在三个不同的层面上进行了协助。第一，在策略层面上，他提出了过渡措施，如果尝试这些措施，便可以将参与者从即将发生的、特定的两难困境中解放出来，并协助他们打破自己的框架：投入讨论，表达你的负面感觉，公开反映你的反应。第二，在框架层面上，介入者提出了看待问题的新方式，并且向大家提出了新的问题。例如，他重新框定了文斯的解决方案，说重要的是愿意学习而不是不犯错；他重新框定了用来考虑错误问题的潜在隐喻；等等。第三，在行动层面上：介入者以自己的行动践行了他的理解。他对卡罗尔和团体的支持，展现了一种对情境的不同建构。因此，在他行动及在他公开地反映自己的行动的同时，参与者对这种框定学习过程的方式才逐渐从不熟悉变得更加熟悉。

但在某些时候，参与者必须设计他们自己的框定实验。他们必须对提出的替代性方案进行彻底的检验。然而，他们会徘徊在两个框架之间，没有一个是他们完全信任的。因此，设计这种实验需要敢于在面对怀疑和风险的过程中行动。 *449*

为了降低这些风险，参与者会浏览资料，查找可以帮助他们预测这些全新行动的结果的信息。但是，这个浏览过程也被现有框架主导着，因此，他们预测的结果也是有问题的：“他让我与他（指介入者）对质；但当我这么做时，却被告知我做错了。”显而易见的矛盾被发觉并被带到了台面上，介入者则有机会详细地阐述被他带入这些行动中的意义。从他们相互冲突的框架中所产生的差距也得到了填补，参与者也开始设计实验来检验这些替代性方案。

发展到这里，新的行动出现了，新的困惑也随之显示出来。再一次，介入者和越来越多的参与者都被吸引进来，于是，循环再一次发生了，反复地从防御的取向迈向更具反映性的取向。

（审校/余微）

参 考 文 献

Anscombe, G. E. M. *Intention*. Oxford, England: Basil Blackwell, 1957.

Apel, K. -O. "The a Priori of Communication and the Foundation of the Humanities." In F. Dallmayr and T. McCarthy (eds.), *Understanding and Social Inquiry*. Notre Dame, Ind.: University of Notre Dame Press, 1977.

Argyris, C. *Personality and Organization*. New York: Harper & Row, 1957.

Argyris, C. *Interpersonal Competence and Organizational Effectiveness*. Homewood, Ill.: Dorsey Press, 1962.

Argyris, C. *Integrating the Individual and the Organization*. New York: Wiley, 1964.

Argyris, C. *Intervention Theory and Method*. Reading, Mass.: Addison-Wesley, 1970.

Argyris, C. *Increasing Leadership Effectiveness*. New York: Wiley, 1976.

Argyris, C. "Reflecting on Laboratory Education from a Theory of Action Perspective." *Journal of Applied Behavioral Science*, 1979, 15 (3), 296-310.

Argyris, C. *Inner Contradictions of Rigorous Research*. New York: Academic Press, 1980.

Argyris, C. *Reasoning, Learning and Action: Individual and Organizational*. San Francisco: Jossey-Bass, 1982.

Argyris, C. *Strategy, Change, and Defensive Routines*. Boston: Pitman, 1985.

Argyris, C., and Schön, D. A. *Theory in Practice: Increasing Professional Effectiveness*. San Francisco: Jossey-Bass, 1974.

Argyris, C., and Schön, D. A. *Organizational Learning*. Reading, Mass.: Addison-Wesley, 1978.

Asch, S. E. *Social Psychology*. Englewood Cliffs, N. J.: Prentice-Hall, 1952.

Asplund, J. "On the Concept of Value Relevance." In J. Israel and H. Tajfel (eds.), *The Context of Social Psychology*. New York: Academic Press, 1972.

Au, H. -P. , and Jordan, C. "Teaching Reading to Hawaiian Children: Finding a Culturally Appropriate Solution. " In H. Trueba, G. Guthrie, and K. H. Au (eds.), *Culture and the Bilingual Classroom*. Rowley, Mass. : Newbury House, 1981.

Austin, J. L. *How To Do Things with Words*. Oxford, England: Oxford University Press, 1962.

Barker, R. , Dembo, T. , and Lewin, K. "Frustration and Regression. " University of Iowa, *Studies in Child Welfare*, 1941, 1, 1–43.

Barnard, C. *The Functions of the Executive*. 30th ed. Cambridge, Mass. : Harvard University Press, 1968.

Benne, K. D. "The Processes of Reeducation: An Assessment of Kurt Lewin's Views. " In W. Bennis and others (eds.), *The Planning of Change*. (3rd ed.) New York: Holt, Rinehart and Winston, 1976.

Bennis, W. , and others. *Interpersonal Dynamics*. (3rd ed.) Homewood, Ill. : Dorsey Press, 1973.

Bennis, W. , and others (eds.). *The Planning of Change*. (3rd ed.) New York: Holt, Rinehart and Winston, 1976.

Berger, P. L. , and Luckmann, T. *The Social Construction of Reality*. New York: Doubleday, Anchor Books, 1966.

Bernstein, R. J. *Praxis and Action*. Philadelphia: University of Pennsylvania Press, 1971.

Bernstein, R. J. *The Restructuring of Social and Political Theory*. Philadelphia: University of Pennsylvania Press, 1976.

Bernstein, R. J. *Beyond Objectivism and Relativism*. Philadelphia: University of Pennsylvania Press, 1983.

Bickman, L. "Some Distinctions Between Basic and Applied Approaches. " In L. Bickman (ed.), *Applied Social Psychology Annual*. Beverly Hills: Sage, 1981.

Birdwhistell, R. *Kinesics and Context*. Philadelphia: Urban Press, 1970.

Blake, R. , and Mouton, J. *The Managerial Grid*. Houston: Gulf, 1964.

Bowditch, J. L. , and Buono, A. *Quality of Work Life Assessment*. Boston: Auburn House, 1982.

Bradford, L. , Gibb, J. , and Benne, K. (eds.). *T-Group Theory and Laboratory Method*.

New York: Wiley, 1964.

Brown, P., and Levinson, S. "Universals in Language Usage." In E. N. Goody (ed.),
Questions and Politeness. Cambridge, England: Cambridge University Press, 1978.

Burrell, G., and Morgan, G. *Sociological Paradigms and Organizational Analysis.* London:
Heinemann Educational Books, 1979.

Campbell, D. T., and Stanley, J. C. *Experimental and Quasi-Experimental Design for
Research.* Chicago: Rand McNally, 1963.

Caplan, N., and Nelson, S. D. "On Being Useful." *American Psychologist*, 1973, 28, 199–
211.

Carlston, D. "The Recall and Use of Traits and Events in Social Inference Process." in *Journal
of Experimental Psychology*, 1980, 16, 303–328.

Cassell, J. "Does Risk-Benefit Analysis Apply to Moral Evaluation of Social Research?" In T.
L. Beauchamp and others (eds.), *Ethical Issues in Social Science Research.* Baltimore,
Md.: Johns Hopkins University Press, 1982.

Cazden, C. B. "Can Ethnographic Research Go Beyond the Status Quo?" in *Anthropology and
Education Quarterly*, 1983, 14, 33–41.

Cicourel, A. *Cognitive Sociology.* New York: Free Press, 1974.

Coleman, J. S. *Policy Research in the Social Sciences.* Morristown, N. J.: General Learning
Press, 1972.

Cook, T. D., and Campbell, D. T. *Quasi-Experimentation.* Boston: Houghton Mifflin, 1979.

Cyert, R., and March, J. *A Behavioral Theory of the Firm.* Englewood Cliffs, N. J.:
Prentice-Hall, 1963.

Dallmayr, F., and McCarthy, T. (eds.). *Understanding and Social Inquiry.* Notre Dame,
Ind.: University of Notre Dame Press, 1977.

Davidson, D. *Essays on Actions and Events.* Oxford, England: Oxford University Press,
Clarendon Press, 1980.

Davis, R., Buchanan, B., and Shortliffe, E. "Production Rules as a Representation for a
Knowledge-Based Consultation Program." in *Artificial Intelligence*, 1977, 8, 15–45.

Dewey, J. *The Quest for Certainty.* New York: Minton, Balch, 1929.

Dewey, J. *How We Think*, (Rev. ed.) Lexington, Mass.: Heath, 1933.

Diamond, M. "Limits to Growth: A Psychodynamic View of Argyris' Contribution to Organization Theory." Unpublished Paper, University of Missouri, Columbia, 1983.

Douglas, J. *The Social Meanings of Suicide*. Princeton, N. J.: Princeton University Press, 1967.

Durkheim, E. "The Internalization of Social Control I." In L. A. Coser and B. Rosenberg (eds.), *Sociological Theory*. (5th ed.) New York: Macmillan, 1982. (Originally published 1953 in *Sociology and Philosophy*.)

Edgley, R. "Practical Reason." In J. Raz (ed.), *Practical Reasoning*. Oxford, England: Oxford University Press, 1978.

Efron, D. *Gesture and Environment*. New York: Teachers College Press, 1941.

Einhorn, H. J., and Hogarth, R. M. "Behavioral Decision Theory: Processes of Judgment and Choice. "in *Annual Review of Psychology*, 1981, 31, 53-88.

Ericcson, K. A., and Simon, H. A. "Verbal Reports as Data. "in *Psychological Review*, 1980, 87, 215-251.

Erickson, F. "Gatekeeping and the Melting Pot. "in *Harvard Educational Review*, 1975, 45 (1), 44-70.

Evan, W. M. *Organization Theory: Structures, Systems, and Environments*. New York: Wiley-Interscience, 1976.

Festinger, L. (ed.). *Retrospections on Social Psychology*. New York: Oxford University Press, 1980.

Festinger, L., and Carlsmith, J. M. "Cognitive Consequences of Forced Compliance. "in *Journal of Abnormal and Social Psychology*, 1959, 58, 203-210.

Florio, S., and Walsh, M. "The Teacher as Colleague in Classroom Research. " In H. Trueba, G. Guthrie, and K. H. Au (eds.), *Culture and the Bilingual Classroom*. Rowley, Mass.: Newbury House, 1981.

Forgas, J. P. "Episode Cognition: Internal Representations of Interaction Routines. " In *Advances in Experimental Social Psychology*. Vol. 15. New York: Academic Press, 1982.

French, W. L., and Bell, C. H. *Organization Development*. Englewood Cliffs, N. J.: Prentice-Hall, 1973.

Friedrichs, R. W. *A Sociology of Sociology*. New York: Free Press, 1970.

Garfinkel, A. *Studies in Ethnomethodology*. Englewood Cliffs, N. J.: Prentice-Hall, 1967.

Geertz, C. *The Interpretation of Cultures*. New York: Basic Books, 1973.

Geertz, C. *Local Knowledge*. New York: Basic Books, 1983.

Gergen, K. *Toward Transformation in Social Knowledge*. New York: Springer-Verlag, 1982.

Geuss, R. *The Idea of a Critical Theory*. Cambridge, England: Cambridge University Press, 1981.

Glass, A. L., Holyoak, K. J., and Santa, J. L. *Cognition*. Reading, Mass.: Addison-Wesley, 1979.

Goffman, E. *The Presentation of Self in Everyday Life*. New York: Doubleday, Anchor Books, 1959.

Goffman, E. *Interaction Ritual*. Hawthorne, N. Y.: Aldine, 1967.

Goleman, D. "A Conversation with Ulric Neisser." in *Psychology Today*, 1983, 17(5), 54-62.

Gouldner, A. "Theoretical Requirements of the Applied Social Sciences." In W. Bennis, K. Benne, and R. Chin (eds.), *The Planning of Change*. New York: Holt, Rinehart and Winston, 1961.

Gronn, P. C. "Accomplishing the Doing of School Administration: Talk as the Work." in Paper presented at the annual conference of the Australian Communication Association, Sydney, 1981.

Gronn, P. C. "Talk as the Work: The Accomplishment of School Administration." in *Administrative Science Quarterly*, 1983, 23, 1-21.

Habermas, J. *Knowledge and Human Interests*. Boston: Beacon Press, 1971.

Habermas, J. *Communication and the Evolution of Society*. Boston: Beacon Press, 1979.

Hackman, J. R. "Designing Work for Individuals and Group." In J. R. Hackman, E. E. Lawler, and L. W. Porter (eds.), *Perspectives on Behavior in Organizations*. New York: McGraw-Hill, 1983.

Hackman, J. R., and Lawler, E. E. "Employee Reactions to Job Characteristics." in *Journal of Applied Psychology Monograph*, 1971, 55, 259-286.

Hackman, J. R., and Oldham, G. R. "Development of the Job Diagnostic Survey." in *Journal of Applied Psychology*, 1975, 60, 159-170.

Hackman, J. R., and Oldham, G. R. "Motivation Through the Design of Work: Test of a

Theory. "in *Organizational Behavior and Human Performance*, 1976, 16, 250-279.

Hackman, J. R., and Oldham, G. R. *Work Redesign*. Reading, Mass.: Addison-Wesley, 1980.

Hackman, J. R., and Suttle, J. L. (eds.). *Improving Life at Work*. Santa Monica, Calif.: Goodyear, 1977.

Harmon, M. *Action Theory for Public Administration*. New York: Longman, 1981.

Harré, R., and Secord, P. F. *The Explanation of Social Behavior*. Oxford, England: Basil Blackwell, 1972.

Harvey, J. H., Harris, B., and Barnes, R. D. "Actor-Observer Differences in the Perception of Responsibility and Freedom. "in *Journal of Personality and Social Psychology*, 1975, 32, 22-28.

Hayek, F. A. *Studies in Philosophy, Politics, and Economics*. New York: Simon & Schuster, 1967.

Heath, S. B. "Questioning at Home and at School: A Comparative Study. " In G. Spindler (ed.), *Doing the Ethnography of Schooling*. New York: Holt, Rinehart and Winston, 1982.

Heath, S. B. *Ways with Words*. Cambridge, England: Cambridge University Press, 1983.

Heider, F. *The Psychology of Interpersonal Relations*. New York: Wiley, 1958.

Hempel, C. *Aspects of Scientific Explanation*. New York: Free Press, 1965a.

Hempel, C. "The Function of General Laws in History. " In C. Hempel (ed.), *Aspects of Scientific Explanation*. New York: Free Press, 1965b.

Hempel, C. *Philosophy of Natural Science*. Englewood Cliffs, N. J.: Prentice-Hall, 1966.

Higgins, J. "A Self-Reflection. " Unpublished manuscript, Harvard University, 1985.

Hirschhorn, L. "The Organization's Climate and Its Primary Task. " Working paper, Wharton School, University of Pennsylvania, 1982.

Hollingworth, H. L., and Poffenberger, A. T. *Applied Psychology*. New York: Appleton-Century-Crofts, 1917.

Homans, G. C. *The Human Group*. New York: Harcourt Brace Jovanovich, 1950.

Hopkins, J. "Introduction: Philosophy and Psychoanalysis. " In R. Wollheim and J. Hopkins (eds.), *Philosophical Essays on Freud*. Cambridge, England: Cambridge University

Press, 1982.

Hoppe, F. "Success and Failure." In J. de Rivera (ed.), *Field Theory as Human Science*. New York: Gardner Press, 1976. (Originally published 1930.)

Howard, R. J. *Three Faces of Hermeneutics*. Berkeley: University of California Press, 1982.

James, W. *The Principles of Psychology*, Vol. 2. New York: Dover, 1890.

Janis, I. L. *Victims of Groupthink*. Boston: Houghton Mifflin, 1972.

Jaques, E. *The Changing Culture of a Factory*. London: Tavistock, 1951.

Joiner, B. B. "Searching for Collaborative Inquiry: The Evolution of Action Research." Unpublished doctoral dissertation, Graduate School of Education, Harvard University, 1983.

Jones, E., and Nisbett, R. "The Actor and the Observer: Divergent Perceptions of the Causes of Behavior." In E. Jones and others (eds.), *Attribution: Perceiving the Causes of Behavior*. Morristown, N. J.: General Learning Press, 1972.

Jordan, C. "The Selection of Culturally Compatible Classroom Practice: Educational Perspectives." in *Journal of Education*, 1981, 20(1), 16-19.

Kahnemann, D., and Tversky, A. "Choices, Values, and Frames." in *American Psychologist*, 1984, 39, 341-350.

Keeley, M. "The Impartiality and Participant Interest Theories of Organizational Effectiveness." in *Administrative Science Quarterly*, 1984, 29, 1-25.

Kelley, H. *Attribution in Social Interaction*. Morristown, N. J.: General Learning Press, 1971.

Kelly, G. A. *A Theory of Personality*. New York: Norton, 1955.

Kleinfeld, J. "First Do No Harm: A Reply to Courtney Cazden." in *Anthropological and Education Quarterly*, 1983, 14(4), 282-287.

Kuhn, T. *The Structure of Scientific Revolutions*. Chicago: University of Chicago Press, 1962.

Kuhn, T. "Reflections on my Critics." In I. Lakatos and A. Musgrave (eds.), *Criticism and the Growth of Knowledge*. Cambridge, England: Cambridge University Press, 1970a.

Kuhn, T. *The Structure of Scientific Revolutions*. (2nd ed.) Chicago: University of Chicago Press, 1970b.

Labov, W., and Fanshel, D. *Therapeutic Discourse*. New York: Academic Press, 1977.

Lakatos, I. "Falsification and the Methodology of Scientific Research Programmes. " In I. Lakatos and A. Musgrave (eds.), *Criticism and the Growth of Knowledge.* Cambridge, England: Cambridge University Press, 1970.

Lakatos, I. , and Musgrave, A. (eds.), *Criticism and the Growth of Knowledge.* Cambridge, England: Cambridge University Press, 1970.

Landy, F. J. "An Opponent Process Theory of Job Satisfaction. " in *Journal of Applied Psychology*, 1978, 63(5), 533-547.

Langer, E. "Rethinking the Role of Thought in Social Interaction. " In J. H. Harvey and W. J. Ickes (eds.), *New Directions in Attribution Research.* Vol. 2. Hillsdale, N. J. : Erlbaum, 1976.

Latané, B. , and Darley, J. *The Unresponsive Bystander: Why Doesn't He Help.* Englewood Cliffs, N. J. : Prentice-Hall, 1970.

Lawler, E. E. Ⅲ, and others. *Doing Research That Is Useful for Theory and Practice.* San Francisco: Jossey-Bass, 1985.

Lewin, K. *The Conceptual Representation of the Measurement of Psychological Forces.* Durham, N. C. : Duke University Press, 1938.

Lewin, K. "Action Research and Minority Problems. " In K. Lewin, *Resolving Social Conflicts.* (G. Lewin, ed.) New York: Harper & Row, 1948a.

Lewin, K. *Resolving Social Conflicts.* (G. Lewin, ed.) New York: Harper & Row, 1948b.

Lewin, K. "Cassirer's Philosophy of Science and Social Science. " In P. A. Schlipp (ed.), *The Philosophy of Ernst Cassirer.* New York: Tudor, 1949.

Lewin, K. "Frontiers in Group Dynamics. " In K. Lewin, *Field Theory in Social Science.* New York: Harper & Row, 1951.

Lewin, K. "Group Dynamics and Social Change. " In A. Etzioni and E. Etzioni (eds.), *Social Change.* New York: Basic Books, 1964.

Lewin, K. , and Grabbe, P. "Conduct, Knowledge, and Acceptance of New Values. " In K. Lewin, *Resolving Social Conflicts.* (G. Lewin, ed.) New York: Harper & Row, 1948.

Lewin, K. , Lippett, R. , and White, R. K. "Patterns of Aggressive Behavior in Experimentally Created Social Climates. " in *Journal of Social Psychology*, 1939, 10, 271-301.

Lewin, K., et al. "Levels of Aspiration." In J. M. V. Hunt (ed.), *Personality and the Behavior Disorders*. New York: Ronald Press, 1944.

Likert, R. *New Patterns of Management*. New York: McGraw-Hill, 1961.

Lindblom, C. E., and Cohen, D. K. *Usable Knowledge: Social Science and Social Problem Solving*. New Haven, Conn.: Yale University Press, 1979.

Lord, C. G., Ross, L., and Lepper, M. R. "Biased Assimilation and Attitude Polarization." in *Journal of Personality and Social Psychology*, 1979, 37(11), 2098-2109.

McDermott, R., Goldman, S., and Varenne, H. "When School Goes Home." in *Teachers College Record*, in press.

McDermott, R., and Gospodinoff, H. "Social Contexts for Ethnic Borders and School Failure." In H. Trueba, G. Guthrie, and K. H. Au (eds.). *Culture and the Bilingual Classroom: Studies in Classroom Ethnography*. Rowley, Mass.: Newbury House, 1981.

McGregor, D. *The Human Side of Enterprise*. New York: McGraw-Hill, 1960.

Manicas, P., and Secord, P. "Implications for Psychology of the New Philosophy of Science." in *American Psychologist*, April 1983, 38, 399-413.

March, J., and Simon, H. *Organizations*. New York: Wiley, 1958.

Marrow, A. *The Practical Theorist*. New York: Basic Books, 1969.

Masterman, M. "The Nature of a Paradigm." In I. Lakatos and A. Musgrave (eds.), *Criticism and the Growth of Knowledge*. Cambridge, England: Cambridge University Press, 1970.

Mead, G. H. "The Internalization of Social Control II." In L. A. Coser and B. Rosenberg (eds.), *Sociological Theory*. (5th ed.) New York: Macmillan, 1982. (Originally published 1934.)

Merton, R. *On Theoretical Sociology*. New York: Free Press, 1967.

Michaels, S. "Sharing Time, Children's Narrative Styles, and Differential Access to Literacy." in *Language in Society*, 1981, 10(3), 423-442.

Milgram, S. *Obedience to Authority*. New York: Harper & Row, 1974.

Mills, C. W. *The Sociological Imagination*. Oxford, England: Oxford University Press, 1959.

Minuchin, S. *Families and Family Therapy*. Cambridge, Mass.: Harvard University Press, 1974.

Mohr, L. B. *Explaining Organizational Behavior: The Limits and Possibilities of Theory and Research*. San Francisco: Jossey-Bass, 1982.

Morgan, G. (ed.). *Beyond Method*. Beverly Hills, Calif.: Sage, 1983.

Mynatt, C., Doherty, M., and Tweney, R. "Consequences of Confirmation and Disconfirmation in a Simulated Research Environment." in *Quarterly Journal of Experimental Psychology*, 1978, 30, 395-406.

Nagel, E. *The Structure of Science*. Indianapolis: Hackett, 1979.

Nisbett, R., and Ross, L. *Human Inference: Strategies and Shortcomings of Social Judgment*. Englewood Cliffs, N. J.: Prentice-Hall, 1980.

Nisbett, R., and Wilson, T. "Telling More than We Can Know: Verbal Reports On Mental Processes." in *Psychological Review*, 1977, 84, 231-259.

Ogbu, J. "Cultural Discontinuities and Schooling." in *Anthropology and Education Quarterly*, 1982, 13, 269-274.

O'Keefe, D. "Ethnomethodology." in *Journal for the Theory of Social Behavior*, 1979, 9(2), 187-219.

Outhwaite, W. "Toward a Realist Perspective." In G. Morgan (ed.), *Beyond Method*. Beverly Hills, Calif.: Sage, 1983.

Pearce, W. B., and Cronen, V. E. *Communication, Action, and Meaning: The Creation of Social Realities*. New York: Praceger, 1980.

Peirce, C. S. "The Rules of Philosophy." In M. Konvitz and G. Kennedy (eds.), *The American Pragmatists*. New York: New American Library, 1960. (Originally published 1868.)

Peters, M., and Robinson, V. "The Origins and Status of Action Research." in *Journal of Applied Behavioral Science*, 1984, 20(2), 113-124.

Pfeffer, J. *Power in Organizations*. Marshfield, Mass.: Pitman, 1981.

Pfeffer, J. *Organizations and Organization Theory*. Marshfield, Mass.: Pitman, 1982.

Philips, S. *The Invisible Culture*. New York: Longman, 1983.

Piaget, J. "The Internalization of Social Control Ⅲ." In L. A. Coser and B. Rosenberg (eds.), *Sociological Theory*. (5th ed.) New York: Macmillan, 1982. (Originally published 1951 in *The Moral Judgment of the Child*.)

Polanyi, M. *The Tacit Dimension*. New York: Doubleday, Anchor Books, 1967.

Popper, K. *The Logic of Scientific Discovery*. New York: Harper & Row, 1959.

Popper, K. *Conjectures and Refutations*. New York: Harper & Row, 1963.

Pressman, J., and Wildavsky, A. *Implementation*. Berkeley: University of California Press, 1973.

Putnam, H. *Meaning and the Moral Sciences*. Boston: Routledge & Kegan Paul, 1978.

Raz, J. (ed.). *Practical Reasoning*. Oxford, England: Oxford University Press, 1978.

Reich, J. W. "An Historical Analysis of the Field." In L. Bickman (ed.), *Applied Social Psychology Annual Review*. Beverly Hills, Calif.: Sage, 1981.

Ricoeur, P. "The Model of the Text: Meaningful Action Considered as a Text." In F. Dallmayr and T. McCarthy (eds.), *Understanding and Social Inquiry*. Notre Dame, Ind.: University of Notre Dame Press, 1977.

Rogers, C. R. *Client-Centered Therapy: Its Current Practice, Implications, and Theory*. Boston: Houghton Mifflin, 1951.

Rorty, R. *Philosophy and the Mirror of Nature*. Princeton, N. J.: Princeton University Press, 1979.

Ross, E. A. *Social Control*. New York: Macmillan, 1910.

Ryan, W. *Blaming the Victim*. New York: Random House, Vintage Books, 1976.

Ryle, G. *The Concept of Mind*. New York: Barnes & Noble, 1949.

Schafer, R. "Generative Empathy in the Treatment Situation." in *Psychoanalytic Quarterly*, 1959, 28, 347–373.

Schafer, R. *A New Language for Psychoanalysis*. New Haven, Conn.: Yale University Press, 1976.

Schafer, R. *Psychoanalytic Attitude*. New York: Basic Books, 1983.

Scheffler, I. *The Anatomy of Inquiry*. Indianapolis: Hackett, 1981.

Scheffler, I. *Science and Subjectivity*. (2nd ed.) Indianapolis: Hackett, 1982.

Schein, E. "Personal Change Through Interpersonal Relationships." In W. G. Bennis and others (eds.), *Essays in Interpersonal Dynamics*. Homewood, Ill.: Dorsey Press, 1979.

Scholte, B. "Toward a Reflexive and Critical Anthropology." In D. Hymes (ed.), *Reinventing Anthropology*. New York: Random House, Vintage Books, 1974.

Schön, D. A. "Generative Metaphor." In A. Ortony (ed.), *Metaphor and Thought.* Cambridge, England: Cambridge University Press, 1979.

Schön, D. A. *The Reflective Practitioner.* New York: Basic Books, 1983.

Schön, D. A., Drake, W. D., and Miller, R. I. "Social Experimentation as Reflection in Action: Community-Level Nutrition Intervention Revisited." in *Knowledge: Creation, Diffusion, Utilization*, 1984, 6(1), 5–36.

Schutz, A. *Collected Papers.* (M. Natanson, ed.) Vol. 1. The Hague: Nijhoff, 1962.

Schutz, A. *The Phenomenology of the Social World.* Evanston, Ill. : Northwestern University Press, 1967.

Scollon, R., and Scollon, S. "Narrative, Literacy, and Face in Interethnic Communication." In *Advances in Discourse Processes.* Vol. 7. Norwood. N. J. : Ablex, 1981.

Scott, M. B., and Lyman, S. M. "Accounts." in *American Sociological Review*, 1968, 33, 46–62.

Searle, J. *Speech Acts.* Cambridge, England: Cambridge University Press, 1969.

Simon, H. *The Sciences of the Artificial.* Cambridge, Mass. : MIT Press, 1969.

Sloat, K. "Characteristics of Effective Instruction: Educational Perspectives." in *Journal of Education*, 1981a, 20(1), 10–12.

Sloat, K. "Issues in Teacher Training." in *Journal of Education*, 1981b, 20(1), 38–41.

Smith, D., and Argyris, C. "Transitional Dilemmas: An Organizational Map." 1983.

Spindler, G. (ed.). *Doing the Ethnography of Schooling.* New York: Holt, Rinehart and Winston, 1982.

Spradley, J. *Participant Observation.* New York: Holt, Rinehart and Winston, 1980.

Sullivan, H. S. *The Interpersonal Theory of Psychiatry.* New York: Norton, 1953.

Sumner, W. G. "The Mores." In L. A. Coser and B. Rosenberg (eds.), *Sociological Theory.* (5th ed.) New York: Macmillan, 1982. (Originally published 1904.)

Susman, G. "Action Research: A Sociotechnical Systems Perspective." In G. Morgan (ed.), *Beyond Method.* Beverly Hills, Calif. : Sage, 1983.

Taylor, C. *The Explanation of Behaviour.* London: Routledge & Kegan Paul, 1964.

Taylor, C. "Interpretation and the Sciences of Man." In F. Dallmayr and T. McCarthy (eds.), *Understanding and Social Inquiry.* Notre Dame, Ind: University of Notre Dame

Press, 1977.

Tolman, E. C. "Principles of Purposive Behavior." In S. Koch (ed.), *Psychology: A Study of a Science.* Vol. 2. New York: McGraw-Hill, 1959.

Trist, E. "The Sociotechnical Perspective." In A. Van de Ven and W. F. Joyce (eds.), *Perspectives on Organization Design and Behavior.* New York: Wiley, 1981.

Tversky, A., and Kahnemann, D. "Availability." *Cognitive Psychology*, 1973, 5, 207–232.

Umbarger, C. C. *Structural Family Therapy.* New York: Grune & Stratton, 1983.

Van de Ven, A., and Ferry, D. L. *Measuring and Assessing Organizations.* New York: Wiley-Interscience, 1980.

Van Maanen, J. "The Self, the Situation, and the Rules of Interpersonal Relations." In W. G. Bennis and others (eds.), *Essays in Interpersonal Dynamics.* Homewood, Ill.: Dorsey Press, 1979.

Von Wright, G. H. *Explanation and Understanding.* Ithaca, N. Y.: Cornell University Press, 1971.

Watson-Gegeo, K., and Boggs, S. "From Verbal Play to Talk Story: The Roles of Routines in Speech Events Among Hawaiian Children." In S. Ervin-Tripp and C. Mitchell-Kernan (eds.), *Child Discourse.* New York: Academic Press, 1977.

Watzlawick, P., Beavin, J. H., and Jackson, D. D. *Pragmatics of Human Communication.* New York: Norton, 1967.

Watzlawick, P., Weakland, J., and Fisch, R. *Change.* New York: Norton, 1974.

White, R. W. "Motivation Reconsidered: The Concept of Competence." in *Psychological Review*, 1959, 66, 297–333.

Wiggins, D. "Deliberation and Practical Reason." In J. Raz (ed.), *Practical Reasoning.* Oxford, England: Oxford University Press, 1978.

Zimbardo, P. G. "The Human Choice: Individuation, Reason, and Order Versus Deindividuation, Impulse, and Chaos." In W. J. Arnold and D. Levine (eds.), *Nebraska Symposium on Maturation.* Vol. 17. Lincoln: University of Nebraska, 1969.

Zuniga, R. B. "The Experimenting Society and Social Reform." in *American Psychologist*, 1975, 30, 99–115.

图书在版编目（CIP）数据

行动科学：探究与介入的概念、方法与技能/（美）克里斯·阿吉里斯，（美）罗伯特·帕特南，（美）戴安娜·史密斯著；夏林清译. —北京：北京师范大学出版社，2021.9（2023.3 重印）
（组织学习与进化丛书）
ISBN 978-7-303-25551-1

Ⅰ.①行… Ⅱ.克… ②罗… ③戴… ④夏… Ⅲ.①行为科学 Ⅳ.①C

中国版本图书馆 CIP 数据核字（2020）第 029243 号

北京市版权局著作权合同登记 图字：01-2018-4846

图　书　意　见　反　馈　　gaozhifk@bnupg.com　010-58805079
营　销　中　心　电　话　　010-58805072　58807651
北师大出版社高等教育分社微信公众号　　新外大街拾玖号

XINGDONG KEYUE：TANJIU YU JIERU DE GAINIAN FANGFA YU JINENG
出版发行：北京师范大学出版社　www.bnupg.com
　　　　　北京市西城区新街口外大街 12-3 号
　　　　　邮政编码：100088
印　　刷：唐山玺诚印务有限公司
经　　销：全国新华书店
开　　本：710 mm×1000 mm　1/16
印　　张：27.25
字　　数：391 千字
版　　次：2021 年 9 月第 1 版
印　　次：2023 年 3 月第 2 次印刷
定　　价：118.00 元

策划编辑：周益群　　　　　责任编辑：林山水
美术编辑：李向昕　　　　　装帧设计：李向昕
责任校对：李云虎　　　　　责任印制：马　洁